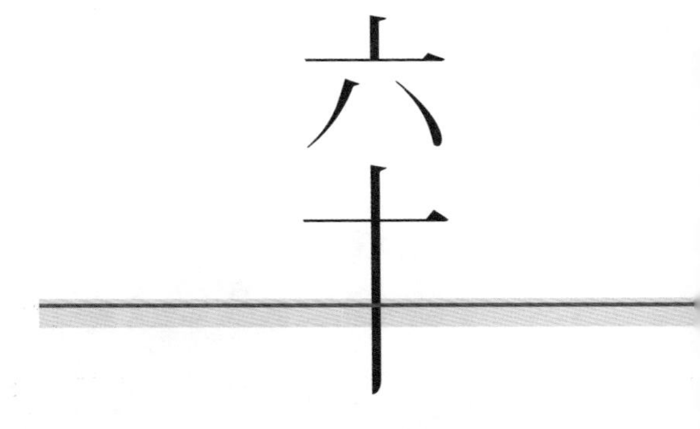

六十感恩紀

惠敏法師訪談錄

增訂版

侯坤宏
卓遵宏　訪問

①約1956年（2歲）住在臺灣鹼業公司安順廠（位於臺南市安南區）員工宿舍，日據時代所遺留的木造房子。

②臺南市成功國小前，鴨母寮菜市場巷內的家（約1964年，10歲）：作者（立左）、陳朝陽表哥（立右），郭慶芳大弟（前左）、郭世芳二弟（前右）。

③金城初中（約1966年，12歲）時的全家合照，前排左起：作者、郭世芳二弟、郭倍廷四弟、郭俊廷三弟、郭慶芳大弟。

④金城初中（1965–1968年，11–14歲）。

⑤臺南一中（1968–1971年，14–17歲）。

⑥臺北醫學院藥學系一年級（約1971年，17歲）參觀臺北圓山動物園。

⑦松山寺北區大專佛學講座工作會議：道安法師（黃色袈裟）、智諭法師（道老之右一，頭微前傾）、李吟新居士（道老之左一，旗袍女士）、焦國寶居士（道老之左二，平頭戴眼鏡）、淨空法師（道老之左三，右排沙發之一，灰色長衫）、作者（左排沙發之後，戴眼鏡、1973年，19歲）。地點：松山寺方丈客廳。請參本書：壹、二、（四）「松山寺北區大專佛學講座」學員長。

⑧松山寺北區大專佛學講座開學典禮：道安法師（黃色袈裟，以下簡稱「道老」）、星雲法師（道老之右一，擔任貴賓）、淨空法師（道老之左一，講座講師）、智諭法師（道老之左二，講座講師）、作者（1973年，19歲，學員長，講座海報架之後，戴眼鏡、胸前掛紅色職銜），講座海報是賴鵬舉所畫。

⑨智諭法師（黑板前）所帶領松山寺大專佛學講座夜間的佛經試講培訓班：李宣忠（左一，北醫牙醫系）、作者（1973–1974年，19–20歲，左二）、鄭龍傑（右一，國防醫學院醫學系）、賴鵬舉（右二，北醫醫學系）。

⑩智諭法師所帶領松山寺大專佛學講座夜間的佛經試講培訓班：李宣忠（第一排右一，北醫牙醫系）、作者（1973–1974年，19–20歲，第一排右二）、許民穀（第一排左一，北醫醫學系）、林重道（第二排右一，國防醫學院醫學系）、鄭龍傑（第二排右二，國防醫學院醫學系）、陳敏齡（第三排右一，師大歷史系）。

⑪臺北醫學院佛學社同學與智諭法師於西蓮淨苑廣場前沿合照：賴鵬舉（左一，醫學系）、作者（右二）、蔡仁堅（右一，藥學系）。

⑫臺北醫學院佛學社同學與智諭法師（手持念珠）於西蓮淨苑之佛堂廣場合照：賴鵬舉（右一，醫學系）、蔡仁堅（左二，藥學系）、賴建銘（左一，藥學系，西蓮淨苑早期活動照片的攝影者）。

⑬松山寺北區大專佛學講座上課地點。

⑭西蓮淨苑為辦理弘法活動搭建草寮。主要搭建者是章伯生居士（約於1973年出家，惠生法師），他想跟智諭法師出家，但是淨苑沒有多餘寮房，學生上來修學也沒有住宿場所，所以淨苑決定搭草寮。他當工頭，約百日完工。完工前兩天，為於屋頂加鋪陳茅草，摔落於廢磚上，斷幾根肋骨。

⑮西蓮淨苑草寮時期的1973年暑期《圓覺經》修學會：賴鵬舉（蹲左一）、智諭法師、李宣忠（蹲右三）、蔡仁堅（蹲右二）、作者（蹲右一）、金芬香（立右一，師大國文系）、林素周（立右二，師大國文系）、林慧莊（立左一，臺大中文系）。修學會海報是賴鵬舉所畫。

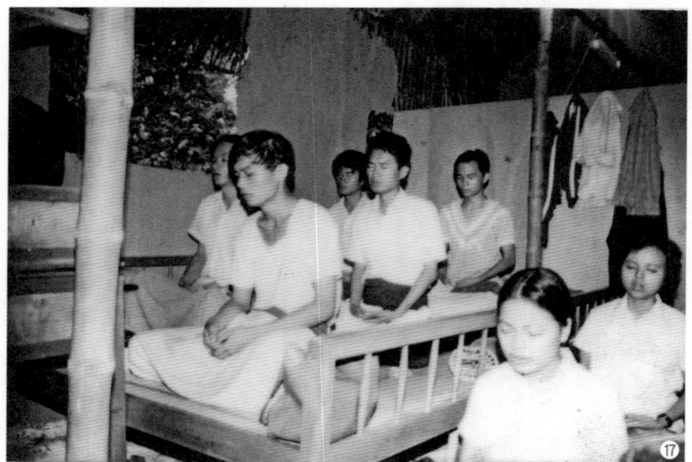

⑯西蓮淨苑草寮時期的1973年暑期《圓覺經》修學會合照：陳阿教（左一，臺大護理系）、林慧莊、慧若（法名、臺大護理系）、作者、金芬香、蔡仁堅、慧修法師、黃敬亭（國防醫學院醫學系）、智諭法師、章伯生、傳放法師、張寶舟、林素周、林重道、慧慈（法名）、黃國達、許民穀、譚希平、賴鵬舉（右一）。

⑰西蓮淨苑草寮時期的1973年暑期《圓覺經》修學會的念佛打坐課程：林素周（右一）、金芬香（右二）、床鋪上第一排林重道、第二排許民穀（左）、黃敬亭（右）、第三排作者（右）、蔡仁堅（左）。

⑱ 西蓮淨苑草寮時期的1973年暑期《圓覺經》修學會：賴鵬舉（左前，擔任臺語翻譯）、作者（左第一排左）、許民穀（左第一排右，摘眼鏡）、林重道（右第一排左，叉手放桌上）、黃敬亭（右第二排左）。

⑲ 西蓮淨苑草寮時期的「西蓮蓮社」執事檢討及展望會議：賴鵬舉起立做報告。1973年，我們模仿廬山慧遠大師的蓮社，建立西蓮蓮社，後因緣不足而未實現。1975年，開辦「大專青年念佛會」。

⑳西蓮淨苑草寮時期的「西蓮蓮社」執事檢討及展望會議時，作者做報告。

㉑西蓮淨苑草寮時期的1973年暑期《圓覺經》修學會的用餐：智諭法師、作者（法師右邊、合掌）、許民穀（法師左邊、戴眼鏡）、蔡仁堅（右一）。

㉒在屏東的空軍戰管中心擔任少尉司藥官（約1976年，22歲），為莒光日表演競賽，與林正夫醫官共同編劇演出。

㉓㉔依止智諭法師剃度出家儀式（1979年7月12日，農曆6月19日，觀音菩薩成道日，25歲）。慧修法師（圖㉓左一）協助。

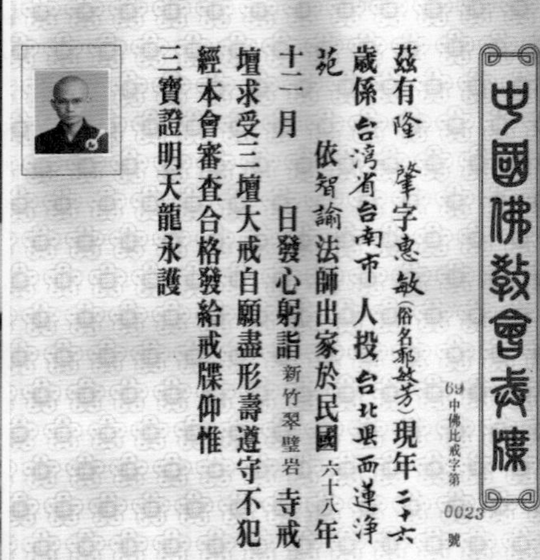

中國佛教會戒牒

69中佛比戒字第 0023 號

茲有隆 肇字惠敏(俗名郭敏芳)現年二十六
歲係台灣省台南市 人投台北縣西蓮淨
苑 依智諭法師出家於民國六十八年
十二月 日發心躬詣新竹翠璧岩 寺戒
壇求受三壇大戒自願盡形壽遵守不犯
經本會審查合格發給戒牒仰惟
三寶證明天龍永護

㉕依止智諭法師剃度出家（1979年，25歲）。

㉖中國佛教會戒牒（1979年，25歲）。

㉗西蓮淨苑暑期義務輔導班（1981年創辦，之後改「兒童夏令營」）師生。由師大陳錫琦（智諭法師右一）發起，其他師大或北醫大畢業生或在校生參與，例如：周稚（智諭法師右二，1983年出家「惠空法師」），作者（智諭法師左一）。

㉘穆克紀教授（右一）的梵文課，作者（右二，約1983年，29歲），中華佛研所時期前二屆同學以及外籍比丘尼合班，葉德生（左一，1985年出家，厚觀法師）、果祥法師（左二）。

㉙中華佛研所時期第二屆（1982年入學）八位同學合照：前排惠空法師（左一）、作者、葉德生；後排陳秀蘭（左一）、林孟穎（2006年出家，常延法師）、陳璽如、古天英、吳文斌。

㉚中華佛研所時期前三屆（1981–1983年）同學合照：開智法師（前左一）、會清法師、淨薰法師、聖嚴所長、作者、惠空法師。吳海芳（後左一，宏暉法師）、古天英、林孟穎（常延法師）、陳璽如、融智法師（聖嚴法師在美濃朝元寺閉關時的侍者，正好來拜見法師）、陳秀蘭、鄧克銘、葉德生（厚觀法師）、吳文斌。

㉛ 中華佛研所時期之石門水庫校外教學：聖嚴法師（右一）、成一法師（右二）、作者、淨薰法師（左一）。

㉜ 在中華佛研所（1982–1985年）讀書時期，也回西蓮淨苑協助寺務，此為智諭法師主持佛七的過堂。

㉝ ㉞ 擔任印順導師為厚觀法師剃度典禮的引禮師（1985年10月29日）。

㉟赴日留學前，回俗家安置佛堂，與俗家父母、弟弟、弟妹、姪女合影。

㊱1988年10月9日，於住宿的願行寺大光寮前。

㊲住在東京附近的臺灣留學生法師與學佛學生，定期在作者住的願行寺大光寮的二樓插花教室聚會，研討佛法，名為「菩提會」。開智法師（左一）、作者（中間）、厚觀法師（右二，臉被遮了一些）、大航法師（右一）。

㊳東京大學印度學研究室師生之開學時的歡迎新生旅行的晚宴，輪到作者（約1987年，33歲）自我介紹，江島惠教授（右前一）、李鍾徹同學（左前一，韓國留學生，目前擔任韓國學中央研究院藏書閣館長）、學妹伊澤敦子（右後黑色衣服）協助作作者的博士論文之日語文稿修訂。

㊴完成東京大學修士（碩士）論文（1988年12月，34歲）時與願行寺住持羽田修果先生合影。

⑩作者與山喜房佛書林的淺地康平社長（右）、吉山先生（左）在願行寺佛殿前合影（1992年6月28日）。

㊶與日本願行寺住持羽田修果先生（右二）的家人與長工（蹲）合影。

㊷韓國木浦市禪學研討會後，該國法師帶作者到海印寺掛單，參觀《高麗藏》木刻版的藏經閣，作者（右一）遇到日本的禪宗學者石井修道（右二）、椎名宏雄（左一）。

㊸於1989年12月，東京大學木村清孝教授（二排左第三）帶領印度哲學研究室碩博班同學參訪印度德里大學。厚觀法師（蹲左一）、齊藤仙邦、作者、有賀弘紀、西本照真、蓑輪顯量（蹲右一）。

㊹美國密西根大學短期研究，到阿帕拉契山區的小學教中國文化（1992年春）。

㊺京都興聖寺的禪堂，聖嚴法師所示範的香板（1992年，38歲）。聖嚴法師為建設法鼓山成為世界佛教教育文化及修行的園區，而赴日本考察，組「法鼓山中華佛學研究所日本友好訪問團」（8月4日至11日），參訪東京與京都的與佛學相關的大學與機構。詳參《法鼓全集》第六輯第七冊《春夏秋冬》。

㊻約1992年，從日本學成回國後與西蓮淨苑智諭師父合影。

㊼主持第二屆（1992）中華國際佛學會議主題「傳統戒律與現代世界」的場次：聖嚴法師與佐藤達玄教授。

㊽參加第一屆（1994年）「玄奘國際學術討論會」會後，參訪玄奘故里。
㊾黃夏年（右一）、洪修平（左二）、邢東風（左一）等教授。
㊿參加第一屆（1994年）「玄奘國際學術討論會」，與韓鏡清教授交流。
51 第一屆玄奘學術會議後，參訪龍門石窟，與橫山紘一（右）教授、陳繼東（左）先生。
52 杜正民老師（中）規畫中華佛研所學生到中央研究院校外教學（約1996年）。

㊸法鼓人文社會學院籌備處相關主管參訪西蓮淨苑（1998年3月）。方甯書（右一）、戚肩時、曾濟群、李志夫、陳秀蘭。

㊹1998年6月，中華電子佛典協會（CBETA）到日本東京與「大藏經資料庫研究會」SAT成員合影，前排左起：恆清法師、作者、江島惠教、維習安。第二排左起：杜正民、下田正弘、早島理、石井公成（右一）。

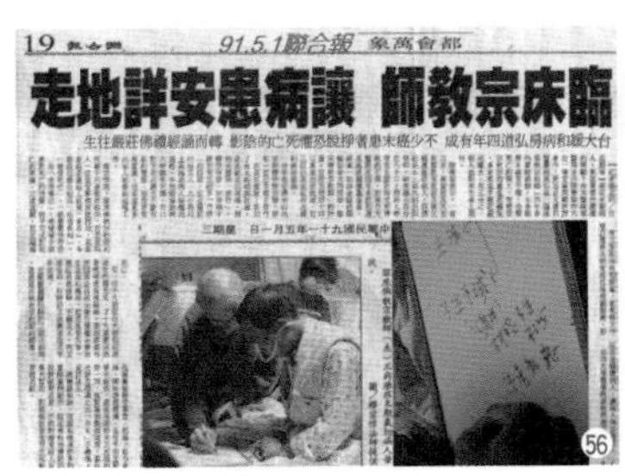

19 綜合版 91.5.1聯合報 都會萬象

臨床宗教師 讓病患安詳地走

台大緩和病房弘道四年有成 不少末期患者擺脫恐懼死亡的陰影 轉而誦經禮佛莊嚴往生

中華民國九十一年五月一日 星期三

㊺1998年開始，作者參與臺大醫院陳慶餘教授主持、蓮花基金會陳榮基董事長贊助的「本土化靈性照顧模式」，每月定期開研究會議。

㊻2000年開始，陳慶餘教授主持「緩和醫療臨床佛教宗教師培訓計畫」的成果刊登於《聯合報》（2002年）。

57

58

两岸第二届佛教教育座谈会
59

CBETA
60

(57) CBETA電子佛典光碟第一版成果（《大正藏》5–10冊）發表會。1999年1月。

(58)「玄奘西域行」數位博物館計畫新疆考察（2001年8月24日至9月2日）。

(59) 與中國佛學院合辦兩岸第二屆佛教教育座談會（2003年9月8日，北京法源寺）。

(60) 2001年9月，參加聖彼得堡大學的國際研討會，發現名為CBETA的燈具店（俄文CBETA是光明之意）。

(61) 作者與音樂學系錢南章老師（窗前譜架後）共同教導「牧心禪唱」（94學年度下學期）的課（2006年）。

(62) 法鼓山中華佛研所舉辦「兩岸佛教學術研究現況與教育發展研討會」。

63

64

65

66

67

⑥③主持臺北藝術大學畢業典禮（2006年6月），文資學院各研究所畢業生。

⑥④臺北藝術大學邱坤良校長接任文建會主委，由作者以教務長兼任代理校長職　務（2006年1月25日）。

⑥⑤在教務長室，作者以教務長兼任臺北藝術大學代理校長職務。（2006年1月25日至7月31日）。

⑥⑥由杜正勝教育部長主持校長交接典禮（2006年8月1日）。朱宗慶校長（右）。

⑥⑦在臺北藝術大學行政大樓前，由新任朱宗慶校長贈送紀念品（2006年8月）：朱宗慶校長（右），馬水龍教授（左一，國立藝術學院第二任校長），東元集團黃茂雄會長（左二）。

⑥⑧法鼓佛教學院揭牌暨首任校長就職典禮（2007年4月8日）。李志夫所長（左）。

⑥⑨奧斯汀（James H. Austin）教授於2007年11月2日，到法鼓佛教學院演講"Zen and Brain"。

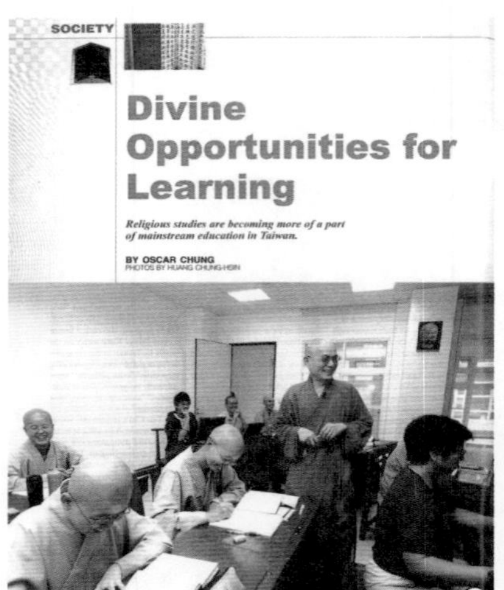

SOCIETY

Divine Opportunities for Learning

Religious studies are becoming more of a part of mainstream education in Taiwan.

BY OSCAR CHUNG
PHOTOS BY HUANG CHUNG-HSIN

nstitutions of higher education in
Taiwan. Xu, for example, is working
o accumulate the total of 44 credits

Lay student Xu Tian-zhi believes that the compulsory weeklong meditation classes at DDBC have improved her concentration.

⑳法鼓佛教學院師生到金山中角灣展開「淨灘」活動，慶祝第一個校慶（2008年4月）。

㉑*Taiwan Review*（英文《臺灣評論》月刊，2010年1月）報導法鼓佛教學院。

㉒*Taiwan Review*採訪在圖書館讀書的學生。

㉓國史館口述歷史採訪現場（北投中華佛教文化館，2007年10月20日）。左起：李美寬、卓遵宏教授、侯坤宏教授，作者用電腦與投影機敘述CBETA相關人事物。

⑭⑮與佛教學院學生參加法鼓山清理八八水災汙泥行動（2009年，林邊鄉）。

⑯由法鼓山方丈和尚果東法師率團到北京大學等機構作學術交流，合影於人民大學（2009年9月）。右起：常綽法師、劉安之校長、廖今榕祕書、曾濟群校長、果東方丈、作者、黃楚琪副會長、果鏡所長、常惺法師。

中國文藝協會文藝獎章證書 (一○○)文獎字第○○七號

釋惠敏(郭敏芳)法師從事文化教育,成績斐然,經推薦評審通過,榮獲本會第五十二屆文藝獎章「文化教育獎」獎章壹座。

此證

中國文藝協會
全國文藝節慶祝大會

中華民國 五月四日

IABS 2011
第16屆國際佛學學術會議
The XVIth Congress of the International Association of Buddhist Studies
邀請函

敬啓者:

法鼓佛教學院非常榮幸的宣佈,本校將主辦第16屆的國際佛學學術會議(The XVIth Congress of the International Association of Buddhist Studies; IABS)。會議將於2011年6月20-25日於台北縣金山鄉法鼓山世界佛教教育園區舉行,這是佛學學術界最重要的學術會議之一,屆時將有許多國際知名的佛學研究者參與盛會,並發表他們的最新研究成果。

在五天的會議中,我們預期將會有數十場次的會議討論,超過兩百篇以上的論文發表,並將可能有數百名的學者參加此盛會。IABS是會員制會議,凡參加者須繳交當年會費(請參見http://www.iabsinfo.net/),以及註冊費(本屆優惠:學生150美金,一般身份250美金)。

法鼓佛教學院座落於台北縣金山鄉的法鼓山世界佛教教育園區,為風光明媚的北海岸著名景點之一。校區為陽明山國家公園群山所包圍,也因為陽明山有豐富的溫泉資源,使得金山鄉擁有許多高品質的溫泉旅館。此外,鄰近的中角灣擁有一片美麗的沙灘,更是北台灣知名的觀光景點。

我們誠摯的希望能於2011年6月在台灣與您相見。

法鼓佛教學院 校長 釋惠敏

中華佛學研究所 所長 釋果鏡

法鼓佛教學院 Dharma Drum Buddhist College
中華佛學研究所 The Chung-Hwa Institute of Buddhist Studies

更多有關第16屆的國際佛學學術會議的最新資料,可以參見http://iabs2011.ddbc.edu.tw

(77) 民國百年(2011年)獲頒中國文藝協會「文藝獎章」。

(78) 中華佛研所、法鼓佛教學院於2011年6月20日至25日,在法鼓山主辦第十六屆國際佛學學術會議,有來自全球三十二個以上的國家之六百餘位學者參加,五百四十六篇論文發表,約一百場次。

⑲西蓮淨苑傳授五戒合影（2011年9月）。

⑳西蓮淨苑講堂幹部交接典禮（2011年12月）。

今天最想讀哪一本書？

◎張雅雯（碩士班學生）

閱讀對我而言，是生命的分享。翻開書便像是朋友真心地與我展開心靈的對話，分享生命所累積的經驗與智慧。因此，我喜歡逛書店、看書、買書、談書、捐書、送書，這過程如同是生命感動的交換、心靈經驗的交流。

看到「五分鐘說書競賽」活動時，我想都不想就決定要參加。因為透過這樣的分享，讓本來只能看一本書的時間，讀者和作者間彼此生命交流的瞬間，能放大無數倍。心想如果這個活動能引起回響，並在不同校園中擴散，在這個手指滑不停的低頭族社會潮流中，會是種多麼難得而美好的人際互動呀！

本來報名要介紹的書是《快思慢想》，後來木村阿公的笑臉一直在腦海中浮現，好像是在叫我介紹他與他的蘋果園。想想也對，要分享感動，就要介紹心中最有感覺的，而不是最有學問的書。以木村阿公為主角的《這一生，至少當一次傻瓜》是數年前向朋友借來看的一本書，一看便忘不了。我搜索著記憶中最初的感動：其一，驚訝於用生命種出來的蘋果如此厲害；其二，讚歎木村阿公的生活禪如此渾然天成！找回這最初的感動後，我就用五分鐘來分享吧！

活動當天笑語不斷，烙印在記憶中的是空氣裡流動的愉悅氣氛與真誠分享，很高興校長惠敏法師提出了在春、夏、秋、冬四季，都辦「五分鐘說書競賽」活動的可能性，期待在四季中都能與眾書友們，在心領神會的交流中享受一下午的快樂時光。

◀「五分鐘說書競賽」當天，現場笑語不斷，氣氛熱烈真誠。

⑧¹ 汪其楣老師（中間黑服）之拈花微笑聾劇團為IABS 2011年國際佛學會議6月23日文化之夜所創劇作《悠悠鹿鳴》，於英語版本演出前，中文版於5月11日在臺北國軍文藝活動中心演出之後，總統夫人周美青與全體演員合影。

⑧² 《悠悠鹿鳴》演出海報。

⑧³ 法鼓佛教學院五週年校慶特刊「五世其昌」（2012年4月）。

⑧⁴ 法鼓佛教學院圖資館於102年1月2日舉辦「五分鐘書評」競賽。

(85) 法鼓佛教學院聯合法鼓山僧伽大學舉行畢業典禮（2013年6月8日）。

(86) 受臺北藝術大學楊其文校長邀請到「關渡講座：藝界人生」講課（2013年10月3日）。

(87) 臺北藝術大學共同學科主任李葭儀老師與同仁，於2014年1月21日為作者舉辦「榮退茶會」。

(88)「榮退茶會」時，與教務處同仁與眷屬合影。

(89) 法鼓文理學院於2015年正式招生，期待成為一所讓大家法喜充滿的學園。

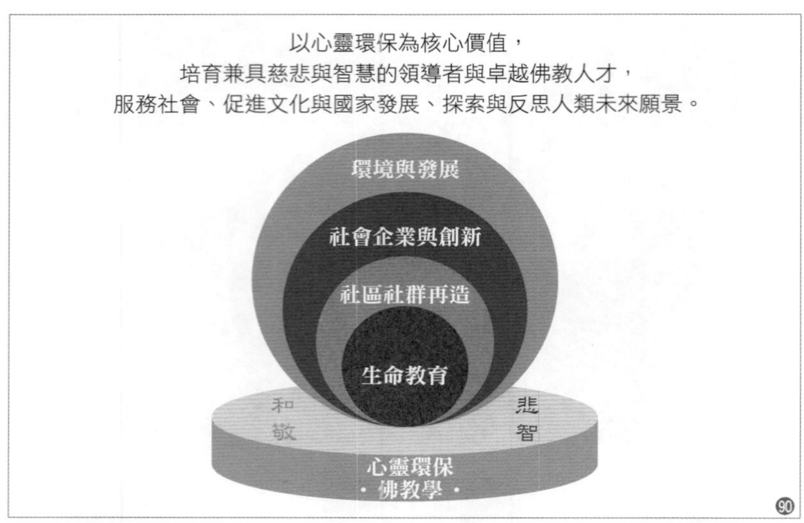

⑩法鼓大學學程結構與校訓「悲智和敬」的顏色關係：悲（生命教育）、智（社會企業）、和（社區社群）、敬（環境與發展）。

⑪法鼓文理學院「心」地圖：校園路名。

自序

國史館卓遵宏、侯坤宏兩位教授從二〇〇七年六月十六日開始做我的口述歷史訪談，每次約三小時，由李美寬女士做錄音與摘要記錄等助理工作（彩圖73）。由於我的工作行程比較忙碌，一直到二〇一二年十一月三日，總共訪問十六次，非常感謝上述訪談小組的教授與助理的耐心，以及提供訪談場地與午餐的北投法鼓山中華佛教文化館等增上助緣。之後，李女士於二〇一三年七月完成逐字稿。接著，由我負責修訂與整編文稿。

自覺平凡，難以成傳，因從感恩，豁然開朗

一開始，我對這十六份逐字稿，有些束手無策。因為訪談歷程有五年半之長，口述的內容不容易連貫，再加上我的生平與成就也乏善可陳，躊躇難有進展；而且正逢「財團法人法鼓人文社會學院」已與「財團法人法鼓佛教學院」合併存續更名為「法鼓學校財團法人」、人文社會學院立案申請書，以及與法鼓佛教學院合併計畫書的各項準備事宜，也讓修訂進度再三延遲。

所幸，對於與我後半生的經歷有相關的內容與資料方面，特別需要感謝《人生》雜誌於二〇〇三年起提供我寫作「人生新視界」專欄的因緣，讓我有機會每月定期表達

我該月前後的人生經驗，因此可以藉此看出我的生命與世事互動的軌跡，以及許多人協助我實踐夢想的歷程，也成為此訪談錄的基本材料，讓我可以再從我整個人生的觀點，刪補整編成新面貌的書籍出版。

於二〇一四年二月一日，正好滿六十歲，也累積約二十二年的臺北藝術大學的年資，可以辦理退休。在我至今「六十歲」一甲子的生涯中，父母、師長、同仁、同學等所有的諸上善人與貴人們的恩德，是我可以將此書完成的最大動力，因為，每當我陷入修訂困境、不知所措時，都是由於感恩、報恩之心，而豁然開朗，這也是此書的主題名為「六十感恩紀」的原因。

六十自述：兩段學習、三頭工作、四個逐夢

如上所述，由於此次國史館訪談的因緣，讓我學習如何感恩我六十歲的人生如下的分期的諸多善緣貴人：第一、兩段學生時期（1954-1992年，1-38歲）；第二、三頭工作時期（1992-2014年，38-60歲）；第三、四個夢想（人腦、電腦、社區、學園）實踐（1992年- ，38歲- ）。這也是此書《六十感恩紀》三個篇名的由來。

學術界知道：胡適十分重視傳記文學，曾在北大教授「傳記文學」，也為多位古人、近人寫作年譜及傳記。因有感於中國傳記文學的缺乏，胡適於四十歲之後撰著《四十自述》，親自示範，期能拋磚引玉，開啟國內壯年作家撰寫自傳的風氣。不同於梁啟超傳記取材於「英雄人物，偉大

事蹟」，胡適恰好相反，比較注重凡夫俗子成功的過程，因此提倡自傳寫作，對象不分販夫走卒或王公貴族。他視自傳為史學的重要材料，是要「給史家做材料，給文學開生路」。

這種觀點，雖然給我的訪談錄提供出版的勇氣，但回顧我至今六十歲的生涯是沒有「凡夫俗子成功」，倒是有許多需要懺悔與道歉的問題，因為，事實上，我個人品德、能力不足與學識有限，許多做人處事過失與瑕疵，行政、教學、服務等各方面的錯誤與疏失，時常感到愧疚與不安。所幸，相關單位的師友、師兄弟們、同仁們、同學們非常包容或護持，讓我可以持續維持「學以致用」的三頭工作，以及成就我四個夢想（人腦、電腦、社區、學園）的實踐，實在感恩不盡。

我的八個夢想歷程與築夢方程式

對於我的夢想歷程與築夢方程式的議題，二〇一〇年四月十三日，敝人以「我的八個夢想歷程」為題目，受邀為國立臺北教育大學「精彩人生」講座演講。主辦單位希望主講者分享其生涯發展規畫經驗，讓學生們更有追尋夢想的智慧與勇氣。之後，我於該年六月份的《人生》雜誌，發表〈我的八個夢想歷程與築夢方程式〉的拙文，可以與此《六十感恩紀——惠敏法師訪談錄》之「兩段學生時期」、「三頭工作時期」、「四個夢想實踐」互相對照，或可以看出一些心路歷程的演變，該演講與文章的內容如下。

夢想是人類的特色

對我而言，談論我的人生故事的演講或採訪的次數不少，但是我想藉由這次的演講達到兩個目標：一、我想仔細地計算我過去、現在、未來到底有幾個夢想？二、以我個人的經驗，探究如何追尋夢想？或者是尋找「築夢方程式」，以便自我檢討與分享他人。

在長達四十六億年之地球形成時間與三十八億年之生命演化時間，人類大約在五百萬年前才登上世界舞台。想像地球四十六億年的歷史是一天二十四小時，那麼人類的歷史紀錄只是最後的十分之一秒。但是，由於人類演化成有夢想的智能，因此也發展成各種文明的發展。人類文明的洪流是由無量無邊眾生夢想點滴，經過長久時間匯集而成。以下則是我的八滴夢想歷程。

四個學習夢：晴耕雨讀、出家、佛典語言、出國留學

我的國小時期（1960-1965）是懵懂期，除了應付緊張的初級中學升學考試的上課與補習之外，快樂的時光是在夜晚熄燈後，在蚊帳中點手電筒偷偷地閱讀《三國演義》、《水滸傳》與《安徒生童話》等的遐想，以及夜間補習後，偷空到廟口看布袋戲的片刻。

到了初中（1965-1968）與高中（1968-1971），對於文學與生物學的喜好，讓我對陶淵明的〈桃花源記〉、〈歸去來辭〉等情景，有無盡的幻想。因此，填寫大學聯考志願時是以農學院為主，以「晴耕雨讀」的田園生活為人生夢想。但是，卻因「松下問童子，言師採藥去。只在此

山中，雲深不知處。」的詩句，無意間多填了藥學系的志願，結果因為考試成績的分發，我的第一個夢想則以臺北醫學院藥學系（1971-1975）為結局。

在大學期間，經由佛學社團而接觸佛教，也因閱讀李叔同（1880-1942）出家為弘一法師的傳記，醞釀出家的夢想。大學畢業後，雖然也順利通過藥劑師考試及格（1975），以及中醫師檢定考試及格（1978），沒想到可以在一九七九年完成了出家的願望。

出家後，經過傳統的寺院學習（1979-1982年，25-28歲），從諸古今善知識處，學習漢傳佛教諸宗大要。我也從近代前輩法師得知日本與歐美的現代佛學研究成果，因而對於現代佛學研究所需的經典語言（梵文、藏文、巴利文）學習，引發強大的興趣。所以，於一九八二年報考文化大學中華學術院佛學研究所（中華佛學研究所的前身）。進而於一九八六年（32歲）考取日本交流協會獎學金，到日本國立東京大學留學，完成碩士學位（1987-1989年，33-35歲）與博士學位（1989-1992年，35-38歲）。

四個教學夢：佛學資訊、佛教學院、社區淨土、健康助人

學成歸國後，有緣擔任大學與寺院的教職與行政職，也有幸於一九九八年（44歲）開始參與電子佛典、佛教文化時空資訊系統等「佛學資訊」相關的各種計畫，是我人生第五個夢想。二〇〇七年，「法鼓佛教學院」成立，我（53歲）受聘為首任校長，有機會與諸上善人合作建立將學術「研究」與實踐「修行」結合之機構，則是我的第六個

夢想。

二〇〇四年，敝人曾發表〈淨佛國土與社區淨土〉（見《人生》雜誌，254期）小文，說明「淨土行：自他行淨＝眾生淨＞佛土淨」的理念，以及以民眾公共生活中最基本的單元「社區」，做為「淨佛國土，成就眾生」的行動基點。於二〇〇九年底，西蓮淨苑僧伽教育期末回饋活動中，讓我確認「社區淨土」的「三願、六行」之菩提心（見《人生》雜誌，319期），則是我第七個夢想。此外，二〇〇九年，我（55歲）發表〈臨終自知時至，身無病苦，心不貪戀〉（見《人生》雜誌，316期）小文，希望：我的身心狀況能在臨終前一天還可以幫助別人，是我人生第八個夢想。

築夢方法：發揮天賦？刻意練習？

有不少的書籍教導如何追尋夢想？例如：最近的*The Element - How Finding Your Passion Changes Everything*（中譯本《讓天賦自由》，2009年），強調「資質」：什麼是我真正的力量所在？「熱情」：哪件事情讓我永遠充滿活力？「態度」：我讓際遇左右我的生命嗎？還是用態度創造運氣？「機會」：如何讓我的熱情找到實踐的管道？等四項要素。或者*Talent Is Overrated: What Really Separates World-Class Performers from Everybody Else*（《我比別人更認真：刻意練習讓自己發光》，2009年），則提醒：天賦被世人高估了，其實都必定經過「刻意練習」（deliberate practice），才有可能嶄露頭角。

築夢方程式：
淨土願景＝四無量心（利人）＋多元智能（意樂）

我個人則參考佛教「四無量心」與美國哈佛大學加德納（Howard Gardner）教授在一九八三年提出的「多元智能理論」（Theory of Multiple Intelligences：語文、邏輯數學、空間、肢體運作、音樂、人際、內省、自然探索），每天從自他的感受開始，學習發現與處理問題的各種適當的心態。一、學習「慈心」，思考我何德何能？可以幫助「無樂受」眾生。二、學習「悲心」，思考我何德何能？可以幫助「有苦受」眾生。三、學習「喜心」，思考我何德何能？可以幫助「有樂受」眾生。四、對於不需要我們協助的眾生，學習「捨心」，平等不染，默默祝福。

其實，這也是母親對其子女的四種感覺。因此，若能找出那種人、事、物適合讓我們可以發揮「母性」，將一切苦樂眾生當成家人，將波譎雲詭的世局當成舞台，隨時隨地，培育才德與智能，終身歡喜做自利利人的事業，應該是人生最大的幸福。

我的人生、我的抉擇：三出、三入

於二〇一三年二月二十五日，清華大學生命科學院院長李家維教授邀請知名的電視節目製作人和經紀人王偉忠先生與我，擔任由「清華企業家協會」與「交大思源基金會」所主辦的「梅竹講堂」，以「我的人生、我的抉擇」的題目，發表演說與參與座談。當時，我以如下的「三出、三入」來說明所謂「我的人生、我的抉擇」。

三出

一、出市（1971-1975年，17-21歲）：是指因喜好田園而「出市集」，如上所述：到了初中與高中，對陶淵明的田園生活，有無盡的幻想，因此，填寫大學聯考志願時是以農學院為主。但是，卻因「松下問童子，言師採藥去」的詩句，無意間多填了藥學系的志願，由於考試成績的分發，卻以臺北醫學院藥學系為結果。

二、出家（1979年- ，25歲- ）：學佛之後，出家的抉擇。

三、出國（1987-1992年，33-38歲）：出家之後，出國留學日本，作佛學研究的抉擇。

三入

一、入行（1992年- ，38歲- ）：學成回國之後，從事宗教與教育「行」政工作。

二、「入數」（1998年- ，44歲- ）：擔任中華電子佛典協會（Chinese Buddhist Electronic Texts Association, CBETA）主委，接觸數位人文領域。

三、入滅（2025年？，71歲？）：最後學習寂滅最樂、微笑而終。

以上，不論是「我的八個夢想歷程與築夢方程式」，或是以「三出、三入」來說明所謂「我的人生、我的抉擇」，乃至《六十感恩紀——惠敏法師訪談錄》之「兩段學生時期」、「三頭工作時期」、「四個夢想實踐」的分類方式，可以看出我個人不同因緣的人生面向，提供大家參考。

回顧自己的生涯，非常感恩父母師長、長官同仁、同修同學等諸大善人，讓我得以學習與成長；非常慶幸生長於沒有戰爭煎迫的地區，但有稍感受戰後的艱苦的磨練，也經歷臺灣的經濟奇蹟與民主化過程，以及大陸的改革與開放的變化，冷戰前後國際間的各種變遷，乃至全球化衝擊的利害得失。這個世紀，人類正處於人口與汙染、經濟興衰、貧富差距、能源與生態危機、氣候變遷等各種社會與環境問題的十字路口，我們每個人都有造成改變的影響力，正如國際知名保育推廣教育家珍古德博士（Dr. Jane Goodall）所說：「每一個人都可以造成改變（Every individual can make a difference）」，由個人做起，進而改變自己號召他人，拓展良好美善的網絡，猶如聖嚴法師所呼籲：由個人「小小的好」，匯集成「大大的好」。

讓希望生根發芽

二〇〇六年十月二十八日，法鼓山文教基金會邀國際知名保育推廣教育家珍古德博士到法鼓山世界佛教教育園區，分享國際珍古德教育及保育協會「根與芽」（Roots & Shoots）計畫。這是一九九一年她在坦尚尼亞開始推動一項青少年教育計畫，目的在於鼓勵青少年關懷環境、動植物與社區，並採取行動改善問題。她深信年輕的一代是未來的希望，「希望」猶如種子，可以生根發芽，「根，可以向地底無盡地延伸，形成穩固的基礎。芽，雖然看起來嬌小脆弱，卻能夠為了尋覓陽光而突破土石。如果地球現在所面臨的種種困難是一道道堅固的城牆，那麼，遍布世界的千萬顆種子，一旦生根發芽，就能衝破城牆，改變世界」。

抱持希望的理由

在珍古德博士的演講與《希望——珍・古德自傳》（*Reason for Hope: A Spiritual Journey*）中，提到她抱持希望的四個理由：

一、人類的頭腦：它讓我們祖先得以在艱困而原始的世界存活下去，製造從原始的工具到複雜精良的工具，而導致現代科技。我們只要將心、手、腦相連，就一定可找出與自然和諧相處的生活方式。例如：現代各個綠化的企業的決心與成果。

二、自然界的復原力：只要我們給她機會，而且在必要時伸出援手，從泰晤士河下游的整治，核爆後長崎的重生，因鎳礦洩出有毒物質而汙染的加拿大蘇德柏利（Sudbury）的復原……等許多成功的例子。

三、全球年輕人（明日世界的主人）已經呈現的正確知見與行動，以及即將被點燃的熱情。

四、人類不屈不撓的精神，讓我們絕不放棄，克服萬難，做出幾乎是不可能完成的事，達成目標，或照亮一條路，讓別人可以跟隨。或許是突然面臨一個機會，做出事先沒有人會相信他們能做的英雄之舉。或許是克服可怕的身體殘障，過著令人鼓舞的生活，成為我們的典範。他們或許是世界領袖，或許是街頭流浪漢，科學家、服務生、藝術家、卡車司機，在我們身邊許多默默貢獻一生為他人服務。

知法常「無性」，佛種從「緣起」

對於成佛希望的理由，《法華經》說：「知法常無性，佛種從緣起，是故說一乘。」眾生雖是凡夫，以無凡夫的定性（無性、空性）故，佛種（菩提心種）遇善緣而行善，發菩提心，修菩薩行，則有成佛的可能性。所以，《法華經》甚至說：「若人散亂心，乃至以一華，供養於畫像，漸見無數佛。或有人禮拜，或復但合掌，乃至舉一手，或復小低頭……入於塔廟中，一稱南無佛，皆已成佛道。」如此一香一華的供養，一舉手一低頭的敬禮，一稱佛名，這些微小的善法，如能確定成佛的目標，這一切都是成佛的方便。

進一步說，行菩薩道者，若能體悟空性，了知三界如夢，苦樂如幻，一切平等一味相，知緣起之苦樂生滅，而自性皆空，則可以發大願，以法持心，在塵不染而度化世間。

以上「讓希望生根發芽」的內容是我曾在二〇〇六年十二月份《人生》雜誌發表的文章的一部分，以此做為拙序的結尾，若有見聞者，悉發菩提心。最後，再次感謝國史館卓遵宏、侯坤宏兩位教授、李美寬女士等人成就此口述訪談因緣，以及國史館願意出資出版流通。若對大眾有利益，則是彼等的功勞，期待或可就教諸方賢達；若有誤導眾生以及文章與相片疏漏、錯誤、文體不一之處，則是本人之責，敬請原諒，期待有緣更正與改善。

惠敏

序於法鼓佛教學院
2014年4月19日

增訂版補充說明

二〇一四年七月二十八日，教育部舉行「法鼓人文社會學院」與「法鼓佛教學院」合併審議會，經過法鼓學校法人代表簡報及審議委員提問答詢，由審議會議決：通過兩校合併，校名為「法鼓文理學院」。因此，我曾以「法鼓文理學院啟航」為題目，發表拙文在《人生》雜誌三七三期（2014年9月），但是來不及加到《六十感恩紀——惠敏法師訪談錄》的初版，今藉著再版與修訂因緣，增修此段在「玖、法鼓佛教學院與法鼓文理學院（2007年-　，53歲-　）」的章節之末，以說明此重要的里程碑。此外，初版時有一些筆誤，經過讀者們（特別是西蓮淨苑心見居士細心地校讀）指正，於此衷心感謝。

寫於法鼓文理學院
2015年6月23日

目次

自序 1

增訂版補充說明 13

第一篇　兩段學生時期（1954-1992年，1-38歲） 31

壹、出家前之學習（1954-1979年，1-25歲） 33

一、學佛前之學習（1957-1972年，3-18歲） 33

（一）鹼安代用國小（1957-1960年，3-6歲） 33

（二）成功國小（1960-1965年，6-11歲） 36

（三）金城初中（1965-1968年，11-14歲） 41

（四）臺南一中（1968-1971年，14-17歲） 45

（五）臺北醫學院藥學系一年級（1971-1972年，17-18歲） 48

二、學佛後之學習與服役（1972-1979年，18-25歲） 50

（一）藥學系二至四年級（1972-1975年，18-21歲） 50

（二）大開眼界——參加明倫大專佛學講座 51

（三）生命的覺醒：佛法與世間學問的融會 54

（四）「松山寺北區大專佛學講座」學員長（1973-1974年，19-20歲） 56

（五）參加西蓮淨苑大專青年念佛會（1973年-　，19歲-　） 59

（六）大學畢業、服役與考中醫檢定（1975-1979年，21-25歲） 61

（七）出家因緣（1979年，25歲） 62

貳、出家後之學習（1979-1992 年，25-38 歲） 67

一、西蓮淨苑三年的僧團生活 （1979-1982 年， 25-28 歲） 67

（一）如何選擇適合自己的路 69

（二）投考「中華佛學研究所」的因緣 71

二、中華佛學研究所的學生時期（1982-1985 年，28-31 歲） 72

（一）學習梵文與佛學研究課程 72

（二）計畫日本留學 76

（三）出國留學前外一章 78

三、日本東京大學之留學時期（1986-1992 年，32-38 歲） 79

（一）與聖嚴法師的師友因緣 81

（二）日本留學生活點滴 87

（三）兩年完成碩士學位、三年取得博士學位 91

（四）日語與其他方面的學習情形 93

（五）參加口試的經驗 94

（六）對自己建立適當的定位 95

（七）日本的博士學位 98

（八）美國密西根大學遊學與大陸參訪（1992 年前半，38 歲） 100

（九）初訪大陸 103

第二篇　三頭工作時期（1992-2014 年，38-60 歲） 105

叁、西蓮淨苑的工作（1992 年 - ，38 歲 - ） 109

一、副住持（1992-1998 年，38-44 歲） 110
二、住持（1998 年 - ，44 歲 - ） 112
三、《乘雲宗譜》的發現 118
四、寸草與春暉 126

肆、臺北藝術大學的工作（1992-2014 年，38-60 歲） 135

一、二年的客座教職（1992-1994 年，38-40 歲） 135
二、三年的學務長經歷（1994-1997 年，40-43 歲） 136
（一）行政工作的挑戰 138
（二）多變的時代、不變的真情 142
（三）一念善心、百年真情 144
（四）「微小」轉化「廣大」 145
（五）一些學生事務 146
（六）學務長經歷的意義 148
三、準備升等教授（1997-1999 年，43-45 歲） 150
四、六年的教務長經歷（2000-2006 年，46-52 歲） 151
（一）同時接任共同學科主任、教務長 151
（二）參與學校改名國立臺北藝術大學（2001） 153
（三）藝術大學的全人教育
——新世紀終身學習的藝術人計畫（2002-2005） 154
（四）獎勵大學教學卓越計畫（2005-2013） 157
（五）教務長兼代理校長（2006 年前半，52 歲） 159
五、在藝大所開設的課程 161
（一）禪與靜坐 161

（二）生命科學與藝術 162

（三）牧心禪唱 166

（四）印度古典戲劇美學專題 167

（五）「人文資訊與知識管理」關渡講座 168

（六）「藝術生命之發想與寫作」通識核心課程 171

（七）慈悲喜捨：向無障無礙的藝術家們學習的功課 172

伍、中華佛研所、法鼓佛教學院、法鼓文理學院的工作（1992 年 - ，38 歲 - ） 179

一、教學工作 179

（一）梵巴漢藏佛典對讀、梵巴藏文法教材編寫 179

（二）梵本瑜伽行派文獻的教研 181

二、副所長（1994-2007 年，40-53 歲） 182

（一）三種追求真理的能力：思考、表達、探詢 183

（二）佛學研究的浪漫與現實 185

（三）二十一世紀社會變遷與漢傳佛教教育之發展 190

（四）梵文教學經驗分享 193

（五）教學與研究 197

三、法鼓佛教學院與法鼓文理學院校長（2007 年 - ，53 歲 - ） 199

（一）提議解除「宗教研修學院」博士班設立與校名規定等限制 201

（二）當代佛教界辦學的軌跡 204

（三）宗教研修學院 206

（四）「行門課程」規畫 207

（五）「畢業呈現」的規畫與執行 210

（六）校園資訊化系統 212
（七）電子化教與學歷程檔案、數位人生履歷表 214
（八）行政與服務 216

第三篇　四個夢想（人腦、電腦、社區、學園）實踐（1992年-　，38歲-） 227

陸、梵典唯識、禪修與腦科學之教研（1992年-　，38歲-） 237

一、梵典唯識文獻翻譯與研究 237
（一）闡揚菩薩道的主題層次分明、內容豐富 240
（二）藉此可了解《攝大乘論》、《成唯識論》等「唯識思想」雛形 241
（三）多樣的梵文詩頌韻律變化與佛教新梵文詞彙 242
（四）梵文詩偈的唱誦與早晚課誦 243
（五）梵本《大乘莊嚴經論》擇要三品之譯注計畫 248
（六）參讀《莊嚴》印度注疏之藏譯文獻 250

二、古今心智科學的對話 251
（一）認知心理學＋神經科學＝認知神經科學 252
（二）禪觀與唯識學 253
（三）阿賴耶識與生命中樞（腦幹） 255

三、四念住與三重腦理論 257
（一）身念住與腦幹 259
（二）受念住與大腦舊皮質 260
（三）心念住與大腦新皮質 261

四、腦的情緒生活與慈悲禪定腦影像 261
（一）正念與慈悲禪定國際研討會 262
（二）腦的情緒生活之基本原理：情緒模式 262
（三）情緒模式的六個向度 264
（四）慈悲禪修可調節情緒之神經迴路 265
（五）從實驗室「轉譯」到社會：學以致用 266
（六）各種專業學科之間的「對話」「互補」 267
五、腦科學之「變動之我」與佛教之「無我」觀 270
（一）腦損之「自我界限」的變動 271
（二）「包含性階層」建構自我的統一 272
六、「順解脫分」之相狀：悲欣毛豎 273
（一）於解脫法，深生愛敬，毛豎泣淚 274
（二）「向善離惡」的認知與愛敬、喜悲等情緒 275
（三）身心轉換 276
七、直指人腦，明心見性 277
（一）禪與腦 279
（二）明心見性 279
（三）心識與腦神經 280
（四）人心與人腦 281
八、禪與腦：自我與無我 282
（一）內隱自我的結構：I-Me-Mine 283
（二）I-Me-Mine 的消融 284
九、打坐的腦波研究 286
（一）佛陀的打坐姿態與羅丹的沉思者雕像 286

（二）打坐的腦波研究（I）：靜慮、法喜 287
（三）打坐的腦波研究（II）：「情境」效果、「性向」長期效果 288
（四）人成即佛成：心＝腦 × 眾生[2] 289
十、直觀無我：禪與心識的轉變 290
（一）成對互補性的腦機能 290
（二）「止觀雙運」：專注性與接受性的禪定 291
（三）「由上往下」與「由下往上」的注意系統 291
（四）「自我中心」與「他者中心」之日常事實的版本 292
（五）禪宗的「見性」經驗 293
（六）惺惺寂寂、寂寂惺惺 294
十一、佛教禪修傳統與現代社會 294
（一）正念禪修：佛教對現代社會的貢獻之一 294
（二）傳統與現代 295
（三）正念與腦神經科學 296
（四）正念與教育、醫療、倫理責任 297
（五）分別與無分別、世間與出世間 298

柒、中華電子佛典協會、數位人文（1998 年 - ，44 歲 - ） 301

一、CBETA **第一期**（1998-2002）**：《大正藏》** 301
（一）擔任中華電子佛典協會主任委員 302
（二）電子化漢文大藏經之先驅 308
（三）CBETA 之遠近因緣 311
（四）一九九八年取得日本《大正藏》的授權 312
（五）CBETA 沒有收錄《大正藏》56-84 冊的因緣 315

（六）第一期（1998-2002）成果：《大正藏》1-55與85冊 316
二、CBETA第二期（2003-2008）：《卍新續藏》 318
（一）第二期的經費的因緣 318
（二）二〇〇二年取得日本《卍新續藏》的授權 319
（三）二〇〇六年電子佛典新式標點專案 326
（四）二〇〇八年開發跨平台版本讀經界面 332
（五）第二期（2003-2008）成果：《卍新續藏》1-88冊 332
三、CBETA第三期（2009-2014）：《嘉興藏》、歷代藏經補輯等、國圖善本佛典、《漢譯南傳大藏經》（元亨寺版） 334
（一）《嘉興藏》木刻版數位化的挑戰：異體缺字處理 336
（二）二〇〇九年取得國家圖書館善本佛典授權 339
（三）開展電子書的「數位出版」的服務 340
（四）二〇一二年取得元亨寺版《漢譯南傳大藏經》授權 342
（五）《漢譯南傳大藏經》協進構想 344
（六）第三期（2009-2014）成果：《嘉興藏》、歷代藏經補輯等、國圖善本佛典、《漢譯南傳大藏經》（元亨寺版） 347
四、參與數位人文、佛學資訊的歷程 347
（一）我所學到的數位化文獻的一些基本觀念 349
（二）CBETA電子佛典的結構性特色 353
（三）「瑜伽師地論資料庫」專題研究計畫（1999-2002） 355
（四）數位博物館計畫：玄奘西域行（1999-2004） 356
（五）漢傳佛教高僧傳之時空資訊系統（2007-2009） 358
（六）ZEN——「輕安一心」創意禪修空間研究 362
（七）「中國佛教寺廟志數位典藏」專案 367

（八）Web 2.0 時代與 Science 2.0　368

捌、安寧與老人療護、社區淨土（1998 年 - ，44 歲 - ）　371

一、臺灣與日本之「安寧療護」臨床宗教師培訓計畫交流記實　372

（一）「安寧療護」緩和醫學　373

（二）臺灣「安寧療護」臨床宗教師培訓計畫　374

（三）日本的「臨床佛教研究所」　376

二、靈性與覺性照顧、人生最後的 48 小時　378

（一）靈性照顧與覺性照顧　378

（二）生命的奧祕：人生最後的 48 小時　379

三、拖死屍是誰　380

（一）虛雲法師的參禪經驗　381

（二）參話頭破除我執　382

四、生死三關　384

（一）病緣善惡關：斯人也而有斯疾也！　384

（二）醒睡正念關：若是昏睡，則不能正念？　386

（三）生死涅槃關：我是誰？我從何來？我將何去？　387

五、臨終自知時至，身無病苦，心不貪戀　388

（一）臨終前二週才躺在床上生活　388

（二）生活型態與健康　389

（三）臨終自知時至，身無病苦，心不貪戀　390

六、禪定、醫學與安寧照顧　391

（一）有關「禪定與教育」的研究（1969-1991）　391

（二）有關「禪定在醫學」的研究（2008）　392

（三）對自己的生活選擇負起更大的責任 393

（四）正念強化「個人內在資源」與「覺性照顧」 393

七、生命細胞之生死觀：善終的多樣性 395

（一）安寧療護之善終評估指標 395

（二）樹木之善終：心材 395

（三）《心材喻經》 396

（四）特殊細胞之善終：哺乳動物之紅血球、皮膚角質層 397

（五）一般細胞之善終：細胞自戕 398

（六）生命細胞之生死的兩面性：雖生而不長存、雖死而有用、長存 398

八、淨佛國土與社區淨土 399

（一）為成就眾生，願取佛國 400

（二）淨土行：自他行淨＝眾生淨＞佛土淨 400

（三）建立社區淨土 401

（四）關心隨緣社區 403

九、優質佛教徒終身學習守則：五戒新詮 403

（一）五戒與儒家的五常 404

（二）戒律是人類文化的基礎 405

（三）受戒是對於生命角色的確認 405

（四）優質佛教徒終身學習守則 406

十、記錄社區，看見淨土 408

（一）記錄社區，看見淨土 408

（二）音像記錄是新世紀國民基本表達能力 409

（三）淨土：現世與未來的夢想 411

十一、「社區淨土」導航系統：三願、六行 412
（一）慈悲關懷願： 1. 利人利己、2. 護生環保之意樂 413
（二）智慧無礙願： 3. 聞思修慧、4. 身心健康之習性 414
（三）方便善巧願： 5. 音像紀錄、6. 佛學資訊之運用 414
（四）「社區淨土」導航系統：三願六行相輔之妙 415
十二、我與汪其楣教授之拈花微笑聾劇團的因緣 416
（一）希望，來自對生命無常的包容與超越 416
（二）沒有意外就沒有創新 417
（三）《鹿王》、鹿野苑、《悠悠鹿鳴》 418
（四）感動，來自群體無我的互助與合作 419
（五）手語、手印與「手」的比喻 420
十三、身心健康「五戒」：笑、刷、動、吃、睡 421
（一）微笑：知足常樂、助人快樂、寂滅最樂、心樂身樂 423
（二）刷牙：配合牙線、隨食刷牙、兩兩來回、牙淨心淨 425
（三）運動：週三三三、胸臂腹腿、平衡柔軟、身動念在 426
（四）吃對：素食少鹽、低脂少糖、全穀根莖、多色喝水 427
（五）睡好：定時睡眠、早睡早起、午間小睡、正念正知 428
十四、終身學習「五戒」：閱、記、研、發、行 430
（一）閱讀：廣學多聞 431
（二）記錄：知識管理 432
（三）研參：研究參疑 433
（四）發表：刊行交流 435
（五）實行：自利利人 435

玖、法鼓佛教學院與法鼓文理學院（2007 年 - ，53 歲 - ） 437

一、法鼓山的「三大教育」：A ＋ B ＋ C ＝ Dharma Drum 438

（一）「心靈環保」、「三大教育」：

《大乘起信論》之「一心」、「三大」 439

（二）大學院教育（Academic Education）：

「體大」（智慧如海）培育「深度」 440

（三）大普化教育（Broad-based Education）：

「用大」（方便善巧）開展「廣度」 440

（四）大關懷教育（Care-always Education）：

「相大」（慈悲為懷）維持「厚度」、保持「溫度」 441

二、校慶「淨灘」迎接「世界地球日」 442

（一）週年校慶「淨灘」迎接「世界地球日」：淨心淨土 443

（二）淨佛國土與社區淨土： DDBC 445

（三）滿願「行願之樹」 446

三、什麼是我的教學根本目標？ 448

（一）思考與表達：如理思惟、適當表達 448

（二）覺照與視野：眾目睽睽、世界舞台 449

（三）願景與實踐：樂發好願、莊嚴淨土 450

（四）Dream, Dare, Become, Create 451

四、增設佛教學系博士班：佛教禪修傳統與現代社會 452

（一）佛教三大禪修傳統或「佛學資訊」現代科技 453

（二）佛教禪修傳統、佛學資訊與現代社會 457

（三）博士生七項核心能力 459

五、文化教育的軟實力 460
（一）文藝獎章 460
（二）文藝之人際間「絆」 460
（三）我，正是想當這種人 461
（四）文化教育的軟實力：賞識、關懷、美化的生活態度 462
（五）我們，正是想當這種人 463
六、菩薩心行，法鼓燈傳，勇健啟航 464
（一）法鼓山大學院教育聯合、整合型之開學暨畢結業典禮 464
（二）法鼓山僧伽大學暨法鼓佛教學院畢結業典禮 465
（三）大學「學位服系統」簡史 465
（四）佛教意義的大學學位服與畢業典禮 467
七、好書大家讀：「書評比賽」的日本經驗 470
（一）「書評比賽」的原型 470
（二）修訂規則、五分鐘時限與 YouTube 的融合 471
（三）三條規則、八個補充規則 473
（四）好書大家讀：學校與社區結合的新讀書運動 474
八、法鼓佛教學院「五分鐘書評」比賽感想 475
（一）舉辦「五分鐘書評」比賽心得 476
（二）五分鐘之無常觀 477
（三）五分鐘、五段書評結構與生死大事 479
九、聚沙興學、微塵淨土 480
（一）聚沙成塔、大願興學 481
（二）微塵佛國、慈心淨土 483

十、法鼓山大學院教育「心」地圖 485
（一）法鼓山大學院教育「心」地圖之校園路名 485
（二）以法印心、法法相益 486
（三）轉法輪、四聖諦、八正道 489
十一、法鼓山大學院教育「心」世界：跨界、轉型、擴展 490
（一）佛教學院七週年校慶：跨界與轉型 490
（二）四無量心之同心圓式擴展：親緣、中緣、怨緣、十方 491
（三）法鼓學院之波形圓周式擴展：生命、社區、社會、環境 492
（四）法大的「心」世界 493
十二、「法鼓文理學院」啟航 494
（一）為何不能以「法鼓大學」或「法鼓學院」為校名？
礙於法規或慣例 495
（二）為何以「法鼓文理學院」為校名？
重視「博雅教育」小而美的學院 497
（三）法鼓文理學院：法喜充滿的學園 498
十三、法鼓文理學院「大願．校史館」構想 499
（一）「大願興學」里程碑 499
（二）「大願．校史館」構想 500
（三）「大願．校史館」內容 501

拾、結語：huimin2525，退休 ‧ 善終?!（huimin2525） 503

一、我的生命密碼： huimin2525 503
（一）人類生命密碼的解碼之旅 503
（二）huimin2525 ：我的生命密碼 505

（三）in the year 2525 ：人類的「生命密碼」 505

（四）把每天當成是生命中的最後一天 506

二、退休．善終?! 507

（一）六十歲退休：二十二年的藝大年資 508

（二）七十六歲善終?! 三十八年的人生回饋年資 509

（三）安寧器捐，山海隨緣，網路告別，一善紀念 510

訪問後記／侯坤宏 513

第一篇

兩段
學生時期

1954-1992 年，1-38 歲

[1954-1979年．1-25歲]

出家前之學習

一、學佛前之學習（1957-1972年，3-18歲）

（一）鹼安代用國小（1957-1960年，3-6歲）

我是一九五四年一月二十二日（農曆癸巳年十二月十八日）在臺南市安平區出生，父親郭明允先生，母親郭陳蓮招女士是臺南市安南區人，比父親小一歲。祖父郭大本先生與祖母郭蔡換女士只生我父親一個男孩，其餘是四個女孩——大姑以及三個小姑。由於從小沒有看過家裡有郭氏族譜，所以不知是源自哪個地區的郭氏家族，但是有看過舅公在謄寫祖母方面的「蔡氏族譜」，卻沒有問過是從何而來。後來，我出家之後，似乎覺得應該學習「怨親平等」，加上我生性又懶，也就沒有發起尋根的因緣。

我家兄弟有五人，我是長子，叫敏芳，弟弟們依序叫慶芳、世芳、俊廷、倍廷，三個「芳」，兩個「廷」。我從小不喜歡吃魚肉，儘管安平港有豐富的魚產，但是我卻受不了腥味，也不知道怎麼吐魚刺，容易被魚刺鯁到喉嚨，所以不是很喜歡吃魚；不喜歡吃肉則是怕油膩。因此，學佛之後，吃素對我來說，是比較容易適應的生活習慣。

父親從事臺南市的帝倫牌成衣加工廠外務工作，多半時間需要到外縣市出差行銷與收帳。母親在臺灣鹼業公司安順廠（位於臺南市安南區）擔任總機接線員的工作，我們是住在安順廠員工宿舍（彩圖1）。因此，我最初的學校學習經歷是從臺鹼安順廠的顯宮鹼安代用國小幼稚園（1957-1958年，3-4歲）以及代用國小（1958-1960年，4-6歲）開始。當時很流行提早入學讀書，家長的想法是如果讀得上去就好，萬一讀不上去，可以再多讀一年。很幸運地，我大都可以逐段通過，還算順利升學到大學。因此，雖然我在家是長子，是長兄的角色，但是我在學校的同學經驗，一直是差了一歲左右的小弟弟。

當時安順廠的員工宿舍可能是因為日據時代的規畫，一些公共設施是相當完備；設有棒球場、籃球場、游泳池、餐廳、福利社、可以播放電影以及各種集會的大禮堂，幼稚園和國小等等，學校方面也會配合節慶，在大禮堂安排學生的表演節目，可以算是資源不錯的生活環境。我記得上幼稚園時，有一次節慶的表演節目，我雖然不會看五線譜，但是敢大聲唱歌，於是被老師安排獨唱〈螞蟻搬豆〉:「一隻螞蟻在洞口，找到一粒豆。用盡力氣搬不動，只是連搖頭。左思右想好一回，想出好計謀，回洞請來好朋友，合力抬著走。」讓其他同學化妝螞蟻表演動作。到現在，我對當時的表演情景與歌詞還是有印象，這似乎也成就我日後比較敢上台的勇氣的機緣。

在沒有電視或收音機不普及的時代，住在安順廠的員工宿舍的鄰居們，於好天氣的夜晚，大家不約而同各自拿出草蓆，鋪在門前的馬路上，聽長輩們講故事。小孩子們喜歡聽鬼故事或者一些民間傳奇，例如：《林投姊》、《虎姑婆》的故事。前者有不同版本，是敘述臺灣臺南附近有一女子，因為丈夫出海久而不歸，每天站在海邊望夫等待。癡等數年之後，哭死在海邊的林投樹下，後因女子冤魂不散，居民會在海邊的林投樹下，看到披髮的女鬼出沒。另一個較廣為流傳的是此寡婦遇到負心漢，被騙財騙色後，上吊於林投樹林，死後冤魂不散的故事。後者，則是敘述山上的老虎精，趁某家大人外出，變為老姑婆模樣，騙姊弟讓她入屋同睡。半夜，弟弟被吃，但是機智姊姊設計燙死虎姑婆的故事。我們小孩對此類故事是又愛聽、又害怕聽，邊聽、邊掩著耳朵，聽到毛骨悚然時，似乎是當時消暑兼娛情的好方式。聽完故事，大家或許玩撲克牌；或請長輩掏耳朵（雖然舒服，是現代的醫師所禁止的習慣，因為是很危險且不衛生）；或者大家坐在草蓆圍成一圈，後面的人為前面的人抓痱子的癢處，是很溫馨的敦親睦鄰生活習慣。

一九五九年八月七日至八月九日，發生於臺灣中南部的嚴重水患（被稱為「八七水災」），是戰後臺灣影響區域及受災人數僅次於九二一大地震及八八水災的重大災難。許多安順廠的員工家庭遷移到大禮堂，躲避水災。但是讀小學一年級的我，似乎不知苦，反而覺得可以與全社區的家庭合住在一起，覺得非常有趣，因為可以隨時互相到別人的家，沒有門牆的隔閡，整個社區成為一家人的感覺。等水消退了一些，可以回家時，也覺得很興奮，因為父親為了我的安全，不讓我涉水步行，所以將我的雙腿跨放在他的脖子上，有如騎馬般地回家，也是一件難忘的經驗。因為，似乎這就是我們兄弟對父親的印象，脾氣好，很少疾言厲色，讓小孩們可以騎在他頭上的感覺。他在家裡是扮演「白臉」，與扮演管教角色「黑臉」的母親搭配，成為我家的家教風格。例如，搬到臺南市區之後，家裡的小孩增多，下課後，兄弟們在家吵鬧不乖，母親又忙著準備全家的晚餐，為穩定情勢，於是處罰我們面壁罰跪時，小孩期待的聲音是我父親下班回家所騎腳踏車在家門口停車時的鈴聲與剎車的聲音，它代表的是救星來臨，因為父親會為我們求情解圍，可以不用罰跪吃晚餐了。

當時，家長們為了讓小孩能考取好的初中，必須轉到臺南市區的小學就讀。臺鹼安順廠的員工家長也是如此，於小學一年級之後，就將子弟轉學到市區的小學就讀，留下來的是沒有打算升學的學生，因此安順廠的員工子弟讀到小學無法湊齊完整的六個年級，只能做為顯宮國小之代用國小。所以，我在讀小學二年級時（1960），父親似乎是升到帝倫牌成衣加工廠比較內勤的工作，不用常到外縣市出差，於是母親辭掉臺鹼安順廠工作，全家遷到臺南市區，讓我可以插班到臺南市區的成功國小就讀。

（二）成功國小（1960-1965年，6-11歲）

當時，我家所居的學區應該是要讀立人國小，但是家人覺得立人國小的初中升學率沒有那麼好，所以我媽媽就把我的戶口遷到可以讀成功國小學區的朋友家。那個時候，臺南市有兩個升學率比較高的國小，一個是成功國小，一個是永福國小。永福國小更近市區，就在臺南民權路附近，是比較富裕家庭子弟就讀的。

由於我只是被掛名於成功國小的學區，實際上我家離成功國小是有段距離。等到升到比較高年級時，需要上整天課的時候，中午不能走路回家吃中飯。當時的小學又沒有為學生蒸便當的服務，所以是由我的母親每天中午親自為我送便當到學校，實在是很辛苦的事。因為當年是沒有家庭電器用品（洗衣機、電冰箱等）的時代，家庭主婦的工作負擔很重，我們家裡都是男孩，幾乎不會幫忙母親做家事。但是，有個情景讓我印象深刻到現在，是有次遇到颱風天，路上積水很深，到了中午送便當的時間，母親沒有出現，我開始著急，就走出校門往家裡的方向尋找，看到母親披著雨衣、穿雨鞋送便當過來，那一幕深深地烙印在腦海中。

此外，某次班級舉辦遠足郊遊，母親特別為我學習做壽司飯糰，還用木片便當盒裝，讓我興奮無比。可惜，當天下大雨，遠足地點改到學校隔壁的赤崁樓，讓大家覺得無趣，因為赤崁樓是我們天天抬頭就看得到的古蹟，覺得沒有新鮮感，不像是遠足郊遊。再令我失望的是我裝在書包的木片便當盒裝的壽司飯糰，隨著我的好動擠壓，已經散開且被壓扁，成為一般的飯菜便當，看不出有壽司或飯糰的樣子，感覺像是吃每天常吃的便當，沒有什麼特別。這個雙重失望的回憶，現在想起來，實在有趣好笑。

我對國小低年級還有一個特別的印象是：當時的衛生條件比較差，學校的木製桌椅會有臭蟲（木蚤、跳蚤），女生的長髮會長頭蝨，男生會長頭癬（癩痢）。因此，學校需要定期安排為學生消毒桌椅，或用消毒水洗頭；我們則列隊帶著自己的椅子，沖泡消毒水，以改善學校的衛生狀況。

還有一個事件，讓我知道頑皮的危險後果，以及感激受害同學對我的寬容。當時，在課間的休息時間，國小低年級的女生們大多是玩跳房子或跳橡皮圈繩，男生們會互相追逐、打鬧玩耍。有一次，我們幾個男生撿到一根枯樹幹，大家就合抱將它當撞鐘之推擊柱一般的來撞同學，如此其他男生們不得不閃開或躲避，我們的氣勢則所向披靡，有天下無敵的快感。由於，找不到其他男生們做為撞擊對象，正好看到一個班上的女生正用幫浦汲水，於是將她當撞擊的試驗對象。大家想是輕輕撞擊一下沒有什麼關係，沒有想到幾個小男生輕輕撞擊合集，產生的力量將她撞到幫浦旁的水槽內。她掉到水槽中，半身濕透，也驚嚇而哭，我們幾個男生也嚇得一哄而散。不久，上課鈴響，我們不得不回到教室，也準備接受老師的嚴厲處罰，依當時的案例，至少是藤條鞭打，而且我又是帶頭撞擊者。特別那位女同學是班上的品學兼優的學生，深受老師喜歡，當天她又是穿著新的百褶學生裙制服，這件頑皮事情，一定沒有那麼容易被老師放過。但是，我們都沒有想到，那位女同學居然沒有向老師告狀，她表示是自己不小心，滑倒入水槽內。對於她的寬宏大量，真是讓我們感到慚愧與感激，至今我雖然記不清她的姓名，但是還是非常感念她給我們機會改過自新，特別她讓我學習到頑皮的危險以及寬恕的力量。

我升到高年級後，我家再搬到成功國小對面的鴨母寮市場的裕民街巷內（彩圖2）。由於家的附近是菜市場，會看到有乞丐在行乞，有一幕情景令我難忘，有位男乞丐將辛苦乞得的錢，很高興地買路邊攤的枸杞茶，給盲眼的妻子喝。因為當時社會上正流行喝枸杞茶，做為明目、保護視力的保健，當時是屬於高價錢的飲料，小學生的我不知道此杯枸杞茶對他盲眼的妻子有多少功效，但是乞丐夫妻倆充滿希望與幸福光景，至今難忘。

我小時懵懂，成績平庸，直到五年級，才稍懂得上課學習與讀書要領，成績才稍升到中上階段。但是自己似乎是對課外的國外兒童文學譯作或中國文學兒童讀物比較有興趣，自己會到同學家借這類的書閱讀。因為此同學是富裕且書香世家，有許多藏書，他家也很慷慨願意外借書籍給我，但是他家的中庭有看守門戶的大狼犬，看到外人進出，都會狂叫作勢，我為了借書，還是願意冒險通過，他們家也會協助安撫大狼犬，以免讓我太害怕。對於這類課外讀物，我是讀得入迷，甚至夜晚不睡覺，瞞著父母，在蚊帳中，藉著昏暗的夜燈，偷偷繼續兒童版的《三國演義》或《水滸傳》。

不久，我也迷上看武俠小說，經常到另外一位同學家借閱，因為他的家人喜歡讀武俠小說，常租借一整部放在家裡，全家可以輪流閱讀，我也成為他家的常客，一方面是距離近，而且沒有狼犬。週末假日，他家放置武俠小說的小閣樓成為我最常流連的地方，一本接一本，長時間狼吞虎嚥。如此不愛惜眼睛的閱讀習慣，讓我在小學六年級就成為班上稀有的眼鏡族。因為一九六八年才實施九年國民義務教育，我是屬於那個初中聯考時代。在那個年代，國小五年級到六年級就準備升學聯合招生考試了，學習氣氛緊張，小學生們其實是沒有閱讀課外讀物的閒情。

到了六年級時，各個班級老師常常會舉行為升學聯考的模擬考。而且還要跟其他的班級比賽。我不曉得臺南其他小學怎麼樣，但是至少成功國小是這麼做的。這種班際比賽的方式是採用成績排名的個別對抗。只要兩班的老師講好時間，就可以進行模擬考班際比賽。比賽時，一半的學生（例如：成績排名單數名次）留在原來教室，另一半（例如：成績排名偶數名次）的學生到對方的教室。因此，兩班的第一名同書桌而坐；兩班的第二名同書桌而坐。書桌中間以書包分隔之後，老師發下考卷。考完之後，老師逐題公布答案，同名次並坐對抗的學生互相批改分數，最後計算總分，同時也將對手的總分數寫在旁邊，並加註輸贏分數。然後，各自歸位自己原來教室，各班老師開始依名次逐位檢視輸贏分數，若是輸了一分，代價是被藤條打一下。所以可怕的是，考不好的話馬上就被打。但是考好也是煩惱，為什麼呢？像這次考好名次上升了，下次就碰到更強的高手。若是這次運氣好考好了，從第二十名上升到第十名，下一次對方的第十名就可能比你強得多。

當時是男女分班，班級比賽也不限固定的班，記得每天要上學，心裡就想：「今天不曉得會不會模擬考班際比賽？不知是要與哪一班比賽？不知道會被打幾下？」因為我們六年級大概有二十班，平常就這樣交換比賽，有些班程度都很高的，特別是有些女生班特別厲害，則會輸得很慘。下課後，晚上還要去老師家補習。因此，整體而言，我對於小學的學習經驗的記憶是很辛苦的。其他的小學學習印象已經模糊，可以記得比較清楚的，是求「雞兔同籠」的數學問題，例如：雞兔同籠，雞和兔共二十隻，但只有四十六隻腳，求雞兔各有幾隻？或者是「植樹問題」的數學解題。或者一些成語的故事內容，或者班級被分配到棒球場觀賞棒球賽並擔任啦啦隊的場景，以及上述向同學家借閱的各種課外讀物與小說的故事情節，以及慈祥的曾銅鐘校長有次將不小心跌倒的我扶起摸頭的感覺。

（三）金城初中（1965-1968年，11-14歲）

考上金城初中之後，似乎覺得學習開始比較快樂（彩圖3、4）。它對我來講是一個新的學習的轉捩點。當時，金城初中才成立約十二年左右，是朝氣蓬勃的學校。王瑞東校長原來是臺南一中有名的數學老師，有幾位資深老師也是從臺南一中轉來的，其他年輕的老師也都優秀而且有幹勁。

學生們雖然也有面臨高中聯考的壓力，但是學校也會注重與聯考沒有直接相關的課程，例如童子軍與體育課程，不會把這些課移去加強數學、英文之類的。當時，學校會利用週末辦童軍露營活動、趣味競賽或運動會，或是各類課外活動，校方不會因為升學聯考的壓力而忽略。

大多數的金城初中老師之專業素養好又有熱忱。例如：「博物課」的陳老師，他非常親切和藹，上他的課會讓你感覺到增進知識的喜悅與美感，如沐春風。所以我從那時候開始對博物課或日後的生物課感到興趣，直到今天對生命科學的興趣。所以我初一的時候，就會自己跑回成功國小看科學展，觀賞化石的展示。平常，陳老師在上課的尾聲，會提示下次上課要教什麼，你們回去可以看看家裡有沒有什麼這類的東西可以帶來。有一次，老師要我們帶水生植物，我看到課本中有舉例：荸薺是水生植物。回家時，正好在家附近的菜市場中，有菜攤擺著荸薺在賣，於是請媽媽買幾顆，讓我帶到學校去。因為那次只有我帶去，老師就說：「嗯！很好，可以加分。」至今，我只記得叫他陳老師，因為他在解釋「新陳代謝」時，曾說：「新陳代謝的意義不是新的陳老師來代替舊的謝老師」，這句話讓我記憶至今。他上課就常常會像這樣子講，讓你覺得很有趣。

由於母親對外國語言有興趣，曾自學一些英文單字與發音，也在考上初中前的暑假教了我一些。此外，母親還讓我去某位英文名師的家裡補習，因此對於初中的英文學習，我似乎就比較容易進步，其餘的科目也還可以，但是對數學的學習能力就不是很好，有時會考不及格，直到大學的微積分，各種數學的解題都不是我的擅長。可是我又對於數學的理性美感很嚮往，乃至到東京大學留學、到現在還是喜歡買數學的科普書。

到了初中，父親開始給我零用錢，一個月約十塊錢，我就用它去買書。那時候文星書局，大概因某些因素而停業了，所以許多書被廉價拍賣。我看到一本一塊錢，就買了十本，印象中可能是《胡適選集》之類的，逐漸養成買書、看書的習慣。再加上初三時候的國文老師何瑞雄先生是個詩人作家，他上課時總是充滿作家、文學家的熱情，打開我對文學、歷史、哲學的視野。他上課不會只照著課本講，常常會介紹相關的世界名著，例如：但丁的《神曲》、彌爾頓《失樂園》、托爾斯泰的短篇小說集、或者古今中外詩人、作家的可歌可泣、感動人心的生平事蹟，或者暢談他的創作理念，或他對於文學、藝術或者人生、社會的看法，鼓勵我們多看課外書、寫日記。因此我也買了日記本，寫了一段時間的日記。他也介紹我們可以到他的朋友所開的「開山書局」找一些絕版書，或一般書局不會上架的世界古典名著，例如：《但丁神曲畫傳・羅勒插圖》等。但是有些絕版書價格高，初中學生的零用錢買不起，就會先記住書名與書架位置，等存夠了錢再來買。

之後，由於二〇〇六年我受臺灣大學黃俊傑教授之邀到臺灣大學做「我的學思歷程」講座系列的講者，該此演講稿被整理，於二〇一一年，國立臺灣大學出版中心希望我將它修訂，編入通識教育論壇「我的學思歷程」第五集之中。由於我校訂此演講稿的因緣，讓我想念起何老師，經由網路搜尋，竟然於「國立臺灣文學館」的網頁發現：「作家：何瑞雄……臺灣師範大學藝術系畢業。曾赴日本東京大學深造，文學博士課程畢業。曾任教於聯合工專、日本專修大學、國事館大學講師、長榮管理學院等。現已退休。」資料，沒想到我們竟然成為東京大學文學院的校友。之後，我在該網路部落格留言與留下電子郵址，希望有人可以告訴我何瑞雄老師的聯絡方式。

隔了幾個月，我竟然接到何瑞雄的女兒何小姐的電子回郵，並且附有她的電話號碼，我立即聯絡她，問她有關何老師的近況，以及聯絡方式。她稍稍提到何老師現在於臺南某大學任教，前些日子在校園被摩托車撞倒，還在調養中，並告訴我何老師的聯絡電話。不久，我打電話給何老師表達：許多年對老師的感念，並且告訴他我已經出家，現在也在大學任教。他聽到我出家的事，馬上回答說：「很好，不簡單。」在電話中，不改其老師本色，鞭辟當今的教育界狀況，彷彿又回到我學生時代的感受。我本來想約時間在我去臺南辦事之時，順道去拜望，但是他說該時間已與醫院約好看診，不方便更動。因此到現在還沒有再約見面時間，似乎人生中常有再見緣慳之情。

我於金城初中時期的相片，似乎只剩下學生證用的大頭照（彩圖4），上面有我當時的簽名「郭孫」的字號，還自創題字方式，將「郭」一樣「孫」的「子」部共用，因此，「系」插入「郭」之中，將「郭」與「孫」合成一字。為什麼會有這個字號呢？因為那時候老師說以前聖賢都有「子」的尊稱；如「孔子」、「孟子」，我那時候調皮，就說那我自稱「孫」好了，就是覺得好玩而已。

金城初中時期，還有件事情我覺得對我的學習是滿有幫助的。因為有幾個同學死黨，常玩在一起，那時候也不曉得誰先提起，就開始自創遊戲規則地玩起世界地理大富翁遊戲。它的玩法就是把整個世界地理當成大富翁的資產，五、六個人瓜分全世界，跟帝國主義一樣。然後就比如說你要買美洲這一塊或哪個國家，開始進行交易。用什麼方法來交易？比如說，我的美洲和你的非洲交換，我這塊會產石油；你的南非這塊會產鑽石，所以我這塊是價值多少錢，你的又值多少錢……。我們那時候就把地理知識放到大富翁的遊戲裡面來了。這個不一樣的遊戲讓我覺得歷史、地理在遊戲當中變得很有趣。甚至在下課時也會討論我要怎麼跟你交易，怎麼跟你聯盟，怎麼跟你競爭，初中這種有趣的遊戲帶來不少學習的樂趣。

參加高中聯考時，我為了展現我有獨立辦事能力，告訴父母不用陪考，只要載我到考場即可。沒想到，送走用「速克達」載我的父親之後，才發現自己忘了帶准考證，不知如何是好。這時，同學的父親竟然叫他陪我坐車回家拿准考證，實在令我驚訝他父親的膽識。回到家，發現家人不放心我自己一個人在考場，所以暗中到考場，門窗皆已上鎖。我們雖然爬牆進入庭院，也是不得其門而入，只好再回考場申請臨時准考證，這時在考場遇到家人，請家人回家拿准考證補交，折騰半天，終於我可以順利完成高中聯考，更幸運的是我考上臺南一中。

（四）臺南一中（1968-1971年，14-17歲）

當時臺南一中的校長是李昇先生，看起來嚴格的模樣，但是對學生卻很寬厚。例如：高中學生，血氣方剛，下課後，難免興奮喧嘩，或因故爭吵。李校長經過教室門口，靜靜地緩步走進教室，不會大聲喝止，只是安詳地站在一旁。學生看見校長來了，立刻鴉雀無聲，靜歇下來。他也不問學生為什麼吵鬧，也不干預他們為何爭執，微笑著離開教室。這種「以靜制動」的素養，令人欽佩。

就讀臺南一中（彩圖5）是我接觸佛教的遠因。高中的音樂課上了一學期，比如說總共教了十首歌，然後考試的時候就按照學號來考，學號一號唱第一首；學號二號唱第二首；學號三號唱第三首，然後回來十一號再唱第一首這樣輪著考試，都要唱一首獨唱才能夠及格。那時拿到音樂課本，裡面第二首是〈悲秋〉，歌詞是：

西風乍起黃葉飄，日夕疏林杪。
花事匆匆，夢影迢迢，零落憑誰弔。
鏡裡朱顏，愁邊白髮，光陰暗催人老，
縱有千金，縱有千金，千金難買年少。

歌詞令人深省，讀到作者簡介：「〈悲秋〉，作者李叔同，精通繪畫、音樂、戲劇、書法、篆刻和詩詞，為現代中國著名藝術家、藝術教育家……。後來出家為僧，號弘一，中興佛教南山律宗，被尊為弘一大師……」，如此的生平引起我的好奇心，怎麼一個藝術家後來會出家？更巧的是我的學號正好排到要唱這一首，後來就去書局找到他的傳記《弘一大師傳》，是陳慧劍先生寫的，有三本。當時，我沒注意到全集有三冊，還以為三本都是一樣的《弘一大師傳》。因為寫著一、二、三的字很小，我就隨便抽一本買了，結果回來一看，剛好是中間一集，沒頭沒尾，翻了一下就想說等有錢了再去買其他頭尾兩本。後來不曉得什麼因緣，考完試也就擺著忘了，但是我唱這首歌的時候覺得很有感覺。

當時的大專聯考分為甲、乙、丙三組，甲組是理工、乙組是文法商、丙組是醫農。到了高中二年級，學生需要選擇升學志願組別，以便學校分班。因為我的數學、物理不是很好，所以不敢選讀甲組；我喜歡化學、生物，於是就填丙組。那時候，選讀丙組的大部分學生大都是要讀醫學院為目標，這也是當時臺南地區的職業選擇的主流。我大概是抱著反潮流的彆扭的心態，覺得大人們都說讀醫學院好，因為將來可以名利雙收，嫁給醫生的嫁妝非常豐富，我若選擇如此的志願，未免太俗氣吧！一方面可能也是那時候受到初中何瑞雄老師的影響，很喜歡文學與哲學，對陶淵明所描述「晴耕雨讀」的生活就很嚮往，例如：「採菊東籬下，悠然見南山。山氣日夕佳，飛鳥相與還。」的生活意境。

所以，我就如此決定考農學院，但是我家裡的人就很擔心，問我讀農學院以後要做什麼？說真的，我當時也不太了解，只是一種浪漫情懷。關於這點我覺得滿感謝我父母，他們會提出意見，但是尊重我的選擇。這點影響我以後不管是面對我的學生，或是出家徒弟時，都是用這種教育的方式，讓學生自己想他是真的想要做什麼，自己思考、選擇，自己決定，自己負責，不要後悔。

對我選擇讀農學院的方向時，家裡的人是會擔心畢業以後的出路問題。當時，在大學聯考前，考生需要先填寫志願表，聯考考試後，再依照分數成績的高低，配合所填的志願就讀。我當時的第一志願是填臺灣大學農業化學系，這是按照過去的分數排名順序，其次的志願也大抵如此。但是，在聯考分數排名表中，我看到有藥學系的選項，我心裡想說藥學系也不錯：「松下問童子，言師採藥去。」覺得這意境不錯，於是順手填了各個醫學院的藥學系。由於我所填的志願幾乎是以臺灣大學、中興大學等順位的農學院的科系為主，覺得不可能這麼巧會考上藥學系。但是人生有時難以預料，結果是分配到臺北醫學院藥學系。

如上所述，我從初中開始買課外讀物，到高中時，我的藏書就非常多了。因為我有買書自學的習慣，喜歡學什麼東西就去買那方面的書。有一陣子喜歡學下象棋，就去買很多棋譜；喜歡學踢足球，就去買許多足球的書；喜歡學畫國畫，也買很多這類的書。似乎是對聯考壓力的反彈，聯考考完，回家第一件事就是把這些與聯考相關的教科書或參考書通通裝箱，收藏到倉庫或床下我看不到的地方，享受這種「鴕鳥式」解脫的快樂。這或許也是對大學有一種天真的憧憬，以為到大學就自由了，可以自由自在地讀我喜歡的書，這種浪漫的印象可能來自我的高中時期流行《未央歌》等描述大學的小說。讓我覺得大學生都很有經世濟民的理想與抱負，經常談論哲學、文學、藝術等議題。

（五）臺北醫學院藥學系一年級（1971-1972年，17-18歲）

經過大學聯考，原來是以農學院為目標的我，竟然在考試分數結果與志願表之「無心插柳」的排列下，分發到臺北醫學院藥學系。當時的藥學系其實錄取分數很高，是高於牙醫系，可能也高於中山醫專（現中山醫藥大學）。因為，一九七五年之前，牙醫師尚未被納入〈醫師法〉，只要有鑲牙生與齒模師證照，甚至牙科助理出身的，也暗中從事牙醫師的工作。因此，比較少人讀牙醫系，覺得沒有好的專業發展。因此我考上臺北醫學院藥學系，我家人很高興，還問我說要不要重考？可以重新填寫以醫學院醫科為主的志願表。當時，要我重新再經歷聯考的歷程，是一件苦差事，我都已經將與聯考相關的教科書或參考書封箱了，實在沒有動機或心力。

進入大學之後（彩圖6），對於學習的內容與自己想像的是有落差。因為當時大學的共同必修科目，一樣有國文、英文、中國近代史、憲法、三民主義，讓我覺得好像是高中的延伸，只是增加藥學專業科目，不像過去所認為《未央歌》小說裡面寫的那樣子，老師與學生可以探討有關各種人生哲理或抱負。或者也可以說，自己的內心充滿許多對人生的迷惑或迷惘，不知道如何找到鑰匙或出口。

因此，上課喜歡坐最後一排，老師點完名，要嘛看自己想看的書，或者有時候會溜，溜出去到圖書館看自己的書、到電影院看電影。那時候有機會可以看很多電影，例如：青康戲院（救國團臺北學苑內之園區表演廳，位於敦化北路與南京東路口附近），票價很便宜，又可以連續看兩部片子。此外，西門的紅樓，以及臺大公館的東南亞戲院，是票價比較便宜的二輪電影院。那時候看很多電影，所以大學一年級的時候，很多學科都差不多在及格邊緣。

雖然，高中時，經由收音機的電台（例如：美國之音），聽西洋流行音樂與熱門音樂，大學時候才開始購買唱片，大量接觸這類音樂，特別是「披頭四」，那時候買很多這類的唱片。我印象中到臺北第一件事就是到書局買書，第二件事就是去中華商場，買了便宜組裝的唱片機。

二、學佛後之學習與服役（1972-1979年，18-25歲）

（一）藥學系二至四年級（1972-1975年，18-21歲）

在臺北醫學院藥學系的求學期間，師資陣容主要有生藥學的那琦教授（藥檢局）及顏焜熒教授（日本）、藥物化學的楊藏雄教授（高醫藥學系主任）、藥品及食品分析的徐型堅教授、藥物學陳繼明、陳國棟教授等，很感謝這些師長們對我的教導與照顧。例如：徐型堅系主任在「藥學導論」課程開宗明義，說「藥有可能是毒，毒也有可能是藥」，至今我都還印象深刻；他是個性情中人，將藥學系帶領如一個大家庭，讓我們倍感溫馨，甚至在我計畫到日本留學前，約我去他家，帶我做日文解讀的練習，因為他曾經在日本京都大學及東京藥科大學進修過。之後，我回國，在國立藝術學院擔任學務長時，他也到學校來看我。此外，在我計畫申請到日本東京大學留學時，當時的陳朝洋系主任特別也為我寫推薦函，因為他說他也是東京大學的藥學博士，很樂意為我推薦。

大一新生訓練的時候，學校有安排各個社團簡介，大都由社團社長出面介紹。輪到慧海社的社長簡介時，覺得這個社團有些特別，當時牙醫系的徐森源社長開門見山就說：「我們這個社團不是宗教性社團，是討論東西方思想與哲學的。」可能是怕同學對宗教有刻板印象，避免讓新生退避三舍。因為佛學在我們那個時代還不是很多人接觸，總以為信佛教就是要出家，或者是以為佛教是一種迷信。所以他就從研究佛學思想來介紹慧海社，但是我當時沒有立即報名加入社團，只是有興趣參加慧海社所辦的演講。

大一下學期的尾聲，暑假之前，有一位同班的好朋友，叫周水發，當上佛學社團慧海社的社長。因為人緣不錯，為了捧場，我們班上很多人都加入社團，連我也是其中之一的友情贊助社員。周水發社長很熱心地推薦暑假之佛教界所辦的各類佛學營隊或講座的報名活動。班上的社員同學紛紛討論：「你要參加哪一個啊？」我就很好奇地問周社長說：「這是怎麼一回事？大家在討論什麼事情？」他回答：「暑假有兩個佛學活動，你要不要參加？」我就說：「好啊，我參加。」他接著就問我說：「你要參加哪一個？一個比較辛苦、比較嚴格；另外一個比較輕鬆、快樂，比較像救國團營隊的活動。」我就跟他講說我要苦的那一個。因為想像中苦的應該有點像少林寺一樣，可能是在深山裡面，然後要砍柴、挑水；然後要很嚴格地訓練那種。

（二）大開眼界——參加明倫大專佛學講座

後來我才知道，所謂比較輕鬆的是指比較像救國團營隊的是某佛教道場所辦的佛學夏令營，比較辛苦的是指臺中蓮社主辦的「明倫大專佛學講座」（1972年度），在所有新的社員中只有我報名所謂「比較辛苦」的。周社長因為要帶其他人去參加佛學夏令營，而我對佛學完全不懂，所以他把我託付給參加明倫講座的北醫慧海社的老學長們，請他們帶我去，順便可以照料我這個菜鳥。有天，周社長約我去見賴鵬舉學長，當時他是醫學系將升五年級的學生，也有報名參加明倫講座。

當時，臺北醫學院沒有學生宿舍，學生都在校外租房子，所以社長帶我到他在外面租的房子。進了他的房間，給我很震撼的印象，心想：「怎麼也有這樣子的大學生！」為什麼呢？因為在他的宿舍裡面，竟然有小佛堂，供的佛像，有香爐點香，擺著佛經，還有打坐的地方，再看他的穿著與言行，確實有老修行的樣子。而我那時候的樣子是留披頭型頭髮，穿著牛仔褲，有點吊兒郎當的樣子。賴學長看看我的樣子，又聽我說要去參加比較辛苦的活動，就問我說：「你可以參加幾天？」我回答：「三個星期全程參加。」他大概是想我可能耐不住，只會參加一、二天就溜了。我心中想：「他太小看我了，一定要參加到最後，不然會被他不幸言中。」接著，我寫信給媽媽說：「我暑假先不回家，要先參加寺廟的活動。」我媽媽就很緊張地寫信問我是不是要出家了？我跟她講是去參加佛學講座。

明倫大專佛學講座對於正式生，有提供吃、住的安排，但是假如是旁聽生就要自己負責。那次因為很多人報名，有些北醫、淡江的老學長好意將正式生名額讓給其他新學佛法的大專生，自己志願當旁聽生，自行安排吃、住，因此也邀我一起加入旁聽生的行列，寄住臺中聖印法師的道場——慈明寺。雖然離明倫講堂有一段距離，不過走路可以走得到。每天，我們用完早齋，走路到臺中明倫社上課，下課後，再走回來。

去報到的時候，剛下臺中火車站，原以為要往深山走，卻發現怎麼往市區走，佛教的道場不是該遠離塵囂、像少林寺一樣的嗎？心想：「既來之則安之，就跟著他們走吧。」另外一個覺得很特別的是，這些學長們會自己做早晚課。早課有時候自己做，有時候就跟著慈明寺師父做。他們晚上睡覺前會打坐，我雖然不懂得怎麼打坐，也就跟著盤腿坐。

那次佛學講座是李炳南老師講「佛學十四講表」。說來也奇怪，可能腦的運作與佛法有些相應，一聽就覺得很有道理，而且有一種熟悉的感覺，不會覺得很陌生。所以，那三週對我來講是非常愉快的一個學習過程，每天就這樣早出晚歸，然後跟他們一起打坐。吃素對我來講也不是問題，因為從小我也很少吃魚肉。

之後，更好的因緣是，慈明寺有小型圖書館，進去就看到《弘一大師傳》三冊全套。就利用課餘時間從頭開始看起，便看邊想：「這樣的出家生活好像才是我要的。」因為小時候人家問我說以後要做什麼，我就說我要當水手，因為覺得當水手可以自由自在、雲遊四海。大一的時候，同學有時會玩心理測驗，他都會先給你講一個故事，比如說有一個人叫海倫，一個叫史蒂夫，然後另外一個叫鮑伯，然後一個叫什麼這樣子。海倫跟鮑伯原來是男女朋友，但是有一天她要去找鮑伯，要經過一條河，然後史蒂夫告訴她說假如要過河要有什麼條件這樣子，然後讓海倫選擇；他講完類似這樣的故事，然後問你說：你認為海倫會怎麼選擇？其中一個代表事業，一個代表婚姻，一個又是代表什麼。我回答後，他就說你把家庭、婚姻都擺最後。當時我也不以為意，不過後來覺得是有這種傾向。對我來講，並沒有想要有一個家的感覺，成家似乎並不是一件很重要的事情。所以當我看到弘一大師的出家，就覺得出家很好，不會有家累。我一口氣把《弘一大師傳》看完，明倫佛學講座也就愈聽愈有興趣。

在慈明寺的圖書館有不少藏書，我也借閱一些。講座結束之前，我寫信給我的同學好友，我說：「我那些文學、哲學的書，還有那些唱片，我都不要了，統統送給你。」他說：「你發瘋了是不是？」我說：「沒有啊！就想專心學佛了。」所以我把其他書都捐掉，全部只剩下佛書，這是我大二的時候。

（三）生命的覺醒：佛法與世間學問的融會

大二以後，感覺佛法好像把我過去所學習的知識可以打通了一些。原來，從我青少年時期的困惑或失落感，似乎有了方向。因為，過去的學習經驗似乎沒有機會讓我可以去觸及有關人生的大問題，而佛教所說的「因緣法則」，覺得跟我的想法比較相應。

因為我的學生時期一直有基督宗教的朋友。記得有位高中的好朋友，他家是天主教徒，與我們一起讀書，準備大學聯考時，常去家裡附近的天主教堂的閱覽室讀書。有次，教堂做彌撒，我朋友就邀請我一起參加，我竟然睡著了。初中時，某個禮拜天，有位同學特別到我家約我，說：「某某教堂是用英文做禮拜，我們可以去練習英文。」我也跟他去。當時，我對基督教、天主教等「創造論」的說法沒有相應，似乎對佛教的「緣起論」比較相應。

所以，學佛之後，大二時期，人生的定位好像開始比較清楚。上課本來都搶最後一排的人，大二開始突然開始搶坐第一排。大家就覺得這個人怎麼會三百六十度大轉變，而且上課我自己要求是盡量可以百分之百吸收，目標是課後可以重複講述老師所教的東西。印象中，大二那一年大概是一生裡面生活最規律的一年。每天早上起來做早課，然後看看佛經，然後就去上課，課餘時間用來預習或複習功課，晚上做完晚課就睡覺。那時候，真的是躺下去就睡著了，沒什麼雜念，隔天早上起來，就很清醒。

為什麼知道呢？因為我有一個學長他好像是要拚畢業考，他的室友太吵沒辦法專心讀書，到我的宿舍借住。他說他需要熬夜拚考試，我跟他講說沒關係，你儘管熬夜，我睡我的。然後隔天他對我說：你睡覺很安穩，不太會翻來覆去。總之，我覺得學佛之後，心比以前平靜、清涼，也充滿法喜。那時候開始，對讀藥學等各種學校課程覺得很有興趣了，讀佛學也讀得很有興趣，不管是世間法或者佛法，都可以歡喜學習。

（四）「松山寺北區大專佛學講座」學員長（1973-1974年，19-20歲）

在臺北醫學院旁邊有松山寺，學期中的週日有辦大專佛學講座（1971年開辦），這是因焦國寶、李吟新、趙亮杰三位居士，懇請道安長老所成立的。北醫慧海社賴鵬舉、李宣忠等老學長們帶我去參加，讓我有繼續學佛的因緣。一年以後，我升大三（1973）時，他們就來找我談，提到希望我可以擔任北醫慧海社社長，或大專佛學講座的學員長；但是他們比較希望我擔任學員長，因為當時學員長的工作很辛苦，需要執行一學期十四週的佛學講座的活動，統合北區各大專院校的佛學社的聯絡工作。更困難的是當時松山寺的廚房很忙，不能提供大專佛學講座學員們午餐，必須由學員長來張羅、準備午餐，不容易找到願意擔任的人。

當時，松山寺大專佛學講座是由道安長老主辦，實際運作是由長老的徒弟——智諭法師來負責推動，以及四處募款來維持這個佛學講座（彩圖7、8）。主要的開銷大概都是吃，因為那時候每星期天約有一、二百個人來聽，會待到中午，下午還有課。中午要提供素菜，差不多每次要開十幾桌，有時候要到二十桌。一開始是包給外面的人來做，那當然貴。第一天就把智諭法師募來的錢吃掉一半了。他就跟我講說這樣不行啊，這些錢大概只能供應二次午餐而已！所以決定自己買菜自己煮，以便節省經費。

學員長就是要去負責這件事情。那怎麼辦呢？賴鵬舉學長他就幫我，我們星期六早上去中央市場，因為是大批發市場比較便宜，而且還有可能免費得到或便宜買到菜販比較賣不出去的各種菜色。採買回來後，下午開始找我們認識的同學來幫忙洗菜。可是我們宿舍裡面也沒有廚房，那要在什麼地方洗呢？只好在浴室洗，把浴缸洗乾淨，一、二百個人的菜就在裡面洗。宿舍也沒有廚房，也沒有瓦斯爐，就買兩個大鍋以及木炭火爐，放置於所租宿舍房間的陽台上，把所有的菜統統丟進去，煮一道大鍋羅漢菜。因為鍋子很大，需要經常攪拌，要不然上面還沒有熟，下面就燒焦了。木炭火爐小，煮好時已經是晚上。因為沒有冰箱，煮完以後怕會酸掉，繼續放在陽台讓它冷卻。隔天快中午的時候，還需要加熱，然後請同學從我的宿舍抬到松山寺。因此，我的大三以及大四的週六與週日常是這樣子的工作。

當時的週六還是上課日，其實會影響到排課在週六的第二外國語言（德文）的學習。醫學院所要修第二外國語言是日文與德文。很多人都選日文，我生來就是那種反主流派的人，大多數人選日文，我就偏偏選德文。因為德文比較難學，所以選德文的人比較少。德文課是星期六早上的課，我經常為了採買大專佛學講座的午餐食材而缺課，這也是也沒辦法的事。所以我德文被當了三次，到最後一學期實在是不行了，再當就畢不了業，只好努力地讀，然後到老師家去補考。這是在大專佛學講座時期。因為大專佛學講座半年要選一次學員長，那時候是三年級上學期，下學期沒有人要擔任，我又擔任了；四年級上學期又擔任，所以連續當三屆，德文也連續被當了三次。

當時松山寺大專佛學講座的課程規畫是：早上是由淨空法師講，內容是「佛學十四講表」為主。然後下午由智諭法師講「般若」以及道安長老講「唯識」，道安法師有時候也排早上，因為他比較忙，所以講課時間較不固定。上課地點在松山寺的觀音殿。但是觀音殿有時候會做佛事，有佛事時就要移到另外一個搭鐵棚子的殿堂，沒佛事再回到觀音殿。

淨空法師的課因為是明倫講座的系統，很多學員比較熟悉。他講課很有條理，善於引經據典，適時配合儒家的道理，是受歡迎的課程。道安長老主要是講唯識方面的課程，他上課時，精神飽滿，熱情十足，講話聲如洪鐘，可以不用麥克風，所講述的唯識道理，會與哲學、科學搭配來講。

智諭法師的課是排在下午，參加下午課的學員比較少，因為一般人吃完午餐，就回家了，不一定有空留下來聽課，當時的週末只有一天而已，下午或許需要做其他安排。智諭法師的課大都屬於他自己編的題目或講綱，大多與《般若經》或淨土法門有關。他對《般若經》空義，主要是「因緣所生法－無自性（無我）－空」的理路，我從中體會到一些《般若經》之空義妙理。他常常問我們：「這房子有沒有自性啊？這房子是由鋼筋水泥、磚塊這些組成的，房子找不到自性，無自性故說是空；同樣地，我們將五蘊（色、受、想、行、識）身心分析審察，找不到恆常不變的我，所以說：五蘊無我。」我們常聽他這樣講，就比較能正確了解空的道理。週日晚上，有些老學長還請智諭法師特別再幫忙開課，屬於佛經試講培訓班（彩圖9、10），想要深入佛法的人，會留下來聽。

那時候當學員長除了星期六煮飯以外，還要排每次的值日生。因為松山寺只提供場地，星期日早上還要找人去排桌子、椅子。所以比如說這次是排哪個佛學社來幫忙，那下次就輪到別的佛學社來幫忙。有時候佛學社叫不到人或者遲到，就很緊急地找人幫忙，上課前，自己親自排桌椅。

大學三年級是藥學專業課程最緊、最忙的時候，我還要為講座的事忙來忙去，就覺得跟大二剛學佛時的悠哉有很大的差異。因為，你已經不是初學的菜鳥，必須學習負責很多事情，這大概是人生常經歷的模式。印象中，有一次忙到晚上回去，覺得不僅身體很累，人事問題又多，辦得好可能沒什麼，萬一辦不好出什麼問題，就會被埋怨或責怪，實在是吃力不討好的事，然後學校的壓力又重。所以有一天晚上，想起來就想哭，想說為什麼這麼苦，這麼忙，忙到這樣子，學校明天又有考試壓力，實在很難過。不過我還是很感謝那段時間的磨鍊，因為你是學員長，必須要負責。別人可以說不，你是不能的，很多事情別人可以不做，你就要做，這對我來講也是一段很珍貴的歷練經驗。

（五）參加西蓮淨苑大專青年念佛會（1973年-，19歲-）

雖然第一次聽佛學講座是在臺中的「明倫大專佛學講座」（1972），但是後來都在臺北讀書，松山寺正好在臺北醫學院隔壁，加上我又當了三屆（1973-1974）的大專佛學講座的學員長，而智諭法師又是推動講座的重要法師。當時他很有心培養大專學佛的青年，除了星期天上午上課以外，到晚上還有一些學生留下來請他主持講經培訓的課程。

同時，智諭法師於一九七二年底在臺北縣三峽鎮横溪，創建西蓮淨苑，只有一排磚瓦房子，中間是大殿。智諭法師就住右邊，其他法師就住在另一邊。一九七三年，為了在暑期舉辦大專青年修學會，開講《圓覺經》。為提供前來參加的學生們有地方住，所以只好再建草寮。來聽經的學生就在草寮裡面吃飯、打坐、上課、睡覺。所以，智諭法師笑稱此草寮是「圓通寶殿」。當時參加的大專學生來自臺北醫學院、臺灣師範大學、國防醫學院、臺灣大學等佛學社同學。於此，特別需要感謝賴建銘（北醫藥學系），因為西蓮淨苑或松山寺佛學講座之早期活動照片，都是由他擔任攝影者，幸虧有他的攝影，否則無法留下這些珍貴的歷史鏡頭（彩圖11-21）。

智諭法師講經時，讓聽眾感受到一股真誠流露的氣氛，覺得他講的就是他實際上想要去實踐的。學校的老師可能比較著重於傳播知識，他跟學校老師上課不一樣的就是讓人感受到真誠。經常強調對於宇宙人生的這種大的宇宙觀、人生觀，但又講得很實際。我在那時候才曉得什麼叫作煩惱。煩惱有貪、瞋、癡，該怎麼斷貪、瞋、癡，以前在學校比較少老師在講這些問題。有些學校老師也有這種氣質特質；像我以前提到一位初中的國文老師何瑞雄，會讓人感受到那種很真誠的生命力。智諭法師當然更不同，他是教授佛理的法師。

另外他講經還有一個特點，就是他體會到佛教裡面一個重要的道理。他常常講二諦，真諦跟俗諦；或者說緣起性空。他解釋為什麼緣起性空，因為無自性，緣起無自性故性空，性空故不礙緣起。如此脈絡，反覆強調，譬如說《金剛經》說：「應無所住而生其心。」他就會問你說「應無所住而生其心」怎麼用二諦來解釋？然後他就會告訴你：「應無所住就是真諦，也就是『性空』；而生其心就是俗諦，也就是『緣起』。」此外，他常常接著就舉如下的例子，說明緣起性空，這個房子是由鋼筋、水泥、磚頭這些因緣所聚成，沒有房子這個實在的東西，其自性本空，房子只是一個假名。所以我對佛教裡面講緣起無自性故空的體會是從智諭法師處學到的。所以就這個部分是應該是滿成功的，幾乎讓他的徒弟或是學生每一個人都能夠抓住重點。但是比較進一步的應用可能就要靠自己去慢慢地擴展，這是那時候的印象。

一九七四年三月，道安長老受聘為善導寺住持，九月「松山寺大專佛學講座」遷到善導寺，並改名為「中國佛教會大專學佛講座」。隔年，我就畢業服預備軍官役，沒有太多機會參加，後來大專學佛講座似乎辦了幾屆就停止了。

（六）大學畢業、服役與考中醫檢定（1975-1979年，21-25歲）

畢業後，順利考上空軍少尉司藥官（1975年7月入營）以及通過藥劑師考試（1975年11月）。從一九七五至一九七七年（21-23歲）是我的服預備軍官役時期，因為是屬於軍醫藥官的體系，受訓是先在高雄的衛武營接受預備軍官基本訓練，之後的軍醫藥專業訓練是在芝山岩的「國防醫學院衛生勤務訓練中心」。訓練之後，抽籤分發到空軍，在枋寮的大漢山雷達站，稱為「戰管中心」（彩圖22）。該單位是屬於空軍雷達單位，而且處於高山上，採取假期集中輪休制度，以減少上山下山的次數。因此一次休假可有七天左右，還可以申請免費搭乘運輸機飛往臺北，因此我可以利用長假期到臺北學佛，像回西蓮淨苑參加法會或佛七的活動。

等我退伍回家，跟父母長輩報到以後，隔天就上臺北。對家裡的人講說我要去臺北縣三峽西蓮淨苑借住，與賴鵬舉醫師一起準備中醫師檢定考試。我沒有去補習，只是自己讀，同時我們也合資在三峽西蓮淨苑附近分期貸款購置房子，以我們的醫師與藥師的執照，準備合開診所。我於一九七八年九月通過中醫檢定考試，相當於具備中醫系畢業的資格。但是我們只有書本上的知識，賴醫師安排我們一起跟一些中醫師學習，有點像當臨時學徒一樣。接著準備中醫師的執照考試，但是我在一九七九年決心出家了，沒有繼續參加中醫師的執照考試。

（七）出家因緣（1979年，25歲）

如上所述，我在慈明寺讀《弘一大師傳》的時候，已經有出家的志向。但是我們那一群學佛的人知道如果當時出家的話，家裡會有很大的障礙，我們覺得等到中年才出家較有可能。因為當時佛教還不是那麼普遍，大家對佛教的了解還不是那麼清楚。我小時候對佛教的印象就是拜拜、吃素這樣的印象。小學的課本裡提到破除迷信，旁邊就畫一張老太婆在那邊拜拜。所以那時候一般人覺得那就是佛教，我覺得很難去跟家裡說明佛教的真正內涵。

之後，我可以提早出家的因緣是在西蓮淨苑準備中醫師執照考期間，有時我們會發起「個人」佛七的活動，由於參加者人數只有非常少數幾位，不用勞師動眾，人力方面也採用輪流互助，容易舉辦。一九七九年一月，輪到我可以參加個人的精進佛七，就在佛七第三天（1月12日）的晚上，靜坐念佛的時候忽然靈光一閃，好像有些事情想通了。以前會想要中年出家，最大的一個障礙，就是怕家裡的人沒辦法接受，會覺得我是不孝，因為你沒有遵守父母對你的期待。那時候念佛號念著念著就突然想通了，假如我出家能夠好好把這條路走好，並不是不孝順的事情，心中產生信心，覺得有勇氣向父母說明。因為還在佛七的第三天，還沒有結束，所以先把出家的念頭暫時克制，等打完佛七，我就向我的師父請求說：「我決定要出家，會回去跟我家裡的人溝通。」

記得那是接近過農曆年（1979年，25歲）的時候，我將回臺南家過年，也想與家裡的人溝通出家的事情。賴鵬舉學長覺得：我家人沒有學佛，有可能同意我出家嗎？因此，當他送我去臺北車站搭車回臺南時，他問說：「你這次回去有幾成把握？」我說：「有百分之百的把握，精誠所至、金石為開。」回到家裡，隔天是除夕，家人歡喜準備過年，覺得談出家事情好像不適合。大年初一，大家互相恭喜拜年，也不是恰當時機。初二是回娘家過節的習俗，也不適合吧！等到初三、初四，我才先向我媽媽表達我要出家的意願。

當時，我媽媽的反應就覺得說怎麼會這樣？她問說是不是受到什麼委屈，或者發生什麼事情，或者受到什麼打擊？我說：「沒有啊！」我滔滔不絕地跟她說了很多我為何想出家的道理。接著，我媽媽跟我爸爸講，父親也不能理解我為何想出家。不久，這個訊息也傳到我的弟弟們。當時，我覺得很難一時讓父母同意，情急之下，只好就跪著請求父母讓我出家。他們大概也曉得我決定的事情不太容易改變，於是父母似乎讓步，沒有再特別說什麼了。

春節假期結束，我就跟家人說我將坐車北上要準備出家了，家人安排在一個素菜館的包廂為我餞行，用餐快結束的時候，家人跪著求我不要出家，我也跪著，雙方僵在那裡，但最後雙方只好妥協了，同意讓我有條件出家。有兩個條件：第一個是保密，因為家人認為我是長孫，不能讓我的祖母知道。我祖父在我大學二年級的時候就去世了，他們擔心我祖母沒辦法接受長孫出家的情況，當然也不可以讓我的親戚知道，因為會傳到我祖母那邊去。所以對外就說我出國了，這個條件對我來說不難接受。第二個條件是暫緩，等我大弟弟結婚之後，才能出家，當時我覺得這也可以接受。因為我大弟弟那時候有女朋友了，我想應該也不會等太久，所以就答應這兩個條件，北上回西蓮淨苑等待出家的時機。

在我等待的時期，固定每個月都會回臺南與家人相處，因為我希望：在出家前，讓家人對佛法多一些了解。如此經過大約半年左右，看我大弟的婚期好像沒什麼動靜，感覺這是否是家人的緩兵之計？覺得或許會等待很久也不一定。所以，在那年夏天，寫信跟我媽媽講不能等了，我要出家了。同時，我也向我的師父智諭法師請求讓我剃髮出家。

一般剃度出家的日子習慣是選在與觀音菩薩或其他佛菩薩有關的日子，像是觀音菩薩成道日或誕辰。我的剃度法會日子（7月12日，農曆6月19日，觀音菩薩成道日）選好之後，我師父為了避免節外生枝，所以沒有對外宣布是我要出家，只說將有一個法會，請大家來參加。為了保密，法會前晚，我自己騎著摩托車去比較遠、對我陌生的理髮店剃頭，理髮師問我為什麼要剃光頭，因為當時平常人很少剃光頭。我回答說：「我將要去當兵。」他說：「現在當兵不用剃光頭了，剃平頭即可。」我以其他話題支吾過了。剃完頭，我戴著安全帽騎摩托車回西蓮淨苑，然後就趕快衝到房間，關起門來，沒有再出房間門。隔天早上，換穿僧服，以出家的樣子，出現在剃度典禮的大殿，令與會大眾很驚訝，我竟然剃髮出家了（彩圖23、24）。

[1979-1992年・25-38歲]

出家後之學習

一、西蓮淨苑三年的僧團生活（1979-1982年，25-28歲）

一九七九年冬天，師父同意我報名到新竹的翠碧岩寺受三壇大戒（彩圖25、26）。翠碧岩寺是女眾道場，所以參加受戒的男眾寮房是租隔一條馬路的一個空廢的工廠廠房。這次受戒會大概有二、三百個人參加。對於何時出發報到的時間，我師父說，以他的經驗，不用太早報到，因為報到當天，不會安排其他活動，沒有事做，浪費時間，快結束前報到即可。所以，我報到的時候已經是最後一批了，因此分配到工寮地鋪區塊，地面是鋪稻草，再墊三夾板與棉被。雖然受戒期間的居住條件不是很好，外面冷風會吹進睡覺的工寮地鋪，那一年冬天又有強烈寒流，但卻是法喜充滿的日子。

我到戒場受戒以前，我自己先把與受戒的儀軌有關的《傳戒正範》及《毘尼事義集要》預先閱讀與研究，也有帶相關的書隨身參考。每天晚上睡前，我先打坐，再睡覺；隔天早上還沒打板叫大眾起床，我已睡醒，又起來先打坐。所以睡我旁邊的同戒者，睡前看我在打坐，醒來後又看到我在打坐，以為我是不倒單（常坐不臥），問我是不是有練不倒單，我回答說：「不是！我只是起得早，中間還是有睡。」

因為我對受戒的儀軌事先有預習過，所以自己比較熟悉，也比較可以回答同戒者的一些對於相關儀式或步驟的疑問。在受戒的時候，我也跟以前大學上課一樣，要求自己百分之百學習。所以我隨身帶一本小筆記本，戒場課程與各種儀軌的環節我都把它記起來。到現在筆記本還留著，現在我們西蓮淨苑的出家眾要去受戒，問我要注意什麼，我就把以前的筆記本拿給他們參考。

一九七九年戒期中，十二月十日，在高雄發生了美麗島事件，但是受戒者沒有閱讀報紙的因緣，不知道有什麼狀況，隔了些時候，開堂和尚淨心法師向大家說明高雄發生了事件。許多年後，施明德先生有次到北投的中華佛學研究所來參訪聖嚴法師，當時因為我兼任佛研所副所長，協助招待。參訪結束後，施先生問我什麼時候出家的，我說是一九七九年，他就直覺聯想說我是不是因為美麗島事件，看到時局那麼亂，才看破紅塵出家。我回答：「沒有直接相關，因為事件發生時，我已經在受戒了。」

受戒時的三師是得戒和尚白聖長老、羯磨和尚道源長老以及教授和尚真華長老，七位尊證和尚是賢頓、悟明、淳浩、妙廣、隆道、普妙等長老。開堂和尚是淨心法師、陪堂和尚圓宗法師、三師父本覺法師、四師父會本法師，其中本覺、會本兩位法師又兼糾察師父。在受戒期間，戒場法師們除了講戒、演禮、拜懺之外，也教導傳統叢林規矩，例如：掛單、禪堂、巡寮、謝戒等。讓新戒比丘、比丘尼回到自己的寺院，知道應該到各單位，禮拜師父、諸長老或各寺眾銷假。這是我出家之後，學習僧團生活習慣或規矩的重要歷程。

（一）如何選擇適合自己的路

在新竹受完戒，回西蓮淨苑後，有三年（1979-1982）的僧團學習過程。在淨苑的執事方面，我協助西蓮淨苑蓮風樓建築工程的監工與建材採購，以及協助各種弘法利生的活動（彩圖27）。此外，自己會思考出家之後，要走哪一條路比較適合我。一個是走學業為主的；另外一個是走修行、道業為主的；再來可能是走慈善業為主的，像是社會服務、災難救濟。我那時候想趁年輕的時候多充實自己，先把學業做好；在僧團裡面除了跟著師父與同修道友學習之外，其他就要靠自己好好規畫。

佛法學習方面，按照僧眾的學習原則，是以戒律的學習為初期目標，因為一般所謂「五年學戒」是出家人的最初的學習時期，並學習終生「以戒為師」。當時候，大環境並沒太多的學習戒律的師資與環境資源，需要靠自己去摸索，當時對我最大的幫助也是弘一大師在戒律上的很多著作，特別是提到如何學戒次第的資料，例如：《學四分律入門次第》、《學根本說一切有部律入門次第》，我按照此學習次第，得以事半功倍地涉獵律學。

第二個是定學。因為戒、定、慧，戒之後就是定學。那時候對我有啟發的就是智者大師解釋《大智度論》等經論之「禪波羅蜜」的《釋禪波羅蜜次第法門》十卷之定學體系。我會自己做筆記，我的師父智諭法師會要求我們弟子們將筆記定期拿給他批閱，對我而言，是很有意義的師徒交流經驗。

在戒學有了些基礎以後，定學也有初步的概念，再下來就是慧學了。學佛之後，在佛教義理體系，我從剃度恩師粗略學習《圓覺經》、《楞嚴經》、《無量壽經》，以及我師父從《大乘義章》摘錄編寫的「佛法綱要」等，自己也研讀天台宗、華嚴宗、三論宗、法相宗的論書，得知一些大要。但是，應該如何融會貫通博大精深的佛教教理與修行體系？最先是從《太虛大師全集》得到一些啟發，例如：法性空慧學、法相唯識學、法界圓覺學的分判，「整理僧伽制度論」、「建僧大綱」、「菩薩學處」等各種對佛教制度或僧教育的看法。此外，我在偶然的因緣接觸到印順長老的《成佛之道》後，學習到新的佛法修行次第觀念。

當時，傳統的佛教界不鼓勵研讀印老的著作，可能因為覺得印老排斥淨土法門，再加上「尊古卑今」的心態，傳統佛教界覺得現代人的著作不值得看，因為沒有修證的經驗。覺得古代的祖師們，是有開悟的人，他們寫的東西才值得去學習。因此，傳統的學佛青年對印老的著作不太感興趣，我在偶然的因緣看到《成佛之道》，覺得可以相應，就一口氣把它看完，了解原來佛教體系可以這樣子來建立架構。接著，陸續閱讀整套《妙雲集》以及其他專書。從印老的著作，曉得他有參考日本學者的論著，所以我也想找這些書來看。此外，我從聖嚴法師所發表之日本留學期間見聞記的刊物文章與書籍，知道一些日本以及現代佛學研究狀況。

那時候，臺灣也影印出版一些日本的工具書或專書，例如：《望月佛教大辭典》、水野弘元的《南傳大藏經索引》、中村元所編的《佛學辭典》等。我在大學的第二外語是學德文，沒學過日文。日文書籍看不懂怎麼辦？那時候，我是利用空中日語教室來學，定時收聽或收錄課程，閱讀相關教材。就這樣開始半讀半猜的運用日本書籍。遇到困難問題就去問懂得日文的人，像有位淨苑的老尼師受過日本教育，我就請他幫我翻譯一些難懂的字句，我想將就學一些。但是他說這樣的方式不容易學好，要我去找更專業的人幫忙。此外，我也發現一些佛學研究資料是英文，所以我也聽空中英語來充實英文。

（二）投考「中華佛學研究所」的因緣

更困難的是，我發現日文、英文佛學研究論著裡面用到梵文、巴利文、藏文等佛典語言，但是當時沒有空中梵文教室，也沒有空中藏文、巴利文教室，怎麼辦？一九八一年，正好看到佛教訊息報導文化大學中華學術院的佛學研究所（聖嚴法師、李志夫教授所開辦）的第一屆招生考試的消息；不久，文化大學佛學社的學生來西蓮淨苑參訪，有位學生向我介紹佛研所有教梵文、西藏文，聽了真的是非常想去讀，但是我不敢開口跟我師父講，因為傳統佛教的看法大都覺得：佛學研究是學術，不能了生死，不能算真正的佛法，那是佛學不是學佛。所以第一年就沒有因緣去報考。

一九八二年，第二年又在招生，有一個在西蓮淨苑學佛的師大國文系畢業的周稚（後來出家的惠空法師）要報考佛研所，來西蓮淨苑準備考試。我心裡面也很想去報考，但一直等到報名日的前一天晚上，才鼓起勇氣向我師父報告：我想去報考中華佛學研究所，因為我師父跟我爸媽一樣，了解我的個性，我決定的人生方向，要改變我是不容易，所以我師父就沒有說什麼，只說：「可以，去吧！」至今，我很感謝父母師長願意給我追求夢想的機會。

二、中華佛學研究所的學生時期（1982-1985年，28-31歲）

從報名到考試，我只有一個星期的時間可以準備，我很幸運考上，是中華學術院佛學研究所的第二屆。我們那一屆總共有八個人（彩圖29），四個男生：葉德生（後來出家的厚觀法師）、周稚、吳文斌以及我；四個女生：林孟穎（後來出家的常延法師）、陳秀蘭（現在中華佛學研究所的執行祕書）、古天英、陳璽如（當時佛學研究所助教）。聖嚴法師有時戲稱我們的班上是「八仙過海」，因為我們班上同學很團結，互相切磋砥礪，也沒有半途而廢，都順利畢結業。

（一）學習梵文與佛學研究課程

那時候，國內很難找到梵文老師，李所長就請他在印度學過梵文的夫人薛紹平老師來教我們。之後，有請一位來臺灣的印度商人，本身是印度吠檀多學派的梵行者（brahma-carin），可以教梵文，李教授也有請他來教我們一些時候。之後，李教授從印度邀請泰戈爾大學中文系的退休系主任穆克紀（Dr. Biswadeb Mukherjee）教授到佛研所教梵文（彩圖28），但是他有時候因為簽證或者其他因素需要回印度去處理，所以我們的梵文學習，換過不同老師。佛研所的藏文課，是由選修此課的學生到「西藏兒童之家」，請負責人羅桑嘉措的夫人教藏文，但是當時我沒有修藏文課，只先自學，到日本留學時，再正式學藏文。

後來，得知臺灣大學哲學系葉老師有開梵文文法課程，允許校外人士旁聽，並且特地將課排在週末，方便外來學生。於是，我與幾位想學梵文的佛研所同學慕名前往學習。當時，臺灣學習梵文風氣未開，臺灣大學哲學系選修梵文文法課程的學生只有兩位，其中一位是日本來的女性留學生，上課地點就在哲學系研究室。人數不多，場地不大，所以我們這些旁聽生也可以近距離接觸葉老師的春風化雨。葉老師當時所用的教材是Macdonell, A. (1927). *A Sanskrit grammar for students*。這個課程讓我對梵文文法之複雜的體系架構，得到適當的入門方便；此外，葉老師於上課中也會隨緣提到日本佛學界的教學與研究狀況，對我日後留學日本也儲備一些有用的訊息。

我與這本梵文文法書結了不解之緣，在日本留學，乃至從日本學成歸國，忝任教職，這本書是我一生翻讀最勤的一本書，朱藍批點夾注，密密麻麻；黏貼表格筆記，層層疊疊，原書的面目幾乎全非。直到今天，還是屬於我案頭的重要參考書、梵文文法教材，以及用來鼓勵學生「勤能補拙」的樣本之一。

當時，佛學研究所圖書資源很少，聖嚴法師提供自己所藏的一些日本佛學圖書給研究所，也讓我們影印他研究室的書籍。但是，當時的佛研所圖書室沒有梵文辭典的工具書，需要到樓下的印度研究所查閱。雖然學習資源很少，但是覺得很高興有機會學到梵文，因為可以了解一些難解的佛教梵文中譯語彙的問題，例如：「悉檀」是siddhānta的音譯，有時意譯為「宗」，辯明佛教的宗要；有時意譯為「成」，義理正確的被證明之意；有時也有「理趣」之意。此外，我聽到梵文的念誦，好像覺得可以與佛陀或者古印度祖師對話的感覺，很有興趣。但有些同學，覺得梵文實在是很難學，對梵文學習很頭痛。記得有一個學弟跟我說，他讀梵文時會胃痛。我就鼓勵他：「我的經驗是聽到梵文我就全身暢快，毛孔好像都在吃人參果一樣暢快，你也可以如下觀想。」

其他我修過的課程有聖嚴法師的「比較宗教學」、「禪學」，陳榮波博士的《大智度論》講讀，孔維勤博士的《宗鏡錄》、楊惠南老師的《初期大乘的起源與開展》、藍吉富老師的「中國佛教史」、袁保新老師的「歐美分析哲學」、文化大學哲學系李志夫教授的「邏輯學」，楊郁文老師的《阿含經》。當時，也有佛學研究所的老師曾好意提醒國內佛教研究環境資源有限，勸我可以直接到國外去留學。但是我覺得自己的佛學研究與佛典語言能力的基礎還是薄弱，還是先將臺灣現有的資源先學好之後，再到國外去。

當時，中華佛學研究所沒有學生宿舍，所以我一年級的時候掛單在士林區天母。往天母的公車搭到底，後再往山上走，接近陽明山後山，有一座吉祥寺。那時候是由賢頓長老擔任住持，我們幾個法師同學去拜見駐錫於板橋接雲寺賢頓老法師，請求長老讓我們借住那裡，他也很慈悲讓我們借住，有二、三個佛學研究所的法師同學住那裡。

於研究所一年級借住天母吉祥寺期間，幾乎每天早上需要從天母後山走上陽明山，大概要走一個小時，傍晚再走下山。上下山時，我利用時間，邊走邊聽「空中英語教室」課程。到了第二年，文化大學的佛學社（慧智社），他們在文化大學的前門那邊租了一棟日據時代木造的房子，名為慧生堂，是那種日本式的平房含院子（不知道現在還在不在，年代久遠說不定已經毀壞了）。那時他們租下來當社址，大約有五個房間，大家就向學社分租。所以二、三年級就住那裡。我於佛研所期間，週末或假日，都會回三峽西蓮淨苑幫忙。像週末的大專講座的講課，或寒假我們會打佛七，我要回去幫忙當監香或當翻譯。有時候還有學校的報告要寫，那時候一學期下來可能要寫五、六個報告，忙得不亦樂乎。

那時候，文化大學慧智社有時也會邀我演講或帶領活動。有一次，他們要紀念玄奘大師，因此舉辦比較大型的演講。為了那場演講，我自己整理玄奘大師的年譜、行腳和事蹟。後來那些資料，就成為我所參與國家科學委員會之「數位博物館計畫：玄奘西域行」（1999-2004）子計畫之一「文獻、圖像、史地資料之組織與研究」（由中華佛學研究所負責）的基本素材。

此外，我也開始摸索適合自己的現代治學方法，例如：運用「中央卡系」之四個邊緣有專利打孔設計的卡片，之後到日本留學時，也採用KJ法的貼紙或手帳來整理筆記。此外，一九八四年左右，臺灣開始流行自製的仿蘋果二代（Apple II）電腦，有位文化大學慧智社學生也購買使用，之後他不想用之後，就送給我用，於是我也開始運用資訊科技來幫助學習與研究。

回顧我在東京大學能夠順利完成學業的要素，是得力於在中華佛學研究所給予我能與世界佛學研究接軌的條件，感謝聖嚴法師、李志夫教授以及佛研所諸位老師們當初辦學的宏願與眼光，並且能重視梵、巴、藏等之佛典語文的訓練，規畫包含漢傳、南傳，與藏傳佛教等各體系之課程，為開展佛學教育之新紀元鋪路。

（二）計畫日本留學

大約在佛研所三年級的時候，我決定要到日本留學去。原先有兩個方向的選擇：到歐美或是日本，當時覺得因為日本佛學研究的資源非常豐富，有關佛學研究的工具書、論文、研究方面的書籍相當豐富。我想到日本留學的話，對佛學研究的資源可以掌握的更多，所以就去考日本交流協會的獎學金。

首先要考的是日本的留學語文能力測驗，很幸運通過了。因為準備日本留學考期間，我曾到臺北車站附近的忠孝日語補習班上課，那時候有位授課老師叫劉元孝，他是一位非常好的日語老師。他對授課的內容非常熟悉也很有系統，幾乎所有的內容都在他腦海中，是很風趣而且非常敬業的老師。他對所學的純熟度，以及表達的善巧，對我以後的上課方式有些影響；所以那時候很喜歡上他的課，幾乎他開的課我都去選，包括日語文言文的文法。所以讓我對留學日語測驗比較有信心，可以順利通過。

接著，我報考日本交流協會的獎學金，第一關是教育部辦的，它先甄選一部分的人，再推薦給交流協會複選。我那時候還在想我是不是有報考資格，因為分組考試有文科、醫農科、法學、商學。但是我一看簡章就很困惑，因為按照我的出身應該是醫農科，但是我要去讀的佛學是屬於文科的，自己到底要報考哪一組，我傻眼了。我想有可能會資格不符，所以也沒有去想我有報考的可能性。

有一天，正好經過教育部國際文教處，我想說死馬當活馬醫，就進去請教我的狀況：「我的出身背景是醫學院的，但是我要去日本是讀文學院的，我要報名哪一組？」對方回答說：「按照你原來大學的科系。」所以我要報的是醫學組；那時候已經畢業十年了，剩下一個星期要考很多科目，包括除了醫學專科以外，還有一般科目，國文、歷史、地理、文化，一個星期內要準備六、七科，而且那個禮拜又碰到在佛光山辦的一個國際性的佛學研討會，我們班上的人都去了，我覺得機會難得也去。

所以我在那邊參加研討會，準備考試的時間又扣掉兩天左右；然後在研討會場碰到一位外國來的比丘，他說開會完要到臺北買佛書，希望我能夠陪他，我又陪他大約半天的時間，所以後來只剩下三、四天的時間準備。我只好用佛法之隨順因緣的心情，以「每科平均」、「少輸為贏」而不要讓有某一科輸太多的原則，把剩下的天數分配好，哪幾個小時是要讀哪一科，我就專心讀，讀完就算，就不再擔心它，影響其他科目的準備。每一科就這樣讀完，也沒想到初試竟然通過。那時候，大約有三百多人報名，初試刷掉後，剩下五、六十人。第二關它就整個合在一起，又有一次筆試跟口試。之後大概再刷掉一半，最後只留下二十人左右。

（三）出國留學前外一章

當初申請東京大學的研究計畫是要研究《中論》的一個梵文本的注解，就是月稱論師的《淨明句論》的研究，因為我在中華佛學研究所的時候也是以這個主題做為畢業論文的題目，那時候還請印順法師當指導老師。印順法師客氣說：「我不懂梵文，梵文要靠你自己，或許思想義理可以幫助你一點。」

我在出國前還參與了一件有意思的事情，我的佛研所同學葉德生居士（厚觀法師）借住在慧日講堂，雖然是居士身，似乎已經準備走修行的道路了。因為他從一九八一年已經住進慧日講堂，一方面幫忙講堂圖書館編目，一方面準備投考與就讀佛學研究所。後來，我從佛學研究所結業後，為了準備出國留學相關事宜，掛單慧日講堂，與他更有機會切磋佛法。有幸的是：一九八五年，他的剃度典禮前晚，我在慧日講堂幫忙他剃頭，然後隔天陪伴他南下到華雨精舍，參加他隨印公導師剃度出家典禮，並且我還有幸充當引禮師的角色（彩圖33、34）。若回顧我這一生，對佛教、對眾生沒有什麼大貢獻，但是，每當想起能參與一位「法門龍象」的誕生因緣，都覺得與有榮焉。

此外，那時候印老還算很健康，因為有這些因緣，在我出國前就與厚觀法師安排，恭請印老幫我們兩位上課，內容主要是「說一切有部的阿毘達磨論書與論師」，印老慈悲地為我們講了概要，其他細節讓我自己看，有問題則問。這是我出國前的殊勝因緣，能夠密集地跟印老請教一些比較深入的佛法。之前，我們對印老的著作看了差不多，而且住在慧日講堂的時候，還幫印老的《空之探究》做索引，當時印老著作《空之探究》要出版了，找我與厚觀法師幫他做索引，我們就找了一些人來幫忙，挑關鍵字用卡片來做索引。

三、日本東京大學之留學時期（1986-1992年，32-38歲）

日本的大學之碩士班與博士班稱為「大學院」，大學院的正式生叫大學院的「院生」。外籍生要報考成為國立大學院的院生，需要先經過「研究生」階段。所以，我先取得東京大學研究生的入學許可，不久我很幸運地考上交流協會的留學獎學金就到東大去了。在東大第一年當研究生，第二年順利地考上碩士，碩士兩年，然後博士三年，正好在日本待了六年（彩圖36-43）。

我第一年進去當研究生的時候，印度哲學與佛學研究的主任教官（等同於國內大學的所長、系主任）是高崎直道教授，也是我的指導老師。他是國際上有名學者、研究如來藏的專家。因為日本國立大學在印度哲學與佛學方面的老師的專任員額不多，只有一位或兩位。東京大學算是國立大學中師資比較多的，例如：印度佛教方面有高崎直道與江島惠教教授、印度哲學方面是前田專學教授、中國佛教方面是木村清孝教授、日本佛教有末木文美士教授，印度文學方面有原實教授與土田龍太郎，西藏佛教方面的課程則是由文學院「文化交流研究施設」的山口瑞鳳教授、田中公明老師來支援。此外，還有東京大學的東洋文化研究所鐮田茂雄（中國佛教）、上村勝彥（印度文學）教授也都有開課，我們也可以去選修。特別需要介紹東京大學東洋文化研究所，創立於一九四一年，此研究所蒐集不少中國古籍，包括東方文化學院東京研究所的舊藏以及大木幹一、長澤規矩也、倉石武四郎等各具特色的個人收藏，總藏書約三十五萬冊，是做中國乃至亞洲地域性文化的研究者常會去借閱、影印資料的重要機構。

此外，東京大學印度哲學與佛學研究室每年會邀請其他學有專精的老師以兼任老師的身分，來開不同領域的課程，而且盡量不重複邀請，以開闊學生們的接觸層面，並且彌補專任老師不足的部分。例如：我在學期間，有上過湯山明教授的佛典文獻學，戶崎宏正教授的「量論・現量篇」，川崎信定教授的《中觀心論注思擇燄・說一切智性成就品》，袴谷憲昭教授的《章嘉宗義》，加藤純章教授的「經量部思想」，矢島道彥教授的巴利文獻導讀，中谷英明教授的「Udānavarga之Suabsi寫本研究」等課程，可見每位老師就只開設一次課程，下學期就更換其他老師開設不同領域課程。

（一）與聖嚴法師的師友因緣

我留學日本的第一年（1986），聖嚴法師給我美金二百元，交代我替他購買禮物，問候他在日本留學期間的老師（野村耀昌先生、金倉圓照先生）與朋友（桐谷征一先生）。這是一個很溫馨的學習經驗，一方面感受到聖嚴法師對於老師的知恩報恩之心，另一面也讓初到日本東京的我可以有機會認識他的人脈，不會覺得孤獨。此外，聖嚴法師於一九八六年十月，請我聯絡玉城康四郎先生到中華佛學研究所的密集講課的事宜，讓我有機會拜訪玉城先生的家，親自體會玉城先生學者風範，孜孜不倦，閱讀寫作，不太外出玩樂，珍惜光陰如金；但也不惜時間，教導學生，定期在他所住的地方，主持禪坐會，一些老師學生長期參加，我也曾參加一段時間，這是一段難忘的學習經驗。

我沒有想到，聖嚴法師竟然將這三封我所寫的航空郵簡，留藏在中華佛研所的檔案，隔了十多年再被發現整理，讓我看到掃描的圖檔，覺得非常親切。因此，將它們打字為文字檔，錄文如下，感恩聖嚴法師讓我有這段學習的因緣：

1.1986年8月22日報告：代購禮物問候日本師友

聖公師父慈鑒：

久未問安，念甚。殘暑猶存，請多保重。

已將師父所交代的事辦好了，今報告如下：

一、選購禮品方面：

究竟是出家人，總是須考慮適合彼此身分，想了很久，終於把握一些原則：兼顧紀念性與實惠性。

（一）紀念性方面的禮品，我選購了三幅畫框：

1. 版畫，並題有「無事」二字，作者是明治時期一位有名的版畫家。（日幣五千元）
2. 梅林圖案的瓷片畫框。（日幣七千元）
3. 國畫之菩薩像（半身），題有「一心」二字。（日幣六千元）

（二）實惠性的禮品，三份臺灣之凍頂烏龍茶。（每份日幣五千元，共一萬五千元）

總共：五千＋七千＋六千＋一萬五千＝三萬三千元（日幣）

師父所囑咐約二百元之禮品大概是如上而處理。（由於支票須約一個月才能滙兑，因此實際兑換多少尚不知道）

二、拜訪情形：

原計畫是從桐谷先生開始，想從他那裡，了解其餘二位先生的近況，但是他正巧到大陸去考察房山石經（他近來正做這方面的研究），因此再與野村先生聯絡，很順利地做好八月十日約定，他很親切地告訴我交通路線，並且親自來藤が丘車站接我，十點見面後，一直在他的「蝸牛居」（他書齋的名稱）聊到十二點多，野村先生將每期《人生》雜誌都有仔細看過，對師父弘法利生的事業頗為讚歎。

他並贈送我一部近著《中国史の散策》，是他幾年前訪問大陸（學術會議）——北京到蘭州、敦煌等之紀行。

送給他的是梅林圖案的瓷片。

從野村先生處得知金倉先生從去年七月起住院至今已經一年多了，正巧我準備以那幅題有「無事」二字的版畫送給金倉先生，當天下午我聯絡上金倉先生的家人打聽到醫院的住址，約好八月十一日探訪，金倉先生已經九十多歲了，目前兩腳麻痺不能走路，全由他夫人悉心照料，金倉先生向我稱讚他夫人精神之偉大，他老人家腦筋還算清醒，手拿著師父的名片愛不釋手地看了又看，亦很感謝師父在他這時候的問候，還問說師父怎麼消息這麼靈通，曉得他的病況而派人探訪，我看他們夫妻倆那麼興沖沖，只有支吾一番而改變話題。

金倉先生年紀實在太大了，精力較不支，與我說話時會不知不覺地睡著，過一些時候醒過來繼續再談，因此不敢打擾太久。

臨別時，他還堅持送我一個大紅包，真是受之有愧。

八月十三日與桐谷先生聯絡上，由於他是十二日才剛回日本，有些感冒現象，因此與我約定八月十六日下午三時。到他的本納寺拜訪算是我第一次正式參訪日本的寺廟，桐谷先生很懷念師父的友情，並且聊起您們過去相處的一些事情，亦帶我參觀他的藏書，並且說若有需要，歡迎利用，他去年買了一部兼有電腦功能的word processor（文字處理機），我正好亦有一部小型簡易文字處理機，因此大家就此亦討論了一些。

桐谷先生夫人希望我以後常去他家玩，特別是他們十月的おまつり與正月時，同時介紹他家的三千金（老大已就讀東京音樂大學一年級，專攻音樂理論）。

他家亦收了一位立正大學畢業的男眾當弟子，並住在他家幫忙寺務。

桐谷先生亦是《人生》雜誌的忠實讀者，因此亦頗了解師父的近況，臨行時桐谷先生送給我水蜜桃及梨子等水果。

以上是此次拜訪的報告，有將師父邀請到臺灣一遊的心意轉達他們，但是因緣是否成熟則難說了。

拜訪時我都有拍了照片，正在沖洗中不知拍得成功與否？（等了幾天終於相片也洗好了可一併寄上；可惜金倉先生的照片沒有成功，逆光照之故）

想為所裡將《印佛研》蒐集完全，不知道研究所圖書室之《印度學佛教學》雜誌已有哪幾號。

神田東陽堂有從第一號開始之全套（但缺七、八、九、十一、十二），售價每冊約日幣四千元，六十冊為日幣二十五萬。

價錢不低，但另有零售本第四十號到六十號，每冊二千元，價錢算是公道，不知師父之意見如何？

敬頌　法安

惠敏頂禮

1986年8月22日

2.1986年10月16日報告：聯絡玉城康四郎先生來臺講課事宜

所長師父慈鑒：

天候愈來愈冷，紐約大概要下雪了吧：請多保重。

已將所長前封信之意，寫信轉達給玉城康四郎先生，他亦馬上打電話回音說：原則上就是如此，但由於離明年還有一段時間，所以確定起程日期尚未能決定，等到明朗化後，起程之日、時、班機等，再會聯絡，至於機票錢之問題，我在信中有將您的意思告訴他，由他選擇，但他在電話中，並無提起，我亦不方便問，我想等到下回聯絡時，他若仍沒有主動提起，我再請教他。

尚未接到果祥師來信提及購書之事。

我想就由我與臺北直接聯絡即可，不必麻煩師父在美國滙錢什麼的。

目前《印佛研》聽說東大印哲研究室有存書，我近日將去洽詢，然後與東陽堂舊書局比價再決定（目前曉得新刊之期號，每部二千元）。

總之，錢方面，我在此先墊亦是很方便，不用擔心。

前三個月，大陸出版一套藏漢辭典三巨冊，共三千餘頁五萬三千餘條目，藏漢解釋，舉例均詳，而是以佛教關係詞彙為主，堪稱目前最完備之工具書，售價便宜（定價日幣九千元左右），想購買寄回，不知妥當否？請賜知。

敬頌　法安，淨安

惠敏 頂禮

1986年10月16日

3.1986年10月23日回覆：聯絡玉城康四郎先生來臺講課事宜

所長師父慈鑒：

上週六（18日）晚上，如平時一樣圖書館關門時間後回到宿舍，拜見了所裡寄來有關玉城先生將至所裡講課之信。

當晚立即與玉城先生聯絡上，他說正好亦收到所長的信了，但是空檔時間仍須週一（20日）到學校（他目前在日本大學大學院中授課）後，才能確知，因此約我週一或週二下午到日本大學去，在他下課時相談（日本大學離東大頗近之故），可是我碰巧都有課，所以約定在昨天（週三22日）下午到杉並區他的住宅見面。

有一位師大歷史系博士班的朋友顏尚文先生，他九月初亦到東大來作一年的研究，正恰我隔壁房間空著，因此代他訂下，所以變成鄰居，他知道我將去拜訪玉城先生，由於久慕其大名，因此想一起去瞻仰風采，於是就成了「雙人行」。

與玉城先生商談後之結果有下列幾點，請師父裁奪之：

一、師父所提議之時間二月末到三月末，由於日本大學在三月十日左右有個要事，非玉城先生主持不可。

因此他建議三月十三日，或十四日起一個月時間，看看所裡此時間方便否？敬請賜知。

二、他說：上課用日語的話，學生們可以了解嗎？

恐怕是不是需要通譯者，不知所裡將如何安排？

另外惠敏為有關他們夫婦的日常生活，最近亦能找位懂日文的人（家庭主婦最好）關照較妥當，因為他們須上街買菜，買雜物，有熟悉者幫忙較方便吧！

三、上課以每週二回每回二小時較理想。

四、玉城先生很怕冷，其餘的準備沒什麼，就是棉被相當需要。

另外，講義方面，所裡目前有影印機（？）吧！所以問題不大。

他從我帶去的所裡之開課表中亦了解所裡同學所修的課程，因此對於所講的內容能較易斟酌。

總之，他們夫婦很樂意前往臺灣授課，所裡方面若有明確決定再請賜告。

敬頌　法安

惠敏 敬上

1986年10月23日

（二）日本留學生活點滴

第一年（1986），是住在東大附近，我在那邊租房子住一年。在日本房租很貴，特別是房子裡有衛浴設備的，就貴了大概兩、三倍以上。所以大部分日本學生或留學生都是租沒有衛浴的，然後去公共澡堂洗澡。他們有很多公共澡堂，我想出家人去公共澡堂有點不太方便，但是為了省房租，我還是租沒有衛浴的。那怎麼洗澡？我租的地方，是四個榻榻米半的房間，外面是公共的廁所，沒有淋浴的設備，所以我洗澡的方式是煮一壺開水在廁所裡面擦澡。

隔了些時候，我以前在臺北醫學院有位學佛的學長李宣忠醫師，他父親早期受聘到日本的診所當醫師。日本的鄉下地區比較缺少醫生，因此有從臺灣招募會日文的醫師到日本就業，特別是早期有受過日本教育的臺灣老醫生，他父親是那時候過去的。後來李宣忠醫師也隨他父親的指示，在日本開業。他們雖然在東京以外的地方開業，但在東京也有一棟房子，平時很少去住，所以他就把那房子的鑰匙借給我。他說：「你每天去是不方便，因為約有一小時的地下鐵的車程，你可以週末去洗個大澡，平常就洗小澡。」很感謝李醫師家庭對我的照顧，因為他也是我日本留學時的保證人（留學簽證），他在長野縣開業，我們在東京附近留學的學佛團體曾經到他家辦理隔夜的精進念佛活動，他們夫婦很熱心招待我們。

第二年（1987）春天，我很順利地考上東京大學的大學院碩士班（日本稱為「修士課程」）。有一天，我在學校之學生事務布告欄，看到有張貼房屋出租的告示，發現有個出租房間的地點寫是「願行寺」，是寺廟的寮房要出租，而且租金便宜，距離也近，就在東京大學農學院旁邊，東京大學地震研究所對面。我撥空去看看，當時接待的是房東（老住持：羽田修果先生）的太太，她看到我是出家人，她也很高興。她說：「你是臺灣來的出家人！」房租就特別算我便宜一點。所以我第二年開始一直到畢業都住那裡，跟他們全家相處得很好（彩圖36-41）。

不久，房東家了解到臺灣出家眾比較不方便到日本的公共澡堂洗澡，就問我說：「我們的寮房沒有浴室，你是怎麼洗澡？」我回答：「平時擦澡、週末到朋友家洗澡。」房東家提議：「如此太麻煩了，就用我們家的浴室洗好了。」後來我就在他們家洗澡。他們一家人：養子羽田芳隆先生（後來接任願行寺住持）以及三重子夫人一直到現在，我們還是保持聯繫，我若到東京，他們也都歡迎我到願行寺掛單。他們的兒子浩修與兩個女兒晃子、由紀子也都是我住宿期間的小好朋友，他們都將我當成家人一般，實在是非常感謝佛教功德的庇護。

在東京大學留學期間，可能是我讀書最有福報的一段時間，有獎學金資助，有好的環境可以專心讀書。我每天一大早就去圖書館排隊占位子，門還沒有開就去排隊。東京大學讀書風氣很盛，總圖書館內總是滿滿的，如果沒有先占位子，大概就沒得坐了。所以我們一大早就得排隊占位子，然後一直待到晚上關門才離開；中間的時段，有上課與用餐時間，結束後又回圖書館。當時，我喜歡在圖書館讀書有幾個原因，一個是那個讀書環境確實是很好，各類各樣的書應有盡有，需要什麼書找什麼資料都很方便，而且馬上就可以借出來看。另一個是因為圖書館裡面有暖氣、冷氣，可以節約自己用宿舍的能源。此外，也是想浸潤在學校讀書的氣氛，彼此共勉。

我在日本留學生活的早餐，以吃三明治為主。在願行寺附近的「根津」地下鐵車站旁邊有家三明治小店，由一位老父親與一位兒子或女兒輪流幫忙，有賣素食的三明治，所以我常去買來當早餐。有次，我告訴他們我隔幾天會回臺灣過春節舊曆年，因此會有一段時間不會來買三明治。我的用意是讓他們知道，不是因為他們的三明治不好吃，而沒有來買。沒想到，隔天我再去買三明治時，老闆給我一個裝錢紙袋，非要我收下不可，回去打開後發現內有十多萬日幣，實在讓我不知如何是好？因為想到他們要賣多少三明治才能賺到十多萬日幣？到現在我每想起，還是很感動，因為我們素昧平生，我們彼此也都不知對方的姓氏。

東京大學有各種餐廳，午餐可以在學校餐廳找一些素菜吃。有時候，我會自己煮，我有大同電鍋，就買一些麵跟蔬菜，通通丟進去電鍋裡讓它煮，煮好了就這麼吃。後來，有一個臺灣留學生帶到一間日本的麵店「萬盛庵」，因為這間麵店可能有煮素的料理，老闆知道我是吃素，就說：「好啊，我們特別幫你設計一個素食的套餐，有豆包蕎麥麵跟白飯，還有一些蔬菜天婦羅與日本醬菜。」所以我常會去那邊吃。他們一家人對我非常好，記得當我學成歸國時，他們還給我日本土產當禮物。後來，若有去東京，日本朋友也會在那裡招待我吃素餐。幾年前，聽說歇業了，因為店家老了，後繼無人。

日本交流協會只給臺灣留學生二年獎學金，但是金額算是優厚，大約是日本的大學畢業生的工作薪資，對留學生來說，節省用的話，可以用到三年。三年以後，我有申請日本國際扶輪社的獎學金，他們有分派固定的扶輪社社員照顧獎學生，我是屬於由大宮方面扶輪社的會員（高橋先生）照顧，他們定期邀請獎學生們參加聚會與聚餐。另外，由我指導老師江島惠教教授推薦，我也領過日本的大法輪獎學金，這是佛教界獎學金，但是未來需要歸還，就像助學貸款一樣，後來我回臺灣後工作，也償還該筆款項。此外，我的學弟齊藤仙邦先生，現在是日本福祉東北大學的教授，他當時也很關心我的經濟來源，為我推薦申請他所屬寺院位於山形縣龍澤山善寶寺的論文獎學金。很感恩有這些獎學金的援助，讓我沒有後顧之憂。此外，我的師父、聖嚴法師與臺灣的信徒們（例如：林政男、陳雨鑫、賴金光居士等）會關心我的經濟狀況，知道我有持續在領獎學金，就比較放心，隨緣資助，這些善緣實在難以報答。

（三）兩年完成碩士學位、三年取得博士學位

我去日本的第一年原先是要研究印度七世紀月稱論師有關龍樹菩薩所著《中論》頌的注解書《淨明句論》，它有梵文本，而且還沒有翻譯成中文，所以中國佛教界對它不熟悉。原本想做此主題，後來到日本覺得已經有不少日本學者有做這個題目，讓我覺得再做這個題目就有點多餘；同時我買到了漢譯《瑜伽師地論・聲聞地》的梵文刊本，而且《聲聞地》內容很多是探討有關修行禪定的理論與實踐的議題，所以我覺得這個題目不錯，而且很細緻地談到解脫道的過程。所以我第二年（碩士第一年）就決定改此方向，我的論文題目就以《聲聞地》為主。當時高崎直道教授已經退休，由中觀方面的專家江島惠教教授繼任印度哲學與佛學研究室主任教官，高崎直道老師的學生（主修印度佛教）也都轉到江島惠教教授門下。因此，江島惠教

教授成為我碩博士課程的指導教授。

我的碩士論文是關於《聲聞地》的「種性論」與「資糧論」的題目，一九八八年寫完，這是討論聲聞（聽聞佛法聲教而證悟之弟子）的解脫道，所需要具備的「種性」（先天的條件），以及那些「資糧」（後天的預備的條件），兩年內完成，合乎日本大學碩士至少要兩年的最低修業年限的規定，取得修士（碩士）學位證書（編號：修人文第3532號）。

我的博士論文題目是「聲聞地之『所緣』的研究」，這是討論聲聞的禪修對象（所緣）的種類與身心（所依）相互影響的機制，於一九九一年底寫完，非常感謝東大的學弟有賀弘紀、學妹伊澤敦子協助做我的博士論文之日語文稿修訂。一九九二年通過審查與口試，合乎日本大學博士至少要三年的最低修業年限的規定，取得博士學位證書（編號：博人文第48號）。很幸運的，我的碩、博士學位都在它規定最少的年限裡面完成，所以我的指導老師江島惠教教授曾說：「你在日本東京大學是少數以最短時間完成碩、博士學位的學生。」

我想我會比較順利完成學業的因緣有幾個。首先是我那時候保持規律的學習生活作息習慣，每天幾乎很規律地去學校，讀書、上課。其次，就是我上課時比較認真，因為那時候真的是很想讀，所以我們老師曾說：「你在東京大學可以拿全勤獎。」因為我上課有一個習慣，除了事先的預習之外，我會提早五分鐘或十分鐘到校，讓身心進入好的學習狀態。所以，讓老師覺得印象深刻。上課的時候，我也會自然地與老師、同學互動，適時提出我個人的想法給大家參考。更重要的是我找到適當的研究方向，研究自己喜歡、有益於學術界而且適合自己的能力做的題目。

（四）日語與其他方面的學習情形

我的日文在出國前，通過了留學語言測驗，然後也通過日本交流學會獎學金，基本上「閱讀」可能有一定的程度。但是「聽、說、寫」方面會比較吃力，所以在日本時，我就特別加強這三方面，有時間就多聽日本的教育性廣播電台，隨身攜帶小筆記本，記錄聽不懂的詞句或看不懂的招牌、布告或說明資料，隨身攜帶電子辭典（還包含有記事、行事曆功能之電子筆記簿），有時間就查尋所聽到、或看到的生詞。上課時，也一樣，在筆記的右手欄，記錄聽不懂或看不懂的詞句，下課立刻查尋這些生詞。剛開始聽的時候，只能夠抓一些字詞，下課後，向日本同學借他們的筆記，看看自己漏掉了哪些，彌補疏漏。後來就愈聽愈多，可聽懂整句、整段，乃至整篇。其次，盡可能利用機會以日語表達，例如：剛在超市聽到別人的說詞或對話，自己盡可能地模仿該情境，對著適當的對象，學著說說看。上課所聽到的觀念，找機會與別人分享，說說看。寫作也是一樣，可惜，當時沒有養成寫日文日記的習慣。

此外，東京大學有提供留學生申請第一年Tutor（小老師）的制度，不過一般因為Tutor學長很忙，留學生也很忙，有時候不一定會常常見面。我的Tutor是我的學長，他陪我讀與入學考試有關的教材。我在日本除了上課以外，也聽日本的空中大學，在日本稱為「放送大學」。我有時間就開著收音機聽，有時候跟上課時間衝突，我就錄起來找時間聽。另外買空中大學的書，因為我在日本的時候就有一個想法，就是除了來讀佛學以外，應該多學一些相關的知識。我那時候聽滿多的，包括自然科學、社會科學、哲學、語言學、德文、法文、日文、腦神經科學，以及日本文化等相關課程。除了收聽廣播電台以外，日本的空中大學有專門電視台，還有NHK（日本公共電視台）有一些教育的節目，所以我就透過這些管道，擴充我的學習環境。另外我同時買了很多除了佛學以外的書，後來對我回國以後，對於我在國立藝術學院教通識課程就有幫助。因為我留學範圍有足夠的寬度。

（五）參加口試的經驗

在出國前，我記得在交流協會口試的時候，有一個有趣的經驗。交流協會考口試，對臺灣的考生來說會很緊張，因為第一次面對日本人的考試官，其中又有日本交流協會部門主管親自參與，因此大家都很緊張。我記得排在我們前面一位考生出了考場說：「我剛剛的舌頭打結了。」但是，我則嘗試去享受這種歷程，反而會有愉快的感覺。因為，自己告訴自己：難得有機會可以用日文與日本人講話，而且平常要對別人講話，別人還不願意聽，現在因為考試，所以他們只好坐在那邊聽你講話，因此自己覺得是很幸運，感覺像是與日本人做朋友的歷程，猶如在客廳跟日本人講話一樣。我就覺得反而超出我意外的自在，我原先平常講日文都還沒有那麼自在，怎麼碰到日本人可以講得似乎頭頭是道，在場的人似乎也覺得這個考生可以講得比較自在，這是出乎我意料之外。

總而言之，我那時候覺得是一種享受，享受講日文的感覺。這種想法有受到忠孝日語補習班的劉元孝老師如下的觀念的影響，他常鼓勵我們說：「你們不要怕講日文，你講日文，他們聽不懂是他們倒楣，不是你倒楣。」這種想法讓我們比較不害怕開口講日語，將心裡的想法可以用不同的語言表達給不同的人知道，應該是一種很愉快的事情，因為可以對更多的人分享你的觀念與感受。

讀博士班的時候口試也是一樣，雖然那時候幾乎東京大學內所有與佛學研究相關的老師都在考試委員的行列，但我們還是享受那樣的考試歷程。所以我後來常常會跟我的學生鼓勵說，你們不要害怕考試或口試。我常常把考試當成一種享受的事情，我一直覺得讀書是為自己，不是為考試。考試只是來檢驗你讀書到底讀到什麼程度，不用害怕，反而要享受它，歡喜面對它。

（六）對自己建立適當的定位

我覺得在日本東京大學留學期間，讓我可以親身感受頂尖日本學者與學生做學問的可能性與限制性，讓我對自己可以建立適當的定位，不自傲也不自卑。原因是在東京大學可以看到聰明的人士可能到達什麼程度，所以我會鼓勵學生說，假如有機會到所謂一流的學校，不論短期或長期其實都有幫助。因為在那邊可以看到學術界的老師或者學生的菁英，看到這些最聰明的人的可能性，特別是日本人又善於運用團隊力量也善於師徒傳承，所以可以看到一群諸葛亮的智慧的極限可能在什麼地方。所以讓我不會高估自己，也不會低估自己，因為你可以寬廣的角度來看到各種人才的優缺點，從中會找到自己的適當定位。

例如，我曾經在大學部上梵文課，我需要努力地跟上老師的進度，有位學生在開學二個月已經將梵文文法教材自己讀完，教材附錄的單字表也幾乎都背起來了。所以老師在課堂上，現場點名同學解讀梵文作業時，他可以迅速準確地解讀。我還得查字典與文法書，才能解讀，讓我自嘆不如，但是他對義理則不是很感興趣。此外，東大圖書資源非常豐富，學習環境優好。因為它是一個學術研究重鎮，所以很多國際有名的學者經過日本，會來參訪東京大學，學校也都會適時安排演講與講課，所以有機會接觸到很多有名的學者。因此，在東大留學時期，對我提昇學問的深廣度提供一個很好的學習環境。

此外，自己也可以尋找其他或校外的學習機會，例如：我的研究方向是《瑜伽師地論．聲聞地》，我得知在大正大學有「《聲聞地》研究會」定期聚會，是由教授、研究員所組成，目標是將梵文寫本重新解讀與校訂，再翻譯成日文，每週定期的聚會討論，累積一定數量則刊載於學術期刊發表。從東京大學到大正大學的距離，騎腳踏車大約三十分鐘，距離不是問題。但是，不知如何可以參與大正大學「《聲聞地》研究會」？因此，向我所住宿的願行寺（淨土宗）副住持羽田芳隆先生提到我有此想法，羽田先生是畢業於大正大學（是由日本淨土宗、真言宗智山派和豐山派、天台宗合辦的大學），他說他認識其中一位研究會的成員松濤泰雄先生，他也是淨土宗的僧侶，可以幫我介紹。他就先打電話向松濤先生介紹我個人的背景，然後讓我在電話中與松濤先生說明我的請求，松濤先生很大方地讓我參加，因為我當時的身分還是學生，而其他「《聲聞地》研究會」都是老師的身分。很感念松濤先生，因為在我回臺灣之後，他還陸續寄《聲聞地》研究會的發表成果的資料或賀年卡給我，幾年前，聽說他往生了，願他蓮品增上。

一直到我從東京大學畢業，我都持續參加大正大學的《聲聞地》研究會，大約有三年的時間。從中，體驗到日本學術界的團體研究的運作，針對某個主題或者某個文獻，集合相關專長的老師組成研究會，分工合作，有些負責解讀梵文寫本與日譯，有些負責對讀相關的藏譯本或漢譯本，然後逐句逐段討論定稿。我是覺得這種風氣不錯，因為在這個研究會裡面有老、中、青三種層級，資深者會帶領大家傳承既有的成績，年輕的學者也有可能提供新的貢獻與方法，自然形成傳承或創新。

此外，也談談我對「日本印度學佛教學會」（The Japanese Association of Indian and Buddhist Studies, JAIBS）的了解，未來中國佛學界也可以有如此規模的學術團體的發展。根據JAIBS的網站資訊，我們知道它創立於一九五一年，超過半世紀以上的發展，目前約有二千四百名會員，是日本人文社會科學領域中規模最大的學會。其實，於一九二八年，日本佛教學術界先成立「日本佛教學協會」，一九四七年改稱「日本佛教學會」，發展為學會組織，並希望朝向全國性學會發展，但是有關人士的意見不一致，無法成就。因此於一九四九年，在東京大學，由宮本正尊、金倉圓照、干潟龍祥、本田義英、山口益、辻直四郎、花山信勝、中村元、坂本幸男、西義雄、增永靈鳳等日本印度學、佛教學者代表開籌備會議，於一九五一年，另外成立「日本印度學佛教學會」，成功地發展為全國性學會，並且吸收許多國際會員。

此學會定期於暑假時召開年度學術大會，由關東地區與關西地區的學校輪流主辦，會有上千的學者參加，分為數十個Panel（主題組別）討論，讓大家一年一度有發表與交流的機會，在論文的品質與數量方面也可以維持一定的水準，也可以集中舉辦研討會的資源，比較不需要有太多各自費力舉辦的學術研究會，學者們也有分身乏術之困境。目前，該學會的年度學術大會，也允許參加者用自己的母語口頭發表論文，只要現場自己提供日文或英文摘要，或者自備口譯者，由此也可以看到此學會對國際化的包容性。此外，對於佛學研究，他們不只是有「日本佛教」，也不只是所有的「佛教學」，更包含「印度學」，如此開闊的視野是值得我們參考借鏡。

（七）日本的博士學位

日本的博士學位有分「論文博士」與「課程博士」兩

種取得的方式。日本的「文學博士」的傳統是以「論文博士」為主。就是把博士課程修完，然後先找教職等工作，經過大約十年，在某一專題上，逐漸累積研究成果，成為該研究領域的佼佼者，並且完成一部有學術價值的專門著作，成為學術生涯頂點的里程碑，做為申請博士學位的「論文」，通過審查與口試之後，可以取得博士學位。「課程博士」則是在博士班修業年限中完成論文的博士學位，比較像美國的PhD，當成你要走入學術界或者教育界的正式起步的里程碑。

在我留學時期，在日本以「課程博士」方式完成博士的是少數，他們主要是以「論文博士」為目標，或出國在國外大學拿PhD，因而接觸不同的大學和老師。我記得東大的印度文學老師原實教授曾對學生說：「你們一直只停留在東大學習，會類似『近親繁殖』，不容易突破，應該多去接觸不同的老師與環境。」因此，東京大學也鼓勵學生出國留學與短期進修。

我進入博士班的時候，前一個取到課程博士的學生，是韓國的留學生，但是她也在日本待了一段時間，才拿到博士學位。當我跟指導老師江島惠教教授提起我想要以「課程博士」為目標撰寫博士論文，他就說：「可以，但是有條件：每年至少能夠在學術期刊發表一篇論文，連續三年。」我在修碩士的時候就已經開始在日本的學術雜誌發表，因此累計起來可以達到我老師的條件。因此他就說好，你可以寫看看。所以當我提出論文的時候，我是江島惠教教授第一個提交博士論文的學生。

我是在一九九一年十二月二十四日遞交博士論文給校方，但指導老師說論文審查與口試可能沒辦法那麼早，大概要到一九九二年的五或六月去了；原因是接著就過年放寒假，然後就是春季的入學考試的忙碌時節。

（八）美國密西根大學遊學與大陸參訪（1992年前半，38歲）

我想這幾個月的空檔時間要怎麼運用呢？在東京大學繼續上課也可以。但是我那時候是申請去美國安娜堡（Ann Arbor）密西根大學（University of Michigan）當客座研究員，因為那時候密西根大學與中華佛學研究所有簽訂學術交流備忘錄，可以申請訪問學人。因此，我在密西根大學可以免費旁聽課程，可以向圖書館辦理借書證。我那時候去密西根大學單位的是亞洲語言文化系，裡面有設一個佛學研究部門，開設佛學研究相關課程。當時的專任師資有Luis O. Gómez與T. Griffith Foulk以及Donald S. Lopez等教授，另外Daniel Stevenson教授當時也在那裡兼課。我當時參加Gómez教授的「梵本《無量壽經》」課，Foulk教授的「日本佛教」的課，Stevenson教授之《孟子》的課程以及《阿毘曇心論》的讀書會，以及Madhav Deshpande教授的「梵本《佛所行贊》（*Buddhacarita*）」的課程。

此外，在安娜堡有華人學生所組成的佛學社，他們請我定期講課，我那時候就用密西根大學Donald S. Lopez教授（1988）所著*The Heart Sutra Explained: Indian and Tibetan Commentaries*（《般若心經之印藏注解》）當作教材。之後，距離安娜堡不太遠的地方之東蘭辛（East Lansing）市有密西根州立大學，那邊也有華人的佛學社，也請我去講課，當時我以Philip Boas Yampolsky教授所英譯（1967）的《六祖壇經》（*The platform sutra of the sixth patriarch: the text of the Tun-huang manuscript with translation, introduction, and notes*）為講述教材。

我在安娜堡是租借於一個基督教團體辦的學生宿舍，有定期舉辦一些交誼活動。我利用美國的春假（Spring Break）參加他們所舉辦的外籍學生與學者之山區教學之旅，目的地是美國南部的田納西州之阿帕拉契山區裡面的小學、中學，巡迴講授自己本國的文化，譬如說我就講臺灣、中國的文化（彩圖44）。學生上某個國家的歷史、地理課時，有該國家的人來現身說法，是很有意義的事情。我在春假報名參加，同行的有日本人、俄國、菲律賓、馬來西亞、新加坡、以及大陸來的外籍學生與學者約有十多位。參加者只要繳交沿途的食宿費用，安娜堡的教會安排義工駕駛他們的車輛，提供來回交通工具，也安排沿途的簡單的參訪活動。阿帕拉契山區的教會則安排當地的食宿、學校教學活動，以及居民團體的交流或參訪活動，例如有一次去參加當地扶輪社的聚會，看他們美國人怎麼開會的。還有請當地的一位防止家庭暴力的女性運動者，跟我們講如何因應一些家庭暴力的個案。

在美國參訪期間，我還隨密西根大學教授們去參加亞洲研究學會（The Association for Asian Studies, AAS）的年度大會，它是全球規模最龐大的亞洲研究組織，創立於一九四一年，目前全世界約有八千名成員，屬於非營利的學術性組織。透過出版品、區域性會議與年度大會等方式進行學術交流，以增進會員對中國與近東、東北亞、南亞、東南亞地區之了解。每年春季舉辦為期四天的年會，有數百個主題組別與數十個出版社，提供學者交流以及各種出版品展售的機會。一九九二年的年度大會是從四月五日至八日在華盛頓特區（Washington, DC）的希爾頓大飯店（Hilton Hotel）舉行。

我在日本東京大學的時候認識一位美國維吉尼亞大學宗教系的Paul Groner教授，他是研究日本天台佛教的專家，有時會來日本作研究或交流。有次他曾受邀到東大老師的課堂中講課，知道我將去密西根大學做短期的研究，他說：「你到美國的時候，歡迎來找我。」他與當時在密西根大學兼課的Daniel Stevenson教授很熟悉。因此，Stevenson教授負責帶我去參加華盛頓特區的AAS年會，會議結束，Groner教授則負責載我從華盛頓特區到維吉尼亞大學參訪，並且安排住他家，對我而言是非常特別的經驗，因為是我第一次住在美國人的一般家庭，體驗他們的日常生活，與他的就讀小學的雙胞胎女兒一起玩，與他的兒子聊天，聆聽他的夫人在家裡表演印尼敲擊樂器的甘美朗（Gamelan）音樂，觀賞NCAA的大學籃球冠軍決賽（密西根大學與杜克大學）轉播。我在維吉尼亞大學大概待了三天，旁聽佛教相關的課程，他也介紹我認識西藏佛教的專家Jeffery Hopkins教授。之後，我們繼續保持聯繫，並且我也推薦臺灣留學生到維吉尼亞大學就讀。

（九）初訪大陸

在日本東京大學博士班畢業前，一九九二年初夏，大陸的中國社會科學院亞洲太平洋研究所黃心川教授與北京大學梵文學者蔣忠新教授各別邀請我去大陸訪問，我與他們認識緣於他們在日本的時候，為黃教授辦理簽證，以及為蔣教授擔任翻譯而有所接觸。當時由在日本東京大學的大陸留學生陳繼東先生安排我住北京廣濟寺，也就是中國佛教協會的所在。

當時黃心川教授邀請我到中國社科院亞洲太平洋研究所做一場演講，蔣忠新教授則安排我參觀北京大學，以及與季羨林、郭良鋆等教授見面。在廣濟寺借住期間，認識中國佛教協會會刊《法音》雜誌擔任責任編輯的純一法師，他則陪我參訪北京地區一些有名的寺院，例如：法源寺、雍和宮、戒壇寺、潭拓寺等。此外，我也在廣濟寺認識黃心川教授的公子黃夏年先生，之後許多次在大陸以及臺灣的佛學研討會見面。

當時，北京的佛教才開始復興不久，北京就只有一家素食館，名為功德林，是公營的，因此中國社會科學院黃先生是在該館宴請我。我是在廣濟寺以糧食券用早餐，在外參訪時，則隨緣找可以特別做素食的餐廳用餐。當時的北京，寺院似乎沒有太多的講經弘法活動，法律上在寺院之外不能傳教，因此年輕人學佛則大多借用茶館或練功的因緣進行，現在的大陸學佛情況改善很多了。

第二篇

三頭工作時期

1992-2014 年，38-60 歲

一九九二年六月，我學成回國之後，雖然是德學不足，承蒙諸多師長的厚愛，陸續接任了西蓮淨苑、國立藝術學院（2001年改名為：國立臺北藝術大學）、中華佛研所與法鼓佛教學院等三個不同機構的管理階層的工作。由於西蓮淨苑是在臺北縣三峽鎮，國立藝術學院是在臺北市關渡，中華佛研所是在臺北市北投區（2001年搬遷入金山新校區），與法鼓佛教學院是在臺北縣金山鄉，因此我的工作範圍是隔著淡水河，也算是奔走於另一種的「兩岸（淡水河岸）三地」，別人認為我好像是有「三頭六臂」的本領，但我其實是沒有，我只是遇到許多貴人，以及學習如下五個原則：

一、自我管理：先管理好自己，才能管理團隊，這是我學習與擔任管理職務的基點，也是我終身學習的目標。

二、團隊合作：我盡量學習尊重、信任團隊中每個成員，盡量建立意見溝通與實務協作的平台，例如例行會議、公文系統以及網路上的各種溝通管道。適時揭示或討論團體目標，充分授權，讓成員可以主動提出實行方案，並檢討成效累積經驗，使團體目標與個人成就目標結合。領導者不居功，不卸責。

三、適可而止：我不要求每件事要做到百分之一百的完美，也不過度專注單一形式的成功，才能產生多元性的價值與快樂。我會用「轉碟」雜耍藝人做譬喻，對於多數在竹竿上的碟盤，平均適當的分配注意力與轉動力，不能只是想讓單一竹竿上的碟盤轉得快或好，而忽視其他竹竿上的碟盤，讓它們掉下。因此，我每天為自己設定短期目標的待辦事項表（to do list），分析「輕重緩急」的優先順序，逐一完成，完成後就往下個項目移動，不要執著於單一目標，也不要太有得失心，成不驕、敗不餒；重點是確認每天都朝著長期目標前進。雖然各方面的成就只是六十分及格的程度，但是比較沒有遺憾，因為這些工作可以回饋自己剃度的常住、母校乃至佛教教育界，也可以回饋一般教育界的需求。

四、角色轉換：我雖然同時在西蓮淨苑、國立藝術學院、中華佛研所與法鼓佛教學院等不同單位，擔任管理階層的職務，但是可以隨緣「角色轉換」，不會混淆與錯亂。因此，我在國立藝術學院，教職員生不會覺得我是佛教的法師，我就是老師或是行政主管，沒有傳教之嫌。我在西蓮淨苑，大家不會覺得我是法鼓山的人；反之我在法鼓山，大家不會覺得我是西蓮淨苑的人。我盡量讓我的角色扮演適時、適當，讓彼此間不會產生誤解與衝突，反而可以相輔相成。

五、時間管理：既然，情勢上似乎我不能推辭受邀或受託的這「三頭」的職務，必須同時兼顧西蓮淨苑、國立藝術學院、中華佛研所與法鼓佛教學院等不同單位的行政、教學、研究、服務等不同工作。因此，除了與職務有相關的工作，不是非我參加不可的其他的演講或活動，盡量不承接或參加。

但是，現實上，因為時間的分配限制，以及個人能力與學識有限，確實也有許多行政、教學、服務等各方面的疏失，或無法全心全力盡責以及照顧不周的問題，時常感到愧疚與不安。所幸，相關單位的師友、師兄弟們、同仁們、同學們非常包容或護持，讓我可以持續維持「學以致用」的三頭工作，實在感恩不盡。以下，我將此三頭工作的狀況分述如下。

［1992年- ・38歲- ］

西蓮淨苑的工作

一九九二年學成，六月二十八日回國時，我師父智諭法師在當天中午準備幾桌素菜，請一些護法居士過來，宣布我為西蓮淨苑副住持。我在日本讀書的時候，我師父曾寫信給我，問我多久會畢業，他說他身體不太好，要有人來接棒。我說大概最少要五、六年，一年研究生、二年碩士，還有修博士最少三年，加起來前後差不多要五、六年。他說五、六年他可以等啦，他身體不好，要等我回去，希望我能夠接住持。我那時候回信跟他說，常住需要人，我不能拒絕，但是我說因為時間很長，而且我不是很適合的人選。我說能夠盡量找其他的適當的人選，並不一定要等我，也不需要把這些話就當成是個決定；因為世事無常，凡事隨順因緣即可。

想想自己不但無情也很懶，大學時代在臺北醫學院讀書時就很少寫信回家，寫信的情況，大多是零用錢用完的時候。所以我在日本寫給我師父的信很有限，抵達的時候寫信報平安，如果我師父寫信來，我就會回信，中間可能有寄過賀卡之類的，可能沒幾封啦。我從日本回臺灣過年的時候，發現他把我的賀卡壓在他的書桌玻璃墊下，讓我覺得既感動又慚愧。

同時，我也非常感恩淨苑的師兄弟們在我留學日本期間，細心照顧智諭法師，讓我在求學期間沒有後顧之憂，因為他的身體狀況日漸衰弱，比較需要有人照顧。

一、副住持（1992-1998年，38-44歲）

我初任西蓮淨苑副住持時，曾對住眾法師們、信眾們提到我對淨苑有如下的展望：「我先跟大家談談我理想中的淨苑是什麼樣子？我的想法是……希望淨苑能夠成為一個念佛三昧的道場。自從師父開山以來，在淨苑建立起的這些制度、道風，我希望在我們這一代能夠承先啟後把它加強、充實。當然。這只是我的想法，不曉得大眾的意見怎樣？將來大眾如果覺得這是一個可行的方向，或是好的方向，那我們可以一同往這個方向努力……我把博士論文交給東京大學審查，下面還有一個論文想寫，這一篇論文是要跟大眾師一起來修學，一起把它完成，然後交給阿彌陀佛審查。」當時，我為了避免淨苑僧眾或信眾以為我的研究領域是《瑜伽師地論》為主，與智諭法師強調的般若法門不合，或者會改變念佛三昧道場的道風，也避免大家以為只重視學術研究，輕視修行。

當時，智諭法師指示要我建立僧團制度，我即按照他的理念：

（一）少有所學：促使教研組規畫僧教計畫。

（二）壯有所用：人事制度規畫，職事更動時，能夠擢拔人才，適當用人。

（三）老有所終：退休方案的擬定。

（四）往生有所安排：制定《往生儀軌》，成立治喪小組。

此外，我也陸續將大學教學與行政運作方法，例如：行事曆、各級會議、法規章程、公文流程等，適當地運用在淨苑道場的寺務營運。我於平時早午齋也會隨緣開示：「在齋堂中如何去體會佛法？……誠如古德所說，佛法是在穿衣、吃飯時，一分一秒去做的，不要認為每個動作都一樣。其實，每個一秒鐘，是一生中最後的一秒鐘。這秒是你的，過去就沒有了，再也沒有同樣的一秒鐘……。」每年四期的佛七、十多期的佛一，由我擔任主七和尚，開示打坐方法、修行要領。住眾慧慕法師發心將這些佛七、佛一開示、念佛會授課等，編輯成書，現已出版《蓮風小語1993》、《蓮風小語1994》、《蓮風小語1998》、《西齋夢語》（齋堂的開示集）、《禪定與生活》等書，另有出版錄音帶（括號中是講課的年份）：《蓮風小語》、《六門教授習定論》（1992-1993）、《清淨道論》（1992-1993）、《生活在戒定慧中》（1993，教材：《小止觀》）、《入中論》（1993-1996）、《佛陀的啟示》（1993）、《念佛三昧的滋味》（1994）、《《成實論》的定與慧》（1994）、《坐禪三昧經》（1994）、《佛身與佛智——無分別智》（1995，教材：《攝大乘論》增上慧學）、《四念處》（1995）、《安那般那念》（1995）、《禪定淺說》（1995）、《材質與顏色的禪定》（1996，教材：《清淨道論》地遍業處）、《唯識二十論》（1996-1997）、《生命緣起觀》（1997，教材：梵本《淨明句論》第二十六品觀十二支分)、《心淨則佛土淨》(1997)、《禪定與生活》(1997)等等,這些是我在西蓮淨苑擔任副住持期間所開課程的錄音檔。此外,還有從一九九七年六月,於淨苑週日講座開講的《瑜伽菩薩戒本》,於念佛會續講,至一九九八年六月為止。

總之,我在西蓮淨苑講課範圍,除了延續原來的修行漢傳佛教的念佛三昧的道風之外,會提供各種印度佛教各種論典,讓大家可以與印度佛教的源頭接軌,如此的學習視野,我個人覺得比較可以兼收「溯源」與「開展」的平衡。

二、住持(1998年- ,44歲-)

一九九八年,我師父智諭法師希望我可以接任西蓮淨苑住持,他將退居。於五月四日的早上舉行交接典禮,當天我於「陞座說法」的儀程時,發表如下的講稿:

諸位法師、諸位居士:

師父從民國六十一年開山以來,非常盡心盡力地帶領四眾弟子,經過二十六年,今天惠敏承蒙師父以及四眾弟子不嫌棄,能夠在浴佛節的日子,舉行晉山陞座的典禮,深感責任重大。

原先師父交代希望不要勞煩大眾、驚動大家,所以選在浴佛節原定的法會,簡單隆重舉行即可,因此,沒有發請帖給諸山長老們前來指導,只是通知淨苑信眾知道而已。所以，假若有一些通知不周到之處，他請大家能夠諒解。

此次法會，四眾弟子為表達感謝、感恩的心，特別舉辦「蓮風法雨二十六年回顧展」，以紀念師父二十六年來弘法利生的功勞。對我來講，接任淨苑住持是一個非常重的擔子，不曉得自己何德何能來承擔。但是，今天看到四眾弟子能夠這麼虔誠與和合，我相信，只要大家都不要忘記今天的心意，淨苑一定能夠依著師父打下來的良好基礎，繼續往前發展，譬如將原有淨苑僧伽教育發展成「淨土學苑」的規模，將五個講堂的弘法活動發展成「推廣教育」的方向等等。

因為今天正好也是浴佛節，所以大眾都很歡喜慶祝佛陀的誕生，我們也希望以此歡喜心祝福淨苑的法脈永昌隆、道風常增上。總之，感謝、感恩、歡喜與祝福是今天法會的精神。

其次，我個人該以什麼樣的心態，才能夠「統理大眾，一切無礙」？正好前些日子，看到《國語日報》有一篇文章，對我來講很受用，在這裡念給大家聽，並且改幾個字，給大家作個參考。這篇文章的題目本來是「夫妻恩愛六大守則」，第一條是「太太絕對不會有錯」，第二條「如果發現太太有錯，一定是先生看錯……」，同樣地，也可變為「道場和合的六大守則」。

譬如，對住持來說，應該有下列的心態：

第1條：住眾絕對不會有錯。

第2條：如果發現住眾有錯，一定是住持看錯。

第3條：如果住持沒有看錯，一定是因為住持的錯，才害住眾犯錯。

第4條：如果是住眾的錯，只要他不認錯，他就沒有錯。

第5條：如果住眾不認錯，住持還堅持他有錯，那就是住持的錯。

第6條：總之，住眾不會有錯，這句話絕對不會有錯。

以上這六大守則請住持一天念六次，以免犯錯。

想一想，假如每個人把這句話改成：「一、別人絕對不會有錯；二、如果發現別人有錯，一定是我看錯……。」相信每天一定過得很愉快，而且非常合乎菩薩精神，或者如印光大師所說的「見一切人，皆是菩薩；唯我一人，實是凡夫」。

因此，我希望在我人生旅途中，盡量念念不忘，學習這六大守則。不過，我不知道住眾們是否也會這樣念：「一、住持絕對不會有錯；二、如果發現住持有錯，一定是住眾看錯……。」以此類推。

最後，還是要講一首佛教的偈語才像陞座說法吧！

「若人欲了知，三世一切佛，應觀法界性，一切唯心造。」

講於1998年5月4日

當天的中午，舉辦「蓮風法雨二十六年回顧展」，這是淨苑弘法組開「晉山陞座」籌備會議時，慧信居士轉述慧因學長之提議，為緬懷智諭師父開山二十六年來，悲智雙運之春風化雨，應舉行「蓮風法雨二十六年回顧展」。後於檢討會上，心勇居士提議做成紀念特刊。其實早在幾年前，淨苑的慧觀法師與慧謹法師已開始蒐集資料，準備等待時節即可編輯，正好因緣具足，於是舉辦此回顧展。之後，由惠義法師擔任主編，慧觀、慧經、慧然、慧謹法師擔任編輯，繼續蒐集各種資料與邀稿整理成《蓮風法雨26年》紀念特刊，於一九九八年十二月出版。

此紀念特刊中，有介紹西蓮淨苑開山住持智諭法師「開基演述扶千古」，以及介紹我擔任新任住持「晉柱弘承照十方」，以及有專欄介紹協助開山的諸功勞者慧修法師、傳放老師太、惠生法師等人。之後的章節，則由主編惠義法師擬定大綱，由我建議，將紀念特刊之架構分為經、緯兩部分。「經」的部分，主要敘述「淨苑歷史」，分為草寮初創（1972-1978）、蓮風大扇（1979-1986）、法雨普潤（1986-1998）三個時代。「緯」的部分，則分別介紹「大專青年念佛會」、「僧伽教育」、「弘法利生」等三類內修外弘的組織與活動。另外「承先啟後」則有「陞座典禮流程」、「說法內容」、「薪傳真情」，及新任住持對淨苑四眾弟子的「未來展望」。

此外，也將回顧展中所展出開山住持稀有難得之手稿、墨寶、書簡，及我的親筆日記、慧因學長古董珍藏，收載精華部分。師恩深重，主編惠義法師提議「無限感恩」專欄，徵求法師、學長、居士投稿。經踴躍回響，足以看出大家對師父有刻骨銘心的感恩之情。最後，「大事記要」，因為僅有慧觀法師記錄一九八五至一九八九年、慧謹法師記錄一九九三至一九九八年資料，其餘不完整部分，只好蒐集有關資料來整理。我很感謝當時的淨苑僧眾信眾大家同心協力，編輯出版《蓮風法雨26年》紀念特刊，讓一九七二至一九九八年之間的歷史軌跡可以留下資料，讓後人有所依據，以便緬懷感恩、了解與檢討改進。這段西蓮淨苑的相關歷史記錄，於此不再敘述，詳細請參考所出版或網路上的《蓮風法雨26年》紀念特刊。

擔任住持之後，非常感謝淨苑法師與信眾繼續護持五個西蓮講堂的弘法與傳戒活動（彩圖79、80），讓我在臺北藝術大學、中華佛學研究所、法鼓佛教學院等地方工作時，沒有後顧之憂。我在西蓮淨苑曾開設的課程依序有：一九九八年七月，於暑假修學會講「大乘止觀導論」（梵本《大乘莊嚴經論》第14〈教授教誡品〉）。一九九八年九月至二〇〇〇年六月，於週日講座開講《阿彌陀經》——極樂淨土與一心不亂。一九九九年一月，於元旦修學會講「佛法的教義」。一九九九年一月於春假修學會講「《生死之歌》——生死學靜坐法」。二〇〇〇年六月，於暑假修學會講「佛教心理學」（教材：《唯識三字經》）。二〇〇〇年九月至二〇〇一年六月，於週日講座開講《顯揚聖教論》。二〇〇一年四月，於春假修學會講「佛法總綱——戒定慧」（教材：《顯揚聖教論‧攝淨義品》），二〇〇一年七月，於暑假修學會講「般若經典概說」。二〇〇二年三月，於春假修學會講「如何觀無常」（教材：《顯揚聖教論》卷14〈成無常品第四〉）。二〇〇七年七月，於暑假修學會講「牧心禪唱」，同年十二月發行影音DVD光碟《牧心禪唱——找出唱出與眾生心共鳴的詞曲》。二〇〇八年至二〇一三年一月，於讀書會講授《雜阿含經論會編》，二〇一三年四月，於讀書會講授《華嚴經・十地品》。以上的課程，非常感謝惠凱法師隨堂錄影，慧慕等法師錄音，慧鐸法師與法源法師建置成數位學習網站，讓佛法的課程可以方便流通。

此外，我們所成立的智諭老和尚教育基金會，支持由曾吉賢導演所帶領之西蓮淨苑「實相房」以及西蓮淨苑音像中心的法師們，在製作智諭和尚與道安長老的音像紀錄片累積了一些成果，例如：《智諭老和尚略傳》、《和尚道影》系列（1-5集）、口述歷史（最受用的一句話、智諭老和尚之僧教身教）、紀念活動錄影DVD（2000年之圓寂追思讚頌典禮、2005年之圓寂五週年紀念音樂會、2007年之圓寂七週年紀念文物展、2010年圓寂十週年紀念）。《道安長老略傳》、《吾道南來——道安長老在臺弘化身影》、《大漢雄行——道安長老大陸行蹟尋訪》等紀錄片、紀念活動錄影DVD（2007年之道安長老百齡誕辰紀念：揭幕典禮、文物展、懷安音樂會、2008年之兩岸交流：道安長老解行特色研討會、懷安音樂會）等。其中，道安長老大陸行蹟尋訪的紀錄片，是由西蓮淨苑音像中心與曾吉賢導演組團，由我率領帶團前往道安長老故鄉、出家寺院、住持弘化的寺院等地方採訪錄影而製作，是一個很特別的經驗。

三、《乘雲宗譜》的發現

於二〇〇二年四月二十七日，湖南省社會科學院哲學所的徐孫銘、文平志、王傳宗等專家學者，受太平慈光寺住持、慈光禪學院院長惠空法師之託，為了撰寫有關道安法師傳記，到西蓮淨苑參訪，我提到：「對於道安法師法脈的來源，還沒有定論，雖然西蓮淨苑編《智諭法師紀念集》據《惠公禪師年譜》，以惠光之師普徹明印屬臨濟宗下四十五世，並據智諭長老親傳『普濟永昌隆』等（六十字）法派偈，推斷道安（字永鎮）傳智諭（昌圓），為臨濟正宗四十八世，只是推論，沒有適當的根據，因為『普濟永昌隆』非臨濟續派偈，我遍查《禪門日誦》及其他資料，所以我委託您們代為了解道安法師傳承的可靠資料，因為您們是湖南省社會科學院的研究學者，與出生湖南的道安法師的資料，或許有地利之便。」

我所謂「普濟永昌隆」等（六十字）續派偈，現在知道全文是「紹妙惟傳言，守師齊嗣祖。覺常慧正法，道悟真空理。大定開源性，光明照海崇。通玄無上士，普繼永昌隆。德智欽承化，宏宗胤善良。慈超修萬行，世代如天長。」在中國佛教之宗派法脈以此來做師徒傳承之名號依據，例如：道安法師的法號「永鎮」以及同輩分的法號都是用「永」做開頭，下一代智諭法師的法號「昌圓」以及同輩分的法號都是用「昌」做開頭，再下一代我的法號「隆肇」以及同輩分的法號都是用「隆」，以此類推。我師父曾對我們弟子們說：「當道安法師傳給我的時候，這六十字續派偈來源不明，也有幾個字無法確定，達中師伯曾經回湖南故鄉打聽過，但是沒有結果。」所以，我非常寄望他們可以成功。

因緣殊勝，徐孫銘教授等人真的有所斬獲，找到與我們宗派法脈偈有關的《重修乘雲宗譜》。於二〇〇三年二月一日，我接到徐孫銘教授的來信，標題是「為道安法師法脈研究新進展致惠敏法師」，今錄文於下，以說明西蓮淨苑智諭法師的師父（也就是我的師公）道安法師的法脈是來自「乘雲宗」，一個少為人知的佛教禪宗宗派。

尊敬的上惠下敏法師：

茲將我們從事《道安法師法脈傳承》研究課題，所調查的資料與《智諭法師紀念集》所敘有所不同，向您請示報告如下。

道安法師法脈源于何時，迄今尚未有定論。西蓮淨苑編《智諭法師紀念集》據《惠公禪師年譜》，以惠光之師普徹明印屬臨濟宗下四十五世，並據智諭長老親傳「普濟永昌隆」等（六十字）法派偈，推斷道安（字永鎮）傳智諭（昌圓），為臨濟正宗四十八世，這固然有一定道理，但似仍未為究竟；「普濟永昌隆」非臨濟續派偈，遍查《禪門日誦》及其他資料，均無充分根據；惠敏法師也認為僅是推斷，而非定論。二〇〇二年四月二十七日，我們訪問西蓮淨苑時，您委託我們代為了解道安傳承的可靠資料。

二〇〇二年十一月四至七日，王傳宗、徐孫銘到衡陽及道安家鄉祁東縣靈官鎮（原屬祁陽縣四靖鄉甘子山）進行實地調查，拜訪了道安之妹傅素君（音，俗稱傅蒲妹子，約81-82歲，現健在）。我們還得到衡陽圓覺庵大智法師的大力幫助，得知道安乃衡陽雁峰派法脈的線索。十二月份，文平志以此為線索，到湖南圖書館地方文獻部和省社會科學院圖書館查找文字資料，終有所獲。一是《清泉縣志》中有較簡單之雁峰寺資料，二是查到清光緒年間手寫本《重修乘雲宗譜》。此宗譜為衡陽乘雲宗三十五世默庵法師（字上仁）親手所修，共四本，書根有「源遠流長」四字，每冊一字，《重修乘雲宗譜》紀源流，自「紹妙惟傳宗」之「紹」字輩起，到「通玄無上士」之「無」字輩，延綿三十六代，上下一千餘年，未曾中斷，是一部完整的宗譜。綜合有關資料，現整理報告如下：

梁天監十二年（513），宏宣律師主持雁峰寺，武帝十分欽佩宏宣大師的道行，敕賜宏宣大師居住的雁峰寺為「烟雨山乘雲禪寺」（乾隆癸未1763年修〈清泉縣志〉有記載）。二百二十九年後的唐天寶元年（742），律師範化奉敕重建山門、殿閣，塑諸佛像。

範化，字莊儀，金陵陳氏子。性相之學靡不綜貫，然達磨別傳之旨未克釋諸懷。一日讀《弘宣語錄》有省，遂嗣其法，顏其居曰「師宣」。唐天寶元年（742），奉敕重修乘雲寺。後講般若經，有天樂鳴空之徵。由是，湘東緇白皈依者眾，始立法派偈曰：

「紹妙惟傳言，守師齊嗣祖。覺常慧（惠）正法，道悟真空理。

大定開源性，光明照海崇。通玄無上士，普繼（濟）永昌隆。

德智欽承化，宏宗胤（徹）善良。慈超修萬行，世代如天長」。

此偈稱「立派偈」，與智諭長老所說「續派偈」稍有不同，僅**慧**與**惠**、「**普繼**」與「**普濟**」、**胤**與**徹**有別，**其餘完全相同**。稱「立派偈」，當屬最早之稱呼，「續派」為後續之意。乘雲宗由此成立，範化為第一世，尊弘宣為始祖。早于臨濟義玄（787-866）和曹洞開宗（859）約一百二十年或更早（359年以上）。

後雁峰寺建有壽佛殿，供奉無量壽佛。雁峰乘雲派一直崇拜無量壽佛。會昌法難，雁峰寺未能幸免，因而毀廢。

斗轉星移，時光流逝，二百八十一年後，後唐同光元年（923），有紹隆尊者，字萬章，豫章（今江西南昌）劉氏子，父官于衡州，母茹素，携尊者謁回雁峰範化真儀，頭未舉，豁然大悟，謂母曰：大師與我說法了也。母曰：說何法？曰：非母境界。自是辯才無礙，乃辭父母，與曉堂、牧堂、盼堂諸友同以範化為師。未幾，禪學輻輳。

明洪武九年（1377），雁峰宗第九世僧齊政，字心庵，第三次重修雁峰寺。依照唐時舊模恢復，法眷增至一百餘眾，師兄弟有六，始分六房。自此，明代二百七十年間，國泰民安，佛教得以長足發展，雁峰寺得以復興。

康熙十二年（1774），林間灋授命弟子，紀雁峰寺源流。至光緒庚寅（1890），默庵法師重修《乘雲宗譜》，宗譜記錄到第三十四世法嗣，即默庵法師之師無量普照法師，及復興仁瑞寺之恒志無來、恒定無念、恒忍無愚等大師。

恒志復興岐山仁瑞寺，八指頭陀曾在其座下執佛巾，《八指頭陀詩文集》有恒志傳。默庵法師是北京法源寺道階的老師。

乘雲宗派年代久遠，有的認為屬臨濟宗，有的認為屬曹洞宗。其實，乘雲宗派既不屬臨濟，也不屬曹洞，而是先于臨濟和曹洞，又相對獨立的一派。

《重修乘雲宗譜》之編輯者默庵法師于《重修乘雲宗譜・序》中說：

宗以乘雲名，志處也。系濟宗訛也，系洞宗訛也。夫慈悲與拔宗，不必五，必五殆自夷其宗也。按《回雁峰紀略》：弘宣與千歲寶掌和尚為友，同禮達磨得法。弘宣分化湘東，居雁峰乘雲寺，為乘雲初祖。二十一傳而至理忞，以其寺讓雲鷲德繼居之，始辟洞宗。理忞創建五林以居其徒。夫濟宗、洞宗肇自有唐，舊未有人也，以乘雲始祖弘宣謬為義玄之徒，蓋弗考耳。光緒庚寅秋杪，余游星沙，禪人卜安議修乘雲宗譜，懇余董其事。余著唯恭照禦藏《傳法正宗記》及《乘雲舊譜》編修，且訂正其訛，而正其宗傳，以詶禪人之請。

傳乘雲宗第三十五世默庵上仁識于南岳祝聖寺之萬古不磨。

默庵認為，敘宗源流，不一定要與全國流行的五家七宗大宗派掛靠；一定要靠，只會「自夷其宗」。不僅如此，默庵法師還在《重修乘雲宗譜》凡例中，特地加以訂正：

世譜以宣祖系臨濟下，謬孰甚焉。今考《宗譜》及《回雁峰紀略》改正。

顯慧，即三十二世通盛大師。居南峰寺，念佛不輟，人多向化。

在衡陽當地，至今仍有人稱「南峰派」。南峰派的稱呼由來已久。乘雲宗第三十二世通祖大師，字義方，姓劉氏，清泉人。義方父子同時出家，義方以父緯公為師，性忍讓，而于戒律尤嚴，初居雞公山，日課《金剛經》，久之遷南峰寺，又久之，遷淝水某庵，禮誦益勤，為一代高僧。

默庵說：「**吾徒不以乘雲名宗，乃以南峰名宗者，蓋義方、顯慧二祖先後居南峰寺，道行卓著，人以所居寺名名之，示尊稱也。南峰之子孫幾遍瀟湘，誠源遠流長也**」。

綜觀乘雲宗資料，雁峰寺上下千餘年，源遠流長。于明以前發展緩慢，自七四二年範化創立宗派，至明洪武九年（1367），六百餘年間，傳了九世，每世弟子三到五人左右，祖庭屢建屢毀。明朝以後國家安定，雁峰寺僧繁衍很快，到第十世記錄下來的法師有十八位，到第十一世祖字輩，有法師三十九位。明洪武九年至光緒庚寅年（1890）五百餘年間，共傳了二十六世。

歷史上，雁峰派僧人在衡陽等地創寺院共三十餘座，中興大羅漢寺、仁瑞寺、佛國寺。其法乳在湖南中部邵陽、南部東安、湘東耒陽、郴州傳法、繁衍，乘雲宗法嗣幾遍瀟湘。

乘雲宗在恒志以前，苦修和修建寺廟擴展事業，取得衡州一帶的佛教界的領導權，第十世月湖嗣敏，明洪武壬戌年受任衡州府第一任正都綱。第十一世明智祖慧，部授衡州第二任都綱。第十二世清輝覺鑒，部授衡州第三任都綱。第十三世伯清常湛，部授衡州府第五任都綱。第十四世岳山慧相，部授衡州府第六任都綱。第十四世鳴玉慧珂，授衡州府第四任都綱。第十八世舒常悟伸，部授衡州府第八任都綱。衡州府統轄南岳衡山，南岳衡山古稱僧海，雁峰派傳人長期居都綱地位，可見此期間其勢力和影響力之大。

雁峰寺傳人乘雲宗法師長于禪修，常常閉關，道風高邁。

清代以後，雁峰僧人重視教育，培養了一批德才兼備的高僧，在湖南乃至全國有大的影響。如恒志、田靜、默庵法師，寄禪、道階，空也，是清代著名僧人，而岐山仁瑞寺是中國清代四大著名叢林之一。

默庵法師的門人中，道階法師、佛乘法師均是中國佛門法將。道階法師曾經是太虛法師的老師，太虛法師對道階評價很高。而寄禪敬安法師受恒志法師的影響，成為全國著名法將，寄禪、道階民國時為保護廟產作出大貢獻。

默庵法師系法派偈「通玄無上士」中「上」字派。默庵法師于上字派下，為乘雲宗分燈，立極樂堂派，其續派偈以上字開頭，為「上禦唯大覺，稽首我敬禮。……」密印寺住持博明法師號稽理，為「稽」字輩。其師空也屬「覺」字輩。人們以為默庵為天台宗後裔，其實彼乃後來跟法雲（郴州比丘）學天台而已。

雁峰寺派（乘雲宗）在湖南佛教乃至全國佛教史上應占有一席之地。

雁峰派在衡陽現在還有傳人。歧山仁瑞寺已故慈雲法師，即雁峰派弟子，現有善源永福，屬南峰堂永字輩，其弟子昌宏如意，為昌字輩。衡陽小羅漢寺住持智如，屬昌字輩，其續法派偈與所傳乘雲宗立派偈完全相同。衡陽圓覺庵天順法師及其徒大智尼師也是南峰堂法脈。天順法師記得所傳「法派偈」，有「普繼永昌隆」數位。天順為「普」字輩，大智屬「繼」字輩。

臺灣惠光法師之師明印普徹確為雁峰派弟子。明印所傳「普繼（濟）永昌隆」的法派偈，與乘雲宗有一定聯繫，是肯定的；但惠光似未繼承乘雲宗法派，待考。

因此，我們初步得出以下結論：1. 乘雲宗是發端于梁天監年間的一個有相對獨立、完整傳承系統，有自己特色的中國佛教宗派。其祖庭為始建于梁天監十二年（513）的衡陽雁峰乘雲寺。2. 臺北松山寺、西蓮淨苑，均源于乘雲宗。今衡陽雁峰寺、小羅漢寺、仁瑞寺、圓覺庵、南岳祝聖寺、大善寺、耒陽金錢山寺、廣西全州湘山寺等，均有乘雲宗的數千傳人，與乘雲宗有密切的法緣關係。3. 乘雲宗後來如何與臨濟、曹洞融彙，待考。

以上意見請法師印可、指正。

祝

吉祥如意！

徐孫銘、文平志、王傳宗 合十

2003年2月1日 長沙

徐孫銘等人是非常優秀的學者，品德也非常高貴；他於二〇〇三年十月十八日又寫信給我提到：

上惠下敏法師：阿彌陀佛！

現將二〇〇三年二月一日最早的郵件原稿重發。其中提到：乘雲宗比臨濟、曹洞早；惠光法師的基隆道場當屬乘雲宗。此兩點不夠準確，後來的檔刪去，以示慎重。現在將原件發給您，以存其舊，僅供參考。正式公布時當修正，以免引起物議。

因此，若有了解或引用有關「乘雲宗」或道安法師法脈的資料，當以徐孫銘等人所編的《道安法師法脈傳記》為準，我將我們來往的原始資料公開，是為了感謝湖南方面的諸位人士以及紀念這段奇妙的因緣。

四、寸草與春暉

我們剃度恩師智諭和尚，於二〇〇〇年十二月九日上午，化緣已盡，自在往生。於治喪會議中，慧因學長提及紀念集之編輯，常住大眾亦本有此意，於是我與相關人員積極組成「智諭和尚紀念專輯編審委員會」，進行籌畫編輯。於二〇〇一年十月，出版《智諭老和尚圓寂週年紀念集》，我因此撰寫〈寸草與春暉〉拙文紀念他老人家對我的恩德，為二〇〇五年之智諭老和尚圓寂五週年紀念音樂會，我做了《五分法身緬懷歌》的歌詞，由臺北藝術大學畢業的音樂家淨演、淨曲譜曲，於今一併引用於此，做為這一章的結語。

一九七二年，由於臺北醫學院的佛學社團（慧海社）的因緣接觸佛法，之後，經由賴鵬舉學長的接引，參加松山寺大專佛學講座，因而認識師父。這段因緣是我人生中最重要的關鍵點，也是我學佛生涯中最感恩的事情。

隔年一月，聽說師父在三峽橫溪開闢道場，名為「西蓮淨苑」，並且開始收皈依弟子，賴鵬舉與許明穀學長是在家眾第一、二號（總號為第三、四號），法名為慧因、慧緣。李宣忠學長和我也到淨苑登記皈依，法名為慧中、慧敏（1979年出家後，改名為惠敏）。他們三位是我的北醫慧海社學長，也都比我有修行的善根。但是，以後有因緣出家的，卻是我，實在是感恩師父願意耐心調教駑鈍不肖的我。

從師父所教導的佛法中，我最受益的是佛教的根本教義「緣起法」的解說。在道理上，他以「緣起－無自性－空」的方式來講解，使我們不墮「常、斷」「有、無」兩邊。在事相上，不講神通靈異，應該按部就班，老實修行。這些原則成為我們做為建立佛教「正見」的基礎，感恩師父對我們的法身慧命，指示出正確的成長方向。

對於這些原則，他也以身教來示範。例如：一九七七年夏天，朱三慶同學因溺水喪生，他是家中的獨生男，父母非常傷痛。但荼毘火化時，有舍利子出現，又由於朱同學曾在淨苑參加佛七，讓父母及妹妹們感到一些安慰，特來淨苑，向師父說此念佛因緣的瑞相，表達謝意，並請開示。師父為他們說：「人生無常，三寶是依怙；苦海無邊，三寶是舟航。」的道理，並教以「平常心」來看待此瑞相。等到他們全家回去後，又交代我們（因為對第一次看到舍利子的學佛者，心情有些興奮，很想傳播此念佛的瑞相，與別人分享），不要特意宣揚舍利子瑞相之事，冷靜大家的情緒。此事，在我的腦海中，印象深刻，讓我感受到師父他平實的道風。之後，朱同學的父親——朱連福居士將原先為他兒子所準備讀醫學院的學費設立「三慶獎學金」，發揮大愛的精神。

我從師父的身教中不僅看到冷靜平實的一面，也看到古道熱腸的情懷。大約一九八一年左右，他聽說有位北醫的同學車禍受傷，立即跑回房間拿了一萬元，要人送去援助。每想起此事，當時的情景彷彿依在目前，因為師父當時的樣子猶如聽到自己的兒子車禍受傷那樣急切，讓我深刻地體會到視一切眾生如親生子的菩薩心腸典範。

我在一九七九年元月十二日，以念佛因緣，建立了出家是報答父母重恩的信心與勇氣，於佛菩薩、恩師前發願出家，並以「師恩、師訓、師行、師德」為題，配合「寸草心」的插圖，開始記錄修行日誌，也蒙師父慈悲定期檢閱批示。從中敬錄師訓一二，以學習師行師德。例如：他老人家曾開示「應視三界如火宅，不可有絲毫偷心、留戀」（2月4日），這是修解脫道的心行。但師父也勉勵我們「唯求下品下生，若有餘力，迴向一切眾生」（5月18日），這又是菩薩道的風範。如此融合聲聞乘出離心與菩薩乘菩提心的淨土行，是修念佛淨土法門的妙處，也可做為結合南北傳佛教特色的方式之一。

我發願出家後，經過半年，一九七九年七月十二日（農曆6月19日，觀音菩薩成道日）蒙恩師慈悲剃度出家，並訓勉：「莫忘初心，成佛有餘；常起觀照，對治煩惱習氣，才是修行。」並且教導「護持常住事，應有風雨夜歸的精神」（7月20日），這使我想起六月二十四日，師父與大眾共坐一處，忽然傾盆大雨，師父若有所驚，即奔戶外，勘查四周圍的排水系統，以及清理樓頂的排水孔，以維護道場安全。可見其言行如一性。

我出家後，慧修法師希望師父能多運動，也藉此讓我有機會多親近師父，要我每天早課後早齋前，陪著師父去成福國小散步運動。在途中，師父常會隨緣教導我一些佛法或世間法。此項「功課」雖然只維持不到一年，但卻是我一生中，非常有意義的師徒情緣。例如：有一次，他簡要地教我邏輯論證中「演繹法」與「歸納法」的差別，當時我雖聽不很懂，也不知道如何問起，但卻種下了一些種子。二十年後，我在大學與研究所講說「邏輯論證與思考方法」時，常會想起當初師父在散步時，那堂邏輯論證的啟蒙課。此外，我也學習師父，在中華佛學研究所的早齋之後，有時與研究生們一同散步，互相談論佛法或世間法。如此兩個世代間的散步教學光景，隨著因緣時節，已無法再續，但是那種逍遙中的心靈交會滋味卻是自然且溫馨，其效果不亞於課堂教學。

一九八二年，我就讀中華佛學研究所後，能夠親近師父的時間減少，但是很感恩他仍然關心我的道心與修行。常常提醒我莫忘初心，莫忘道業。一九八六年，我考取日本交流協會獎學金，負笈東京大學留學前，心想能夠親聞師父教誨的機會將更少了，於是手製一個小相框，貼上出家時與師父合照的相片，恭請師父題字。他為我題上：「惠敏吾徒留誌　勿忘初心　弘法！安僧！　師智諭囑（75）3, 22」。這些話常在我面臨重大抉擇點時，有指標作用，使愚鈍的我不至於迷途太嚴重。

在日本留學期，大約一九八九年左右，有天接到師父的來信（7月26日）問我：「你學業完成尚若干年？我身體愈來愈差，精神亦感不夠，所以很想早日退休，淨苑交你來領導……。」當時，我深感德能不足，有負重望；但若拒絕，又不近人情。於是回覆師父說：「自覺無德無能，實非適當人選，但忝為淨苑的一員，常住有事，責無旁貸。而我的學業最快須到民國八十一年才能完成，若師父有找到適當人選，請不要耽誤，盡快培養。」不久，師父回信（8月15日）說：「我試試看能否等到八十一年。此事只可你我知，暫莫向人道……。」（此兩封信，我一直到1998年，師父退休，我交接為住持之後，大家編輯《蓮風法雨26年》一書紀念師父的開山功績，廣徵與師父有關的資料與手稿時，我才拿出來給常住做為淨苑史料而公布）。

在日本留學六年期間，懶惰的我只用風景明信片寫給師父兩、三張信。當我回國時，發現他將那幾張明信片，慎重地壓在他書桌空曠的玻璃墊下保留著，使我感受良多，也慚愧不已。

一九九二年，我完成博士學位後回國的當天中午，師父特別邀請一些居士與學長來淨苑用齋，並且當場宣布我為副住持。當時，師父的身體已漸衰弱，對淺慧無德的我來說，要擔起領眾的工作，實在是一大挑戰。但是，師父仍然撐著病苦，慈悲住持淨苑，給我有充分的時間學習。直到一九九七年秋天，師父以顫抖的字跡，在紙上交代：「人事經濟制度　人事方便　把全部經濟由他使用　制度由他建立」，我也當面念出以便確認師意。經過師兄弟們細心籌備，於一九九八年，配合佛誕節活動，在四月八日舉行晉山陞座典禮，讓我能夠進一步學習當住持，他老人家這一番的用心良苦與呵護之情，讓我感恩不盡。

我接任住持後，內事與外務與日益增，無暇全力照顧淨苑與師父，實在汗顏與慚愧。幸運的是師兄弟們都能秉承師父的教誨，盡心盡力照顧淨苑與師父，直到今天。我雖是師父弟子中最不肖的，非常感恩我的師兄弟們，他們都是大菩薩，默默地犧牲奉獻常住與佛教。

二○○○年底，他老人家似乎有意讓四眾弟子們為他辦好最後一次藥師法會（農曆11月10日至12日）的祝壽活動（農曆11月12日），於法會兩天後（農曆11月14日）安詳往生；也似乎有意不讓四眾弟子們太麻煩，未來可以一起合辦冥誕與忌日的報恩念佛法會（農曆11月10至14日）。

師父一生淡泊名利，精進潛修，除了為辦常住公事，很少出門，足不過橫溪。讓我聯想起在《高僧傳》記載淨土宗初祖廬山慧遠大師：「三十餘年，影不出山，跡不入俗，每送客、遊履，常以虎溪為界焉。」的風格，這也是我深感望塵莫及之處。

師父往生後，四眾弟子們為感恩他老人家的德澤，將編輯紀念特刊，永懷師恩；也同時將師父生前的住處保留，規畫為師父的紀念堂，以便後人瞻禮；並且將師父著作出版的淨資，移作基金，成立「智諭老和尚教育紀念基金會」，繼續發揚師父弘法利生的精神與志業。

師父給我的恩德，實在不是笨拙的我所能描述一二，僅記錄點滴，連寸草心也不夠格，何能報答師恩之三春暉？

《五分法身緬懷歌》

惠敏法師 詞
淨演、淨曲 曲

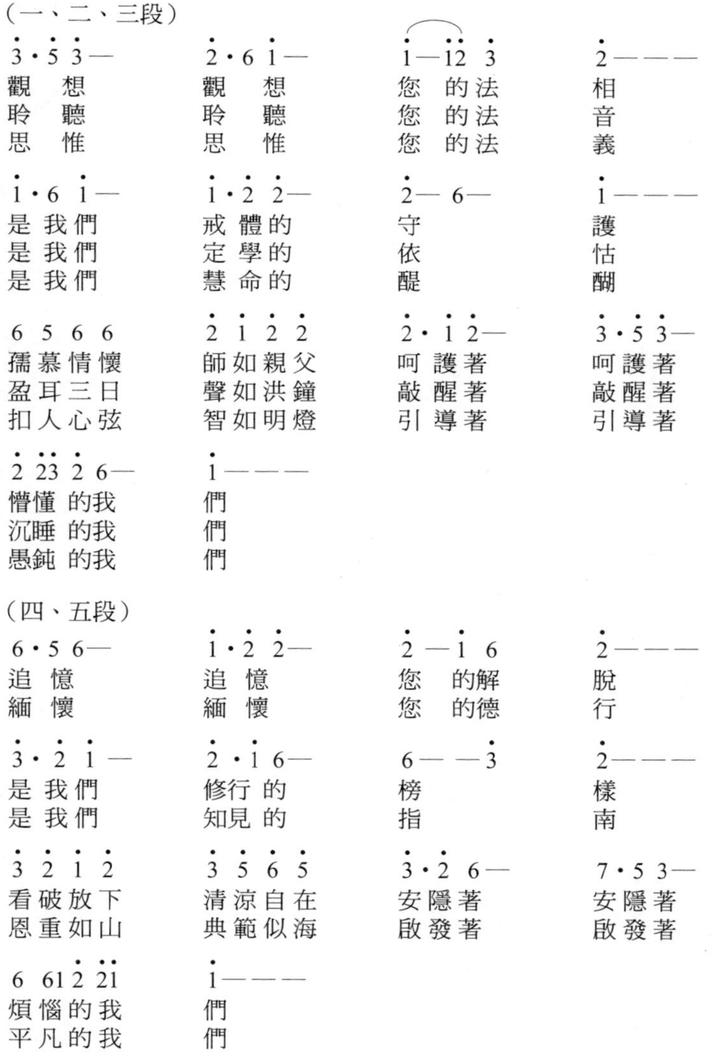

（一、二、三段）

3・5 3—	2・6 1—	1—12 3	2———
觀 想	觀 想	您 的法	相
聆 聽	聆 聽	您 的法	音
思 惟	思 惟	您 的法	義
1・6 1—	1・2 2—	2— 6—	1———
是 我們	戒 體的	守	護
是 我們	定 學的	依	怙
是 我們	慧 命的	醍	醐
6 5 6 6	2 1 2 2	2・1 2—	3・5 3—
孺慕情懷	師如親父	呵 護著	呵護著
盈耳三日	聲如洪鐘	敲 醒著	敲醒著
扣人心弦	智如明燈	引 導著	引導著
2 23 2 6—	1———		
懵懂 的我	們		
沉睡 的我	們		
愚鈍 的我	們		

（四、五段）

6・5 6—	1・2 2—	2 —1 6	2———
追 憶	追 憶	您 的解	脫
緬 懷	緬 懷	您 的德	行
3・2 1 —	2 ・1 6—	6— —3	2———
是 我們	修行 的	榜	樣
是 我們	知見 的	指	南
3 2 1 2	3 5 6 5	3・2 6—	7・5 3—
看破放下	清涼自在	安隱著	安隱著
恩重如山	典範似海	啟發著	啟發著
6 61 2 21	1———		
煩惱的我	們		
平凡的我	們		

［1992-2014年．38-60歲］

肆 臺北藝術大學的工作

一、二年的客座教職（1992-1994年，38-40歲）

回國前，臺大哲學系的恆清法師很熱心，四處幫我詢問工作機會，有的是大學或是研究單位。聖嚴法師也發聘書給我在中華佛學研究所授課，家師也準備任命我為西蓮淨苑副住持。當時，自己沒有很積極一定要去哪個地方，只是想說反正回國，隨緣啦，有得教書就教書，沒得教書我也可以自得其樂，隨緣即可。有一天，恆清法師打電話給我說：在國立藝術學院任教，你有沒有興趣啊？因為國立藝術學院有教育部擴大延攬旅外學人回國任教的職缺，由於姚麗香居士的介紹，共同學科辛意雲主任願意聘用我擔任客座副教授兩年。當時，恆清法師不知道我是否願意以出家人的身分在藝術學院教書？只是試探性問問。但是，我似乎不假思索直覺地回答：「願意試看看。」因此，一九九二至一九九四年，客座任教於國立藝術學院，講授有關宗教、哲學與藝術之通識科目。一九九四年，國立藝術學院繼續聘任我為專任副教授，並承蒙劉思量校長邀請兼任學生事務長（1994-1997）。這便是我與國立藝術學院的因緣，也需要感謝以上這些師長朋友們，特別是恆清法師穿針引線，雖然我不是他的學生，只是在我要準備出國前，恆清法師回國在臺大哲學系任教。我去聽過他的演講，但是他為人古道熱腸，很樂意地提攜後輩。

我到國立藝術學院的時候，有些人首先對我有一點擔心，不知道會不會適應。當時教務長也還特別提醒我說，我們這裡的學生都很活潑，你要有心理準備不要被他們嚇一跳。我所教的課程是屬於通識教育，大家的反應也不錯，所以第一年之後，辛意雲主任提到馬水龍院長同意：二年客座之後，我可以留下來當專任。

二、三年的學務長經歷（1994-1997年，40-43歲）

我在一九九四年夏天就由客座改成專任，那時候正值學校改選校長，由教育部選定劉思量當校長。那天我正好到中華佛研所開會，藍吉富老師跟我講，你們校長選出來了，是劉思量教授。之後，我回到西蓮淨苑，因為隔天要出國，去新疆龜茲的克孜爾石窟，參加紀念鳩摩羅什誕辰一六五〇週年國際學術討論會。我正在整理行李接到校長電話，他說他想請我當學生事務長。我跟校長說：「我實在是沒有任何行政經驗，我連學校的辦公大樓在什麼地方，學生宿舍在什麼地方都不知道，你可不可以不要找我。」校長說：「不要緊，你不需要任何行政經驗，你只要可以坐鎮在那邊就很好了。」

我那時候還不曉得什麼叫學生事務長，因為那是大學法改了以後，把以前的訓導長改成學生事務長，原來叫訓導長，現在改稱學生事務長，簡稱學務長。我不曉得他為什麼會選我當學務長，我跟劉校長完全不熟。當時的教官室是隸屬於訓導處，或許是陳乃強總教官推薦，因為劉校長跟總教官熟識。我與藝術學院學生關係還好的，我會主動關心學生，學生也會邀請我觀賞他們的表演或展演。有一次學生在校園騎摩托車通過校園，邊跟我打招呼，我就比手勢表示在騎車要戴安全帽才安全，那時候陳總教官在旁邊看到這一幕。他大概覺得這個老師會關心學生戴安全帽，大概適合當學務長。不然我真的不認識校長，也不認識陳總教官，唯一跟陳總教官有接觸就是那一次。

我跟他說我實在不適合當，沒有任何行政經驗，而且第一年才剛進去學校當專任，我還向劉校長說：「我明天要出國了，這件事情就當成是你沒有講，我也沒有聽到，可不可以這樣子？」他就說：「這樣好了，你安心地出國好了，我們回來再說啦。」我跟校長說，這段時間還是盡量去找別人。

那天晚上，我打電話給華梵大學當課外活動組組長的陳錫琦老師，因為他在西蓮淨苑學佛，我們很熟悉，我問他說，什麼叫作學生事務長啊，因為他在課外活動組工作，對學生事務長的職責比較清楚。他說學務長的工作很忙也很複雜，出家人可能不適合擔任。

隔天飛大陸新疆的航線在香港轉機，我就利用在香港候機的時間寫了一個卡片給校長，因為我怕空口無憑，用白紙寫黑字比較具體。我說我實在沒辦法當，請他利用這段時間趕快找別人。然後我在香港打電話給陳錫琦老師說：「我已經跟校長寫信講我不能當學務長了。」但是陳錫琦老師卻說：「我想了想，其實你接下來也不錯，有佛教的法師在國立大學當學生事務長，可能對學生或學校會有正面的影響。」我當時覺得：這種職務實在是超出我想像以外。然後，我就飛往新疆龜茲，參加學術會議。開完會回到西蓮淨苑，電話留言中有許多劉思量校長留言：希望我回國之後，趕快跟他聯絡。

我打了電話聯絡劉校長之後，知道他希望能親自來西蓮淨苑拜訪我師父，向智諭法師以及我本人當面說明學校需要我擔任學務長的理由。我說：「劉校長不敢勞煩您來啦，我實在不敢當學務長。」結果他還是過來，先向我師父說要邀請我去當學務長，我師父說：「這事要問本人。」所以，劉校長跟我說明：「學務長（以前稱「訓導長」）已經空了半年沒有人當了，假如一直找不到學生事務長，學校會很不穩定。」然後劉校長又說許天治教務長本來要退休了，為了學校的穩定，特地多留下來半年繼續擔任教務長。劉校長如此的誠意，讓我實在是不好拒絕。最後我答應他說我幫忙你做一年就好了，所以就這樣子開始當學校的新任學務長，結果沒想到一做就做三年。

（一）行政工作的挑戰

記得接下國立藝術學院學務長之後，第一天去辦公室，桌上一堆公文等待我批，我一看還不曉得要在哪邊批？批什麼字詞？那時候學務長室是空的，還沒有配置祕書。當時的教官室在學務長室隔壁，有人來找我洽公的時候，很感謝教官們幫我準備茶水與招待客人。一堆公文我也不曉得如何處理，我就抱著去教務處找許天治教務長請教如何處理。他很親切地一一講解說明，我就照著如法泡製。接著，我自己也去買有關公文寫作的相關書籍來研讀，也認真地參加人事室舉辦對職員的公文講座或職員的在職訓練。公文處理是我從事行政所碰到的第一個難題。

第二個難題是主持會議，因為擔任學務長以及其他的行政職務的關係，經常要面臨參加或主持各種會議之挑戰，與其逃避，苦恨交加，不如面對，享樂無窮。於是，發揮通識教育的終身學習精神，購書研究，參加講習，臨場觀摩或觀看「議事規則」或如何開會的教學錄音帶，找專家（例如：宋偉民教授）來演講如何開會的課，從邊做邊學等過程，逐漸摸出竅門與興趣，品嘗民主法治的苦樂。有時也會將議事學與佛教僧團處理僧務時「羯磨法」互相參考，比較古今民主程序的同異，巧妙運用。有時，常被朋友戲稱「靠主持會議吃飯」。於是，當二〇〇三年，《人生》雜誌規畫探討佛法與世間各種科學對話的「人生新視界」專欄邀稿時，主編也說：「聽說你對開會很有心得，替我們寫篇這方面的文章吧！」這便是二〇〇三年十月（242期）〈議事學與「羯磨法」：如何表決？〉、十一月（243期）〈議事法與「禪觀」：主席與正念、正知〉的撰稿因緣。乃至到現在我在法鼓文理學院大學部「思考與表達」的課程的後段，討論到「團體的思考與表達」專題時，也是用「議事學」做為教材。

對於主持各類開會，我養成猶如上課預習的習慣。開會前，會請執行會議準備工作的同仁將相關資料做報告，了解各個提案的性質，依照「易難、急緩」順序排定議程，了解有哪些提案可以事先協調歧異，有哪些提案必須開會時開放討論。因此，我對會議中可能會發生的狀況有相當程度的理解，所以主持會議的節奏也會比較順暢，讓與會者了解「一時不議二事」，進行比較有效率，讓與會者保持「對事不對人」的態度，可以較少人身攻擊之弊，增加討論的深廣度。提案討論時，大家有共識的部分，該快則快；彼此有不同意見，該慢則慢，讓大家充分討論利弊得失之後，公平表決，尊重少數，服從多數。

最初對我而言，比較困難是處理人事的問題。以當時來講，我像空降部隊一樣，大家沒有預期怎麼會有一個全新的老師，才專任第一年就跑來當學務長，大家對我都陌生，我自己也沒有信心。學務處有職缺，需要你任命的時候，會有一些讓你困惑的狀況發生。還有如何讓學務處內各個部門可以順暢的分工合作，對我而言都是挑戰。

所以接任學務長工作的第一個星期真是度日如年，覺得出家人何苦要淌這灘渾水，幾次想要去向校長提出辭呈。一個月之後，我採用陳總教官的建議，先建立每週召開學務處工作會報，增加橫向溝通的機制，由學務處各組的組長與主任參加，當時有課外活動組組長張清泉老師、生活輔導組組長范民瑤教官、學生諮商中心主任李葭儀老師、陳乃強總教官、體育組組長雷寅雄老師等同仁參加，固定在星期一下午，因為星期一早上是劉校長召開學校一級主管會報。所以我早上知道的校務，下午可以立刻跟組長說明與分工協調，增加縱向溝通的機制，大家也都全力支持與配合。每個月有一次處務會議，所有的學務處同仁都參加，知己知彼，群策群力，凝聚整體共識。

如此的機制，就慢慢把學務處同仁的團隊合作的機制建立，讓大家像一家人，非常感謝學務處同仁們的支持。我的理念很簡單：就是希望學生事務處像學生的家，可以主動服務學生，讓學生喜歡親近學務處各個部門，猶如找親戚朋友一般。

但是，當時學務處還沒有配置祕書，所以我跟我們共同科的吳美玲助教問，你有沒有認識適當的人幫我介紹，可以擔任助理工作，我自己掏腰包付薪水。她介紹音樂系的魏愛娟同學，她的碩士學位學分修完，撰寫論文中，目前還沒有工作，但有行政經驗可以幫忙。隔了些時間，學校配置了助教員額給學務長室，於是魏愛娟助理也就被聘任為助教。此外，我也申請到國科會的研究計畫案，可以請一個研究助理，於是學務長室有了兩個幫手。

透過如此的會議溝通機制，幾個月後，學務處的團隊合作的狀況開始進步了。大家也了解我之公開、公平、公正的做人處事原則，也了解我辦事之清晰、明快的作風。我也讓同仁們知道：大家可以放心辦事，因為若有問題，我會先承擔責任，若有成就，功勞是大家的。如此，校內的職員或者老師也樂於到學務處擔任行政工作，因為覺得工作的氣氛還不錯。

其實大學的三長，教務長、學務長、總務長都不好做，我記得我們那一任的三長，托大家的福，只有我擔任學務長從頭做到尾，做完三年。總務長、教務長都更換過，學校的行政工作不是那麼容易做的事，不過我好像傻人有傻福一樣，糊里糊塗的，本來只要做一年，竟然做滿三年。

這三年當中，跟學生、學生會之間的相處，各系之間的相處，對我而言是很好的教育體驗。像當時學務處所負責籌辦的畢業典禮，我每年都盡量讓大家可以有發揮創意的可能性，例如：民國八十六年（1997），我就想到一個點子，叫作「百年真情」的活動。我想再過十五年後正好是民國一〇〇年，可以先想像民國一〇〇年時，自己會成為怎麼樣的人。我就推動百年真情活動，請畢業生自己寫信給十五年後的自己，也可以請老師或者親戚朋友寫一封信給十五年後的自己，這些信件要到民國一〇〇年才打開。然後這些信在畢業典禮那天蒐集在一個箱子裡，那一天也拍了很多照片與錄影帶，都一起放到那個箱子去。在畢業典禮結束前，舉行封箱儀式，在大家的注目當中升上去，升高之後，啪！從空中垂下來一個布條：民國一〇〇年一月一號下午一點見面。我們就約好民國一〇〇年一月一號的下午一點，大家再回學校見面。

在民國一〇〇年（2011），我在《人生》雜誌三三〇期（2月刊出），以「一念善心．百年真情」為題目，記載如下的回憶。

（二）多變的時代、不變的真情

為慶祝民國百年，在臺灣有各類紀念活動，令人感動。特別讓我刻骨銘心的是：十四年前（1997），國立藝術學院畢業生於畢業典禮時，舉行的「百年真情」活動。當時，我擔任學生事務長，讓畢業生於典禮前，邀請父母、師長、同學、親友寫下期許或祝福的信函密封，於典禮時（6月21日下午）繳交封存，約定於民國一〇〇年一月一日下午一時回校開箱。十四年歲月如流，五千一百一十餘回日出月落，不覺竟然就是今年（2011），這種體驗不僅是當初所預期「時光膠囊」（Time Capsule）歲月歷練之後的「重溫舊夢」，更有意料外的體悟與感動。

回憶我當初企畫「百年真情」的緣起是：在一九九六年前後，全球對於日漸迫近的二〇〇〇年，因應如此特別的數字，衍生多樣的慶祝模式，例如有人組成旅行團在二〇〇〇年的午夜，在埃及金字塔前，或是南極冰山前等地點舉行迎接新紀元的活動。這些訊息讓我聯想到民國一〇〇年對臺灣而言會更有特別意義，也會有各種紀念活動。

此外，記得我準備去日本留學而學習日文時（1985），為增強聽力，有隨緣聽日文廣播劇習慣。當時，有一則故事，我很喜歡聽。內容是描述一位經商失意的中年人，面對事業挫折及家庭低潮的雙重壓力，同時，他也屆臨另一個難題：是否將年邁的母親送往老人院的抉擇時刻。那時，他參加三十年前約定的小學同學會，因為在他們小學畢業典禮時，約定把親友所給最珍貴的東西埋起來，三十年後再次相聚，把塵封已久的箱子開啟。打開瞬間，也開啟了他們遺忘已久的童年往事。

小學時最珍貴的寶物，如布娃娃、玩具槍、巧克力

（三十年後已融化了）等，成為歲月對照與成長歷程的時空驚奇。相對於其他同學們寶物，當時家境不好的他，所得到的只是母親給的一封信，此刻，他小心翼翼地拆閱，泛黃的信紙映寫娟細字體：「你可能一直認為我比較不疼你，比較疼弟弟，事實上，媽媽並不是偏心，而是因為你是老大，個性也比較獨立，較會照顧自己……媽媽是愛你的。」讀到這裡，他淚流滿面，感動不已，一萬多個日子以來，時空交錯，真情流露盡在內心。最後，他決定接回母親同住，共享天倫。

由於這兩件事件，民國八十六年（1997）某晚睡前，民國百年、畢業典禮、信封……等，這幾個意象聯想在一起，靈光一閃：可以在當年畢業典禮時安排「百年真情」特別活動，將民國的「百年」歲記，再賦予大家新的共同意義。

（三）一念善心、百年真情

這十四年，我遇見當年一些校友，多少會提起此「百年真情」的約定，也聽說有些校友因為自己的親友的生離死別，特別珍惜與期待。但是，如何籌辦此重逢的活動？所幸臺北藝術大學學務處在幾月前開始約我協商籌備事宜，讓此活動可以完善地進行，非常感謝。

當天，我先看到沿途布置之雅緻的活動海報，開封典禮開始播放一九九六年「百年真情」活動錄影，十四年前恍如昨日，無常迅速，令人吁噓。每個人拿到信件後，現場直播讀信現況至舞台投影幕，各種真情流露，或歡顏，或哽咽，或感銘……。當邀請部分校友上台分享親友們的至情隻言片語，滿座無不動容，更讓人覺得父母、師長、眾生之恩重如山。

這堂功課讓我反思的是：為何我們常常無法當下感受到此類的感動？為何常是「時過境遷」才能體悟？所謂「樹欲靜而風不止，子欲養而親不待」。是因為我們必須等到失去後，才能珍惜？還是需要歷經滄桑、人情冷暖之後，才知可貴？或許親友們的至情隻言片語只是源自「一念善心」，但是經過念念的累積，時空的考驗，可以歷久彌新，成就「百年真情」。

（四）「微小」轉化「廣大」

微小的「善心」經由個別或集體眾生量的累積，可以轉化成廣大的「善果」。猶如《法句經》所說：「世人無聞，不知正法。生此壽少，何宜為惡？莫輕小惡，以為無殃，水渧雖微，漸盈大器，凡罪充滿，從小積成；莫輕小善，以為無福，水滴雖微，漸盈大器。」對我而言，一九八五年所聽到的日文廣播劇，不知是何時、何人的「一念善心」轉成文藝創作？但是卻引發了一九九七年之國立藝術學院的「百年真情」活動，並且在二〇一一年實現回校開箱，這或許是日文廣播劇原作者始料未及之發展。這也讓我刻骨銘心地學到「莫輕小善，以為無福，水滴雖微，漸盈大器」衍生的體會，期待能念念不忘此「永年真理」。

此外，我也希望國立藝術學院的畢業典禮，可以讓畢業生們做主角都坐在台上，因為當時國立藝術學院的畢業生只有數百人，可是舞蹈廳的舞台不小，所以可以發揮讓這種構想實現。然後每一學系畢業班進場時，可以選一首歌代表你們那一個班級的特色，所以進場時每一學系的進場音樂歌都不一樣。像這類的作法，學務處盡量讓師生們可以發揮所長，將畢業典禮有「寓教於樂」的意義。當然，這也必須感謝劉思量校長的寬宏大量，可以放手讓學務處發揮創意。

當時，學務處也需要負責籌辦新生「始業式」與新生訓練，讓新生可以確認學習方向以及認識學校，所以學務處在新生訓練時就用大地遊戲讓他們闖關，一關一關讓新生增加他們對學校的認識，他們也玩得很高興。還有課外活動組「彩繪關渡」活動，邀請社區或中小學學生寫生繪畫關渡風景，分組競賽。總之，學務處的活動大都是讓大家運用開會的方式，可以群策群力，腦力激盪，讓大家感受到是大家一起創造出來的，盡可能讓同仁們可以參與而覺得有共同的成就感。

（五）一些學生事務

有時候碰到學生的一些狀況，譬如說考試作弊。例如：考軍訓課可能不少作弊現象，但是有人被抓到。因為考試作弊會被記過，是嚴重的事，學生就哭著跑來跟我訴說心裡的不平，導師也會擔心該學生因為負面情緒太強而或許會有偏差的行為。因為學生會說其他人也做弊，怎麼他／她那麼倒楣被抓，也很怕他爸爸媽媽知道。但是我會利用這個時候跟學生澄清一些教育的基本觀念，例如：學校考試的意義是什麼？作弊的問題是什麼？讓學生知道：未來面對社會的這些狀況你必須要真誠、真實；所以學校的處罰不是為處罰而處罰，而是讓你學會真實真誠。如果你可以真實真誠去面對錯誤而改過自新，將來才不容易再犯。將來到社會去，你不能說因為別人這樣子做，所以我也要這樣子做；別人犯法，我也要犯法。至於父母方面，我也請學生要有勇氣真實面對，不要去隱瞞，也不要怕他們知道，就是真實面對、真誠面對。如此協助學生澄清一些基本的價值觀，可以達到正本清源的效果，學生的身心方面也可以健全發展。

此外，也有一位學生的偷竊事件，而且很嚴重，連續有將近十個案子，可能有一些心理因素還是障礙，從宿舍偷到圖書館。學務處也幫助該位學生面對自己的錯誤，可以慢慢地恢復到正常的一種學校生活。還有學校女生宿舍是否設有門禁的溝通，以及學生校內外車禍問題、意外事件、情緒不穩定、壓力或自殺、餐廳飲食衛生等問題，也常需要學務處來協助處理。

例如：曾有位學生在校外夜間獨自游泳而溺斃，溺斃以後我們幫忙處理善後與募款，該生父親在整理遺物的時候，發現該生日記有寫到我曾經幫助處理車禍賠償的事情，覺得很感動。該生父親是勞工階級，辛苦工作，存錢了一年，又將學校所募的葬儀費回捐給學校，令我非常感動。我為了讓這筆錢可以長久發揮作用，同時也提醒同學不要疏忽生命安全問題，所以將我個人捐助加上我的朋友贊助，一起合資用該生的名字，在學校內成立一筆急難救助基金，因為我曉得學務長會碰到很多急難事件，或是意外或變故，有時候從學校立即拿錢不是很方便，可以從急難救助基金提出救急。

總之，我個人認為：學務處是大學中協助青年們養成身心健康習慣的重要單位，這三年的學務長的經驗與歷練讓我學習到慈悲與勇氣的意義。因為我親身體驗到類似為人父母養育兒女的辛苦；此外對於面臨危機事件也比較有勇氣因應，因為這三年當中，接應緊急電話時，從提心吊膽，到慢慢可以比較沉著處理。

（六）學務長經歷的意義

從一九九四年九月到一九九七年十月十五日，約三年多，我擔任國立藝術學院學生事務長。這段期間，有些佛教界的朋友會問我怎麼會在一般的學校教書又兼行政工作，而沒有在佛教界教書等等。當時我的想法有兩方面：一個是我在日本要回國的時候，跟一位日本老師談起來，回國後可能要做什麼事情；那位日本老師說，你回去可能有很多事都可以做，但是你要知道選擇，其他人可以做的，你不一定要做，但是有些事情或許其他人沒有條件去做，那就值得你去做了。另外一個因緣是佛教界一直很想能夠在高等教育方面發揮淨化人心、培養人才的力量，但是內外的因緣都不成熟。

直到七〇年代的臺灣經過石油危機的考驗，產業界對於高級技術人才需求迫切，長達十三年之久的停止私人興學申請的教育政策，自一九八五年起再度開放，但只限工學院、醫學院或技術學院。於是，佛教界設立了「華梵工學院」（1990年招生；1997年改名為「華梵大學」）、「慈濟醫學院」（1994年招生；2000年改名為「慈濟大學」）。之後，政府再開放設立私立「人文社會學院」，於是有「南華管理學院」（1996年招生；1999年改名為「南華大學」）、「玄奘人文社會學院」（1997年招生；2004年改名為「玄奘大學」）之開辦，與一九九八年之「法鼓人文社會學院」核准籌設，以及「佛光人文社會學院」（2000年招生；2006年改名為「佛光大學」）之成立，可見佛教興辦大學的風氣蓬勃發展。

但是佛教要籌辦一所大學，需要很多條件，要錢、要土地、要人才，是不容易的事。假如在一般國立大學教書，也能發揮佛教潛移默化的作用，特別因為擔任學務長就經常有機會面對所有的學生，例如：新生訓練、開學典禮、畢業典禮、週會、課外活動、學生諮商、衛生保健、體育活動等。此外，佛教界假如要辦學，組織中的行政首長需要有一級主管的經歷。因此，這三年多國立藝術學院的學務長歷練，讓我對佛教界教育行政工作奠定適當的基礎。

臺灣的佛教界與教育界的互動發展對大陸宗教界與教育界的互動也會產生直接或間接的影響。例如：我第一次到大陸的時候是一九九二年，那時候不要說出家人去大學校園學習，參訪北京大學的校園都會需要有熟悉的老師帶領，才能順利進入大學校園。因為佛教法師的教育體系是佛學院的系統，從地方的佛學院到中央的位於北京法源寺的中國佛學院。

臺灣的佛教法師可以在國立大學任教又擔任行政職務，跟大陸佛教界或教育界有交流來往時，無形中會增進大陸的高等教育體系與佛教界的交流與合作的可能性，例如：大陸的大學陸續成立宗教系所，乃至有佛學研究中心。另外出家僧尼也可在一般的大學中學習與教書，乃至今年來臺灣的大學中可以增設、或獨立成立單一宗教的宗教研修學院，這可能對大陸未來也會有些影響也不一定。

三、準備升等教授（1997-1999年，43-45歲）

一九九七年十月，國立藝術學院因為劉思量校長沒有續任，戲劇學院的邱坤良教授被選任為校長。邱校長上任了以後，親自邀請我留任學務長，我那時候覺得自己是菜鳥副教授與學務長，應該要休息一下，讓自己沉澱與自我充實。但是他還是很熱心，又來親自找了我二次，我自己也梳理出內心的理由：因為我那時候還是副教授，需要時間準備升等教授。邱校長也能諒解，就讓我專心準備教授升等的研究、寫作與出版。

到一九九九年六月，我以《戒律與禪法》論文集，順利升等為教授。之後，邱校長又來找我說，你現在完成教授升等了，你可以出來再為學校服務。因為校長一任三年，邱校長從一九九七到二〇〇〇年正好一任，我想他再一年（1999到2000年，差一年），任期快結束了，稍微拖一下應該就可以避開這件事情。但是他與我碰面時，他還是會再提一下。

四、六年的教務長經歷（2000-2006年，46-52歲）

（一）同時接任共同學科主任、教務長

二○○○年五月，我被選為共同學科主任，那時候我想有了這個行政職務，應該是一個擋箭牌，可以不再接其他的行政職務吧！邱坤良校長在二○○○年順利通過校長續任投票，又開始新的三年任期，需要找新的教務長。那年暑假的某天，我的印象深刻，邱校長打電話到文化大學哲學系找我，因為我當時在文化大學哲學系擔任某個博士學位論文口試委員，參加該生的論文答辯。文化大學的助教告訴我說你們校長打電話找你，在電話中，邱校長邀請我當教務長。那時，我在電話中不方便解釋，只能回答：我回到學校再親自跟您報告。回到國立藝術學院，我到校長室向他說明：我現在已經擔任共同學科主任，沒有餘力再擔任教務長了。邱校長說沒問題，教務長正好可以兼任共同學科主任；我又說教務長的事務煩多，責任也大，恐怕無法勝任；他還是說沒問題，說服我兼兩個行政工作。

我只好說：「請給我一個星期時間，讓我找時間與共同學科老師商討之後，再回覆。」因為共同學科老師已經選我當主任，現在又有教務長的任務，不讓他們知道就答應的話，不是很適當。於是我安排時間與共同學科老師開會商量邱校長邀請我擔任教務長的事情，結果他們很支持。因為共同學科在學校當中算是比較小的單位，是弱勢團體，人數也少，也沒有學生，也不是藝術專業的科目，所以假如共同學科的老師可以當教務長的話，比較可以讓全

校了解共同學科的角色，所以共同學科的老師都支持。結果只好硬著頭皮再去跟校長說，共同學科的老師支持。所以我在二〇〇〇年八月就同時兼任教務長、共同學科主任兩個職位。

一般而言，大學專任老師的職責有教學、研究、服務等三方面，學校行政工作則是屬於服務方面的職責。但是，老師們大多會覺得這三方面不容易兼顧，特別會覺得擔任行政工作一定會影響教學與研究。因此，我盡量以平等心面對教學、研究、服務等三方面的工作，同時肯定這三者的價值，避免厚彼薄此，造成自己內心的困惑與障礙。進一步，讓教學、研究、服務等三方面的工作可以相輔相成，互相增進，例如：我以寫研究論文的態度（例如：創新與創意）或步驟（例如：蒐集古今中外的資料）來擬定行政方面的規章或實施方案，或者將論文的研究成果直接（例如：慈悲喜捨的禪法）或間接（例如：客觀的研究態度）運用於處理行政工作的難題。同時也將教學、服務的問題，看看是否可以成為研究的問題意識。如此的三者兼顧的心態與習慣讓我可以長期從事行政工作，也不會妨礙教學與研究成果。

雖然從我在一九九四至一九九七年期間有約三年多擔任藝術學院學務長的經歷，對於全校性的事務比較不陌生。但是，因為學生事務長主要是以學生為服務對象，教務長除了學生之外，還必須以教師與職員為服務對象，因為大學的教務長一般需要擔任校級教師評審委員會以及職員考績、甄審委員會的主席，因此需要處理教師與職員的聘任、教師升等與職員考績等工作，攸關教職員的重大權益，必須非常謹慎小心維持公開、公平、公正的態度。

此外，教務處需要統籌全校招生事務，特別是藝術學院的招生考試比較複雜，因為包含學科與術科兩類的考試，又是以單獨招生的方式，需要自行建立考試闈場以及籌辦周密的入闈工作流程，以免洩漏試題。有一年，大考中心轉交我們學校的學科測驗成績有部分問題，但是我們放榜、寄出成績單與錄取通知之後，這個問題才被發現，於是需要與大考中心協調如何做適當的危機處理，一方面通報教育部，一方面做彌補的處理，總算平順落幕。

（二）參與學校改名國立臺北藝術大學（2001）

創立於一九八二年的國立藝術學院（National Institute of the Arts, NIA），為臺灣首間以高等藝術教育專業發展之大學。於二〇〇〇年八月擔任教務長開始，接續前任教務長林保堯教授所負責之改名為「國立臺北藝術大學」（Taipei National University of the Arts, TNUA）工作，經過大家的努力，於二〇〇一年奉准改名為國立臺北藝術大學，並成立音樂、美術、戲劇、舞蹈及文化資源等五個學院，同時增設成立科技藝術研究所碩士班、音樂學系碩士在職專班及音樂學系博士班。之後，二〇〇二年增設造形研究所及建築與古蹟保存研究所，成立通識教育委員會，關渡美術館及推廣教育中心成立。二〇〇三年增設劇本創作研究所、戲劇學系博士班、劇場設計學系碩士班、電影創作研究所碩士班。原舞蹈研究所拆分為舞蹈創作研究所及舞蹈表演研究所。二〇〇四年增設美術學系碩士在職專班，另教育學程中心更名為師資培育中心。二〇〇五年與國立自然科學博物館共同合作提出「博物館研究所」申請案，並於八月正式成立。增設舞蹈理論研究所。二〇〇六年科技藝術研究中心改名為藝術與科技中心，校務研究發展中心調整為「研究發展處」，並設置「國際交流中心」，以及增設藝術與人文教育研究所。此外，電子計算機中心也完成全校公共空間無線網路架設。

（三）藝術大學的全人教育——新世紀終身學習的藝術人計畫（2002-2005）

從二〇〇二至二〇〇五年，我與共同學科的同仁吳慎慎、凌公山、陳國琼、師資培育中心林劭仁等老師依據臺北藝術大學通識課程培養「全人教育」理念，申請通過「藝術大學的全人教育——新世紀終身學習的藝術人」計畫（91-94學年教育部「提昇大學基礎教育計畫」之研究補助），當時的構想與執行情形如下所述：

教育的積極目的在協助個體自我實現。在進入二十一世紀各領域知識蓬勃發展的年代，為符合知識全球化及多元化潮流，個體須擺脫長久以來局限於單一學門領域的窠臼，才能培養出新世紀公民所應有的基本能力與素養，達到自我實現的目的。職是之故，大學通識教育的主要功能，就在於提供個體知識學習的廣度，進而了解自我內在狀態，及與外在社會環境的互動，並提昇全方位的視野與世界觀，達成全人教育的最終理想。

臺北藝術大學不似一般綜合性大學擁有豐富多元課程資源。為彌補此一弱勢，本校通識教育自一九九〇年成立共同學科起，即在各學系藝術專業課程外，規畫「人文學科」、「社會學科」、「自然學科」、「工具」以及「藝術通識」等成五大領域，以為藝術人才修習之共同必修課程。在課程上：五大領域課程中「社會科學」與「自然科學」的課程種類相對較少，而協助個體探討人類心理、開發其最大潛能、促使自我學習與反思，進而轉化成自發能力的終身學習課程，是未曾發展過的課程型態，而此終身學習觀念的養成，實為全人教育推動的基礎；另外，透過科學而客觀的評鑑機制，為共同學科之行政事務、課程教學等建立評斷實施成效的標準，以了解通識教育理念的落實程度，也是提昇本校通識教育品質所必須的措施。

因此，我們請本校美術系的同學將上述五大領域，以義大利文藝復興時期達文西（Leonardo da Vinci，藝術通識的典範之一）之「人體比例圖」和諧的幾何美學為學習意象（圖4.1）。

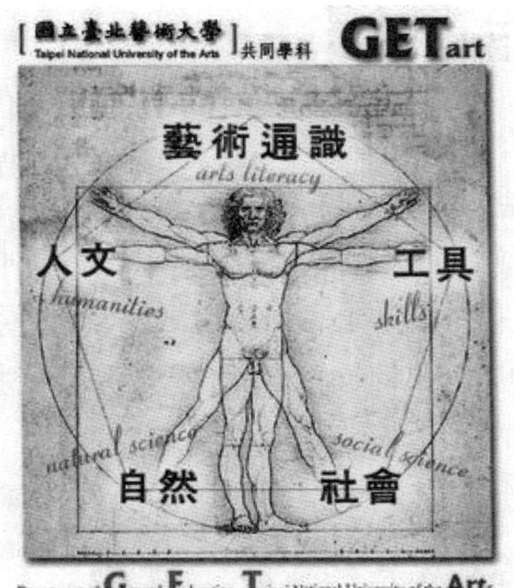

圖4.1 以達文西之「人體比例圖」和諧的幾何美學，為共同學科學習意象。

希望同學們能養成終身學習的習慣：兩腳立足於「社會科學」（Social Science）與「自然科學」（Natural Scienece）、以「人文」（Humanities）的右手、「工具：語言、研究方法與資訊」（Skills）的左手、涵養「藝術通識」（Arts Literacy）的頭腦。同時，我也以此意象平衡我個人「佛學專業」的發展，同時擴充我在探討佛法與世間各種科學學科對話的視野。

在有限的資源下，為能改善本校共同課程之實施困境，落實本校通識教育改革與創新，期待培養具全人教育觀，並有終身學習的藝術人，團隊提出本研究計畫「藝術大學的全人教育——新世紀終身學習的藝術人」。並分別規畫以下三個分項計畫，其擬達成之具體目標為：

分項計畫一：藝術人終身學習整合型課程設計與發展

以學習者為中心，嘗試以通識課程做為學習者整合其學習網絡之核心，規畫設計整合型講座課程。另外再以整合型課程與教學實驗，讓學習者學習整合其多元的學習經驗，從歷程中進行反思性的轉化學習，重新定義藝術實務工作者（Arts Practitioners）之學習內容與型態，透過領域專業課程與通識教育課程之統整規畫，建立學生終身學習的理念。

分項計畫二：通識教育五大領域課程之強化與發展

藉著通識教育相關領域的演講、座談會、參訪教學活動舉辦，以強化及整合本校通識教育五大領域課程，改善現有課程的結構和方向。學生經由通識教育五大領域學習，除了擁有藝術專業外，亦習得人文、社會、自然、語言及相關藝術類科之基本涵養，實現培育藝術人擁有全人特質的至真、至善和至美目標。

分項計畫三：行政組織分析與通識教育評鑑指標建立

為協助提昇國內藝術類大學通識教育評鑑的成效，以改善通識教育推行的品質，本計畫基於教育指標客觀而精簡的特性，嘗試建構一套適合藝術類大學通識教育學門使用之評鑑指標，並運用所建構的評鑑指標至本校的通識教育實施中，監控本校通識教育品質之實行成效。

（四）獎勵大學教學卓越計畫（2005-2013）

邱坤良校長在二〇〇四年又順利通過校長續任投票，又開始第三任的三年任期，承蒙邱校長不嫌棄，我也繼續我的第二個任期（2004-2006）的教務長工作。二〇〇四年十二月底，教育部高教司表示，近來國內大學普遍「重研究，輕教學」，對高等教育發展非常不利。於是因此編列十億元經費，推出「獎勵大學教學卓越計畫」讓各個大學申請，雖然是二月底提交，但是中間隔了寒假與春節，實際上準備的時間大約只有一個月，需要高效率的團隊合作的運作。當時，教務處的祕書王喜沙小姐，積極鼓勵教務處同仁能夠帶動此申請計畫的撰寫，讓我有信心去向邱校長說明此計畫對學校的重要性，邱校長也同意讓教務處與全校各教學單位合作來構思與撰寫。

經過每週全校的會議討論與腦力激盪，不定期的各單位的內部會議，提出「新世紀藝術教學領航計畫——ARTS（Arts Resources & Teaching Society）藝術資源與教學社群」，包括各類教學資源的重新整合、教學經驗的交流與傳承、教學品管圈的建置、網路教學系統的提昇、教學課程國際化交流的拓展等重要教學與教務推動工作。具體內容有提出成立「創意教學支援中心」的想法，期望建立臺灣藝術資源與教學社群，計畫精神為教學、課程、學習、創新；計畫內容主軸在於虛擬的平台與真實的教學活動空間結合，涵括表演藝術教學資源系統、視覺藝術教學資源系統、文化資源教學系統等三大主體，各資源系統內容包含：教學課程將擴大為跨領域、跨國、跨文化等層面；師資部分也將著重邀請國際大師來校授課以及軟硬體設施改善以加強教學品質等方案。

在三大教學資源系統之外，尚有兩大行政支援系統，分別是藝術遠距教學教務學務整合系統，涵括教務系統、藝術遠距教學系統、學務系統等。其次為強化圖書資源系統，以補強教學研究之需。以上三大主體與二大支援系統的結合運作後，產生的教學成果及教學記錄分別依其產出的性質，以電子化及文本方式出版「ARTS 藝術教學大系出版計畫」及藝術教學網路學院，做為推廣及交流分享的平台。並採教學品質管考PDCA的循環流程，不斷檢視計畫系統運作成效，以建立臺灣藝術資源與教學社群，樹立國內藝術教育之教學參考典範，為新世紀藝術教學領航。

當年全國共有五十四所學校提出申請，經過初審及複審，包括北藝大在內的十三所學校上榜。以四年（94-97學年）做全校整體性提昇教學改善計畫，先核定九十四年度五千八百萬元的獎勵經費，待年終通過執行績效考核後，再做為繼續補助的依據。

教育部的公函中所轉述審查意見指出，此計畫提出一個有系統的強化教學計畫，目標清楚，具體可行，規畫良好，汰舊與創新兼顧，有關藝術教育的數位化計畫亦有相當的重要性。同時也肯定計畫中所列的建置「創意教學支援中心」以及建立「教學品質卓越圈」的理念與內容具體。並指出本校「傑出的藝術領域師資與教學、優良設備，有條件成為頂尖的藝術教學重鎮」。從此，國立臺北藝術大學從邱校長時代開始，到朱宗慶校長時代，連續八次（2005-2013）入選獎勵大學教學卓越計畫，對於學校的發展帶來重大且持久的影響。

（五）教務長兼代理校長（2006年前半，52歲）

後來二〇〇六年一月的時候，中華民國的內閣改組，蘇貞昌先生當閣揆的時候，邀請邱坤良校長擔任文建會主委，所以我就代理臺北藝術大學校長有大概半年的時間（彩圖63-65），二〇〇六年八月一日圓滿交接給朱宗慶校長（彩圖66、67）。

代理校長這半年其實是比較忙，因為我還需要兼做教務長的事情（彩圖65）。原來的校長室兩位助教，因為她們跟邱校長配合得很熟，所以這兩位助教也被邱校長帶到文建會去工作。新任校長也還沒有選出，從行政倫理的角度，代理校長似乎不適合晉用助教或助理來校長室工作，以尊重未來校長的人事權，特別是校長室的人事晉用。所以，我就拜託教務處的王喜沙祕書也兼辦校長室的工作，感謝她對此增加工作的包容。

此外，也非常感謝我擔任教務長以及代理校長期間，註冊組組長羅安台先生、課務組組長李玫玲與賴萬居老師、出版組組長劉錫權等主管帶領教務處同仁的大力協助，推展各項行政工作。此外，由於正式編制與教務處員額不多，特別在辦理全校招生業務之時，人手不夠用，於是我個人捐贈校方一個約聘僱人員，請黃齡儀小姐擔任行政助理，支援各類機動性業務。

擔任代理校長這半年的時間，我的工作兩個重要目標，第一是讓下一任的校長的遴選過程順利。第二個目標是讓學校可以通過「獎勵大學教學卓越計畫」第一年執行績效考核，以爭取往後計畫的繼續補助。非常感謝當時全校的各級主管與同仁的鼎力協助，讓這兩個目標可以順利達成。接著，二〇〇六年八月一日圓滿交接給朱宗慶校長，同時也開始教授休假研究一年，協助法鼓山「中華佛學研究所」所長李志夫教授籌設法鼓佛教學院。當時，中華佛研所以二十五年辦學經驗為基礎，結盟國外十五所知名院校之國際化績效，培養十多位畢業生在國際名校取得博士學位的成果，是全國第一所向教育部申請成立獨立的單一宗教研修學院，名為「法鼓佛教研修學院」。我因受聘擔任首任校長，因此從臺北藝術大學借調，於二〇〇七年四月八日（佛誕節），參加「成立揭牌暨首任校長就職典禮」，開始另外一個階段的大學行政歷程（彩圖68）。

五、在藝大所開設的課程

我擔任國立藝術學院的課程主要是通識教育的課程，也曾經協助戲劇學院博士班開設「印度古典戲劇美學專題」。通識教育的課程像「身與心」、「玄奘與絲路文化」、「西藏生死學」、「日本文化的心與形」、「生死與倫理」、「語言、思想與行為」、「宗教與文學：流浪者之歌」、「創意方法與藝術」、「禪與靜坐」、「佛學概論」、「宗教與自然科學史」、「禪與靜坐」、「文字、書寫與文明」、「宗教與文學：摩訶婆羅多」、「生命複製與21世紀」、「生命科學與藝術」、「牧心禪唱」等等。此外，有「人文資訊與知識管理」關渡講座（97學年上學期）、通識核心課程有「藝術生命之發想與寫作」（100學年下學期）、「藝術生命之思考記事與寫作」（101學年下學期）兩次。

（一）禪與靜坐

其中，「禪與靜坐」大約是在八十三學年度左右開始開設，配合此課程，我也曾於一九九四至一九九六年之間申請與執行國科會做如下的研究計畫：「禪定課程與通識教育——以教材與教學研究為主」。此課程也是我北藝大之開課次數最多的，特別是在我從臺北藝術大學借調到法鼓佛教學院擔任校長期間，必須在臺北藝術大學至少義務授課一門課，大多是以「禪與靜坐」做為開課主題。因為，我個人覺得「禪與靜坐」的學習，是目前大學生比較少有機會接觸到的課程。

所以，我針對藝術科系的學生設計如下的課程計畫：針對初學者，以講解、禪坐實習、討論、生活紀錄、生活週報等為教學活動，將觀察自我之生理變化、情緒反應、認識與思考過程、禪定的心理狀態、真理的確認與實踐過程做為課程內容，以培養自我發現問題、解決問題的覺察力與行動力，發掘藝術工作者之創作泉源為教學目標。此課程內容是以「天台小止觀」與「四念住（處）」，依序建立對於「身、受、心、法」四處的「覺察性」（念，Awareness，Mindfulness）為學習次第，從「調和飲食、睡眠、姿勢、呼吸、心念」（調五事）、「生理性的安靜」（身念住）、「情緒性的控制」（受念住）、「覺察認識過程」、「覺察思考過程」、「禪定的心理狀態」（以上三者是心念住）、「真理的確認過程」、「身心清淨與淨化世間的關係」（以上二者是法念住）。

（二）生命科學與藝術

或許是我個人的興趣與大學是臺北醫學院的背景，「生命科學與藝術」（91-94學年）的課程是我個人非常喜歡的課程，採用《觀念生物學》（*The Way Life Works*; by Mahlon Hoagland & Bert Dodson）科普書與視聽教材，分上下學期討論以下有關「生命科學與藝術」之課題，上學期是：1.生命的十六種共相；2.生命的能量；3.生命的訊息。下學期是：1.生命的「機器」：細胞內執行各式各樣功能以及建造細胞結構的蛋白質；2.生物的「回饋」系統：傳訊、感覺與反應；3.「群集」：單一細胞（例如受精卵）如何成為多細胞的個體；4.演化：創造生命的模式。希望透過生命科學（真）與藝術（美）之對話，來體會、讚歎生命的美妙，進而體悟在生命大海與長流中生存的意義與價值（善）。讓學生們可以了解賞識生命、尊重關懷生命、豐富美化生命。

由於藝術科系的學生大都視生物科學的艱深的術語、枯燥的化學式與艱澀數理演算為畏途；同樣的，理工科系的學生常對藝術的展演才能看作是天分，遙不可及，敬而遠之。因此我個人認為探究「生命科學與藝術」通識課程的教學理念與設計，以培育具新世代生命觀的人材，是當前大學教育改進一項重大的挑戰。

如同霍格蘭（Mahlon Hoagland）與竇德生（Bert Dodson）合著的書*The Way Life Works*（中譯本《觀念生物學》）之如下的作者手記，它說明了：當「生命科學」與「藝術」相遇時，所可能激盪出的火花。

我們兩個人，一個是生物學家，一個是畫家，相遇在1988年。

才初次見面，我們就發現彼此都對生命的共通現象充滿了驚喜與著迷。

所有活生生的東西，從微小的細菌到複雜的人類，竟然都利用相同的物質與相似的方式運作著，真是奧妙極了！

於是我們開始思索有沒有什麼辦法，可以讓我們把對生命的讚歎分享給大家。

很快的，我們發現可以透過把科學與藝術搓揉成水乳交融的境界，來達到我們的目的。

by Mahlon Hoagland & Bert Dodson

生物學家等科學家們「觀察」自然界時，「發現」且「記錄」種種現象與問題（what, how, why...），於是提出各種「假說」，嘗試解答問題，接著必須設計實驗來「驗證」那個「假說」合乎實驗結果，並且歸納這些現象的通則。科學方法所得到的結論繼續接受新的驗證的挑戰，逐漸讓我們更接近真實與真理。

同樣的，藝術家們「觀察」自然界時，「發現」種種能夠產生美感的事物，除了「欣賞」之外，也透過繪畫、符號、雕塑、聲音、影像等各種「記錄」方式，「轉化」（模仿或創作）成大眾可溝通的媒介，以「表現」創作者的思想及情感，並引發接觸者的共鳴。隨著不同時空文明的發展，不斷地激發新的藝術美學。

或許，追求「真」的生命科學家與追求「美」的藝術家有不同的價值觀，但是對於大自然與生命奧祕的興趣是相同的。是否有方法可以透過把科學與藝術搓揉成水乳交融的境界，達到把對生命的讚歎分享之目的？

在這科學家與藝術家的互動過程中，希望顯示：只要你對大自然了解愈深，你就愈能賞識它的美，進而豐富自己的生活。接著，一連串科學與藝術交融的美妙事情發生了：

先是生物學家當老師，畫家當學生，一個解說，一個質問。

兩人一下子探索，一下子辯證。

有一天，畫家突發奇想，畫出一幅跨頁的插畫，讓生物學家眼睛一亮，把生物學家自以為很懂的東西推向新視野。

於是畫家搖身一變，成為老師，生物學家變成學生。

在這樣的互動與激盪中，我們對彼此的信心與默契日益滋長。

經過細究、詳查、篩檢、整理，把我們闡釋生命如何運作的想法，拼組成一幅完整的全景。

最後，這位生物學家希望：大眾能因此對科學的發現與成就，以及人類對深入了解自然所具有的潛力，感到敬畏與驕傲；這位畫家則看見一種可能性，也就是當我們體認到人類與生物世界所存在的一致性之後，將能「指引」每一個人的行為，朝向生命世界共同的大未來邁進。

所以，我們若能將科學與藝術融合，透過把生命科學（真）與藝術（美）之對話，來體會、讚歎、分享生命的美妙，進而體悟在生命大海與長流中生存的意義與價值（善）。這是在國立臺北藝術大學所進行「生命科學與藝術」通識課程的教學理念。

依此教學理念，「生命科學與藝術」通識課程預定所要達成之各項教學目標如下：

1.認知目標：了解、賞識生命

超越一隻昆蟲、一棵樹、一朵花等各別生物局限與差異，以宏觀的視野，了解生命共通的模式與規則，建立萬物平等一如的生命觀。追溯四十億年生命長流之相似相續、變異演化過程，猶如生命長流中的水泡，體悟生命無常（非常恆不變）的宇宙觀，賞識地球上各類各樣、形形色色的生物，從體積最最龐大的鯨魚到肉眼看不見的細菌。

2.情意目標：尊重、關懷生命

體會在生態系統中各種形式的生命間之相互依存性，猶如生命大海中的浪花，塑造生命無我（非獨立自存）觀，培養尊重生命的信念，以孕育對生命的奧妙與美麗的讚歎情懷，開展對所有生命價值的珍惜與關懷，養成慈悲心腸。

3.技能目標：豐富、美化生命

能主動接觸、賞析各種生命，豐富生活；藉由各種形式的藝術媒材，表達對生命的奧妙與美麗的思想與情感，分享與生命共生共存的訊息，美化生命世界，以及學習坦然面對生命無常生滅的解脫能力。

（三）牧心禪唱

其次，「牧心禪唱」（94學年度下學期）的課是令我非常難忘的經驗。因為，這是我邀請音樂學系錢南章老師共同教導的課程，非常感謝錢老師慷慨奉獻他的寶貴時間與音樂美學，逐句教導同學合唱練習與賞析，讓這個課程可以非常精彩美妙（彩圖61）。其次，承蒙現代詩人愚溪先生的普音公司慷慨無償提供《牧心》全部的曲譜，讓我們的教材可以成就。因為，此課程是採用歌劇創作者王世光先生根據宋朝廓庵禪師的《牧牛圖頌》等所做的「禪」詩合

「唱」曲。以宋朝廓庵禪師的《十牛圖頌》為骨幹，加入明朝蕅益大師所立的七言警句，經傳慶老和尚指導，再由現代詩人愚溪加以潤飾填詞，由《馬可・波羅》歌劇創作者王世光作曲的《牧心》。原作的十首曲子，先以稚嫩清亮的童聲唱出直指本心的不朽禪詩，帶出男聲厚實的詠歎後，再以柔美的女聲詠唱禪曲空靈的意象，非常具有禪唱美感。

所謂「擒山中賊易，擒心中賊難」、「牧牛容易，牧心難」，此課程藉由以講解、禪坐實習、合唱練習、生活週報等為教學活動，希望學生能藉由禪詩合唱，純淨清靈的梵音來美化人生，學習如何追求本心（凡心如野牛，修行者如牧童），將「牧心」的過程，以「尋牛、見跡、見牛、得牛、牧牛、騎牛歸家、忘牛存人、人牛俱忘、返本還源、入廛垂手」的「牧牛」譬喻，讓一般人容易了解求道的心路歷程與各階段的禪定悟境，可做為「宗教與多元社會」的實修基礎，並且也以發掘藝術工作者之創作泉源為教學目標。期末的時候是以合唱的方式考試，學生最少三個人，最多八個人組團來唱指定曲跟自選曲，也可以加上表演，讓藝術科系的學生可以發揮其他舞台、道具、舞蹈等方面的專長，讓藝術專業與人文通識可以結合，整合性的學習效果很有意義。

（四）印度古典戲劇美學專題

我曾經在我們學校的刊物《藝術評論》發表過如下的三篇有關於談印度戲劇舞蹈美學的論文：一九九六年的〈印度梵語戲劇略論〉、一九九九年的〈梵本《戲劇論》第六章「美感」譯注——印度梵語戲劇美學初探〉、二〇〇三年的〈梵本《舞蹈戲劇論》第七章「情感」譯注——印度古典舞蹈戲劇情感初探〉，這些論文在臺灣學術界算是首開風氣的成果。之後，也引發一些學者們的關注與探討。

九十三學年上學期，戲劇學院邀請我為博士班開「印度古典戲劇美學專題」的課程，這門課有四位博士班的學生選課，人數不多，所以他們到教務長室來上課，讓我可以方便介紹個人所收藏的印度戲劇舞蹈美學的相關書籍或資料。我當時用印度學者Priyadarshi Patnaik博士所著*Rasa in Aesthetics: An Application of Rasa Theory to Modern Western Literature*的書籍當主要教材，讓學生研讀與報告。由於這本書是將印度梵語舞蹈戲劇美學的特色——「味」（Rasa）的理論運用於現代西方文學的研究，我希望有助於學生們了解印度古典戲劇美學的基本理論與運用。因為這些博士班的學生資質都不錯，也很用功，所以這堂課進行得很有意思。我也隨堂介紹印度梵文文獻解讀的基本觀念，以及運用各種電腦應用軟體、數位工具書或資料庫的研究方法。

（五）「人文資訊與知識管理」關渡講座

九十七學年度上學期，在我借調到法鼓佛教學院擔任校長期間，臺北藝術大學邀請我開設「人文資訊與知識管理」關渡講座，是頗有意義的課程規畫。所謂「關渡講座」乃臺北藝術大學因為上述「獎勵大學教學卓越計畫」的助緣，近年來極力打造的跨領域核心通識課程。以學習者為典範的發展信念，以學生主體的關懷為核心，為碩士班及大學部同學特別規畫建制；邀請了國內成就卓越之知名學者來擔任講座教授，結合校內外教師共同發展此一創新課程。此講座為融通之通識課程，希望跨越、連結，及整合不同學門領域，建立不同專業領域之間知識與經驗對話的橋樑。在「通才融入專才」的通識教學卓越計畫發展理念下，藉由深度、多元的主題型課程規畫、結合國內外成就的大師，期能帶領北藝大學生，跨越藝術專業領域，培養跨學科整合的能力與視野，發展自我為多元知識涵養的藝術專業人才。而且，歷年關渡講座皆輔以優良之教學與學習支持系統，除了每門講座皆建制一個課程網頁外，在TA（Teaching Assistant）培訓與教學帶領，學生期末學習成效產出方面，在過去數年經營之下，已成了全國知名的「大師雲集、博雅融通」之北藝品牌通識課程。

所謂「人文資訊與知識管理」，「人文資訊學」（Humanities Computing）的構想來自於學術界對人文社會及資訊科技本質的反思，希望能導引出如何應用資訊科技在人文社會領域的研究與教學上，培養學生認知到資訊科技所能帶來的新思維與新方法，以及它與社會的密切互動，使學生在未來面對人文、社會及資訊科技相關的爭議時，具備批判性的思考能力且能理性分析。在資訊時代，「知識管理」（Knowledge Management）對個人與組織產生巨大的變革，也引發各種可能性，如何將所得到的資訊轉化成知識與創意思考，是新時代知識工作者的主要學習課題之一。此講座由我作第一週的課程介紹與最後一週的課程回顧與總結，重要的是可以邀請到如下此領域的頂級專家學者與實務工作者，為臺北藝術大學研究生提供資訊時代之人文與科技交融的饗宴。

謝清俊（銘傳大學講座教授、中研院資訊科學研究所兼任研究員）講授「人文與資訊」、黃居仁（香港理工大學中文與雙語研究系講座教授、中研院語言學研究所研究員）講授「知識本體與跨語言、跨領域之知識整合」、杜正民（法鼓佛教研修學院副校長、數位典藏國家型科技計畫文獻與檔案主題小組召集人）講授「數位典藏的建置與運用」、徐新逸（淡江大學教育科技學系教授、學習與教學中心主任）講授「大學數位學習之應用與實務」、許永真（臺大資訊工程學系教授）講授「數位內容之語意分析及社群化分享」、釋惠敏講授「電子文化地圖的製作與運用：以絲路文化與藝術為例」、施保旭（世新大學數位多媒體設計學系副教授）講授「自由維基軟體在個人知識管理之應用」、陳光華（臺大圖書資訊學系副教授）講授「資訊科學原理」與「學術資訊的典藏、傳播與評價」、歐陽彥正（臺大資訊工程學系教授）講授「機器學習原理與人工智慧的哲學議題」、黃乾綱（臺大工程科學及海洋工程學系助理教授）講授「Web 2.0時代的溝通模式」、李志強（PMP，曙光計畫團隊成員、你說我演一人一故事劇團團長）講授「用行動寫歷史：Web 2.0時代的個人知識管理」與「從夢想到現實：一個劇場人的原住民社會企業創業經驗分享」、范毅軍（中研院歷史語言研究所研究員）講授「地理資訊系統與時空平台及其應用」。實在非常感謝這些專家學者為臺北藝術大學的研究生所提供的資訊時代不可欠缺的研究視野與基本素養。

（六）「藝術生命之發想與寫作」通識核心課程

我也受邀開設如此兩次的通識核心課程「藝術生命之發想與寫作」（100學年下學期）、「藝術生命之思考記事與寫作」（101學年下學期）。課程理念是：「生命美感的傳承與創新」是藝術家的使命之一，運用資訊科技與團隊合作的模式，產生發想、記錄與寫作是新世紀之傳承與創新的基本能力，也是本課程的主要學習目標。於校園或社區的生活環境中，讓學生學習觀察與藝術創作、生活型態、社會關懷以及生死規畫有關的人物、地點或景觀、事件，分別以：1.問題式導向：探索；2.實作型學習：體驗；3.團隊型競合：跨界；4.實踐性成果：藝術與生命等四項為課程規畫方向等，以達成如下的教學目標：1.理性與感性兼備的思考能力；2.適當表達與開放的溝通能力；3.有效與永續的知識管理能力；4.藝術鑑賞與創作之論述能力；5.良好生活型態與社會關懷之實踐力；6.人生願景（夢想）或善終理想之規畫能力。

這門課程之專題一「發想與藝術創作之論述」，特別感謝汪其楣教授（劇作家、導演，1988年國家文藝獎，1993年吳三連文藝獎，2004年賴和文學獎）來到課堂，做兩次的「藝術家經驗分享」：「海洋心情：珍重生命AIDS文學書寫」，以及「戲劇的外快：談『歌壇春秋』及『蘭嶼素人書』的文心網絡」。我個人則介紹「發想的理論與方法」以及

「網路社群」Google+以及發想的「心智圖」(Mind Map)。

專題二「記錄與生活型態、社會關懷之實踐」是知識管理的理論的實務、雲端記錄的運用(例如:Zotero、Evernote)、雲端儲存的運用(例如:Dropbox、Box.net)。專題三「寫作與生死規畫之願景」則是「四句五段結構」的寫作方法、寫作與人生規畫、寫作與善終規畫(器官捐贈、預立醫療自主計畫或遺囑、不施行心肺復甦術等),也特別感謝李志強老師帶領「你說我演一人一故事劇場」的幾位夥伴,做「深層故事與心靈對話」表演,以及「生命的故事相遇:改變的旅程」的講演。

(七)慈悲喜捨:向無障無礙的藝術家們學習的功課

1. 藝術生命之發想、記錄與寫作

我於一〇一學年下學期在臺北藝術大學開設通識核心課程「藝術生命之思考記事與寫作」,以運用資訊科技與團隊合作的模式,產生發想、記錄與寫作,培養「生命美感之傳承與創新」的基本能力。因此,邀請劇作家、導演汪其楣教授來分享她的工作;她卻建議邀請感官習慣或創作過程不同的盲人與聾人藝術家,來與同學們做直接的經驗分享,會更有意義,因此課程的主題:(1)談「鳥與水」舞者林信廷的全方位藝術人生為主題;(2)汪其楣與聾劇團談手語戲劇的發想、記錄、寫作。都是汪教授與特殊藝術家們多年來互動的經驗,非常值得分享,果然讓我也獲益良多,讓我撰寫如下〈慈悲喜捨:向無障無礙的藝術家們學習的功課〉文章,刊載於《人生》雜誌(2013年5月)。

2.「鳥與水」舞者林信廷的全方位藝術人生

第一週次課堂開始，汪教授引言說：林信廷先生是歌手、舞者、路跑選手、盲棒隊員。他表演現代舞十多年了，也因為跳舞需要肌力、體態與身體線條而長期健身，又為記錄如此全方位藝術人生，而有出版寫真集的計畫，所以請她當導演和主編。對此計畫，汪教授剛開始沒有立即答應，因為拍寫真集是她從來沒有的經驗。

但是，她馬上覺得後悔，責備自己怎麼沒有「歸零」，不如信廷雖然眼睛看不見卻可以有如此「無限」的視野，和永不放棄追求豐富人生的心。[1] 因此，邀請專業攝影師柯曉東一起合作，展開此寫真集的出版計畫，如此的因緣確實是本課程所謂「團隊合作」的模式。

接著，信廷首先提到與盲人相處時，聲音的回饋的重要性，希望同學們不要只安靜地聽或只是點頭、微笑，可以多發出聲音回應。他說他的失明是屬於隔代遺傳性的視網膜病變，但小時候，醫生診斷以為只是嚴重近視，也由於閱讀的障礙，還曾被認為是智力的問題。國中時，因升學的讀書壓力，視力更加惡化；到了高中時，視網膜病變隨著年齡惡化而導致全盲。當時，他也感覺彷彿自己被判死刑一般，過著封閉的生活。

直至二十二歲，開始接觸盲人世界之各項基本技能，如按摩、電腦、音樂等等，甚至也接觸了超越生理障礙而有所

---

1 此段用語與汪其楣編著《歸零與無限：臺灣特殊藝術金講義》（聯合文學，2010年）主題呼應。

限制的各種活動，例如參加盲棒比賽、舞蹈、演劇等等。[2]特別是在球場上學會與人相處之道——信任與溝通，可以說從需要體能、智能的棒球運動找到第一個自信，並且運用到日常生活面對盲人很難克服的行動與生活的安全感。

之後，繼續挑戰馬拉松路跑、服裝秀模特兒以及盲人最無法掌握肢體動作的舞蹈表演。林信廷已有環島三次的經驗，兩次是路跑，一次是雙人腳踏車的環島。路跑時，盲人有陪跑員用繩子連結一手前進，由於每個人的運動習慣、身高、體型、速度、呼吸不同，剛開始會有拉扯，遇到坑洞、自行車經過的反應也不一樣，需要靠觸覺與聽覺等各種用心、高度的意志力、默契與耐性。兩人合作無間，共同挑戰這種長距離的體能運動，信廷覺得克服這樣的困難之後，更培養了不畏挑戰自己極限的能力。

外出運動與去健身房最好有人陪伴同行，他也會感到沒有主動權的無奈，但是也發現自己以為失去很多，其實擁有很多。例如：在馬祖島路跑時，更可以發揮觸覺、嗅覺與聽覺，享受「地無三里平」之地勢變化觸感，坑道內的特殊氣息與環海涼風之清爽與清香、枝頭鳥鳴等等。最近他又以優美的歌聲參加電視節目競賽，並開始做發片的準備，實在是太精彩了。

3. 汪其楣與聾劇團談手語戲劇

我與聾劇團最早的接觸是二〇〇九年，拈花微笑聾劇團應邀在法鼓佛教學院校慶時，演出《飛手舞聾．聾舞手

---

[2] 詳參：陳芸英，《盲人打棒球》（時報出版，2003年）。

飛》，做為臺北聽障奧運聾劇列車環臺校園巡迴的一站，由十二位聾人演員及五位聽人演員共同演出。以及二〇一一年六月法鼓佛教學院在法鼓山主辦第十六屆「IABS國際佛學會議」（彩圖78），特別邀請汪其楣教授為會議中的「文化之夜」製作《悠悠鹿鳴》的表演節目（彩圖81、82）。從觀賞聾劇團的表演與排練機會，我以「希望是來自對生命無常的包容與超越」、「感動，來自群體無我的互助與合作」做為主題，發表了「拈花微笑聾劇團之《悠悠鹿鳴》觀後感」（《人生》雜誌，335期，2011年7月）之短文。所以，對聾劇團的演員朋友有些粗淺的認識。[3] 他們來到課堂，由兩位聾劇演員王肇和與尤俊智分別播放自己的表演和美術創作的圖文簡報，加上汪教授參與討論和手語翻譯林亞秀小姐的口譯，同學們領略了另外一種鮮活的表演方式，也讓我更加認識他們。

只是下課後，擔任手譯的亞秀先行離開，汪教授、肇和、俊智留下與我一起用午餐時，更感受到汪教授所說的：聾人的眼神與表情之自然與生動，他們的確很善用視覺與肢體動作。反而覺得自己太受限於「口語的表達習慣」，不習慣「拈花微笑」。雖然我也寫過幾篇有關禪宗「拈花微笑」公案的文章，提到：朋友知己之「心領而神會」與父母、聖賢之「親親而仁民」（同體大悲）的胸懷。但是，實際上還是一時不能適應「非口語」（Non-Verbal）

3 課堂之後，汪其楣教授送我第一本報導臺灣聾人的專輯《春暉與春天》（桂文亞，1981），非常令人感動的書。

形式的溝通方式，除了我也想學手語，但如何接收視覺訊息與親近彼此的心意，更是我未來需要參悟的境界。

4. 宗教與少數族群

就在第二週次「與聾劇團談手語戲劇」上課前晚，汪教授傳給我一則「吳信蒼、手語傳福音、無聲勝有聲」的新聞報導，介紹這位費時八年完成臺灣神學院大學、碩士課程的吳信蒼牧師，「不用麥克風、聽不到一般教會洋溢的琴聲、唱詩聲，也沒有教友『阿門』的禮讚聲，每到週日，隱身在公館地下室的博愛手語教會，教友們聚精會神望著台上聾人牧師吳信蒼不斷舞動的雙手，頻頻點頭微笑，或以手勢回應內心的感動，在靜得出奇的禮拜堂裡，卻讓人見證無聲的力量」。

因此，在課堂上，我也向同學介紹此則新聞。汪教授則期許法鼓佛教學院未來也可以培養出聾人的宗教人才。聾劇演員王肇和則提到：三十多年前，他與聾劇團長褚錫雄等人跟隨啟聰學校學長游正義居士學佛的經歷，引發我的興趣。隔幾天，用電子郵件詢問，才知道：他們過去有成立中華聾友普賢佛學堂，在新莊有講堂，由游居士帶領學習佛教故事及《阿彌陀經》，人數最多時有五十位聾友參加。開場時大眾持功德咒，及有往生者時大眾共持〈往生咒〉，早期親近住土城的廣欽法師及新店甘珠精舍，也曾往印度朝聖二次。但是游正義居士往生之後，聾友普賢佛學堂有一些起伏變化，目前似乎是停頓狀態，只剩少數人還保持聯繫。

知道聾友普賢佛學堂的故事，令我感觸良多。游正義居士可能並沒有接受過正式的佛教教育，藉由自學自修來開展弘法工作的過程，一定需要克服許多困難。相對於學佛的游居士，信基督教的吳信蒼牧師，新聞則報導：「當年臺灣神學院因為吳信蒼，破例收聾生，他從大學部開始念起，老師上課口述，他完全沒辦法聽，只能錄音回家，再請妻子翻譯；儘管如此，對於以手語為母語的聽障者而言，文字算是第二語言，而且要理解神學中的抽象概念，更是格外艱辛。『我對文字的了解有限，同學們就像兔子，而我是烏龜，只能在後面慢慢爬。』吳信蒼如此形容，為了能參透《聖經》教義，他廣泛閱讀，用生活實踐，並記錄下每個能與《聖經》對應的小故事。……面對未來，吳信蒼與陳慈美（牧師娘）也有夢，目前正籌備臺灣手語聖經的翻譯工作，計畫透過跨教派合作，找出北中南各地共同接受的手語版本，拍攝影帶，帶領更多聾朋友能感受上帝的恩典。」吳信蒼牧師的學習與傳道的風範，似乎也可說是宗教藝術家。也許學佛或禪修的講堂，也可以運用手譯員，讓更多聾友可以接觸佛法。

5.慈悲喜捨：從四「無量」心到「無障無礙」的「歸零與無限」

第二週次課堂開始，汪教授問同學們上週的反應？對信廷這樣一位全方位的藝術工作者，是覺得他的失明可憐？還是覺得可佩？還是在情緒之外，更想進一步了解？我覺得汪教授似乎想提醒同學，她在《歸零與無限》中，對同學上課感言的回饋：「我們就是不能『只有悲傷和心痛』。然而，為別人的奮鬥和辛勞而心痛，為別人掙扎和受苦而悲傷，都是出於『同情』、『同理』，漸漸而達到『認同』、『認知』的感應，沒有任何不對，這也是人與人之間最基本，也是珍貴的情操。」

其實這種從「同情」、「同理」、「認知」到「認同」的過程，也是我需要長期學習的功課。因為，這讓我對佛教「慈悲喜捨」四無量心的禪修法門有另一番體會。對於世間「無苦無樂」的親友、陌生者、怨敵，都希望給予快樂，稱為「慈」；對「有苦」的各種眾生，願拔其苦，稱為「悲」；對「有樂」的各種眾生，隨喜其樂，稱為「喜」。又可以「捨」前三種心（慈悲喜），但念眾生不憎不愛，猶如父母對其子女成家立業之後，放手讓子女展翅高飛的心態。以如上的方式，打破各種界限與分別，「無量」擴大遍及十方，故稱為四「無量」心。

因此，不能只停留於「同情」、「同理」、「認知」之「慈悲喜」的階段，還需要進步到「認同」之「捨」的階段。因為，無論是肢體、智能或感官等方面未必完全「正常」的所謂「身心障礙者」並不需要別人的「可憐或同情」，而是需要更多的平等對待的「認同」與理解。其實每個人也都有不同層面或層次的障礙與缺點，這也是所有眾生所共通的，但是誠如汪教授所說的：「原本『沒有』的部分不重要，後來所發揮出來的『有』卻是驚人；我們的缺點沒有那麼大，但是優點可以更大。」這或許是「慈悲喜捨」四「無量」心的精髓之一：「無障無礙」之「歸零與無限」，或許也是佛教所說：畢竟空中建立一切法之「真空妙有」的意境。

伍

［1992年- ，38歲- ］

中華佛研所、法鼓佛教學院、法鼓文理學院的工作

聖嚴法師在我留學最後一年（1992）回國過年的時候，在中華佛學研究所的某公開場合，發送聘書給我，希望我能為佛研所授課。所以，我在國立藝術學院任教期間，也在佛研所開課，以及應恆清法師之邀，於法光佛教文化研究所開課，主要是教導可以合乎國際佛學界的梵文佛典解讀態度，例如：梵藏漢《唯識二十論》對讀。

一、教學工作

（一）梵巴漢藏佛典對讀、梵巴藏文法教材編寫

因為，當時中華佛學研究所雖然早有規畫梵文、藏文、巴利文等相關佛典語文的課程，但是教學的方式只從梵、藏、巴利文選一種做為教材，不是國際佛學界所採用梵、巴、漢、藏等各種佛典文獻對讀的方式。因此，我盡量讓同學不要劃地自限，只學一種佛典語言，對其他佛典語言「老死不相往來」，希望將中華佛學研究所或當時臺灣佛學界的佛典解讀態度與國際佛學界接軌。

除了開設課程之外，我曾翻譯介紹日本學者管沼晃教授的《梵文基礎與實踐》序言，刊於《人生》雜誌（113

期，1993年1月），我也帶領佛研所學生們以畢業論文為目標，做梵語教材與教學之基礎研究、或梵本《淨明句論》譯注。因此，有中華佛研所的齎因法師完成《梵語教材與教學之基礎研究》（1994年7月）、果徹法師完成《梵本《淨明句論．第二十六品觀十二支分》譯注》（1994年7月）、證融法師完成《梵本《淨明句論．第十五品觀自性》譯注》（1994年8月）、自拙法師完成《梵本《淨明句論．第三品觀眼根等》初探》（1995年8月），自拙法師後來到歐美留學，也取得博士學位。此外，也有法光佛研所的同學以梵本《淨明句論》做為畢業論文的題目。對於梵本《淨明句論》的譯注與研究，是我在佛學研究所當研究生時期的畢業論文目標，但是由於出國到日本東京大學的留學因緣，轉作《瑜伽師地論．聲聞地》與《瑜伽師地論．菩薩地》方面的研究，如今看到學生可以嘗試繼續研究，也覺得很欣慰。

其中，前二個論文，先後有以共同著作的方式出版，即是《生命緣起觀——梵本《淨明句論．第二十六品觀十二支分》初探》（釋果徹共著，1995年12月），以及《梵語初階》（釋齎因共著，1996年9月），推動國內梵語佛典研究的風氣。之後，齎因法師曾任教於福嚴佛學院，果徹法師則任教於法鼓山僧伽大學佛學院。

於擔任佛研所副所長期間，我曾忝任廖本聖同學的指導老師並完成《古典西藏語文法教材的基礎研究》（1996年9月），後來他繼續自行努力學習西藏佛教的語言與義理，實力紮實，被留在中華佛學研究所擔任老師，並且以畢業論文為基礎，融合國內外文獻成果，加入自己的教學經驗，大量增訂內容，二〇〇二年出版《實用西藏語文法》兩大冊，對華語界人士學習西藏語有很大的貢獻，也在佛研所與法鼓文理學院擔任西藏佛學組的主要老師，培育人才。此外，一九九七年九月，張雲凱同學請我擔任指導老師完成《巴利語文法教材之比較研究》，後來繼續到華梵大學東方人文思想研究所就讀，也取得博士學位。

如此因緣，從我一九九二年回國任教，到一九九七年的五年之間，所指導的學生可以完成梵、藏、巴利文佛典語言學習的文法教材研究，真是令人慶幸。

（二）梵本瑜伽行派文獻的教研

由於我在日本留學時，主要是做《瑜伽師地論》方面的研究，因此，我也有指導學生做與《瑜伽師地論》「菩薩地」有關的《大乘莊嚴經論》的梵本研究，例如：闞則富完成《《大乘莊嚴經論・教授教誡品》梵本譯注》（1996年9月）。之後，以此論文為基礎，我們共同將此品整理出版，名為《大乘止觀導論》（1997）。闞則富同學後來留學英國，在劍橋大學取得碩士學位，牛津大學取得博士學位，目前在元智大學任教。之後，我長期開設有關梵本《大乘莊嚴經論》的課程，因為梵本古典梵文佛教唯識哲學兼文學文獻 *Mahāyāna-Sūtrālāṃkāra*（唐朝漢譯為《大乘莊嚴經論》），但是不易解讀，有依據梵本重新翻譯的需要。因此，由我指導善音法師完成《梵本《大乘莊嚴經論・修行品》初探》（1998年9月）畢業論文，由廖本聖老師指導圓修法師《梵、藏《大乘莊嚴經論‧發心品》注疏之研究》（2011）畢業論文。有關梵本《大乘莊嚴經論》的研究，我將在「陸、梵典唯識與腦科學之教研」詳細說明，不在此贅述。

二、副所長（1994-2007年，40-53歲）

於一九九四年八月，聖嚴法師聘任我擔任佛研所副所長，與方甯書教授代理所長配合；一九九六年由李志夫教授接任所長。我有幸與這兩位深具長者風度的主管共事學習，他們做人處事敦厚圓融，對提攜後輩不遺餘力，是我學習的好榜樣。

由於我也開始在國立藝術學院擔任學生事務長的行政工作，因此陸續將大學行政公文流程逐漸引進中華佛研所，因為李志夫所長大力推動所務，若沒有建立行政體系，無法因應日漸繁忙的公務。譬如說，以前事務單純時，只要所長、副所長口頭交辦即可，或者職員有事的話，口頭請示即可。但是，當所務蒸蒸日上時，我每次進辦公室時，幾個職員就需要排隊請示，讓我覺得需要導入大學行政公文流程以及制定教育行政規章來運作，比較可以上軌道。

但是，因為佛研所的職員（包含我自己）都不是像國立大學是經過國家公務員考試與培育系統出身，不熟悉公文系統，因此，我們請專家來教導如何撰寫行政公文，購買公文書籍讓同仁們參考，希望大家一起學習，以便讓所務可以與一般大學未來可以接軌。這些措施的推動，都由於李志夫所長支持，讓我可以逐步推動，非常感謝。此外，於二〇〇〇年，他看我時常需要奔波於三頭的行政工作，為我申請小汽車與司機，做為副所長公務車，但是他自己是所長卻沒有申請專用的小汽車與司機，隨緣運用交通工具而已，這種氣度令人感佩不已。此外，曾任佛研所祕書王慧昕（後來，到美國留學取得博士歸國任教，改名王晴薇）小姐、以及接任祕書的陳秀蘭小姐，她是佛研所同屆的同學，後來到美國留學取得碩士歸國協助所務，這些也都是重要的助緣。

我擔任佛研所副所長的期間，會有因緣與新生們分享佛學研究的心得，於一九九六年春天的兩次談話，有被整理如下的紀錄。

（一）三種追求真理的能力：思考、表達、探詢

時間：1996 年 3 月 27 日，下午2:00-2:35

過去我曾看過一部由霍桑短篇小說改編而成的電影，大意是說，有一位名為海德格的醫生，當他獲得了「青春之泉」之後，就用它來做實驗，看看人們重返青春時，是否會再犯同樣的過錯。同樣地，如果用青春之泉來測驗我，讓我重新回到讀佛學研究所（以下簡稱佛研所）之前的歲月，我想我還是會無怨無悔地選擇讀佛研所。

因為讀佛研所除了讓我學習到兩種特別的知能外，也讓我學習到三種追求真理的態度與能力，而這五方面可能也是值得各位學習的。

讀佛研所有一個特別之處，就是研究對象兼顧世間法、佛法兩種領域，這點容易體會，不用我多說明。其次，讀佛研所也訓練我具備佛典與研究用的語言能力，讓我能夠打開各種窗戶，可直接與古今中外的偉大心靈交流，沒有語言的隔閡，這是一件很愉快的事。

至於三種追求真理的態度與能力，第一是學習思考與反省的能力。對於所看到的、聽到的、知道、相信的，不論是來自於感覺或推理，皆應培養思考與檢證的能力以及反省的勇氣。

第二是學習表達的能力。表達自己的感受與想法，包括從課堂中的口頭或書面報告，以及期末報告，更重要的是行為上的「報告」。若只依著聽聞或閱讀而學習，則不容易內在化、深廣化。所以，如何將所學到的變成自己的東西？必須等到你能將它以口頭、文字、行為表達出來之後才有檢證的依據。

第三是學習探詢能力。也就是學習「了解」別人，學習「詢問」別人。它可以發展成溝通與交流的能力。

所以，對我而言，文憑、學位只是形式而已，重要的是朝向這個目標而學習。例如佛陀也時常教導我們要親自追求、體證真理，「不要被流言、傳說所左右，也不可依據宗教典籍，或者單靠論理或推測等等」。佛陀並且鼓勵他的弟子們要檢證他本人（檢知如來），甚至他在臨命終時也表達這種心情。如在《大般涅槃經》中提到，佛在圓寂前幾分鐘，還數次要求弟子們，如果他們對他的教誡仍有疑問的話，應該把握最後機會提出問題，將來才不會後悔沒有把這些疑問弄清楚。可是弟子們仍沒有反應。於是佛就開放說：「如果你們不好意思發問，也可以請別人代問。」

所以，在佛研所中的學習，看了多少書，那是數量的累積，重點是追求真理的態度與能力的養成。

（二）佛學研究的浪漫與現實

時間：1996 年 4 月 21 日，下午2:00-2:35

今天我想跟各位佛學研究新鮮人談的內容主要有幾個重點：第一，大家會來考佛學研究所，我想多少帶著一點「浪漫主義」的情懷。因為佛研所沒有教育部所核發的碩士文憑，所以對大家來講，文憑應該不是吸引力所在。

為什麼會提到浪漫主義的情懷？因為我在日本留學的時候，有一次看 NHK所播放的電視節目，內容主要是訪問一位日本奧運檢討會的主席。因為以往日本奧運的成績在亞洲是數一數二的，但是從那年的成績不僅輸給中國大陸，甚至也輸給韓國。這對日本而言，可說是奇恥大辱。因此他們在電視上討論，如何能重振日本雄風。

那位主席分析說，在大陸或韓國有一套完整獎勵制度，以及訓練與保障運動選手生涯的計畫，這是贏得獎牌的一大誘因。但是日本並沒有這種完整的制度，所以這位二、三十年前曾經在體壇上叱吒風雲的老將感慨地說：「如果真的要學習、模仿中國大陸或韓國這一套制度的話，對於當初所具有的那種『浪漫主義』情懷就會只能寄多無限的懷念了。」因為對早一輩的運動員而言，運動只是個人的一種喜好，既不是為了獎金，也不是為了生活，並沒有考慮到將來的職業是否會有保障。

所以，大家在就讀佛研所的三年當中，如果不忘失這種情懷的話，可能就比較不會那麼難過了。這是第一點。

第二點我所要談的是，到底「佛學研究」和大家過去一般的「學佛」有什麼不同？在座大多數都是佛教徒，對佛教應該不是很陌生，可是在寺廟裡面學佛，和在佛研所裡學佛有什麼不同？有的人進佛研所之後，可能會覺得和在寺廟裡的氣氛，或者和聽經的氣氛很不一樣，因此很難調整，不知道該如何是好。關於這一點，我想請大家從一個角度來想，大家可能就會比較安心一點。

各位知道什麼是禪定修行嗎？看起來佛學研究與禪定修行好像是背道而馳的兩回事，所以連帶地就認為佛學研究並不是修行。可是，禪定有什麼特徵？禪定的心態和日常的心態有什麼不同？在《成佛之道》中，有一頌是描寫禪定的境界：「漸離於分別，苦樂次第盡。」它說明了禪定在「知覺」與「感覺」上和日常生活的心態有很大的不同。「漸離於分別」，在「知覺」上也逐漸中立，用更簡單的一句話來說，就是逐漸地「客觀化」。同樣地，「苦樂次第盡」，這時對苦樂能漸捨，也就是趨向不苦不樂的「捨受」，對感受逐漸中立了。

事實上，學術研究不就是這種精神嗎？首先你必須過濾過去個人的喜好或感受，以及其他種種先入為主的分別，先以中立、客觀的態度研究它。

記得幾年前的一個暑假，馬來西亞佛教青年總會請我為研習班授課。課程結束之後，竺摩法師送給我一副對聯，上面題字：「學到冷湫湫地，做箇熱烈烈人。」「學到冷湫湫地」，所謂做學問，做學術研究，就是真的「冷湫湫」的，應該控制私人的感情與情緒，不能只顧自己的喜好、厭惡，而無視於任何證據就妄下判斷。它是依法不依人，不管誰說的，只要按照道理及證據，如此如此就是對，或者就是錯。所以這句話就是做學問的態度。其實它也是禪定的心境：「漸離於分別，苦樂次第盡。」所以，學術研究和禪定並不會互相衝突、背道而馳。

以下我們再談幾件事情，佛研所希望大家所學的是什麼呢？大家都知道，佛法中有所謂「聞、思、修」三種智慧的學習。在佛研所中，希望讓大家在「聞」方面能「多讀、多聽、多看」一些，在「思」方面則能「多想」一些。

至於「修」則有向內與向外兩種方向：第一種就是「禪定」，也就是剛才所說明的，感覺與知覺之中立與客觀化，因而改變自己內在認知模式；另一種是改變自己外在的言語與行為習慣。

因為內在的認知與思考模式別人無法看到、知道。譬如佛教在討論「業」的時候，也將看不見的意業稱為「思業」，而意業所發動、表現的語業及身業則稱為「思已業」，所以在討論「不殺害、不偷盜、不邪淫、不妄語、不惡口、不綺語、不兩舌、不貪、不瞋、不癡」等十善業時，其中身業占三份，語業占四份，合起來外在表現的有七份之多。

難怪「行為主義」的心理學派會主張：心理學研究應著重於外界可觀察、可看到的行為上的研究。同樣地，如何自己能檢證，也讓別人能檢證到你的意業（認知與思考的模式）？這必須借助外在的語業（言語）以及身業（行為）。

所以，研究所會要求研究生「多說」、「多寫」，因為這是非常重要的訓練。藉此老師可以檢證學生內在的認知與思考模式，學生也能藉此自我檢證，因此在上課當中，研究生要充分地「講」、交「報告」，此外還有論文寫作與發表。

在這過程之中，語言能力可說是一個非常重要的工具，同時它也是人和動物或者高級動物和低級動物之間一個很大的分水嶺。從動物的進化過程來看，使用語言與文字的能力是人的重要特質之一。因為人類可以藉著複雜的語言與文字能力來傳承文化與溝通經驗，所以被稱為「萬物之靈」。

因此，各位必須了解，在佛學研究所的學習過程中，語言有它的重要性。在語言中，大概可以被分成兩大類：一、「佛典語言」，這是記載佛典所用的古典語言，包括梵語、巴利語等「原典語言」，以及漢語、藏語等「譯典語言」。二、「研究用語言」，這是佛學研究先進國家之學者所使用的語言，包括英語、日語、德語、法語等，藉此我們可與國際上學者們交流研究成果。

「語言」雖然不能代表一切，但是它是一個重要工具，尤其是對人文科學而言，更能顯出它的重要性。或許因為我們有許多漢譯佛典，於是會有人認為漢譯佛典已經足夠代表佛典，而提出：「為什麼還要學習原典語言」的疑問。

可是，從人文科學的意義來看，我們舉一個最極端的例子，假如有一位研究李白詩詞的外國學者，他不懂中文，而只靠英譯本、德譯本、法譯本來做研究的話，雖然不能說他研究沒有價值，但總覺得好像缺少了什麼東西。或者一位研究孔子的外國專家，假如他無法用中文去講、去讀、去思惟，我們也會覺得他的研究似乎有點缺陷。可見語言的訓練在人文科學上是「必修」課程之一。

舉個實例，今年（1996）我們所裡有一位美國來的交換學生，她原先在密西根大學也是做佛學研究的。她為了要研究中國佛教，所以曾經去過大陸，現在又來到臺灣，花了很長的時間，歷經很多的辛酸，就是想辦法要學通這個語言，想辦法敢講、敢和別人溝通，甚至用中文和別人「吵架」。如果有辦法用外國話和別人吵架，你的外語就可算是「登堂入室」了。

我曾聽過一位老師說，他從什麼時候開始覺得對語言有信心了呢？就是有一天，發現自己居然可以用英語和同學吵架，因而開始對英語有信心了。也就是，你有辦法用語文去表達感情，不管是高興、生氣，滿意不滿意，都能用語文將它表達出來；而且也能用那個語文去思考，這或許是人文學的精神吧！

我初學梵文時，覺得全身毛孔都張開，那種感動實在難以形容。例如，當我用梵文讀誦佛經時，一開始念：「evam maya srutam...（如是我聞……）」，彷彿釋迦牟尼佛就在我的眼前一樣，有說不出來的感動，而且是非常直接、親切的感觸。或者讀《唯識二十論》梵典（世親菩薩造）的時候，偶爾晚上也會夢到好像在和世親交談，那種人文科學性的親密感有時很難說明。至於數學、物理等自然科學方面，因為都是屬於數字計算或者邏輯推演的表達，所以比較不須要求語文表達的訓練。

總之，今天想向大家說明的是，當你要踏上佛學研究這條路時，如何保持浪漫主義的情懷，以及學佛、修行與佛學研究如何調和。因為這條路，一考進來至少就要走三年。在這三年，在學習各種語文當中，若產生壓力與掙扎時，如何調伏自己的心病，這些都是你們以後會遇到的問題，大家回去也可以好好地想一想。

此一九九六年四月二十一日之演講內容，之後曾以「佛學研究的浪漫與現實」之名，刊載於《人生》雜誌一六二期。

（三）二十一世紀社會變遷與漢傳佛教教育之發展

二〇〇三年九月八日，中華佛學研究所與大陸佛教協會合辦「兩岸第二屆佛學教育座談會」（彩圖59），有幸以「二十一世紀社會變遷與漢傳佛教教育之發展」為題目，擔任主題演講者。之後，將其內容整理刊登於《人生》雜誌（2003年12月）。其實，這些是我在日本留學時已經有的想法，想再加說明如下，避免被人誤解我不重視漢傳佛教。

根據臺灣的教育改革審議委員會的「總諮議報告書」（1996）認為：為因應二十一世紀社會的特點與變遷方向，教育現代化更應配合「主體性的追求」，提供終身學習的機會，並且應該反映出：1. 人本化：全人發展，實現自我；

2.民主化：民主參與，守法樂群；3.多元化：多姿多樣，活潑創新；4.科技化：知識普及，能力導向；5.國際化：立足本土，胸懷世界的方向。首先，從漢傳佛教特色來思考如何研擬漢傳佛教教育「現代化」方向時，有兩點可做為發展「多元化」、「國際化」的利基。

1.就「法」來說，漢傳佛教涵蓋「三期八宗，兼容並蓄」

印度佛教的發展有三個時期，其傳播也是有三期，即南傳（斯里蘭卡、緬甸、泰國等地）的聲聞乘佛教、北傳（中國、韓國、日本等地，也稱為「漢傳佛教」，發展成為所謂律宗、三論宗、淨土宗、禪宗、天台宗、華嚴宗、法相宗、密宗等「八宗」）的菩薩乘佛教、及藏傳（西藏、蒙古等地）金剛乘佛教。由於聲聞乘與金剛乘密教思想差距與歷史性的隔閡太大，所以漢傳佛教（代表初期大乘佛教）正可以扮演綜合、交流、融通的角色。

2.就「人」來說，漢傳佛教包含「二部四眾，平等互重」

南傳與藏傳佛教已經沒有比丘尼的傳承，目前只有漢傳佛教保留比丘、比丘尼「二部」。在南傳、藏傳佛教傳統認為：修行和深入佛法是出家眾的責任與特權，因此也造成出家與在家地位與佛法素養的差距，漢傳佛教則比較能做到比丘、比丘尼、優婆塞、優婆夷等出家、在家「四眾」平等互重。這也是二十一世紀漢傳佛教教育發展可以善用的體質與特性。

但是，目前漢傳佛教教育在梵、巴、藏經典語言學習，以及英、日等現代語言訓練，宗教對話的經驗，與科際整合與對談的能力，以及培養國際視野等方面的不足，則是發展「多元化」、「國際化」的缺失，有待加強。

其次，為配合「主體性的追求」現代教育目標，並反映出漢傳佛教教育「人本化」、「民主化」的方向，在課程規畫或者教學方法與目標上，培養獨立、創意的「思考與表達」能力應被重視，使學生能夠獨立或群策群力（會議、腦力激盪）發現、表達與解決問題，對自他、正反諸意見有反省、批評以及表達的能力。此外，「人間佛教」的種種議題也當是二十一世紀漢傳佛教教育「人本化」發展的重要研討方向。

為因應「終身學習」（Lifelong Learning ）以及「成人教育」（Further & Adult Education）社會的來臨，佛學院的課程規畫，當重視養成「終身學習」習慣與能力，使學生能夠在生命全程中永續建立個人與團體的終身學習網絡，發展學習型組織。此外，僧團或寺院的內部僧伽教育及對外的弘化模式，也應該配合此趨勢，調整教育理念與方法，善用各類社會教育資源，將各種教育體系的連繫貫串，把不同的教育型態做有機的協調與統整，並且配合「社區總體營造」，凝聚社區精神文化意識，改善社區生活環境，建立社區文化特色，促進文化產業與地方之振興，這些都是漢傳佛教教育進步的關鍵。

最後，在科技化、資訊化社會的潮流，佛教教育若能培育兼具佛學及資訊知能人才，運用資訊、傳播以及教育科技等理論與方法，建立佛學「數位典藏」（Digital Archive）與「知識管理」（Knowledge Management）系統以及「線上學習」（Online Learning, e-Learning）環境，建構成教學、研究、推廣服務等層面相互結合的「數位神經系統」（Digital Nervous System），並且結合人文與藝術的資源，發展「文化創意產業」，達成真、善、美的人生目標，此等將是二十一世紀佛教教育「現代化」的方向。

（四）梵文教學經驗分享

二〇〇七年十月二十七日，政治大學宗教研究所舉辦宗教學門「經典暨語言課程」教學座談會，此乃配合教育部「大專院校人文教育體檢計畫」中所釐訂的四大能力中之兩項：「語文溝通能力」與「經典作品賞析能力」，進行相關課程的教學經驗分享。主辦單位邀請我就「佛教經典語言：梵文」（其他，還有「藏文」與基督宗教的「拉丁文」、「希臘文」的議題）的部分，對：1.如何提昇學生之梵文素養與能力？2.如何對該能力進行評鑑的具體作法？等議題，提供引言與意見。之後，二〇〇八年十一月，我於《人生》雜誌發表如下的經驗分享。

以上的議題，讓我想起我曾經對中華佛學研究所學生談過類似的議題，因而於《人生》雜誌發表如上所述「佛學研究的浪漫與現實」的文章。當時，教育部仍然無法核發文憑給中華佛學研究所的學生，所以學生具有不為文憑讀書的「浪漫」情懷，但是，「現實」上，卻有需要面對「佛學與學佛」衝突的困境，與為何要「學習梵文、巴利文、藏文等佛典語言」的難題。事隔十年，臺灣之梵文教學資源有所變遷，中華佛學研究所也可依據新法規，向教育部申請成立能核發學位文憑的「法鼓佛教學院」，對此類議題的現況為何？是否有新的發展？在此次的宗教學門「經典暨語言課程」教學座談會，我提供如下的淺見。

對於「如何提昇學生之梵文素養與能力」的問題，首先，要讓學生Know Why? 知道為什麼（Why）要學習梵語、巴利語等佛教原典語言？以克服學習迷思以及提昇學習動機。其次，要教學生Know How? 知道如何（How）學梵語、巴利語等佛教原典語言？以克服學習障礙以及提昇學習效能。

1.為什麼（Why）要學習梵語、巴利語等佛教原典語言？

對於學習梵語、巴利語等佛教原典語言，一般學生常有此迷思：「已經有那麼多的漢譯佛典，為什麼還需要學梵語、巴利語？」我們從人文科學的意義來看，假如有一位研究儒家、老莊哲學或李白詩詞的外國學者，他不懂中文，而只靠英譯本、德譯本、法譯本來做研究的話，雖然不能說他的研究沒有價值，但總覺得似乎有點距離。所以，在英語圈雖然已經有許多的英譯漢文典籍，英美漢學家還需要學漢語。

其次，一般學生也會有此迷思：「難道我們所學梵語程度可以比古代的翻譯高僧大德們的能力還強嗎？所以，不需要學梵語。」但是，若此主張的邏輯合理，則我們也可推論：「難道我們所學義理程度可以比古代的義學高僧大德們的能力還強嗎？所以，不需要學義理。」或者「難道我們所學修行程度可以比古代的修行高僧大德們的能力還強嗎？所以，不需要學修行」。

記得我當初學梵文時，覺得全身毛孔都張開，那種感動實在難以形容。例如，當我用梵文讀誦佛經時，一開始念：「evam maya srutam....（如是我聞⋯⋯）」，彷彿釋迦牟尼佛與阿難尊者就在我的眼前一樣，有說不出來的感動，而且是非常直接、親切的感觸。或者讀《唯識二十論》梵典（世親菩薩造）的時候，偶爾晚上也會夢到好像在和世親交談，那種人文科學性的親密感有時很難說明。但是，有位對學梵文有恐懼感的學弟卻告訴我：他一想到要學梵文會胃痛。這主要是學習心態的不同吧？

此外，我會說明梵文在比較語言學（印歐語系）上的重要性，以及梵文對亞洲文化的影響，提昇學生的學習動機。我因為學習梵文之後，對同一印歐語系的希臘語、拉丁語、法語、德文等語言的學習，比較容易觸類旁通，也可以溯源窮流。而且，梵文字母對許多亞洲語言或字母有很深的影響，例如：斯里蘭卡、緬甸、泰國、寮國、柬埔寨等南亞與東南亞國家的語言與文字，以及尼泊爾、西藏等地區的語言文字。若能掌握梵文，對認識歐亞文明會有增加深厚度的利基。

2. 如何（How）學梵語、巴利語等佛教原典語言？

一般學生認為梵語很難學，會花費太多時間，導致沒有時間學習義理與修行。但是，若能善用「循序漸進」與「文法結構」的梵語教材，則會讓我們的學習兼具「見樹又見林」的好處。若能活用「佛書古典」與「日常生活」梵語教材，則會讓學習者體驗融合「傳統與現代」之美妙。若能巧用「電子化教材與工具」以及e-Learning等數位學習的平台，則可以讓我們產生「事半功倍」學習效率。同時，老師與學生應該時常互動檢討如下的問題：（1）教學是否有效（Effectiveness of Teaching）？（2）教材是否適宜（Appropriateness of the Textbook）？（3）課程設計是否有效（Effectiveness of the Syllabus）？以隨時提昇教學品質。

3. 如何對梵語、巴利語等佛教原典能力進行評鑑的具體作法？

我們應該對學生的解讀、默寫、朗誦、聽聞等能力進行評鑑，讓學生對梵語、巴利語之語形、語音、語意、句意、詩韻、翻譯等有統合的能力。可採用各種現代語言教學評鑑的理論與具體作法，例如：建構主義（Constructivism）、多元智慧理論（Multiple Intelligences）、後現代／後殖民文化理論（Post-modernism / Post-colonialism）、自主學習理論（Learner Autonomy）等語言教學評鑑的理論。一方面採取「總結性」（Summative）之測驗式（Test-based）、活動式（Task-based）評量，另一方面也重視「形成性」（Formative）評量，例如：學習歷程檔案（Portfolio）的評量方法，且善用Web 2.0的網路資訊環境，提供師生e-Portfolio網路數位化教學歷程檔案的服務，鼓勵學生建立自己梵文學習的「網誌」（Blog，部落格），賦予學生對自己學習過程的主導性，以增加學習的樂趣，並且培養學生對語言學習之獨立思考能力，營造分享（Share）與互動（Interactive）的教學氣氛。如此「數位學習歷程檔案」（e-Portfolio）的評量方法，可以很方便即時反映學生之持續累積的語言發展紀錄，隨時描繪出學生學習過程之全貌。

海峽兩岸之佛學研究與佛教教育交流日益頻繁，中華佛學研究所或法鼓佛教學院與大陸的宗教系所或佛教教育單位締結姊妹校時，大陸方面很希望我們能多提供懂梵文的教師到對岸教梵文或教書，或派遣師生到臺灣來接觸梵文學習的環境，以提昇他們的佛學研究與佛教教育層次，以便與國際佛學研究水平的接軌。但是，我們自己的學生卻不知有此利基優勢，或「自廢武功」，令人扼腕嗟嘆。

（五）教學與研究

此外，這段北投的中華佛學研究所期間，我所指導的學生完成畢業論文的狀況如下所示：體韜法師之《六度四攝與《瑜伽論・戒品》之關係》（1995年7月）、郭翠蘭之《《攝大乘論》種子起因說之探究》（1996年5月）、繼坤法師之《支讖譯經「法師」考》（1997年5月）、道興法師之《從佛教瞻病送終法談臨終關懷》（1997年7月）、見一法師之《漢月法藏之禪法研究》（1997年8月）、越建東之《《美難陀》第xv章〈諸尋思之捨斷〉初探》（1997年9月）、心宏法師之《《般舟三昧經》的研究》（1998年6月）、郭麗娟之《《彌陀疏鈔》與《彌陀要解》之比較研究》（1998年11月）、能融法師之《律制、清規及現代意義之探究》（1999年4月）、陳紹韻之《阿含經典之喪親輔導個案初探》（1999年7月），連同前面所介紹的完成畢業論文的學生，總共十八位。其中，郭翠蘭與郭麗娟出家，名為如覺法師、常慶法師；越建東到英國布里斯托大學（University of Bristol）留學，取得博士學位；陳紹韻到澳洲昆士蘭大學

（The University of Queensland），取得博士學位，目前也都在國內的大學任教。

二〇〇一年，聖嚴法師大願所成，位於臺北縣金山鄉的「法鼓山世界佛教教育園區」第一期工程完工，同年九月，中華佛學研究所從借用北投文化館兩層樓板的空間，遷入金山新校區，有完善的圖書資訊館（五層樓，總面積約843坪）設施，其中二至四樓開放給讀者使用，除提供例行性各項服務外，另提供「全國文獻傳遞服務系統（NDDS）」及「中外文佛學期刊新知目次暨文獻傳遞複印服務」以及建置圖書自動化系統；教學行政大樓的部分，含國際會議廳、階梯教室約有三千四百三十七坪，教職員宿舍與貴賓樓的部分約有二千七百五十七坪，合計約有七千零三十七坪，讓中華佛學研究所具備申請設立獨立佛教學院的硬體條件。

佛研所搬遷到「法鼓山世界佛教教育園區」之後，我所指導的學生完成畢業論文的狀況如下所示：常慧法師之《聖嚴法師佛教教育理念與實踐——以中華佛學研究所為例（1965-1991）》（2002年8月）、繼獻法師之《「迦絺那」名義和權利之研究》（2002年8月）、賴珍瑜之《菩薩戒戒體與唯識種子思想之關係》（2002年10月）、德侹法師之《調伏天《正理滴論廣釋．現量品》之研究》（2004年7月）、黃纓淇之《初期佛教「樂受」之研究》（與楊郁文教授共同指導，2007年4月）、法洲法師之《從佛教的物質文化窺探其解脫文化——以《巴利律．比丘尼戒》「捨懺第二十條」為主》（2008年7月）、圓信法師之《清辨與經量部之認識論比較研究》（2008年7月）、楊喻翔之《以賽局理論及其模擬實驗詮釋布施波羅蜜之利他效應》（與蔡瑞煌教授共同指導，2008年7月）、法照法師之《《瑜伽師地論》「體義伽他」決擇偈頌動機之研究》（2010年8月）。總之，從一九九四年到二〇一〇年，我所指導的中華佛學研究所的學生之中，從竇因法師到法照法師，合計有二十八位學生完成畢業論文。

三、法鼓佛教學院與法鼓文理學院校長（2007年-，53歲-）

二〇〇六年八月一日，我以國立臺北藝術大學代理校長的身分交接給朱宗慶校長，同時也開始教授休假研究一年，協助法鼓山「中華佛學研究所」所長李志夫教授籌設法鼓佛教學院。當時，中華佛學研究所以二十五年辦學經驗為基礎，結盟國外十五所知名院校之國際化績效，培養十多位畢業生在國際名校取得博士學位的成果，是全國第一所向教育部申請成立獨立的單一宗教研修學院，名為「法鼓佛教研修學院」，並請我簽署擬聘校長同意書，因為我具備博士學位、教授資格並曾任校務行政年資九年，有符合教育人員任用條例之校長任用「曾任學校、政府機關（構）或其他公民營事業機構之主管職務合計三年以上」的資格。但是，教育部所管轄的大學行政事務，因為配合種種教育法規與大量的文書作業，需要有幹練的幕僚來支持，才能成就。幸好，二〇〇六年十二月，簡淑華女士從國立臺北藝術大學退休，願意到法鼓佛教研修學院擔任主任祕書兼人事室主任，協助各種行政制度的建立與推行，以及與教育部或相關政府部門溝通協調，減輕我許多許多的負擔，讓我覺得好像是佛菩薩派來協助的貴人，真是非常感恩。

例如：經過我們到教育部做初審簡報之後，教育部安排於二〇〇七年二月八日做立案申請案實地會勘，由我為會勘審查委員做簡報，可是我們發現立案的條件之一「完成土地與建物的所有權移轉登記」，可是依照依土地稅法第二八之一條及土地稅法施行細則第四三條規定：私立學校免徵土地增值稅之申請，需依主管教育行政機關許可設立證明文件，再辦理土地捐贈等事宜，始符合免徵土地增值稅。換言之，若要符合免徵土地增值稅，則需要有立案文件，類似「雞生蛋，蛋生雞」哪個為先的難解問題。所幸，簡主祕各方協調，避免校方繳交沒有必要的土地增值稅，讓立案的審查可以用「但書」的方式處理，因此，二月十六日，教育部正式來文告知同意准予立案，惟應於三月三十一日前完成土地與建物的所有權移轉登記，逾期將撤銷立案許可。經過簡主祕帶領同仁們努力，終於將移轉登記程序於期限內完成，免除被撤銷立案許可的嚴重問題。

接著，簡主祕問我要訂定哪天做為「成立揭牌暨首任校長就職典禮」比較好，因為該日子有可能成為「校慶」紀念日。我向各位主管請教意見，從三月二十九日（青年節）與四月八日（佛誕節）之中，大家決定選擇後者，這也是法鼓佛教學院校慶日期的由來。

「成立揭牌暨首任校長就職典禮」當天，佛教界今能長老、教育部高教司何卓飛司長、教育部前次長范巽綠女士、文建會邱坤良主任委員、行政院第六組陳德新組長、金山鄉許春財鄉長、臺北縣民政局王澤民副局長，以及日本龍谷大學代表芳村博實教授雲集參加，共同關心我國宗教教育之歷史性的一刻，從此單一宗教的教育機構，可授予宗教學位，並且開放學生參加宗教儀式，開設「修行」學分科目，將學術「研究」與實踐「修行」結合，以培養各種宗教之研修專門人才。

典禮時，法鼓山創辦人聖嚴法師表示，從「中華佛學研究所」開辦到今天，他已等了三十年，因為不辦教育，佛教就沒有明天。法鼓山方丈和尚果東法師也表示法鼓山將全力支持「法鼓佛教研修學院」辦學，教育出兼具科際整合、人文素養、宗教情懷、國際視野等德行並重的卓越人才。本人身為「中華佛學研究所」第二屆畢業生，從聖嚴法師與李志夫所長兩位前輩的手中，接下「法鼓佛教研修學院」首任校長的聘書與印信，正式就職。

（一）提議解除「宗教研修學院」博士班設立與校名規定等限制

之後，教育部於二〇〇八年三月召開研訂「宗教研修學院設立辦法草案」會議。會議中，我提出以下三個建議：

1.解除「宗教研修學院」不能開設博士班設立的限制

因為若根據當時「各級各類私立學校設立標準」第八條之一條文的前半段「宗教研修學院之設立標準」之（六）

「系、所：以一系（宗教學士班、宗教碩士班）或一所（宗教碩士班）為限（宗教研修學院及系、所均應冠以某某宗教名稱），必要時得分組教學。學生總人數原則不得超過二百人，並由教育部審查核定。」宗教研修學院是永遠無法設立博士班，而且只能設一系或一所。

對於這個限制所造成宗教研修學院發展的害處，我個人在二〇〇七年四月八日「成立揭牌暨首任校長就職典禮」時，有向擔任貴賓的教育部高教司何卓飛司長提過：此限制會阻礙宗教研修學院師資與高級研究人才的培育，對宗教研修學院發展也不公平，因為基本法規已經限制此學門發展的前途，學生們必須報考其他學門的博士班才有可能取得博士學位。此外只能設一系或一所的限制也是不合理，因為已經有學生總人數原則不得超過二百人的限制，再做一系或一所的限制是沒有必要，妨礙宗教研修學院的系所規畫的彈性。

所以，我認為這些不合理的限制應該取消，宗教研修學院也不需要特殊保障，只要公平地與其他學門一樣，回歸大學法及其相關法令規定審查辦理即可。這個建議，我在此會議中正式提出，經過與會大眾一致支持，通過此項決議。因此，二〇〇九年一月頒布的「宗教研修學院設立辦法」中有第十一條的第一款「宗教研修學院申請設立或調整系、所、學位學程，應依大學法及其相關法令規定辦理」的訂定，這也讓法鼓佛教學院以及其他宗教研修學院於二〇一〇年十月可以提出申請增設佛教學系博士班計畫書。

2.對於「學生總人數原則不得超過二百人」的規定，應該做更有彈性的明確敘述

因為若根據當時「各級各類私立學校設立標準」第八條之一條文「宗教研修學院之設立標準」之（六）的後半段「……學生總人數原則不得超過二百人，並由教育部審查核定。」學生總人數原則是不得超過二百人，但是如何可以不受此限制，條文沒有具體說明。因此，我建議：若是有此需求，且辦學績效良好的學院，應可以不受此限。因此，二〇〇九年一月頒布的「宗教研修學院設立辦法」中有第十二條「宗教研修學院學生總人數，以不超過二百人為限。但情形特殊且經本部依相關規定評鑑績優，經報本部核准者，不在此限。」如此，比較明確知道如何可以不受此限。

3.解除「宗教研修學院」校名必須冠以「研修」之規定

最初對於「宗教研修學院」的校名，教育部有硬性規定必須冠以「研修」兩個字，例如我們所申請時的「法鼓佛教研修學院」校名。因此，我提議：對於宗教研修學院及其系、所、學位學程，只應冠以該學院所屬宗教名稱或該宗教慣用之文字，不要硬性規定冠以「研修」之文字。因為：（1）校名冗長，特別是翻譯為英文校名時，如何翻譯「研修」？是都要加Studies and Practices ？或 Research and Practice ？會讓校名冗長；（2）不利於國際交流，會引起誤解。因為所謂「研修」的用語，在日本特別是指「職場上的研習知識與技能」，例如：新進人員的研修、在職進修的講習會或機構。因此，「研修學院」的名稱會被認為是

短期研習或講習的機構，造成國際交流的困擾，因為很不容易向對方解釋清楚「研修學院」是屬於正式的學制。經過與會大眾一致支持，通過此項決議。

因此，本校報請教育部自二〇〇八年八月一日（97學年度起）核可，更名為「法鼓佛教學院」。教育部也於二〇〇九年一月頒布的「宗教研修學院設立辦法」中有第十一條的第二款「宗教研修學院及其系、所、學位學程之名稱，均應冠以該學院所屬宗教名稱或該宗教慣用之文字。」

對於上述這段歷程，我曾在《人生》雜誌撰寫〈從中華佛學研究所到法鼓佛教研修學院〉（2007年2月）以及〈佛誕節、選佛場與法鼓佛教研修學院揭牌典禮感想〉（2007年5月）兩篇文章描述，以下以此為主要資料，刪補整理如下。

（二）當代佛教界辦學的軌跡

回顧我國之現代化大學教育的歷史，是從滿清政府所設立的「京師大學堂」（1912年，民國成立改名為北京大學）於一九一〇年招收第一批大學本科生開始。在一九二〇年以前，中國的大學教育大都以民辦大學（例如：東吳大學、齊魯大學、聖約翰大學等）為主。根據統計，當時百分之八十以上的大學生就讀於基督教會大學。

一九二〇年以後，公立大學（例如：東南大學、交通大學、廣東大學、清華大學等）陸續設立，其影響力也逐漸增加。一九二九年，政府頒布大學組織法與大學規程，要求民辦大學納入管轄，私立大學設立的條件受到規範。

所以，當時佛教界辦大學的因緣很難具備。

一九四九年，政府遷到臺灣後，對於過去所發生的「學潮」有慘痛經驗，政策上更加管制私立大學之設立。一九七四年，政府制定私立學校法，規定所有私立大學均須登記為財團法人。七〇年代的臺灣經過石油危機的考驗，產業界對於高級技術人才需求迫切，長達十三年之久的停止私人興學申請的教育政策，自一九八五年起再度開放，但只限工學院、醫學院或技術學院。

於是，佛教界設立了「華梵工學院」（1990年招生；1997年改名為「華梵大學」）、「慈濟醫學院」（1994年招生；2000年改名為「慈濟大學」）。之後，政府再開放設立私立「人文社會學院」，於是有「南華管理學院」（1996年招生；1999年改名為「南華大學」）、「玄奘人文社會學院」（1997年招生；2004年改名為「玄奘大學」）之開辦，與一九九八年之「法鼓人文社會學院」核准籌設，以及「佛光人文社會學院」（2000年招生；2006年改名為「佛光大學」）之成立，可見佛教興辦大學的風氣蓬勃發展。

此外，臺灣高等教育之宗教學研究，是從一九八八年輔仁大學設立宗教研究所碩士班與一九九二年設學士班開始。其後，真理大學（1996）、玄奘大學（1997）、政治大學（1999）、南華大學（2000）、慈濟大學（2000）、中原大學（2000）、東海大學（2001）、佛光大學（2001）等九所相關宗教系所。

（三）宗教研修學院

近數十年來，臺灣約有一百三十多所內政部許可立案招生的佛學院、神學院、基督書院、一貫道書院等宗教教育機構，但未能納入教育部體系之規範，學歷也未能獲教育部認可。此外，如教育部立案的「中華佛學研究所」也無法授予研究生教育部認可之學位。如此，對我國的宗教教育之發展，造成諸多障礙。

所幸於二〇〇〇年底，教育部召開宗教教育相關事宜會議，考慮有條件將神佛學院等宗教研修機構納入高等教育體系。經過臺灣各宗教的努力，特別是佛教界方面，恆清法師、李志夫所長等人的奔走，善用佛教諸長老的人脈，例如：本人也曾陪同聖嚴法師、恆清法師、李所長到立法院與各黨派的相關委員們餐會，或與各黨派的關鍵委員協商。於二〇〇四年三月，立法院三讀通過修正「私立學校法」第九條，有別於以多元宗教學術研究為目的之宗教學院或系所，允許私立大學或宗教法人設立單一宗教的「宗教研修學院」，授予宗教學位，以培養神職人員及宗教人才，並且開放學生參加宗教儀式，以做為開設「修行」學分科目的依據。於是，臺灣之單一宗教的宗教教育有了嶄新的可能性，可以將學術「研究」與實踐「修行」結合。於是，才有上述「法鼓佛教學院」成立的因緣。

如上所述，「法鼓佛教研修學院」於二〇〇七年四月八日（佛誕節），舉行「成立揭牌暨首任校長就職典禮」。往後，四月八日（佛誕節）成為是「法鼓佛教研修學院」（2008年8月1 日起，更名為法鼓佛教學院）的校慶，期待學院成「選佛場」，以培養可以「成佛作祖」之師，也希望各方學子能向丹霞天然禪師（739-824）學習：他本來是學習儒學，往長安參加科舉考試，準備作官。途中，偶遇一禪者告訴他：與其「選官」不如「選佛」，丹霞問：「選佛當往何所？」禪者答：「今江西馬祖禪師出世，是選佛之場。」丹霞遂往參訪，並接受指引，入南嶽石頭禪師門下，入行者堂，隨眾作務服三年，剃髮受戒。此因緣也是法鼓山將禪堂命名為「選佛場」的典故。

（四）「行門課程」規畫

在教學與研究方面，以中華佛學研究所時期已具備之「印度佛學組」、「中國佛學組」、「西藏佛學組」師資陣容，融合漢傳、南傳，與藏傳佛教之精華，開創佛教研修之新紀元。並且將原有的佛學資訊學程擴大為「佛學資訊組」，以培養佛學數位典藏與知識管理系統人才。同時重視梵、巴、藏之佛典語文的訓練，及加強英、日語之學習，希望未來可以建立「佛典翻譯學程」。

此外，如上所述，由於「宗教研修學院」可以做為開設「修行」學分科目的依據。於是，臺灣之單一宗教的宗教教育有了嶄新的可能性，可以將學術「研究」與實踐「修行」結合。對此方面，法鼓佛教學院有很好的資源可以運用，就是法鼓山僧伽大學佛學院與僧團之朝暮課誦、禪坐或定期共修為平常定課，以養成修行習慣。同時，結合法鼓山國際佛教教育園區之教學資源，進行禪修、儀軌、弘化等各類行門的理論探討與歷史演變之考察，以及實踐修行指標之建立，醞釀研究與修行並重的學風，傳統與創新相融的發展。

法鼓佛教學院之「行門課程」的規畫與實施，如下表所示：

課程名稱	學分數	授課年級
一、「朝暮定課研修」（Study and Practice in Morning and Evening Services）：朝暮課頌、朝暮禪坐或定期共修	2	第1-2年
二、共同必修課程——「三學精要研修」（Study and Practice in the Essentials of the Three Studies: Precepts, Concentration, and Wisdom）	2	第1年
三、專題選修課程（至少五選一） 1.禪修專題研修（Study and Practice in Meditation）：（禪法、念佛、止觀）與佛教身心學（醫學與心理學）、瑜伽 2.儀軌專題研修（Study and Practice in Rituals）：懺法、羯磨、梵唄、佛事與佛教音樂、戲劇（表演藝術） 3.弘化專題研修（Study and Practice in Preaching and Teaching Ministry）：佛學推廣、人道救援、臨終關懷、社會發展與行政管理 4.佛教藝術專題研修（Study and Practice in Buddhist Arts）：佛教園林、佛教建築、佛教美術（視覺藝術） 5.綜合專題研修（Study and Practice in Comprehensive Topics）	2	第2-3年
四、畢業呈現（Graduation Presentation，可與畢業論文配合，或與共同必修課程、專題選修課程配合）；畢業呈現計畫書等審查，比照畢業論文流程辦理	2	第2-3年

法鼓佛教學院之「行門課程」的規畫與實施是以「學習者為中心的教學」（Learner / Student-Centered Teaching and Learning）的理念。此種理念在西方學界，與一九四〇年代後期的人本學派心理學（Humanistic Psychology）興起有關。特別是美國的心理學家羅吉斯（Carl Rogers）在教育方面提出「以學生為中心的教學」（Student-Centered Teaching）的主張。讓學生可以自主規畫：與自己的人生有密切的關聯的學習內容，培養自己發現與面對問題的能力，善用「實作」（Hands-on Activities，動手操作活動），並學習以團體討論及團體活動的方式，來解決問題；重視自我評鑑或內在評鑑的方法。因此，教師需要更積極的成為學生自我學習的促進者（Facilitator），協助學生尋找答案和發掘新問題，營造彼此互相尊重、信任、善意的學習環境，不會因所知有限而感到挫折和茫然。教師不一定以「傾囊相授」為課程目標，更重要的是培養自我探索的樂趣，體驗自我覺察與因應之各階段學習歷程的成就感，以養成學生終身學習的動機和能力。

以法鼓佛教學院校訓「悲智和敬」為學習核心能力。期待學生將學術「研究」與實踐「修行」結合，成為能夠自利利他的人才。因此，同學們修習第一年「朝暮定課研修」以及「三學精要研修」的行門課程之後，可以從上述五類「專題研修」課程中，至少選修一門（兩學期，共兩學分），可與畢業論文配合，完成「畢業呈現」的成果。

課程規畫理念是「學習者為中心的教學」，希望養成學生們自主終身學習的習慣。所以「專題研修」是以學生自我規畫、執行與「畢業呈現」有關之學習計畫為課程目標，擔任各類「專題研修」課程老師的任務是：1.協助學生規畫執行與「畢業呈現」（學以致用、學業與志業結合為目標，配合生涯規畫為主）有關之學習計畫。2.協助學生尋找「畢業呈現」指導老師（也可以與論文指導老師相同）。

因此，各類「專題研修」課程進行方式有「共同學習時間」與「個別學習時間」之分。前者則安排：期初課程介紹與協調，同學們將事先（可利用寒暑假時間）擬訂的學習計畫分享，期中成果分享，或邀請專家學者作不定期專題演講，以及期末成果分享。

後者則由學生依照自己規畫的學習計畫安排「個別學習時間」，例如：按照所擬訂的書目，以自習或讀書會的方式研讀相關典籍；或參加相關的研討會、禪修、法會等相關活動；或到相關機構與單位實地學習；若有問題可安排與任課老師約談時間。

（五）「畢業呈現」的規畫與執行

佛教學院的「畢業呈現」規畫，更早的是法鼓山僧伽大學自二〇〇五年開始，於每學年期末時（6月底），讓學僧有機會以「畢業製作」的呈現方式（簡稱「畢業呈現」），配合其道業、學業與志業結合的「僧涯規畫」，顯示其「解行並重」、「學以致用」的終身學習的態度。此相關成果所呈現的主題類別多元豐富、研究與實務兼具等優秀成果特別讓我感到高興與敬佩，因為這些已經超出我當初規畫「畢業製作」時所預想的水準，值得欽佩。

回想當初我提出在佛教教育中，安排「畢業呈現」的緣起，與我長期在臺北藝術大學的「以展演帶動教學與研究」的教育環境有關。藝術大學的學生們幾乎都需要通過「畢業製作」呈現方式的歷練，我也經常受邀去欣賞學生們「畢業製作」的展出或演出，因而見識到學生們的成長。所以，我也期待佛教教育的環境可以開展「以修行帶動教學與研究」的風氣，以讓師生們養成「解行並重」、「學以致用」的終身學習與實踐的人生規畫。

因應資訊時代，我對於「畢業製作」課程設計的理念是：「法身慧命的傳承與創新」是佛教宗教家的使命之一，運用資訊科技與團隊合作的模式，學習「思考、記錄與寫作」是新世紀之傳承與創新的基本能力，也是「畢業製作」的主要學習目標。於校園、社區或社會的生活環境中，讓學生學習觀察與佛學研究、生活型態、社會關懷以及生死規畫有關的人物、地點或景觀、事件，以1.問題式導向：探索；2.實作型學習：體驗；3.團隊型競合：跨界；希望養成如下的基本核心能力：

（1）理性與感性兼備的思考能力。

（2）適當表達與開放的溝通能力。

（3）有效與永續的知識管理能力。

（4）佛學研究與寫作之論述能力。

（5）良好生活型態與社會關懷之實踐力。

（6）久遠常行菩薩道願景之規畫能力。

對於這類課程，我也於《人生》雜誌發表一些相關文章。例如：在二〇〇九年十一月之〈五段、四句、三支論式〉；二〇一〇年一月之〈思考表達、覺照視野、願景實踐〉；二〇一二年三月的〈藝術生命之發想、記錄與寫作〉，敬請大家批評指教。

（六）校園資訊化系統

如上所述，二〇〇六年八月一日，我從國立臺北藝術大學開始教授休假研究一年，協助法鼓山「中華佛學研究所」所長李志夫教授籌設法鼓佛教學院，並且準備擔任校長，覺得首要的工作之一是建置「校園e化系統」。於是，我們先組成「校園e化推動小組」作相關廠商的探詢或大學的參訪，知道所需的費用不是目前學校規模所適合承擔，因為學校的規模與資源太小，不可能自己開發，必須委託開發。但是，一直找不到適合委託的廠商或大學。

二〇〇七年一月十一日，聖嚴法師聘請逢甲大學校長劉安之教授為法鼓大學籌備處執行顧問，負責並參與各研究所規畫及籌備工作。劉校長是資訊工程專長，曾擔任逢甲大學資訊工程系主任等職務，擅長於資訊系統整合、網路管理等。因此，我們有機會參訪逢甲大學，了解「校園e化系統」的實際狀況。由於劉校長的關係，三月五日，逢甲大學願意接受法鼓山整體教育體系的「校園e化系統委託開發」專案，也即是包含法鼓佛教研修學院、法鼓山僧伽大學、法鼓山社會大學、已經籌備中法鼓人文社會學院，乃至未來的目標——法鼓大學的校園資訊化系統。如此，一方面，可以擴大資源共享的效益，另一方面，也可以為未來教育體系資源整合的準備。

二〇〇七年五月八日，佛教學院提出「校務行政系統建議書徵求文件」（Request For Proposal）說明：各校在合併為法鼓大學前，均為獨立教育機構，雖共用系統，但應有各自獨立之資料庫。系統分為以下各期各子系統，系統間須相互整合。第一期：人事、會計、教務、網站。第二期：總務、推廣教育、學務。第三期：電子公文、e-Learning。雙方於二〇〇七年七月，簽訂「校園e化系統委託開發合約書」，為法鼓佛教研修學院、法鼓人文社會學院、法鼓山社會大學、法鼓山僧伽大學四個學校開發如下系統：1.辦公室自動化系統：包含Notes行政溝通平台建立、Notes人事組織系統上線、Notes文件及電子表單簽核系統、電子公文系統、新一代校務行政系統規畫報告、協助其他軟硬體採購諮詢及主機代管五年。2.新一代校務管理系統：人事系統、預算系統、總務系統、教務系統、學務系統、推廣教育系統、學校入口網站、會計總帳及e-Learning異質系統界接等內容。

但是，由於臺中與臺北的距離等問題，此方案不能很順利推動，再加上一些技術層面的問題，因此，雙方多次的協調會議，於二〇〇九年四月，同意修改原合約，成為：1.法鼓佛教學院與法鼓人文社會學院：辦公室自動化系統、教務系統、學務系統、人事系統、會計總帳系統、預算系統、總務系統、推廣教育系統。2.法鼓山社會大學：推廣教育系統。3.法鼓山僧伽大學：教務系統。再經過大家都努力，逐漸上軌道，終於可以讓各個系統上線使用，使得校園資訊化的初步構想可以實現。

（七）電子化教與學歷程檔案、數位人生履歷表

其次，於二〇〇八年九月，我於《人生》雜誌發表〈朝聞道行道，夕Blog，夜死可矣〉（後收於《校長的午後牧歌》）的文章提到：近年來，第二代網際網路（所謂Web 2.0）的概念與相關的技術架構及軟體成為新的資訊潮流，其特點是可以讓使用者透過分享（Share）與互動（Interactive），讓資訊內容可因使用者的參與（Participation）而隨時產生，經由網誌、分享書籤（Sharing Tagging）、維基（Wiki）、和社群網絡（Social network）等新功能達成迅速分享的效果，進而產生豐富的資源。

因此，在國內外越來越多的大學，為了改善以Product-orientation學習成就為主之傳統評量，開始重視Process-orientation學習歷程為主之Portfolio評量，並且善用Web 2.0的資訊環境，提供師生e-Portfolio網路電子化教與學歷程檔案的服務，例如：美國賓州州立大學，或者國內逢甲大學。Portfolio（歷程檔案）的教育理念是：Learning by doing與Experience + Reflection = Learning，學習者必須自己蒐集、篩選、整理各項資料，在此過程中學會統整各項材料，了解自己知道什麼？會做什麼？為使學習歷程能配合自己的條件、理想與生涯規畫，學習者必須反思：我是什麼樣的學生？我的正向人格特質有哪些？我的求學與人生經驗，具有什麼意義？這些對我有什麼意義？目前的學習有助於達成我未來的目標嗎？目前的學習歷程，是否完整反應在我的歷程檔案中？

如此，學生可以在製作歷程檔案過程中，主動建構對

學習材料的認識並連結相關知識，e-Portfolio容易促使學生與他人共享在課堂上所討論的真實案例與所進行的相關課程活動，並進而藉由他人的回饋，重新思考自己的生涯規畫。同時，藉此熟練電腦訊息處理技巧，並且為課堂外的學習成果，提供學術上的認證。

老師們借由e-Portfolio更容易引導學生的成就動機，提供更佳的諮商輔導服務；同時，藉由反省課程目標與作業、考試內容，使教學歷程、目標與評量策略更能緊密結合。

為因應此潮流，法鼓佛教學院也將規畫e-Portfolio，並且提供訓練與服務，希望能幫助學生們配合自己的生涯規畫，將學業與志業結合，並養成自主終身學習的習慣，隨時建構My e-Portfolio，隨時檢視與分享自己的學習歷程，隨時補強或改進，隨時可傳出或再建置，做為「畢業呈現」的基本成果，以及形成未來繼續開展自己的學業、事業或道業之如實且精彩的數位人生履歷表。

其實，使用e-Portfolio很像是在建構我們個人之配合教育理念規畫的網誌一樣。《科學人》雜誌（第77期，2008年7月號）「部落格越寫越健康」的專題中提到：「科學家（以及文字創作者）早就知道，把個人經驗、想法及感想寫出來，是具有療效的。以書寫方式表達的過程，除了可抒解心理壓力，對生理也有好處。研究顯示，它能改善記憶及睡眠，提高免疫細胞的活性，降低愛滋病患體內病毒的生產量，甚至加速手術後傷口的癒合。」專家認為：寫部落格就如同聽音樂、跑步、欣賞藝術品一樣，可刺激腦部釋出多巴胺（Dopamine），可影響情緒。

（八）行政與服務

在行政方面，我有得到許多大菩薩們協助擔任主管，在我第一個任期（96學年度到99學年度）四年之間，有杜正民教授擔任副校長，領導「行政一處」，包含教務組長見弘法師博士，研發組長黃繹勳博士（96學年度）、莊國彬博士（97-98學年度）、鄧偉仁博士（99學年度）、學術出版組長廖本聖副教授、推廣教育中心主任蔡伯郎博士。果肇法師副教授擔任行政副校長兼任學務組組長，領導「行政二處」包含學務組、總務組組長果峙法師（96-97學年度）、果乘法師（98-99學年度）。果暉法師博士則大力協助將學士班於九十七學年度開辦，並擔任學士班主任，將佛教學院的大學部專業與通識教育體系建立，以便銜接碩士班的研究人才的培養。

此外，William Magee（馬紀）博士擔任西藏佛學組的老師，人事主任一直由簡淑華主任祕書兼任，會計室主任是果許法師（96學年度）、施三民先生（97-99學年度）。還有留任中華佛研所擔任執行祕書的陳秀蘭，兼辦佛教學院公共關係業務，也讓佛研所原有的人脈關係可以持續不斷。黃齡儀行政助理，她是延續著我在臺北藝術大學的聘僱方式，由我個人捐贈校方此員額經費，請她擔任校長室行政助理，支援各類機動性業務。

有別於臺灣的一般大學或獨立學院採用四處（教務處、學務處、總務處、研發處）與四長制（教務長、學務長、總務長、研發長）的行政體系，我覺得採用副校長制度比較合乎宗教研修學院這種小型（按照法規，學生總人數原則不得超過二百人）學院，因為「麻雀雖小，五臟俱全」，每一組（例如：教務組長、研發組長）才一位組員，單獨成立教務處或研發處，再設教務長或研發長，實在不合適。應該組織扁平化，以兩個副校長領導二處，取代四長領導四處，可以節約一半的人事資源，並且可以整合各組有限的人力，成為「行政一處」與「行政二處」，比較務實。此外，以副校長的職稱在國際性或與大陸方面的交流，比教務長、學務長等四長，比較有代表性，因為許多國際性或與大陸方面的大學是採用副校長制。

我的第二個任期是一〇〇學年度開始，由於杜正民副校長的身體方面需要休養，所以請蔡伯郎博士擔任副校長領導「行政一處」，推廣教育中心主任則由廖本聖副教授擔任，學務組組長是梅靜軒博士，學術出版組長由莊國彬博士擔任，總務組組長由林哲愷先生（100學年度）、常齊法師（101學年度開始）、語言與翻譯中心主任溫宗堃博士（101學年度開始）。會計主任則是張振華先生（100學年度開始），其餘職務的主管不變。此外，特別要提到是：在我的校長任期間，謝清俊、Jeffrey Hopkins、竺家寧、李志夫諸位前輩教授願意擔任本校的榮譽教授，增強本校的師資陣容，實在非常感謝。總之，在校長的任期間，承蒙有如上這些大菩薩老師、主管們以及組員們的大力協助，我才有可能讓佛教學院的校務逐漸上軌道，逐步進展。

此外，如上所述：二〇〇六年十二月，簡淑華女士從國立臺北藝術大學退休，到法鼓佛教學院擔任主任祕書兼人事室主任，除了不遺餘力協助各種行政制度的建立與推行，以及與教育部或相關政府部門溝通協調之外，在學校也義務為教職員生開設「瑜伽班」與「國畫班」，促進身心健康與培養藝術素養，我本人也參加這兩班，一起與大家學習。後來，我因為對於「國畫班」的作業沒有積極繳交，又懶於磨墨洗筆備紙，只想用平板手機作畫，覺得會妨礙同學們的學習進度與氣氛，沒有繼續參加。但是，對於「瑜伽班」的參加，我幾乎是全勤，而且將所學的一些與佛法結合運用的粗淺心得，我方便稱為「輕安瑜伽」，撰文發表於《人生》雜誌三二一期（2010年5月，後收於《校長的三笑因緣》）。

於文中第一段說：對於「瑜伽」，一般人大都只想到是從印度傳來之健康、美體的各種體位法，不一定會認為與佛教有關。「瑜伽」是梵文“yoga”的音譯，意譯為「相應」或「契合」，可以指稱：身心、心境、止（定）觀（慧）、或理智之「相應」或「契合」，是淵源於印度的「練身修心」方法。佛陀時代，則用與「瑜伽」體系有關之術語「禪」（靜慮；dhyāna）、「三昧」（等持；samādhi）等來說明心智的修行。之後，印度佛教界也直接用「瑜伽」與「瑜伽師」來稱呼「禪」（修行）與「禪師」（修行者），大乘佛教以《瑜伽師地論》來描述三乘佛教之境、行、果次第（觀境起行，方證果故），也被稱為「瑜伽行派」。這也是我在日本東京大學之碩士（1989）與博士（1992）論文的研究主題。十多年後，沒想到我又因為要養成身心健康的運動習慣，從任天堂「Wii Fit」的平衡板，以及從法鼓佛教學院簡淑華老師學習「瑜伽」之後，有一些與佛法結合運用的粗淺心得，我方便稱為「輕安瑜伽」，於此分享，也就教方家。有關「輕安瑜伽」五段內容請參該文。

其次，圖書資訊館是法鼓佛教學院的特別重視的部分，如上所述，空間方面有五個樓層，總面積約八百四十三坪，人力配置有圖書組、數位典藏組與資訊組等三組，編制組長兩人，組（館）員十二人。在我第一任期的館長是請德國來的馬德偉（Marcus Bingenheimer）博士擔任，副館長是果見法師（96學年度），資訊組組長由洪振洲博士擔任，他們在國際化與資訊化方面的成果豐碩。在我第二任期開始時，馬德偉博士轉到美國天普大學任教，故請洪振洲博士擔任館長，繼續推展圖書資訊館各項業務。

因為，圖資館延續前任杜正民館長的努力成果，從一九九八年開始的中華電子佛典協會資料庫（將於〈柒、中華電子佛典協會（CBETA）、數位人文〉的章節中詳細敘述）的數位化計畫以及校內同仁們爭取國科會等各種資源的補助，歷年來已經完成如下六類、二十四個以上數位專案成果，並建置於網際網路，服務學術界與一般大眾，累積相當的數位化研究專案經驗與成果，具備資訊時代的優勢。

1.【藏經典籍】（合計五案）

（1）中華電子佛典協會資料庫（Chinese Buddhist Electronic Text Association, CBETA）

網址：http://www.cbeta.org

線上索尋：http://dev.ddbc.edu.tw/concordance/

特色：《大正藏》2373部8982卷、《卍續藏》1230部

5066卷、《嘉興藏》285部1659卷、正史佛教資料類編、藏外佛教文獻1-9輯、北朝佛教石刻拓片百品全文數位化。

（2）滿文大藏經研究資料集（Research Material for the Manchu Buddhist Canon）

網址：http://buddhistinformatics.ddbc.edu.tw/manchu/

特色：世界第一線上滿文佛教資料集，滿文大藏經圖檔下載。

（3）漢文古籍譯註與數位編輯的研究——以巴利語與漢文《別譯雜阿含經》（T.100）的版本比對與英譯為例（A Digital Comparative Edition and Translation of the Shorter Chinese Saṃyukta Āgama）

網址：http://buddhistinformatics.ddbc.edu.tw/BZA

特色：提供全世界第一個英譯本、多語文版本比對、對照表、全XML資料庫。

（4）《法華經》多種語文版本資料庫（A Multi-lingual Database of the Lotus-Sutra）

網址：http://sdp.chibs.edu.tw（IE only）

特色：全文檢索、多版本比對、樹狀科判、科判比對。

（5）《瑜伽師地論》數位資料庫（Yogācārabhūmi Database）

網址：http://ybh.ddbc.edu.tw/

特色：梵漢藏全文檢索、版本比對、辭典對照、科判、題解、引用複製。

2.【臺灣佛教】（合計四案）

（1）臺灣佛寺GIS（Buddhist Temples in Taiwan）

網址：http://buddhistinformatics.ddbc.edu.tw/taiwanbudgis/

特色：臺灣佛教地理資訊平台，結合文獻、資料庫與GIS技術。

（2）《臺灣佛教》期刊數位典藏（Taiwan Fojiao Journal）

網址：http://buddhistinformatics.ddbc.edu.tw/taiwan_fojiao/

Content: Full-text and Scans of Taiwan Fojiao 臺灣佛教

（3）明清日據臺灣佛教文獻（Buddhism on Taiwan under the Ming and Qing）

網址：http://www.chibs.edu.tw/academic/ projects/taiwan/tb/index.htm（IE only）

網址：http://buddhistinformatics.ddbc.edu.tw/taiwanbuddhism/tb/

特色：提供臺灣佛教研究資料，包括書籍和期刊論文（目錄及全文）、訪談紀錄、文件、圖片等。

（4）臺灣佛教數位博物館：蓬萊淨土遊（Digital Museum of Taiwanese Buddhism）

網址：http://www.chibs.edu.tw/academic/ projects/taiwan/formosa/index.html

網址：http://buddhistinformatics.ddbc.edu.tw/taiwanbuddhism/formosa/

特色：臺灣佛教文獻、文物、佛寺地圖、虛擬環境，及線上學習。

3.【參考書目與目錄資料庫】（合計五案）

（1）專案整合規範資料庫（DDBC Authority Databases）

網址：http://authority.ddbc.edu.tw/

特色：提供時間對照檢索，人名檢索，地名檢索功能。

（2）中華佛學研究所及法鼓佛教學院出版品（CHIBS/DDBC Publications）

網址：http://www.chibs.edu.tw/publication/c_index.htm

特色：當今中文佛學研究重要期刊及出版品。

（3）佛教藏經目錄數位資料庫（Digital Database of Buddhist Tripitaka Catalogs）

網址：http://jinglu.cbeta.org/

特色：古今中外完整的經錄整理、檢索、與經文知識內容管理。

（4）民國佛教期刊書目資料庫（Database of articles in Republican era Buddhist journals）

網址：http://dev.ddbc.edu.tw/minguofojiaoqikan/
http://buddhistinformatics.ddbc.edu.tw/minguofojiaoqikan/

（5）緬甸聖典寫本簡明目錄（Bibliotheca Sacra Birmanica）

網址：http://projects.ddbc.edu.tw/palm -leaf/

特色：二百四十五函貝葉寫本圖檔、巴緬雙語注釋，涵蓋各層面歷史、語法等重要學科。

4.【網路與應用】（合計五案）

（1）名山古剎——《中國佛寺史志》數位典藏

網址（開發）：http://dev.ddbc.edu.tw/fosizhi/

網址（穩態）：http://buddhistinformatics.ddbc.edu.tw/fosizhi/
特色：《中國佛寺志》此套書所收之佛寺志或為手抄本或為各國圖書館唯一藏本，是研究佛教史的重要史料。

（2）佛教的傳記文學之社會網絡視覺化（Social network visualization of Buddhist biographical literature）
網址（開發）：http://dev.ddbc.edu.tw/biographies/socialnetworks/
網址（穩態）：http://buddhistinformatics.ddbc.edu.tw/biographies/socialnetworks/
特色：文本以TEI標記，如同下述GIS視覺化專案，此介面乃是將標記資訊視覺化成為社會網絡。

（3）漢傳佛教高僧傳研究地理資訊系統（GIS based study of the Biographies of Eminent Monks）
網址（開發）：dev.ddbc.edu.tw/gaosenggis/
網址（穩態）：buddhistinformatics.ddbc.edu.tw/gaosenggis/
特色：利用GIS技術，結合高僧傳文本TEI標記，將原本深奧抽象的僧傳內容在地圖上動態呈現。

（4）中文詞彙與跨語詞彙抽取技術在數位佛典上的研發與應用（Development and Application of Chinese Cross-Lingual Term Extraction for Buddhist Digital Archives）
網址：http://dev.ddbc.edu.tw/BuddhistTermExtract
特色：資訊檢索技術結合佛學資源初步研究，索引技術、演算法、跨語統計等。

（5）數位博物館玄奘西域行（Digital Silkroad Museum）
網址：http://silkroad.chibs.edu.tw

特色：絲路研究文獻、辭典、藝術，及《大唐西域記》、《西遊記》等。

5.【多媒體影音】（一案）

（1）數位典藏多媒體檔案之研究與建置——西藏珍藏語音檔案研究計畫（The UMA Multimedia Archive of Tibetan Buddhism）

網址：http://haa.chibs.edu.tw

特色：達賴喇嘛等諸多西藏高僧語音檔線上收聽、下載；語音檔後設資料建置；藏文線上教學。

6.【紀念專輯】（合計四案）

（1）《臨濟、曹洞法脈東初老和尚紀念數位典藏專輯》（*Shi Dongchu Archives*）

網址：http://dongchu.ddbc.edu.tw

特色：收錄《東初老人全集》、簡譜、年表、行誼；珍藏圖檔；口述歷史等。

（2）《法鼓全集電子版光碟》（*The Collected Works of Master Shengyen*）

網址：http://www.chibs.edu.tw/mddc

網址：http://ccdd.omtf.pl（光碟完整內容網路版，僅提供法鼓山內部網域使用）

特色：收錄聖嚴法師中、英文著作102冊。提供全文及主題分類檢索 。

公告：專輯光碟於2001年由「法鼓文化」發行。

（3）《李志夫榮譽所長紀念光碟專輯》（*Professor Lee Chih-fu Anniversary CD*）

網址：http://www.chibs.edu.tw/ch_html/projects/Leezhifu/index.html

特色：收錄李志夫所長的學術文獻、教學貢獻、及研所生活點滴。

（4）《穆克紀教授訪臺講學紀念專輯》（*Professor Mukherjee Anniversary CD*）

網址：http://www.chibs.edu.tw/mukherjee

特色：收錄訪臺時期的行跡簡歷、學術著作、朗讀梵文經文、珍貴照片等。

以上，是我一九九二年六月學成回國之後，陸續接任了西蓮淨苑、國立藝術學院、中華佛研所與法鼓佛教學院、法鼓文理學院等四個不同機構的管理階層的工作，感恩可以遇到許多貴人，讓我有工作以及學習的因緣，但由於個人的才能、學識、品德有所不足，時間的分配的限制，確實有許多行政、教學、服務等各方面的疏失，感恩許多師友、師兄弟們、同仁們、同學們的包容或護持，讓我勉強持續維持「學以致用」的三頭工作，實在感恩不盡，終身難忘。

第三篇

四個
夢想實踐 人腦 · 電腦 · 社區 · 學園

1992 年，38 歲

二〇〇三年，《人生》雜誌規畫探討佛法與世間各種科學對話的「人生新視界」專欄，希望我能每月撰稿，長期提供文章刊登。沒有想到，天性疏懶、文筆笨拙的我，居然可以十多年交稿不斷，持續到今，並且累積成書，定期出版，例如：《心與大腦的相對論》（從2003年10月到2005年8月，共23篇）、《當牛頓遇到佛陀》（從2005年9月到2007年8月，共24篇）、《校長的午後牧歌》（從2007年9月到2010年3月，共26篇）、《校長的三笑因緣》（2010年4月到2012年11月，共32篇），真是感謝法鼓文化眾菩薩們的督促勉勵之功德。

我於《人生》雜誌「人生新視界」專欄的文稿，大都是表達我該月前後的人生經驗，因此可以藉此看出我的生命與世事互動的軌跡，以及許多人協助我實踐夢想的歷程。因此，我的訪談紀錄，也借用這些文稿做為材料，刪補整編成如下各章節。

於《心與大腦的相對論》的〈自序〉中，我提到如下因緣：

我應《人生》雜誌邀稿的因緣是從一九八二年（第2期）開始，當時我就讀中華佛學研究所，曾將義淨法師《大唐西域求法高僧傳》描寫唐朝常慜法師之捨身事蹟改寫，以「南海蓮風」為題發表。從此，間間斷斷，偶會有邀稿，但是我的文才鄙陋，總得搜索枯腸，硬做文章的苦差使，大嘆「《人生》是苦」。然後，主編菩薩只得大發慈悲，讓我離苦得樂。

一九八七至一九九二年期間，我於日本東京大學攻讀碩士與博士學位，主要是以《瑜伽師地論》為研究對象，撰寫相關學術性論文，與《人生》雜誌不太有交集。但是，該論是探究瑜伽師（修行者，禪師）的修行對象、戒律學、禪定學、智慧學、解脫道、菩薩道等知識與實踐體系，建立我在佛法深廣度的基礎。

一九九二年回國後，任教於國立藝術學院共同學科，講授宗教、哲學、科學與藝術相關的通識教育（General Education）課程，尤其著重於禪定與教育的相關科目，教導學生能藉由觀察自我之生理變化、情緒反應、認識與思考過程、禪定的心理狀態、真理的確認與實踐過程，以培養自我發現問題、解決問題的覺察力與行動力，發掘藝術工作者之創作泉源為教學目標。

在任教於臺北藝術大學期間，我也兼任一些行政工作，例如：學生事務長（1994-1997）、教務長兼共同學科主任（2000-2006）、代理校長（2006）；法鼓山中華佛學研究所副所長（1994-2007）、西蓮淨苑住持（1998年迄今）、中華電子佛典協會主任委員（1998年迄今）、法鼓佛教學院校長（2007年迄今）等。由於這些職務的關係，經常要面臨參加或主持各種會議之挑戰，與其逃避，苦恨交加，不如面對，享樂無窮。於是，發揮通識教育的終身學習精神，購書研究，參加講習，臨場觀摩，從邊做邊學等過程，逐漸摸出竅門與興趣，品嘗民主法治的苦樂。有時也會將議事學與佛教僧團處理僧務時「羯磨法」互相參考，比較古今民主程序的同異，巧妙運用。有時，常被朋友戲稱「靠主持會議吃飯」。於是，當二〇〇三年，《人生》雜誌規畫探討佛法與世間各種科學對話的「人生新視界」專欄邀稿時，主編也說：「聽說你對開會很有心得，替我們寫篇這方面的文章吧！」這便是二〇〇三年十月〈議事學與「羯磨法」：如何表決？〉、十一月〈議事法與「禪觀」：主席與正念、正知〉的撰稿因緣。

二〇〇三年九月八日，中華佛學研究所與大陸佛教協會合辦「兩岸第二屆佛學教育座談會」，有幸以「二十一世紀社會變遷與漢傳佛教教育之發展」為題目，擔任主題演講者。於是，產生二〇〇三年十二月相同題目的文章。二〇〇三年十月份探索頻道（Discovery Channel）播出「嬰兒的成長」（The Baby Human）系列：透過兒童專家設計的各種實驗方法，探討新生兒學會走路（to walk）、思考（to think）與說話（to talk）的成長過程。我體會到：若能多了解新生兒如何學會思考的過程，可讓我們反觀人類思考的原點，探討智慧與禪定的本質。這是二〇〇四年一月〈思考的起點：作意〉的寫作緣起。

美國國家太空總署（NASA）於二〇〇三年六月九日發射火星探測車「精神號」（Spirit），在臺北時間二〇〇四年一月四日中午十二時三十五分成功登陸火星的卡西佛隕石坑（Gusev Crater）後，另一艘設計完全相同的「機會號」（Opportunity）探測車在臺北時間一月二十五日下午一時五分也成功登陸火星的子午線平原（Meridiani Planum）。因為生命賴水為生，所以在此兩個可能與水有關地形特徵的地區，探測火星上是否有生命跡象。此太空探險的成就，讓我有機會以二〇〇四年二月〈火星、生命的起源與「無常」的生命觀〉、二〇〇四年三月〈火星、生命與「愛」水潤生、「無我」無生〉兩篇文章，來討論佛教的基本教義「緣起論」與生命於相似相續、無常變異演化過程，以及互相依存、無我的生態系統的關係。

二〇〇四年年初，觀賞《一千零一夜》電影故事，讓我從濃郁的浪漫主義色彩、撲朔迷離的文學境界，體會到不少有關禪修方法與生命故事的轉換的關係，以及因「無我」智慧的轉凡成聖的「成佛」過程。所以，有二〇〇四年四月〈打「佛一〇〇一夜」：生命故事的轉換〉、二〇〇四年五月〈無我與成佛的「天方夜譚」〉兩篇文章。

馬來西亞佛教青年總會於二〇〇四年四月，以「佛教的當代關懷——全球化的省思與展望」為論題，於吉隆坡主辦「國際佛教論壇」。我也應邀在「複製生命的挑戰」的場次，發表《佛教之生命倫理觀——以「複製人」與「胚胎幹細胞」為例》的論文。此題目，我雖然初稿曾於二〇〇一年九月十五日之現代佛教學會所舉辦「佛教倫理學論文研討會」上發表，並且在《中華佛學學報》第十五期（2002）上刊載。但是，經由此次論壇的討論，比較了解佛教徒所關心的問題在哪裡，於是，有二〇〇四年六月〈複製人、胚胎幹細胞研究之生命倫理觀〉的文章。

二〇〇四年七月〈腦科學之「變動之我」與佛教之「無我」觀〉、八月〈視覺認知系統與正念、正知〉、九月〈四念住與三重腦理論〉等三篇文章的撰寫因緣是：二〇〇四年西蓮淨苑大專青年學佛營，我以「腦科學與佛教之『我』與『無我』」為講題，再來探討方伯格（Todd E.

Feinberg）所著*Altered Egos: How the Brain Creates the Self*（Oxford university Press. 2001；中譯本：《我從變中來——大腦如何營造自我？》）書中，對於什麼是自我？它位於大腦何處？大腦如何製造一個統一的自我？大腦與心智的關係為何？的腦科學新觀點與佛法的關係。

一九九七年，我曾於第三屆中華國際佛學會議「人間淨土與現代社會」，發表過〈「心淨則佛土淨」之考察〉（後來，收載於《中華佛學學報》，第10期），對當時的研究結論：「自他行淨＝眾生淨＞佛土淨」的淨土行，應如何落實在現代社會？在二〇〇四年底，我開始認為「社區淨土」是很重要的目標。於是，有十月〈淨佛國土與社區淨土——淨土行：自他行淨＝眾生淨＞佛土淨〉、十一月〈靈性照顧與覺性照顧之異同——身、心、靈 V.S. 身、受、心、法〉、十二月〈道場、直心道場、水月道場〉、二〇〇五年一月〈佛教反對殺害與死刑〉、二月〈鐵達尼號的史特勞斯夫婦與唐朝的常慜法師〉等社會關懷文章。

二〇〇四年三月一日晚上，被譽為「世界三大東方指揮家」的維也納國立歌劇院音樂總監日裔指揮家小澤征爾（Seiji Ozawa, 1935-）為臺北藝術大學音樂系管弦樂團的學生舉行工作坊。我得地利之便，參與此殊勝因緣，體驗到指揮家所教的藝術表演與禪法之身體（呼吸與動作）、受（感覺與感受）、心（心境）、法（真理、法則）等四方面的關係，隔天曾在課堂與北藝大同學分享心得。經過一年，以二〇〇五年三月〈指揮家與禪法——臺北藝大管弦樂團之小澤征爾工作坊記錄〉一文就教諸方，並資紀念。

連續有幾年應邀擔任法鼓山體系所舉辦「在家菩薩戒」的傳戒法師，由於和其他法師以及戒子互動的因緣，撰寫二〇〇五年四月〈刷牙習慣與受戒戒體〉、五月〈順解脫分相：悲欣毛豎〉、六月〈善哉解脫服、缽吒禮懺衣〉三篇文章。在參與「緩和醫療臨床佛教宗教師培訓計畫」的因緣，以及閱讀清末民國高僧虛雲和尚（1840-1959）的傳記，體會到禪宗之參看「拖死屍是誰」的話頭是非常犀利之破除我執的法門，可用在臨終關懷、生命教育乃至生死學。所以，於七月，寫作〈拖死屍是誰〉一文。

為了搜尋四十六億年前太陽系誕生的線索，美國國家太空總署於二〇〇五年一月十二日發射「深擊號」(Deep Impact）太空船，飛行了一百七十二天後，施放銅質撞擊器，於臺北時間七月四日，在距離地球大約一億三千四百萬公里處，撞擊「坦普爾一號」彗星，讓彗星深層的物質（彗核）暴露。對此「深擊彗星」的探索計畫，激發我開始構想「深擊無明」的禪修計畫。因此，撰寫八月〈深擊彗星．深擊無明〉一文。

從以上我寫作「人生新視界」的流水帳，可看出其內容包含人文科學、自然科學、社會科學等各門學問。寫作因緣雖是隨緣隨機，但大略可分為如下三類型：

（一）我是誰？奧妙的大腦世界

1. 腦科學之「變動之我」與佛教之「無我」觀（251期，2004年7月）
2. 視覺認知系統與正念、正知（252期，2004年8月）

3. 四念住與三重腦理論（253期，2004年9月）
4. 思考的起點：作意（245期，2004年1月）
5. 打「佛一〇〇一夜」：生命故事的轉換（248期，2004年4月）
6. 無我與成佛的「天方夜譚」（249期，2004年5月）
7. 指揮家與禪法——臺北藝大管弦樂團之小澤征爾工作坊記錄（259期，2005年3月）
8. 拖死屍是誰（263期，2005年7月）

（二）何謂生命？佛法的生命關懷

1. 火星、生命的起源與「無常」的生命觀（246期，2004年2月）
2. 火星、生命與「愛」水潤生、「無我」無生（247期，2004年3月）
3. 深擊彗星．深擊無明（264期，2005年8月）
4. 複製人、胚胎幹細胞研究之生命倫理觀（250期，2004年6月）
5. 淨佛國土與社區淨土——淨土行：自他行淨＝眾生淨＞佛土淨（254期，2004年10月）
6. 靈性照顧與覺性照顧之異同——身、心、靈V.S.身、受、心、法（255期，2004年11月）
7. 佛教反對殺害與死刑（257期，2005年1月）
8. 鐵達尼號的史特勞斯夫婦與唐朝的常愍法師（258期，2005年2月）

（三）人生的水月道場

1. 議事法與「羯磨法」：如何表決？（242期，2003年10月）
2. 議事法與「禪觀」：主席與正念、正知（243期，2003年11月）
3. 二十一世紀漢傳佛教教育之發展（244期，2003年12月）
4. 道場、直心道場、水月道場（256期，2004年12月）
5. 刷牙習慣與受戒戒體（260期，2005年4月）
6. 順解脫分相：悲欣毛豎（261期，2005年5月）
7. 善哉解脫服、缽吒禮懺衣（262期，2005年6月）

（四）心智、資訊、社區、學園

此三類型也是我畢生所探索的三大問題（Enduring questions for the ages）或「疑情」：我是誰？何謂生命？何謂社會？這些問題似乎也是人文科學、自然科學、社會科學中的「大哉問」。若參考愛因斯坦有名的「質量」與「能量」的互變物理方程式$E = mc^2$（能量＝質量×光速平方），似乎可將「心」「腦」的互變關係以「心＝腦×眾生^2」來表示微小的「腦」量可經由「眾生」量的累積產生巨大的「心」力。此也是《心與大腦的相對論》書名的來由。

因此，將上述我畢生所探索的三大問題，轉換為我的夢想實踐，則可以有如下的四個方面：心智、資訊、社區、學園；或人腦、電腦、社區、學園。以下，將我曾論述過、與我的夢想實踐相關的觀點與議題，分如下四個章節來介紹：

陸、梵典唯識、禪修與腦科學之教研（1992年- ，38歲- ）：心智、人腦

柒、中華電子佛典協會（CBETA）與數位人文（1998年- ，44歲- ）：資訊、電腦

捌、安寧與老人療護、社區淨土（1998年- ，44歲- ）：社區

玖、法鼓佛教學院與法鼓文理學院（2007年- ，53歲- ）：學園

[1992年- ・38歲-]

梵典唯識、禪修與腦科學之教研

一、梵典唯識文獻翻譯與研究

如前所述，由於我在日本留學時，主要是做大乘佛教唯識學派的源頭《瑜伽師地論》方面的研究，因此，我長期開設有關梵本《大乘莊嚴經論》的課程，以及指導學生做與《瑜伽師地論》「菩薩地」有關的《大乘莊嚴經論》的梵本研究，例如：關則富完成《《大乘莊嚴經論・教授教誡品》梵本譯注》（1996年9月），善音法師完成《梵本《大乘莊嚴經論・修行品》初探》（1998年9月）畢業論文。之後，此課程持續開設，希望長期培養梵、藏、漢對譯與研究人才。

於二〇一一年，十月下旬，中國社會科學院梵文研究中心主辦「梵學與佛學研討會」（地點：蘇州戒幢佛學院），我發表了〈梵本《大乘莊嚴經論》之研究百年簡史與未來展望〉（之後刊載於《正觀》雜誌，62期，2012年）。文中，提到印度大乘佛教瑜伽行派之《大乘莊嚴經論》（Mahāyānasūtrālaṁkāra），曾在印度名重一時，所謂「凡大小乘學，悉以此論為本，若於此不通，未可弘法」。於唐朝貞觀年間（630-632），由波羅頗迦羅蜜多羅

（Prabhākaramitra, 565-633）漢譯之後，雖然有慧淨法師講述與注疏（已佚失），但流傳不久。法國學者S. Lévi於一九〇七年，將在尼泊爾發現的梵文寫本校訂出版，Lévi又於一九一一年出版法譯本與訂正，開始了近代佛學研究的風潮，到今年已經有百年之久，學術界也陸續發現其他十二件寫本，並約有二百五十餘篇的現代研究成果發表。其中，日文成果二百篇，約占百分之八十，中文僅有七篇，約只占百分之二點八。可見華人學術界仍然有許多努力的空間，特別是近年於西藏新發現有此論的寫本，更值得我們一起努力培養梵文佛學研究人才。

這篇論文以開放原始碼（Open Source）書目管理資訊工具（例如：Zotero）整理這百年來的梵本《大乘莊嚴經論》之研究簡史，統計不同年代的研究數量與主要學者，評析研究類別，提供學術界參考，也做為未來建構與梵本《大乘莊嚴經論》研究之相關資料庫網站的準備。從主要研究學者統計資料，五篇以上，有十二位學者（相同篇數者則名次相同）如下所示，其學術背景與所屬研究單位之資料如下所示：

1. 早島理（Osamu Hayashima，1946- ）〔23篇〕：京都大學畢業
2. 舟橋尚哉（Naoya Funahashi，1936- ）〔21篇〕：【京都地區】龍谷大學
3. 長尾雅人（Gadjin M. Nagao，1907-2005）〔12篇〕：京都大學、龍谷大學
4. 袴谷憲昭（Noriaki Hakamaya，1943年- ）〔11篇〕：

東京大學畢業
5.武內紹晃（1920年-　）〔9篇〕:【京都地區】龍谷大學
6.高崎直道（Jikido Takasaki，1926年-　）〔8篇〕：東京大學
7.宇井伯壽（Hakuju Ui，1882-1963）〔7篇〕：東京大學
7.小谷信千代（1944年-　）〔7篇〕：【京都地區】大谷大學文學部佛教學科
7.岩本明美（1977年-　）〔7篇〕：京都大學
8.藤田祥道（不詳）〔6篇〕：【京都地區】龍谷大學
9.野沢靜証（1908年-？）〔5篇〕：【京都地區】大谷大學文學部佛教學科
9.荒牧典俊（Noritoshi Aramaki，1936年-　）〔5篇〕：京都大學

依照此排名紀錄，我們觀察到：以上十二位學者中，學術背景與研究單位屬於日本關西地區（特別是京都地區）有九位，屬於日本關東地區（特別是東京地區）有三位。這應該與龍谷大學收藏有梵文《大乘莊嚴經論》寫本，以及長尾雅人，除了帶領京都大學相關學者編輯「梵藏漢、藏梵、漢梵《大乗莊嚴経論》索引」，建立良好的研究基礎；他在京都地區（龍谷大學大宮學舍）長期以「讀書會」的方式帶領老中青學者研究唯識學相關論典有關。此「讀書會」也將累積的研究成果出版，例如：《摂大乗論和訳と注解》上下冊（1982，1987）。

長尾雅人晚年則以梵本《大乘莊嚴經論》為「讀書會」

主題。長尾先生過世後，於電腦中留有研究筆記資料，於二〇〇七年到二〇一一年間，由他的家人與學生們以「長尾文庫」的名稱出版《「大乘荘厳経論」和訳と註解：長尾雅人研究ノート》一至四冊。以此為基礎，由荒牧典俊教授繼續領導讀書會做梵文《大乘莊嚴經論》的研究與出版，例如：能仁正顯編輯，荒牧典俊等執筆《『大乗荘厳経論』第I章の和訳と注解：大乗の確立》(2009)、《大乗荘厳経論」第XVII章の和訳と注解：供養・師事・無量とくに悲無量》(2013)。

因此，我很希望華人地區的佛學教育機構也可以長期發展梵本《大乘莊嚴經論》(以下簡稱《莊嚴》)唯識文獻翻譯與研究，理由如下：

(一)闡揚菩薩道的主題層次分明、內容豐富

《莊嚴》從梵本《大乘莊嚴經論》或漢譯本之品名，學界很早就知道《大乘莊嚴經論》全書分二十一章(唐朝漢漢譯二十四品)，總共八〇七首詩頌(Lévi梵本總計是七九六頌)，再加上散文注釋，內容豐富。其分品結構與《瑜伽師地論》〈本地分〉中「菩薩地」有關。但是，《莊嚴》不是按照「菩薩地」內容逐句解說，是有運用其他大乘經論加以詮釋、演繹，並且採用「譬喻」解說等文學方法，從瑜伽行派的觀點，發揚大乘佛法。因此，《大乘莊嚴經論》如何發揚大乘佛教瑜伽行派根本論典《瑜伽師地論》「菩薩地」之「菩薩道思想」的詳細內容，仍然有待繼續研究。

（二）藉此可了解《攝大乘論》、《成唯識論》等「唯識思想」雛形

根據印順法師（1946）《攝大乘論講記》：「〈本地分〉的主要思想是：1. 諸識差別論；2. 王所差別論；3. 種子本有論；4. 認識上所認識的境界，都不離自心，但諸法所依的離言自性，卻是各有它差別自體的。這種思想，可說是初期的唯識思想，還沒有達到唯識為體的唯識學。依〈本地分・菩薩地〉而造的《大乘莊嚴經論》，才算是達到徹底的唯識思想。《莊嚴論》與〈本地分〉不同的地方是：1. 一心論；2. 王所一體論，心所是心王現起的作用，沒有離心的自體；3. 所認識的境界，就是識的一分，不許心色有各別的自體。還有種子本有論，這與〈本地分〉的主張相同」。

如此，從思想發展的層面，可見《瑜伽師地論》〈本地分〉與《大乘莊嚴經論》相同主張是「種子本有論」，兩者所不同的主張，則如下表所示：

《瑜伽師地論》〈本地分〉	《大乘莊嚴經論》
諸識差別論	一心論（諸識無差別論）
王所差別論	王所一體論（王所無差別論）：心所是心王現起的作用，沒有離心的自體。
認識上所認識的境界，都不離自心，但諸法所依的離言自性，卻是各有它差別自體的。	所認識的境界，就是識的一分，不許心色有各別的自體。

對於《大乘莊嚴經論》的「唯識」思想，日本學者宇井伯壽有提到其「五位三性」與「所相、能相、示相」的

關係，以及瑜伽行派之「內心顯現」觀念。此外，還有其他研究的課題。例如：大乘佛說論、種姓說、三自性說、瑜伽行、第一義說、佛陀的三身說、如來藏與一乘說、菩薩道、大乘止觀、入現觀五位、入無相方便相等等大乘佛學重要思想。

（三）多樣的梵文詩頌韻律變化與佛教新梵文詞彙

《大乘莊嚴經論》的梵語名稱是Mahāyānasūtrālaṁkāra（mahāyāna為「大乘」義；sūtra是「經」義；alaṁkāra是「莊嚴」義）。或許為了以「經莊嚴」與「譬喻」，給予聽眾或讀者最上「喜樂」，梵本《大乘莊嚴經論》之八〇七首（Lévi梵本總計是796頌）詩頌突破佛教哲學性論典常用anuṣṭubh（又稱śloka）的單一格式。根據梵本校訂與法文譯者Lévi, Sylvain（1911）於Introduction中的統計，MSA總共運用約十三種梵語詩律，除了用〔1〕anuṣṭubh之外，還用其他〔2〕āryā –〔13〕śragdharā等韻律格式之運用。

但是波頗三藏法師的漢譯《莊嚴》（唐朝貞觀4-6年，630-632年）卻只用一種「五言四句（5×4＝20字）」的偈頌格式來翻譯。但是，在此之前，波頗三藏的漢譯《寶星陀羅尼經》（貞觀3-4年，629-630年）詩律翻譯風格則隨順原來不同梵語詩律，做不同的偈頌格式如下變化：或5×6＝30字、或7×2＝14字、或7×8＝56字、或5×8＝40字等等。

因此，我曾於二〇一二年十月中旬，於「佛教文獻研究暨第六屆佛經語言學國際學術研討會」（地點：韓國交通大學），發表〈梵語佛典中詩律之漢譯考察——以《大乘莊嚴經論》為例〉（之後收載於《唯識研究》第2期，北京：中國社會科學出版社，2013年）。拙文以梵本《莊嚴》之詩頌於初唐時期漢譯過程為例，考察如下三個議題，並分別以下三個章節：

A：考察不同時期之波頗三藏譯場與《寶星陀羅尼經》詩律漢譯風格，以便了解與《大乘莊嚴經論》的差異為何？

B：《莊嚴》中十三種梵語詩律之漢譯考察

C：《莊嚴》不同的梵語詩律，只漢譯為一種「五言四句（5×4＝20字）」之因應方式為何？

期待藉此考察，有助於了解古代漢譯佛典偈頌的細節，並且也有助於現代人對於佛典偈頌之梵漢翻譯的參考。

（四）梵文詩偈的唱誦與早晚課誦

於二〇一三年三月二十九日，由法鼓佛教學院鄧偉仁博士安排尼泊爾梵文學者Dr. Kashinath Nyaupane教授來我的梵文課堂中教唱梵文詩偈的唱誦，讓我大開眼界，大飽耳福，也讓我反省過去學習梵文沒有注意反覆唱誦的重要性。

在那次短短的兩個小時的唱誦教學中，前大半時間，Kashinath教授從梵本《大乘莊嚴經論》的「造論緣起」（19音節為一句的śārdūlavikrīḍita詩律）詩偈開始教唱，逐字逐段，不快不慢地反覆唱誦，讓我領略到唱誦的美感，體會反覆串習的重要性，因為可以將梵文詩偈的「字形、音調、意義」滲透身心，內外交徹，如同《瑜伽師地論·聲聞地》所說：1.「毘鉢舍那」（觀察的智慧）基於反覆練習（abhyāsa，串習）所生清淨的力量，逐漸增長、廣大，伴隨於此，能令生起身心輕安的「奢摩他」（安止定）亦逐漸增長、廣大。2.隨著身心輕安的增長，心一境性亦逐漸增長。3.證得此等轉依和現量智見之前，身心輕安和心一境性彼此相互地影響，進而達到禪定成就狀態：所依轉換（所依＝身心清淨），超越影像（禪定之意象），對所知事生起無分別、現量的智見（所緣清淨）。

後半段，我請Kashinath教授將梵本《大乘莊嚴經論》所運用約十三種梵語詩律唱誦一次，讓我們可以錄音學習。對我而言，這真是一堂身心暢快的學習經驗，而且大家一起學唱誦的聲音吸引來不少在附近的師生自動加入學習。

於二〇一三年八月，鄧偉仁博士再邀請Kashinath教授以及德國漢堡大學Hanunaga Isaacson教授與其夫人楊嵋博士來法鼓佛教學院主持暑期梵文碩士學分班，由研發組呂幼如菩薩大力協助相關庶務安排，從八月九日至八月二十九日展開為期二十天的課程，期間包括授課學者在內共有十二名外校來賓住宿本校（學者三位、境外學員七位、臺灣地區二位），這些外賓與本校的同學以及我本人，學習梵本《佛所行讚》第十三品「降魔」、第十四品「成道」以及《入菩薩行論》第一品「發心」、第七品「精進」的詩偈唱誦。由Kashinath教授帶領唱誦，Hanunaga教授擔任解說，兩個人氣味相投，搭配無間，更讓我們領會到梵文詩頌的醍醐味。因為，看他們隨時隨地朗讀或唱誦梵文詩頌，可以廢寢忘餐為學生們錄音梵偈，樂在其中，真令人敬佩。

這個歷程讓我開始將背誦梵文詩頌成為生活習慣的一部分，每天背誦《唯識三十頌》一首梵文詩頌，大約一個月可以完成三十頌，下個月再重頭背誦。此外，也讓我將此朗讀或唱誦梵文詩頌體會，運用於每天的佛教道場的早晚課誦。

中國佛教道場的早晚課誦等儀軌的起源，推論是東晉道安（312-385）依據印度佛教僧制所編定《僧尼軌範》。現已不存，故其具體內容不詳，據傳包括有：1.行香、定座、上經、上講之法（可能是講經的禮儀）。2.常日六時行道、飲食、唱食之法（可能是朝暮課誦、二時臨齋儀）。3.布薩、差使悔過等法（可能是誦戒、懺悔的禮儀）。後來漢傳佛教所用的僧制、禪宗清規類典籍，皆源此軌範。

其中，朝暮課誦，是朝時課誦（簡稱「早課」）和暮時課誦（簡稱「晚課」）的合稱。明代以後，漢地佛教寺院之朝暮課誦的修行儀式逐漸統一，並含有誦持許多咒語的修持，例如：早課的〈楞嚴咒〉、〈大悲咒〉和「十小咒」。晚課之《蒙山施食儀》，以觀想、誦咒、結手印等儀式，將「淨飯」、「淨水」施與餓鬼。此外，「二時臨齋儀」（早午二時用齋之前的儀式）之「出食偈咒」（即以飯食施於諸鬼神之意）與「結齋偈咒」，也有誦持梵文音譯宗教詩偈的咒語。由此可知，咒語在佛教修行儀式中的重要性。

古印度婆羅門宗教文獻中早有咒術，但是佛教駁斥迷信咒術，但是不排斥其祈願的功能。所以，在《雜阿含經》

（252經）敘說：優波先那比丘於坐禪中遭毒蛇侵襲，因他已如實了知身心無我、無我所，故從容安詳而死。舍利弗尊者將事情報告佛，佛陀即教導大眾避毒蛇之偈咒。大乘佛典也有記載各種咒語，方便輔助修行，特別是密教大乘則更加重視咒語，認為若誦讀觀想，能夠獲得成佛之利益。

此外，在印度文化中，發展出稱為「陀羅尼」（dhāraṇī；意譯：總持）的記憶術。佛教也運用它來學習保持各種善法，以遮除各種惡法。特別是菩薩以利他為主，為不忘失無量之佛法，在大眾中無所畏，能自由自在地說法，故必須學習陀羅尼：從一法，聯想一切法；從一句，聯想無量句；從一義，聯想無量義；以總持無量佛法而不忘失。後來，因「陀羅尼」之形式類同誦咒，因此後人將其與梵文音譯的咒語混同，統稱咒語為陀羅尼。但是，一般仍以字句長短而分：長句者為陀羅尼，短句者為真言，一字或二字者為種子字。

因此，我於二〇一三年梵文詩偈唱誦的學習經驗，也如此運用於我所參加的法鼓佛教學院或西蓮淨苑的早晚課誦的學習，藉由唱誦，將梵文音譯的宗教詩偈（咒語）的「字形、音調、意義」滲透身心，轉化身心，獲益良多。

此外，此梵文詩偈唱誦的學習經驗，也讓我們訂定了法鼓佛教學院「博士班佛教經典語言測驗施行細則」。我當時與幾位老師，通過電子郵件反覆討論說明博士班梵文、巴利文、藏文等佛教經典語言能力的檢定方式，我的想法如下：

1. 對於梵文、巴利文、藏文等佛典經典語言的教學，一般比較重視視覺的「解析」，忽略聽覺的「體會」，是有些偏頗，不是自然的語言學習習慣。所以這次德國漢堡大學的Harunaga老師批評：學習梵文等經典，猶如解析puzzle，無法體會梵文等經典語言的美感與感動，或許是「聞」慧的意義。因此我們鼓勵同學除了視覺的「解析」，也應該養成聽覺的「體會」習慣，比較容易達成「終身學習」的樂趣。例如：過去我只是「解析」《入菩薩行論》，這次暑期課程的唱誦，讓全身感受到作者寂天菩薩的「菩提」心願與美感，實在令人難忘，有時在夢境中也會出現。

2. 我們希望藉由「當眾背誦」，引發唱誦佛典的風氣（其實，這是「傳統」的學習習慣），希望個人或三三兩兩聚會時，自然唱誦佛典。例如：開學前我們在「梅峰」的校外教學，早上等待大家集合的時間，當眾鄧老師開始背誦《唯識三十頌》，敝人也跟著合誦，實在是美妙的經驗，值得我們一起提倡。猶如修念佛法門的祖師所說「少說一句話，多念一句佛」，我們可以學習「少說一句話，多念一句偈」的風氣，可以形成本校的特色。

很感謝學校許多老師的支持，因此法鼓佛教學院推出如下的「博士班佛教經典語言測驗施行細則」：

本系博士班非漢文之佛教經典語言（梵語、巴利語或藏語，至少擇一）測驗之考試時間、範圍與方式：利用本校研究生論文發表時間、或五分鐘說書比賽時間，或其他適當時間，當眾背誦該語言之佛教典籍三十五至五十個偈頌或長度相當之長行（32音節×35-50個偈頌＝1120-1600音節）。其內容須經指導老師（或系主任）同意，可以分做兩次考試，但內容不得重複，成績得累計，由指導教授（或系主任）邀請二位相關語言領域（可包含指導教授）的老師評分。

上述佛教經典語文測驗之評分方式：

1. 每一偈頌（或32音節），若有百分之六十的正確率，則可以得二分。合計七十分為及格，一百分為滿分。

2. 若有忘詞，可以向評分老師請求提詞，三次之內，不扣分。超過三次之後，每次提詞扣一分。

3. 評分老師可從所背誦的偈頌中抽驗學生對偈頌的解釋能力，做為加分成績的參考。

目前，我們剛開始推動此唱誦佛典語言的學習習慣，希望可以鼓勵同學除了視覺的「解析」，也應該養成聽覺的「體會」習慣，比較可以達成「終身學習」的樂趣。

（五）梵本《大乘莊嚴經論》擇要三品之譯注計畫

於二〇一三年，我們知道「國科會一〇三年度人文及社會科學經典譯注計畫推薦書單」之「佛教研究」（p. 26）中有列「梵本《大乘莊嚴經論》」。因此，我提出「梵本《大乘莊嚴經論》擇要三品之譯注計畫」，期望能學習梵本《莊嚴》之日本譯注團隊以分品（章）方式進行，以其目前所做較完整校訂，參考已有之漢譯、藏譯及其他各個譯本來做翻譯，以期提供目前中文學界一個更完整的中文譯注成果。目前規畫如下：三年為期，一年完成一品（章）翻譯。

第一年：第十七（pūjāsevāpramāṇa 供養、親近、梵住）品〔六十六個詩偈與散文注釋〕。

第二年：第十一（dharmaparyeṣṭyadhikāra 求法）品〔七十八詩偈與散文注釋〕。

第三年：第九（bodhyadhikāra 菩提）品〔八十六詩偈與散文注釋〕。

因為第十七（pūjāsevāpramāṇa 供養、親近、梵住）品於今年已有龍谷大學能仁正顯等（2013）最新的校訂、翻譯出版，可以最新的校訂做為參考，並且根據能仁正顯等（2013）該書的序言，提到此品（章）是長尾雅人之佛教學的原點，因為它積極地詮釋了大乘佛教唯識學「大悲心」的理論與實踐的意涵。

根據釋惠敏（2012）《梵本《大乘莊嚴經論》之研究簡史與未來展望》之文章中統計分析的前二名近百年來最多人研究的二品，是《大乘莊嚴經論》的第十一（dharmaparyeṣṭyadhikāra 求法，78 偈）品（研究成果三十二篇，排名第一）以及第九（bodhyadhikāra 菩提，86 偈）品（研究成果二十六篇，排名第二）。

前者（求法品）對於「唯識」體系之「能取、所取」與「解脫」的關係，以及「一乘」等大乘觀念有重要的論述。後者（菩提品）是古今都重視的部分，例如漢譯《大乘莊嚴經論》序中提到此品闡述：轉變八識（阿賴耶識、末那識、第六意識、前五識），以成就四種智慧（大圓鏡智、平等性智、妙觀察智、成所作智，以成就佛之三身（自性身、受用身、變化身）。這種說法對大乘佛教影響巨大。

（六）參讀《莊嚴》印度注疏之藏譯文獻

二〇一二年五月下旬，欽哲基金會於香港大學舉辦「佛典傳譯．漢藏互譯籌備研討會」，經多方討論後，基金會希望邀請在佛教學術研究與人才培育上成果豐碩的法鼓佛教學院，成為藏傳佛典漢譯計畫的重要合作團隊，經過一年多的商議，雙方達成合作的共識。二〇一四年三月六日，法鼓佛教學院與美國欽哲基金會於法鼓山安和分院簽署合作「藏傳佛典漢譯暨翻譯人才培訓計畫」，由欽哲仁波切與我代表雙方簽約，擔任翻譯的建築師姚仁喜、達賴喇嘛宗教基金會負責人達瓦次仁、國立故宮博物院文獻處研究員劉國威、政治大學林鎮國、黃柏棋教授，法鼓佛教學院副校長蔡伯郎、杜正民、維習安（目前在京都大學）、梅靜軒、鄧偉仁等老師、光全寺住持全度法師、欽哲基金會藏漢翻譯計畫負責人游欣慈等，與現場三百多位教界、學界貴賓，以及四眾弟子，共同參與此盛會。

雙方先展開一年的「前導型」計畫，各投注一百五十萬元經費，並彙集專家學者的意見，將有助確認整個計畫走向。我們聘請藏族出身、曾在蘭州（藏語系）、印度（佛學）、臺灣（中文研究所）求學，並在日本佛教大學取得博士的蘇南望傑先生，以法鼓佛教學院助理研究員的身分，擔任此計畫的主持人。

我向他提醒：由於目前藏文佛典的中譯計畫在華人地區已經不少單位在進行，我們應該掌握法鼓佛教學院的各種教學研究資源，例如：印度佛學組、中國佛學組、西藏佛學組、佛學資訊組，將此翻譯計畫不僅建立於藏文語言基礎，更能配合梵文、漢語等相關佛典文獻乃至佛學資訊運用的考量，才能顯出團隊合作的特色。

因此，我向蘇南博士做如下具體方案：我們以我向國科會提出「梵本《大乘莊嚴經論》擇要三品（17,11,9）之譯注計畫」為初期團隊合作目標。因為，依據梵本《莊嚴》，印度方面有安慧（Sthiramati）論師的《注釋》（Vṛtti）以及無性（Asvabhāva）論師的《廣疏》（Ṭīkā），但是這兩個注疏的梵本已經失傳，只有藏譯本，日本學術界也還沒有完整的譯注研究，值得我們組成團隊來作。此外，我與闞則富以及於一九九七年出版的《大乘止觀導論——梵本《大乘莊嚴經論・教授教誡品》初探》梵本譯注中已經包含此品的安慧《注釋》部分，在梵藏漢等譯注格式方面也有前例可以參考，比較容易事半功倍。

二、古今心智科學的對話

如上所述，「唯識學與認知神經科學的對話」議題是我的研究夢想之一，因此，於二〇一三年八月，我在《人生》雜誌發表此議題，文中提到：二〇一二年四月，行政院國家科學委員會（簡稱「國科會」）推出「心智科學腦影像研究計畫」徵求公告：「心智如何運作是人類亙古以來好奇的問題。二十世紀末由於認知神經科學的進展，使得心智問題研究邁入一個嶄新的境界。日新月異的腦部活動偵測與刺激技術使研究人類心智活動的大腦機制成為可能。研究主題逐步從認知（Cognition）擴及到情緒（Emotion）與意圖（Intention），甚至涉及到美感、信仰、偏見、道德、犧牲、熱忱以及意識狀態等過去較難處理的高層運作。」因此，鼓勵以使用「磁振造影技術」（Magnetic Resonance Imaging, MRI）儀器為主所進行人文與社會科學議題相關之研究計畫，以期達成推廣腦部造影儀器應用於心智活動研究之階段性目標。

法鼓佛教學院與臺北教育大學、長庚大學、中央大學、臺灣大學、臺北醫學大學等大學合作提出「慈悲心像：禪修在宗教教育場域的運用研究」整合型三年期的研究計畫，經過審查通過，從二〇一三年開始執行。因此，我有機會展開佛學教育與MRI、腦系統、心理諮商、生命教育等不同領域的「對話」與「互補」學習之旅，也參加多次「認知神經科學」講習課程，藉此分享一些唯識學與認知神經科學相關的淺見，就教方家。

（一）認知心理學＋神經科學＝認知神經科學

在一九八〇年代之前，「認知心理學」與「神經科學」之間幾乎沒有互動，後來整合為「認知神經科學」（Cognitive Neuroscience）的領域，成為心智科學的新潮流。例如：美國總統歐巴馬於二〇一三年四月二日宣布：為了解正常與疾病的腦，需要更完整的工具（Tool）與訊息（Information），將從二〇一四年預算中撥款一億美元，推動「創新神經技術之腦研究」（Brain Research through Advancing Innovative Neurotechnologies, BRAIN）的大型計畫，先組成十五人諮詢小組，負責研擬研究目標與規畫多年期計畫。

在臺灣方面，近十年來，為培育跨「認知神經科學」及「教育及人文社會」領域之研究人才進行相關議題之研究，有建構「功能性磁振造影」（fMRI）、「大腦事件誘發電位」（ERP）、「腦磁波儀」（MEG）、「跨顱磁刺激」（TMS）、「眼動儀」（Eye-tracker）等儀器的培訓平台，定期舉辦培訓課程，提供教育人文社會科學領域之大專院校教師與研究生了解並利用各項儀器進行跨領域研究之機會。因為，國科會認為：此類跨領域的整合性研究已經逐漸從心理學擴展到語言學、社會學、經濟學、教育學、法律學、政治學、人類學、藝術、哲學、甚至宗教神學等領域。由此可見「認知神經科學」的研究在人文與社會科學中扮演的角色日形重要，將可能成為二十一世紀人文與社會科學研究中不可或缺的一個新場域，因此學術先進國家莫不積極推動此類研究。

（二）禪觀與唯識學

認知心理學是研究人類如何思考的科學，涉及心智運作的結構（Structure）與歷程（Process），以感覺與知覺、注意、記憶、理解、解題、決策等為研究主題。佛教發展的各種學科中，比較類似「認知心理學」的是「唯識學」，它起源於彌勒（Maitreya）菩薩所開創的瑜伽行派（Yogācāra）。所謂「瑜伽行派」是因為奠基於《瑜伽師地論》（Yogācāra-bhūmi）而得名的。

「瑜伽」是梵文“yoga”的音譯，意譯為「相應」或

「契合」，可以指稱：身心、心境、止（定）觀（慧）、或理智之「相應」或「契合」，是淵源於印度的「練身修心」方法。佛陀時代，主要用與「瑜伽」體系有關之術語「禪那」（dhyāna，簡稱「禪」，意譯「靜慮」）、毘鉢舍那（vipaśyanā，禪觀）、「三昧」（samādhi，玄奘音譯「三摩地」，意譯「等持」）等來說明心智的修行，藉此解脫煩惱而自利，或者捨己為人而利他。

根據唐朝留學印度的譯經僧義淨（635-713）之《南海寄歸內法傳》卷一：「所云大乘，無過二種，一則中觀，二乃瑜伽。中觀則俗有真空，體虛如幻。瑜伽則外無內有，事皆唯識。」這是義淨對當時印度大乘兩大派別——龍樹（Nāgārjuna）所開創的中觀學派以及瑜伽行派——所做的觀察。《瑜伽師地論》包含：五識身相應地、意地、有尋有伺地等三地、三摩呬多地、非三摩呬多地、有心地、無心地、聞所成地、思所成地、修所成地、聲聞地、獨覺地、菩薩地、有餘依地、無餘依地等「依三乘境、行、果次第（觀境起行，方證果故）」的主題，說明經由瑜伽（禪定、禪觀）的心智訓練，可以把握內在心識可以轉化外境（外無內有）的深刻經驗，因而發展「事皆唯識」的義理，因而開展解脫道或菩薩道。

因此，《瑜伽師地論》卷七七引用《解深密經》說：「世尊！諸毘鉢舍那、三摩地所行影像，彼與此心當言有異？當言無異？善男子！當言無異。何以故？由彼影像，唯是識故。善男子！我說識所緣，唯識所現故……若諸有情自性而住，緣色等心所行影像，彼與此心亦無異耶。

善男子！亦無有異。而諸愚夫由顛倒覺，於諸影像，不能如實知唯是識，作顛倒解。」前半段說明：禪定（毘鉢舍那、三摩地）中的影像是心識所現。後半段引申到一般人由外境色法所產生的影像也是心識所現，但愚癡者由顛倒的錯誤認識，對於諸影像，不能如實知唯是識所現，產生種種執著與煩惱。

《大智度論》卷二九也說：「亦如比丘入不淨觀，但見身體膖脹、爛壞，乃至但見骨人；是骨人無有作者，亦無來去，以憶想故見。菩薩摩訶薩入念佛三昧，悉見諸佛，亦復如是……菩薩以善修淨心，隨意悉見諸佛，問其所疑，佛答所問。聞佛所說，心大歡喜；從三昧起，作是念言：佛從何所來？我身亦不去。即時便知：諸佛無所從來，我亦無所去。復作是念：三界所有，皆心所作。」這是說明：修不淨觀時，觀想屍體青瘀、膖脹、爛壞、蟲噉乃至但見骨人，但卻不執著，了知所觀想的「骨人」無我，不來不去，只是以憶想故見。同樣地，修念佛三昧的觀想成就時，雖然可以隨意見諸佛，但是卻不執著，了知所觀想的「諸佛」不來不去，是心識所作。

（三）阿賴耶識與生命中樞（腦幹）

依瑜伽行（禪觀）而體會的「三界唯心」、「萬法唯識」的主張，因而建立「阿賴耶識緣起」的思想體系，依此說明「生死流轉與涅槃還滅」的原理。所謂「阿賴耶（ālaya，藏）識，《瑜伽師地論》卷一：「心，謂一切種子所隨、依止性所隨、依附依止性，體能執受、異熟所攝阿賴耶識。」可見阿賴耶識有攝藏一切「種子」，猶如草木種子，能生長為異熟（果）。

此外，阿賴耶識還有「執受」身心之依止性的作用，《瑜伽師地論》卷一〇〇：「執受法者，謂諸色法為心、心所之所執持，由託彼故，心心所轉安危事同。同安危者，由心心所任持力故，其色不斷不壞不爛。即由如是所執受色，或時衰損或時攝益，其心心所亦隨損益。」這是說明阿賴耶識也是與身心「同安危」的生命中樞有關。

從演化來看人類的腦的結構，有美國神經生理學家馬克林（Margolin DI.）提倡的「三重腦理論」（如下節「四念住與三重腦理論所述）。其中，人類的腦包含有最深部的「爬蟲類型的腦」的腦幹（生命中樞；掌管呼吸、心臟活動、體溫調節等維持生命功能），與約兩億年前的爬蟲類時代的演化有關。因此，阿賴耶識「執受」身心、「同安危」的生命中樞特性與腦幹（Brain Stem）有關。

這種阿賴耶識「執受」身心、令不變壞的作用，可能與「滅盡定」的經驗有關。因為《瑜伽師地論》卷十二：「問：滅盡定中，諸心心法並皆滅盡，云何說識不離於身？答：由不變壞諸色根中，有能執持轉識種子阿賴耶識不滅盡故，後時彼法從此得生。」瑜伽行派從禪修者進入心心法並皆滅盡的禪定，但是身體不會變壞的現象，發現有此深層的有執持作用的阿賴識。

現代醫學認為死亡是「逐漸進行之過程」而不是某一特定「時間點」。傳統對死亡判定也非等到身體所有細胞都死後才宣告，故在醫學上有「腦死即死亡」的觀念。所謂

「腦死」指的是「腦幹」死亡，當腦部因外傷、中風、腫瘤等原因，使控制心跳、呼吸中樞的腦幹發生續發性病變，造成腦幹神經反射消失，無論採取何種醫療手段最終發展為心臟死亡。因此，與心臟死亡相比，腦死亡的判定更具有腦神經科學的意義。但是「植物人」是指大腦皮質部嚴重損傷，導致思考、記憶、認知、語言、行為等意識性功能幾乎喪失，導致長期完全臥床，無法自己攝食，糞尿失禁，無法與他人溝通，但腦幹仍可維持正常機能及基本生命徵象（如：自發性呼吸與心跳、對刺激有反應等），故可以說植物人的「阿賴耶識」仍然存在。

未來，唯識學與認知神經科學仍然有許多可以對話、交流的議題，國科會也提出：1.表徵的對應；2.差異的存在；3.經驗的影響；4.發展的歷程等四個軸向，推動國內心智科學腦部影像的研究，期待有助於此類研究在國內的人文與社會科學領域生根茁壯，並發展出具有本土文化研究特色，其成果能對國際學術社群做出特殊的貢獻。我想這也是未來佛教教育的一個重要面向，有待大家一起努力。

三、四念住與三重腦理論

八〇年代，我在日本留學期間，第一次讀到美國神經生理學家馬克林所提倡的「三重腦理論」時，有一股很強烈的震撼直達腦海的底層，我的腦袋似乎也被震裂成三片的感覺。之後，於二〇〇四年九月，我在《人生》雜誌發表〈四念住與三重腦理論〉。所謂「三重腦」是說：「人類的腦包含有最深部的『爬蟲類型的腦』的腦幹（生命中樞；掌管呼吸、心臟活動、體溫調節等維持生命功能），與約兩億年前的爬蟲類時代的演化有關。包圍腦幹的外側是『原始哺乳類型的腦』的大腦舊皮質（本能與情緒中樞，掌管食欲、性欲以及憤怒、恐懼等情感），與約一億五千萬年前原始哺乳類的演化有關。最後覆蓋其上的就是演化到靈長類才發達的『新哺乳類型的腦』的大腦新皮質（智能中樞，掌管理論性思考、判斷、說話等等高度智能活動）。」人類的胎兒的腦部也是依此三重順序發展；先後三種的演化期的腦，由內到外依序共存於人腦中（圖6.1）。

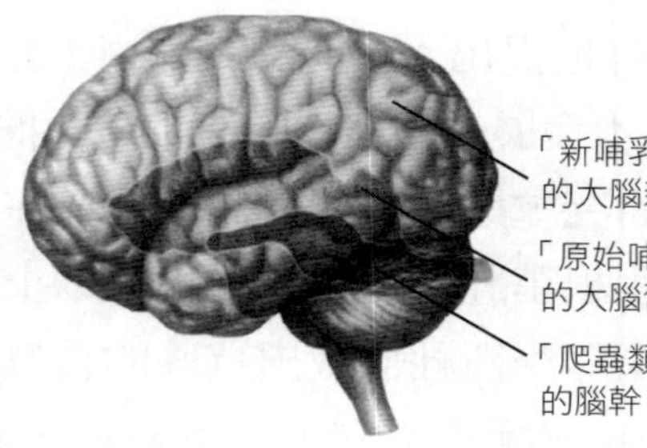

圖6.1 高等哺乳類腦

當時，我似乎感受到我和鱷魚等爬蟲類、馬等哺乳類等無比的親密關係，再次憾動「我是萬物之靈」的迷執，更小心、踏實地去面對人類隱藏在深層的本性；同時也體會到生命各物種間之相似相續、不常不斷的演化過程，生命個體猶如生命之亙古長流中的水泡，緣起緣滅，不生不滅。

之後，在撰寫博士論文時，探討到《念住經》之「四念住」（又譯為四念處）修習法。佛陀教導比丘們，學習認識自己的身體（呼吸與動作）、受（感覺與感受）、心（心識）、法（真理）等四方面，時時徹知無常，袪除對身心世界的貪瞋，使「覺察性」（念，Awareness, Mindfulness）念念分明，憶持不忘，敏銳且穩定（住，Setting-up，Establishment）。我對於身、受、心、法等「四念住」的觀察順序，與上述腦演化的「三重腦理論」，發現似乎有不謀而合之處時，再次產生一股震撼力，影響到我在動靜修行的感受與理解。

《念住經》不僅是南傳（聲聞乘）佛教的禪修指南，比丘們亦常在垂死人的病榻邊讀誦《念住經》，以淨化臨終者最後的心念。「四念住」其實是佛教修行的基本架構，在菩薩乘佛教中，也受到重視，例如：隋朝天台智者大師曾經講說，他的學生章安灌頂筆記成《四念處》四卷（T46, no. 1918）。

（一）身念住與腦幹

首先，與身體有關的「身念住」的修習階段中，有最常用且最實用的修習法，叫作「憶念出入息法（數息觀）」。《念住經》說明：修行者應覺知呼吸時氣息的出入情況。入息長、入息短時，清楚了知：「我入息長、入息短。」出息長、出息短時，清楚了知：「我出息長、出息短。」他如此訓練自己：「我當感受全身，而入息、出息。」他如此訓練自己：「我當寂止身體的制約者（呼吸），而入息、出息。」

從「三重腦理論」來看，呼吸作用與人腦中擔任掌管呼吸等維持生命功能的「爬蟲類型的腦」的腦幹有關，「身念住」之「出入息」的覺知讓修行者能經常體會生命中最基本的擁有——呼吸，我們出生後第一個擁有，死前最後的擁有，它是我們最忠實的親友，但是我們卻很少與它對話。我們也常忽略這種最基本「活著的感受」，不去珍惜如此古老、約兩億年前的爬蟲類時代所演化之呼吸的價值與意義。我們若能體會「一息尚存，永樂不忘」的心態，「呼吸」可以說是不用花費任何成本、幾乎不需任何其他條件的「遊樂對象」或「玩伴」，隨時可以與「呼吸」玩的妙趣橫生，乃至生命最後一口氣。

（二）受念住與大腦舊皮質

其次，與約一億五千萬年前原始哺乳類的演化的大腦舊皮質（情欲與情緒中樞）有關的「受念住」修習階段。《念住經》說明：修行者在經歷或執著於快樂、痛苦、不苦不樂等不同的感受時，他清楚了知：「我正經歷或執著於快樂、痛苦、不苦不樂的感受。」他觀察感受當中不斷生起、變化、消失的現象，練習區別「我的感受」（My Feeling）與「一種感受」（A Feeling）的不同，知道感受如何制約心，以處理不當的情緒。相對於呼吸是身體的制約者（身行），所以能藉著調節呼吸來調節身體，令其安適；同理，感受是心的制約者（心行），所以能藉著調節感受去控制心，令心安止。

（三）心念住與大腦新皮質

第三階段是與數百萬年以前演化之「新哺乳類型的腦」的大腦新皮質（智能中樞）有關的「心念住」修習階段。《念住經》說明：修行者當心有貪愛或無貪愛、有瞋恨或無瞋恨、有愚癡或無愚癡時，清楚了知心有貪愛或無貪愛、有瞋恨或無瞋恨、有愚癡或無愚癡。當心有收攝或無收攝、心廣大或不廣大、有上或無上、心專注或不專注、心解脫或未解脫時，清楚了知心有收攝或無收攝、心廣大或不廣大、有上或無上、心專注或不專注、心解脫或未解脫。他觀察各種心態不斷生起、變化、消失的現象，勇敢誠懇地去面對自己的心念，就像在鏡中看自己的臉一樣；練習區別「我的」與「一種」的不同，以處理不當的心態。然後，才能以此心智進入第四階段「法念住」修習，了解至高無上之法（真理）——無常、苦、無我、空、涅槃。

四、腦的情緒生活與慈悲禪定腦影像

如上所述，法鼓佛教學院與臺北教育大學、長庚大學、中央大學、臺灣大學、臺北醫學大學等大學合作提出「慈悲心像：禪修在宗教教育場域的運用研究」整合型三年期的研究計畫，經過審查通過，從二〇一三年開始執行。二〇一三年三月七日至九日，法鼓佛教學院、蓮花基金會、臺北教育大學教育學系共同主辦「正念與慈悲禪定國際研討會與工作坊」。二〇一三年四月，我將心得發表於《人生》雜誌，內容如下：

（一）正念與慈悲禪定國際研討會

大會特別邀請美國威斯康辛大學麥迪遜分校理查・大衛森博士（Prof. Richard Davidson）做兩場專題演講：正念的神經科學研究與實證發現（"Neuroscientific studies and empirical explorations of mindfulness"）與慈心、正念禪定與心智訓練的研究設計（"Experiences of conducting research on benevolence, mindfulness meditation and mind training"）。

大衛森博士是心理學與精神病學科系的教授，為享譽國際之情緒、行為與腦影像研究的專家。二〇一〇年開始擔任該大學「健康心智研究中心」（Center for Investigating Healthy Minds）的執行董事。此中心致力於研究人類心智如何生起和培養慈悲、寧靜、和藹、利他、愛等種種高貴的人性品質，並以研究成果設計各種正念與慈悲課程，推廣到學前教育及小學；以及探討呼吸訓練和禪修是否能幫助那些經歷阿富汗和伊拉克戰爭的退伍軍人，釋放壓力和焦慮，改善生活方式。

（二）腦的情緒生活之基本原理：情緒模式

二〇一二年，大衛森博士出版《腦的情緒生活》（*The Emotional Life of Your Brain*），以「它的獨特模式如何影響你的思考、感受與生活方式，以及你如何改變它們」（How Its Unique Patterns Affect the Way You Think, Feel, and Live-and How You Can Change Them）為副標題。此書主要建立在他三十年對「情感神經科學」（Affective Neuroscience）數以百計的研究成果，例如：1.共情作用（Empathy）的

大腦機制、2.經由比對自閉症（Autistic）和正常大腦的發展狀況，來找出處於正常情緒的大腦怎麼會陷入極度焦慮的情緒狀態，並且提出腦的情緒生活之基本原理「情緒模式」（Emotional Style），解說人類在情緒狀態（Emotional States）、情緒性向（Emotional Traits）、個性（Personality）和特質（Temperament）上的多樣性。

「情緒狀態」是指現實經驗或想像意象所引發的瞬間情緒，例如：母親節時，看到孩子為您精心製作糕點的快樂，想像可以順利完成一件大事的成就感，或者年假期間必須工作的憤怒。一些可以持續超過數分鐘、數小時或是以天為單位的情緒感覺叫作「心情」（Mood）。若是有種感覺影響您的時間是以年為單位的話，那就是「情緒性向」（Emotional Traits），例如：某些人看起來就是憤世嫉俗，或是經常不開心。「情緒模式」是我們回應生活經驗的一種經常方式，它為特定、可辨識的大腦迴路所掌控，也可以利用客觀的實驗方法來測量。因此，「情緒模式」可以追溯到特定、可辨識的大腦訊號，貼近大腦運作系統，可視為我們情緒生活的基礎元素。

相對而言，「個性」雖是比較常用來描述人們的方式，但它既非基本的感受，亦非立足於可以確認的神經機制；個性包含了情緒性向和情緒模式綜合描述。近來大眾媒體喜歡報導心理學界所推論：哪種類型的「特質」可以成就好的浪漫對象、商界領袖，或精神病患者，但是它們並非基於大腦機制為主的嚴謹分析。

（三）情緒模式的六個向度

有別於傳統的個性、情緒性向和心情的說法，《腦的情緒生活》書中提出，以現代神經科學研究為基礎的「情緒模式」，是由如下的六個向度組成：

1. **復原力**（Resilience）：你從逆境中復原的快慢。

2. **觀點**（Outlook）：你能保持正面的情緒多久。

3. **社會直覺**（Social Intuition）：你有多善於從人群中揀擇出社會信號。

4. **自我覺察**（Self-awareness）：你有多善於感知反映情緒的身體感受。

5. **情境調控力**（Sensitivity to Context）：你有多擅長調節自己處於情境中的情緒反應。

6. **注意力**（Attention）：你的專注度有多敏銳和清晰。

例如，早上你與重要的親友爭吵之後，會感到煩躁一整天。但是沒有意識到：你是暴躁的、不滿的、粗魯的原因，是你沒有恢復你的情緒平衡，這是復原力緩慢模式的標徵。因此，如何能更了解你的情緒模式？這是任何試圖優雅地接受「你是誰」或改變它的第一和最重要的一步。

大衛森博士相信，每個人的個性與特質反映出情緒模式六個向度的不同組合。例如：有些人具備高度「樂於接受新經驗」的個性，具有較強的社會直覺、自我覺察與注意力模式。一個「嚴謹」的個性則具備良好的社會直覺、注意力、情境調控力。「外向」的個性若可以從逆境中迅速回復，是因為復原力快速，可保持積極的觀點。「隨和」的個性是情境調控力、復原力強，容易保持積極的觀點。高度「神經質」個性，從逆境中復原得慢，具悲觀、消極的觀點，對情境調控力與注意力低。此外，易衝動的特質則是注意力和自我覺察的低下。有耐心的特質則具備高自我覺察和情境調控力……。

（四）慈悲禪修可調節情緒之神經迴路

如上這些組合提供的描述方式之大腦的基礎可能是什麼？一九八〇年代初，學術心理學界將情緒的研究主要歸類於社會和人格心理學，而非神經生物學，僅少數心理學研究者對研究情緒的大腦基礎有興趣。因為當時都認為大腦情緒中心僅在**邊緣系統**（包圍腦幹的**邊緣**，是本能與情緒中樞，掌管食欲、性欲以及憤怒、恐懼等情感，與約一億五千萬年前原始哺乳類的演化有關），新近演化的**前額葉皮層**是理性的功能，不可能在情緒上扮演什麼角色。大衛森博士則認為：**前額葉皮層**對情緒也是非常重要的，因為許多研究證明：禪修可導致「腦神經重塑」（Neuroplasticity）效果，例如：慈悲禪修對情緒之神經迴路有調節功效。這篇研究論文也是大衛森博士在此次大會演講之主要內容。

論文中提到：最近的功能性核磁共振攝影（fMRI）大腦影像研究發現，對於他人痛苦的同理心反應，牽涉腦島（Insula）和前側扣帶皮質（Anterior Cingulate Cortices）。研究者進一步假設：禪修中培養對別人的關注，增強了情緒性處理，特別是對於悲傷聲音的反應，並對於情緒性聲音的反應是經由禪修訓練程度而調控。結果發現：

1. 禪修時，禪師相較於初學者，對悲傷聲音比對正面或中性聲音之腦島的活化還大。

2. 此腦島活化的強度，也和這兩組禪修的自我回報強度有關。

3. 比較禪師和初學者之禪修與休息狀態也指出，杏仁核、右側顳頂葉交界處，和右側後顳上溝的活化增加，對於所有情緒性聲音有反應。

因此可知：禪修者培養正向的情緒，改變先前連結同理心的迴路系統的活化，以及對情緒性刺激反應的心理理論。

(五) 從實驗室「轉譯」到社會：學以致用

此次演講中，大衛森博士將該大學「健康心智研究中心」的研究成果，設計各種正念與慈悲課程，推廣到教育與社會的計畫，稱為「Translation Project」。首先，聽眾還以為是語言的「翻譯計畫」，現場由陽明大學腦科學研究所謝仁俊教授解釋：不是語言的翻譯，而是將實驗室的研究成果「轉譯」運用到社會。這確實是重要的觀念用語，也可以用在佛學研究領域，例如：我們不能只將梵文、巴利文或藏文等經典語言「翻譯」成現代語言就好，還能將這些研究成果「轉譯」運用在自己或社會的層面，自利利他，才是學術研究的真諦，這也是法鼓佛教學院「畢業行門呈現」所強調的學習目標。

（六）各種專業學科之間的「對話」「互補」

在此「正念與慈悲禪定國際研討會與工作坊」中，我個人也受邀介紹法鼓佛教學院與幾個相關大學合作提出「慈悲心像：禪修在宗教教育場域的運用研究」整合型計畫之子計畫一「慈悲心像之禪修課程與數位學習」的相關議題。其中，我特別有提到，藉此整合型計畫，各種專業學科之間，可以增進互相「對話」或「互補」的功效，減少單獨摸索的困難與盲點。

1.Mindfulness的中文譯名

例如：對於「Mindfulness」的中文譯名，有臺灣的學者們將MAAS（Mindfulness Awareness Attention Scale）中譯為「止觀（Mindfulness）、覺察（Awareness）、注意（Attention）、量表（Scale）」，也就是將「Mindfulness」中譯為「止觀」，而不是傳統的「正念」的譯語。或許這些學者們考慮到Mindfulness的定義：Mindfulness涉及專注於使用「非判斷式態度」（Nonjudgmental Manner）之相關經驗，而擔心「正念」的譯語，如何與「覺察力」產生相關？「正」的用語是否有所謂「價值判斷」的問題？

但是，從佛教術語譯語，「止觀」的巴利語是samatha（止）-vipassanā（觀）；或梵語是śamatha（止）-vipaśyanā（觀），不是原先Mindfulness之巴利文sati或梵語的smṛti。sati或smṛti一般（傳統或現代）是依前後字詞的搭配，中譯為單字詞「念」或雙字詞「正念」，例如：玄奘所譯《瑜伽師地論》中，「四『念』住」（catvāri smṛty-upasthānāni）、「『念』防護意」（smṛty-ārakṣita-mānasaḥ）等單字詞「念」，或「防守『正念』」(ārakṣita-smṛti）、「獲得『正念』」（smṛtiḥ pratilabdhā bhavati）、「常委『正念』」（nipaka-smṛti）等雙字詞「正念」。

換言之，「正念」不一定是梵語samyak-smṛti，或巴利語的sammā-sati的中譯語，有加「正確的」samyak或sammā，單獨的巴利文sati或梵語的smṛti依前後字詞的搭配，也可以中譯雙字詞「正念」。因此，「正念」的中文譯語不一定有所謂「價值判斷」的問題。

此外，巴利文sati或梵語的smṛti有兼具Memory（憶念，念念不忘，記憶力）以及Mindfulness：（護念，念防護意，覺察力）兩種意涵。同樣地，中譯詞「念」也可以具備這兩種意涵，單用「覺察力」的譯語只有一種意涵。

因此，藉此整合型計畫，心理學專業可與佛學專業之間，互相「對話」或「互補」的功效，減少如上單獨摸索的困難與盲點。

2.對死者修慈不能得禪定？

五世紀，覺音論師所著《清淨道論》第九「說梵住品」，對於修「慈心」禪修者，有提到「絕對不應對死者修習」，因為如果對死者修慈，絕對不能得證安止定與近行定。據說：有一少年比丘，開始對自己的阿闍梨修慈，但他的慈不能現起。於是去問大長老道：「尊師！我對於慈的禪定是很熟練的，但今不能入此慈定，不知是什麼原故？」長老說：「賢者！你當尋求（慈的所緣）相。」當尋求時，他知道了阿闍梨已死，再對他人行慈，乃能安止於定。是故決不應對死者修慈。

如此的傳統看法，到現代也是有流傳。例如：性空法師（Ven. Dhammadīpa）之《四無量心》（嘉義：香光書鄉，2004）的開示中，提到：「還有要選擇活著的人，不要選擇死的人，因選擇死的人，我們不能入定。我們的目標是以一個穩定的所緣，培育定力，進入慈心禪那。選擇已死的人，無法入定，這是心的祕密。」（頁34）

3.對自己修慈不能得禪定？

此外，對於以自己為對象修「慈心」禪修者，《清淨道論》有提出如下的問題：最初須對自己「我欲樂、不苦」或「保持我自己無怨、無害、無惱、有樂」這樣的屢屢修習。

問：如果這樣（先對自己修慈），那麼，《分別論》說：「諸比丘！如何比丘以具慈心遍滿一方而住？即如看見一個可愛可喜的人而起於慈，同樣的對一切有情以慈遍滿。」同時，《無礙解道》亦說：「如何以五種行相無限制的遍滿慈心解脫？即使一切有情保持自己無怨、無害、無惱、有樂，使一切生物，一切生類，一切人，一切動物保持自己無怨、無害、無惱、有樂」等；並且《慈經》中說：「使一切有情有樂、安穩、幸福」等，這些經論中都未說對自己修慈，豈不與此矛盾？

答：彼此不矛盾的。

問：何以故？

答：彼諸經論是依安止（定）說，這樣是以（自己）為證人說的。然而縱使百年或千年以「我欲樂」等的方法對自己修慈，他也不會得安止（定）的。

以上兩個古代《清淨道論》所敘述不能得禪定的修行對象（死者或自己），在現代腦科學的研究進展中，是否可以有突破性的解釋？因此，佛學專業與腦科學專業之間，若可以互相「對話」或「互補」，或許可以減少如上單獨摸索的困難與盲點。

五、腦科學之「變動之我」與佛教之「無我」觀

有關「唯識學與認知神經科學的對話」議題，《唯識三十頌》的開頭「由假說我法，有種種相轉，彼依識所變，此能變唯三」，換言之，但由假立、非實有性的「我」（主宰性）、或「法」（軌則性），雖然都有種種不同的相狀，隨緣施設有異，但是皆依識所轉變而假施設，……。

其中，有關「但由假立、非實有性的『我』（主宰性）」是「唯識所變現」的主張，於二〇〇四年七月，在《人生》雜誌，我發表〈腦科學之「變動之我」與佛教之「無我」觀〉，文中提到：隨著腦神經科學的進步，對於什麼是自我？它位於大腦何處？大腦如何製造一個統一的自我？大腦與心智的關係為何？等問題有了新的觀點，在坊間也有以此為主題的科學普及書籍，例如：方伯格所著*Altered Egos: How the Brain Creates the Self*。這些科學的成果與佛教之「我」與「無我」的教義，是否有可以產生互相對話與交流之處？或者是否有助於體會無我、無我所之觀察？

（一）腦損之「自我界限」的變動

在日常生活中，我們可以感覺到似乎有統一性、常恆不變性的「我」，即所謂「意識經驗及生存重心的主體」。但是方伯格醫生觀察到一些因腦受損而改變了「自我界限（Margins）」的病人，也即是改變了自我與本身、自我與他人及自我與世界的關係。

有位中風的病人的額頂葉因血管梗塞而受損，造成「身體失識症」（Asomatognosia；缺乏對自己身體的識別），她不知道自己的左臂是屬於她的，而認為它是屬於以前因中風過世的先生所有。有病人則一直不停地想要將他的左臂趕下床，有的向護士抱怨有人和他一起躺在病床上。例如：一位四十八歲的婦人被問到她的左邊身體時，她回答：「那是一個老人，一直都躺在床上。」某軍醫院的一位軍校學生則一直抱怨：「在他自已身體與牆壁之間，已經沒有空間給『那個人』了。」也有病人在提起自己癱瘓的左臂時抱怨說道：「別人是沒有權利到她的床上。」因腦受損而拒絕、誤認或否認他們一輩子所熟悉身體的一部分的症狀，顯示出自我邊界的彈性令人驚訝。

此外，方伯格醫生發現：自我並不是像皮膚那樣將我們與世界清清楚楚地劃分出來，它像變形蟲，具有可以改變形狀、界限、應需求而變形或再生某個部件的能力。例如：因頭部受傷、中風而產生「誤認症」病人，有些會認為有人冒名頂替他們的父母或夫妻。有些則將陌生人認為是某位他所認識的人，甚至認為醫院裡滿是他的家人、朋友和同事。也有病人不是誤認實際的身體，而是誤認鏡中的影像不是自己，而是長相類似的陌生人，甚至對鏡子潑水、扔東西、大聲斥責，試圖將他們的替身趕出房子。此外，患有「他人之手症」的病人在無法控制的情況下，會用其中一隻手掐住自己的喉嚨。

（二）「包含性階層」建構自我的統一

從諸多「自我紛亂」病人的大腦中，我們可以發現：大腦的許多不同區塊都對自我的建構及維護扮演不同的角色，但是現代神經學已證明腦中並沒有一處是掌管自我的區塊。方伯格醫生則假設大腦是以製造意義（Meaning）與目的（Purpose）的包含性階層（Nested Hierarchy）來建構自我的統一。並且，他也認為：自我邊界的轉變並不只限於腦部損傷的人。我們每一個人幾乎每天都經歷「自我界限」的改變，每當我們認同別人、設身處地替別人著想，對別人的痛苦感同身受，或為隨喜別人的好運時，我們與他人心智便有部分合併，分享到他們主觀的經驗。當我們進入彼此認同的心智狀態時，便進入心智的新包含性關係了。

佛法則認為：造成「我」（Self）的觀念，是一種模模糊糊的「我存在（I AM）」的感覺。這「我」的觀念，並沒有可以與之相應的實體，猶如上述「但由假立、非實有性的『我』（主宰性）」是「唯識所變現」的主張。若能如此觀察，則可體悟涅槃。但這不是容易的事。在《雜阿含經》卷第五第一〇三經中，敘述差摩（Khema）比丘身得重病，諸比丘派遣某位瞻病比丘前往探病。差摩承認：

雖然他能正觀五蘊身心中，了知「無我」與「無我所」，但還不能離我欲、我使、我慢，不是一位斷盡煩惱的阿羅漢。因為對於五蘊身心，仍有一種「我存在（I AM）」的感覺，但是並不能清楚地見到「這就是『我存在』（This is I AM）」。就像是一朵花的香氣，分不清是花瓣香、顏色香或花粉香，而是「整體」花的香。所以，已證初階聖果的人，仍然保有「我存在」的感覺。但是後來繼續精進修行時，這種「我存在」的感覺就完全消失了。就像一件新洗的衣服上的洗衣粉的藥味，在衣櫃裡放了一段時間之後，才會消失。同樣地，修行者增進思惟，觀察生滅，此色、此色集、此色滅，此受、想、行、識，此識集、此識滅。於五受陰如是觀生滅已，我慢、我欲、我使，一切悉除，是名真實正觀。

六、「順解脫分」之相狀：悲欣毛豎

對於，修行者從「我執」解脫的歷程與「認知心理學」的關心，於二〇〇五年五月，在《人生》雜誌，我發表〈「順解脫分」之相狀：悲欣毛豎〉，文中提到：對於凡夫的修行位次，聲聞乘的《大毘婆沙論》、《俱舍論》等論書都提到「順福分」、「順解脫分」和「順決擇分」三善根。「順福分」是以布施、持戒、修四無量心等福業，感世間生活條件的改善。「順解脫分」則是「欣求涅槃、厭背生死」之「增上意樂」（強有力的意向）。「順決擇分」是指見道以前，修觀四諦的智慧，以達無漏聖位修行階段。

(一)於解脫法，深生愛敬，毛竪泣淚

其中，順解脫分善根的產生是修行關鍵階段之一，因為它將引發解脫生死的決心。所以《大毘婆沙論》卷一七六有以「魚吞餌鉤」的事例，譬喻種植順解脫分善根的人，猶如魚雖然還在水裡，但可以說已經在魚夫手中了，因為不久就將被釣到岸上。

此外，具備「順解脫分」善根眾生身體中之解脫的種子（意樂）相雖然是內在性、微細難知，但是《大毘婆沙論》提到可從如下的身心變化來判斷：「謂若聞善友說正法時，身毛為竪，悲泣流淚，厭離生死、欣樂涅槃。於法、法師深生愛敬，當知決定已種順解脫分善根。若不能如是，當知未種。」

所謂「身毛為竪，悲泣流淚」的身心反應，根據生理學解釋，是當聽神經接收到訊息除了上傳至大腦皮質，產生認知外，同時也會經由下行路徑，將訊息傳遞至脊髓的交感前神經節細胞（Sympathetic Preganglionic Cell），刺激交感神經系統興奮。交感神經受到刺激後，會引發皮膚豎毛肌（Arrector Pili Muscle）收縮，因而提高毛孔在皮膚上的高度，造成「雞皮疙瘩」；這個現象與皮膚遇到冷空氣或聽到美妙的音樂的自然反應十分類似。

在《優婆塞戒經》卷一則說明「身毛皆竪，涕泣橫流」的原因是：由於聽法受持，聞三惡苦，對犯戒墮落生怖畏心，堅持齋戒乃至小罪不敢毀犯。此外，也可能是由於「歡喜踊悅」所伴隨身心反應，例如《佛說身毛喜豎經》卷三：「爾時，會中有一尊者，名曰龍護，去佛不遠，執孔雀

扇，侍佛之側。時即置扇，前詣佛所，合掌頂禮，而白佛言：我今得聞此正法已，身毛悚豎，生大歡喜。世尊！此經何名？我等云何奉持？佛言龍護：今此正法，名身毛喜豎，如是名字，汝當受持。」或在《大般涅槃經》卷三，更敘述須跋陀羅（Subhadda）聞如來說八聖道，「心生歡喜，舉身毛豎」，進而了悟八聖道之義理，「遠塵離垢，得法眼淨」，證得初果而發心出家，聽聞四諦法，乃至獲得漏盡，成阿羅漢。

（二）「向善離惡」的認知與愛敬、喜悲等情緒

所以，已種「順解脫分」善根者的「身毛為豎」現象，可能歸因於「向善、離惡」的認知的形成，而引發「愛敬」、「歡喜」與「悲泣」等情緒。此種現象似乎可用「斯辛二氏情緒論」（Schachter-singer theory of emotion；斯開特與辛格；1962）來解釋這些情緒的形成（張春興，《現代心理學》，頁547-548）。斯辛二氏主張：「情緒經驗實乃起於個體對兩方面訊息的認知：一方面是對刺激情境性質（可笑的還是可怕的）的認知，另方面是對自己身體生理變化的認知（自己覺得如何）」；又因為他們的情緒理論重視當事人自己的認知解釋，故而又稱「情緒歸因論」（Attribution Theory of Emotion），或「認知標記理論」（Cognitive Labeling Theory）。

斯開特與辛格曾經設計如下的實驗證明其理論：先向受試者偽稱，實驗目的是想驗證一種新注射用的維他命對視力的強化作用。而後將受試者分實驗與控制兩組。實驗

組接受注射的是會使交感神經系統興奮腎上腺素，從而引致心跳、氣促、臉熱、兩手顫動等現象。控制組接受注射的是對身體不會發生任何生理變化作用的生理食鹽水。

之後，再將他們混合編為兩組，分別置於兩種情境。偽稱要他們等待一段時間，然後分別做視力檢查。其中一組在等待視力檢查期間，安排有人做滑稽表演，情境令人發笑。另一組在等待期間則有人故意向受試者干擾，強行要他們填答問卷，引起受試者惱怒。然後，在偽裝視力檢查時，研究者對原實驗組（注射腎上腺素者）中一半的人，告以注射的藥物會影響他生理變化，對實驗組的另一半人則不做任何說明。對控制組的受試者，也不做任何說明。如此設計的目的在讓部分注射藥物的受試者，對自己身體生理的變化的原因，多一份認知的資料。

上述實驗設計是假設：受試者知道藥物效應者，將自己心跳、氣促等生理變化，歸因為藥物，而不歸因於外在情境。不知道藥物效應的受試者，則將自己的生理變化，解釋為自己的情緒反應，且情緒變化係來自情境。實驗結果發現：在可笑的情境中，實驗組內未告知藥物效應者，表現出較強烈的興奮情緒。在令人惱怒的情境中，實驗組內未告知藥物的受試者，也表現出較強烈的惱怒情緒。所以，研究假設獲得了支持。

（三）身心轉換

我們也可藉由如上的情緒理論來解釋佛典所說「順解脫分」善根者為何有「悲欣毛豎」的反應。此種認知與情緒經驗可以產生「增上意樂」，並且引發「順解脫分」善根者的身心轉化。《大毘婆沙論》以金器和瓦器的譬喻來說明有無「順解脫分」善根的區別。譬如有人帶著金器和瓦器外出，不小心跌倒，金器和瓦器都摔破了。人們對他所惋惜的是瓦器而不是金器，覺得奇怪。他回答說金器破了，失器形不失器體，還可以請金匠修復。但瓦器破了，是無法修補的，因此才會對瓦器覺得可惜。或許我們也可藉此譬喻了解「順解脫分」善根者之品質的提昇猶如從瓦器轉化成金器一般。佛典中此種身心轉化的實踐或許可做為推行「提昇人的品質」的參考。

七、直指人腦，明心見性

二〇〇七年初春，接到林口長庚紀念醫院神經內科朱迺欣醫師的電子郵件，提到：他的老師奧斯汀（James H. Austin）教授（彩圖69）在一九九八年出版有關禪宗與腦神經科學的書，書名是*Zen and the Brain*，由MIT Press出版。奧斯汀教授著名研究是神經系統的白質疾病，例如：羅倫佐症與以他的名字命名的Austin's disease。一九七四年，他接觸日本小堀松年禪師，而走上禪修之路。一九九八年出版此書，即獲得美國的Scientific and Medical Network Book Prize獎項。目前，此書已出版第七版，並有幾個國家的譯本，中文節譯本（於2007年10月出版）也由奧斯汀教授高足林口長庚紀念醫院神經內科朱迺欣教授完成，朱醫師則請我寫序，我於二〇〇七年五月完稿。同年六月，我做少許調整之後，也將它發表於《人生》雜誌，再述如下。

我早已拜讀過朱醫師於二〇〇二年所翻譯的腦神經科學名著《尋找腦中幻影》（*Phantoms in the Brain*），對於他能自在優游於人文與科學的功力，我早已仰慕。沒想到，在輔仁大學之科學與宗教研究中心所主辦二〇〇五年十月十五日舉辦之「臺灣科學與宗教學術對話」系列座談會中，一同被邀請擔任第一場：「意識之探討」之引言人，因而，得以親自請益，因緣殊勝。

本人從就讀於臺北醫學院藥學系時，乃至出家後，一直都對腦神經科學與意識的關係，有無比的興趣。在日本東京大學留學時候，所撰寫的博士論文，也是以探討到禪定狀態的身心機制，以及與佛教心理學的關係為主。因此，對朱迺欣醫師的座談會引言，特別用心聽。他分析「意識」（Consciousness）有兩種層次：1.覺醒狀態（Level of Arousal）與2.意識的內含功能（Content of Consciousness; Level of Awareness），並深入淺出地解說與意識有關的腦神經生理學，以及各種意識障礙，讓與會者獲益良多。

座談會後，主辦單位的越建東博士（1994-1997年之間，曾經是中華佛學研究所之我的學生，現任教於中山大學），知道我對此議題感興趣，所以介紹*Zen and the Brain*給我，並為我代購。但是，我只是瀏覽大概，無暇細讀，由於為中譯本寫序的因緣，可以先睹為快，真是歡喜。由於此書各種議題精闢確實，觀點新穎而具啟發性，參考文獻巨細靡遺，內容條理分明，文筆深入淺出，期待它將會是法鼓佛教研修學院之禪修專題研修的教材，故就此議題，分享個人粗淺感想如下。

（一）禪與腦

原書的書名*Zen and the Brain*之“Zen”乃是「禪」之日文發音。雖然禪宗是從印度的菩提達摩禪師於北魏時（約西元500年）傳來中國而發展而成，宋朝時傳到日本，成為日本文化的骨幹之一。歐美人士於第二次世界大戰後，由於日本禪者鈴木大拙（1870-1966）之諸多英文「禪宗」著述及演講，引起西方人士對禪學之濃厚興趣。所以，在西方世界，將「禪宗」以“Zen”來稱呼，比以“Chan”的中文譯音或印度梵文原音“Dyāna”來稱呼還多。

（二）明心見性

達摩的禪法到四祖道信（580-651）而興盛起來，又經五祖弘忍（602-675），六祖慧能（638-713）的先後弘揚，禪風大盛。六祖慧能的禪法，直指現前一念本來解脫自在（「無住」），「明心見性」成佛，為達摩禪的中國化鋪路，禪者也開展出不同禪風，以接引學僧，例如：棒打、大喝、反問、暗示、手勢、身體繞圈、站起、坐下等肢體語言、或應用拿放拂子、拄杖、笠子、鞋子等物品。在日常的生活中，如種菜，鋤草，採茶，喫飯，泡茶，都可以做為傳達禪法的場所。因為，禪宗主張：各種食、衣、住、行等日常作務、一切之起心動念、揚眉瞬目等日常生活皆是佛性之顯現。

如何將這種禪思想與腦神經科學相結合？是探索人類

精神文明的一大挑戰，奧斯汀教授從以下八個角度來討論：

1. 禪是什麼？以及不是什麼？內隱自我（Implicit Self）之心理建構 I-Me-Mine 為何？與我們四種（知覺、情緒、理性、直覺）經驗世界的關係如何？

2. 禪坐的基本生理機制，與睡眠週期的比較，打坐是不是一種感覺剝奪（Sensory Deprivation）？

3. 總結腦研究的最近相關發展。其中，將人類基本的思考問題：它在哪裡（Where is it）？它是什麼（What is it）？何時（When）？ 我應該怎麼處理它（What should I do about it）？與大腦之部位的關係之探討，令人深思。

4. 定義意識的各種狀態，做為 5. 加速（Quickening）、6. 入定（Turning in）、7. 出定（Turning out）等於禪定實修有關議題的序曲。此三部分包含三次禪定與腦科學問答，可提供我們做為現代禪宗參究的「公案」議題。

8. 朝向持續開悟的階段：存在（Being）與超越（Beyond），探究超越短暫「經驗」，釐清持續開悟階段和它對社會的影響。

（三）心識與腦神經

腦科學研究自十九世紀末，開展有關神經元學說研究的染色技術；二十世紀四〇年代末，微電極的發明開啟了神經生理學研究的新的可能性，因而對神經活動的認識有重大的突破。二十世紀六〇年代後期，細胞與分子層次研究，建立了腦神經科學新的里程碑，對於大腦之感知、運動控制、學習記憶、情緒、語言、意識等的研究，日新月異。二十世紀九〇年代，人們開始注意腦科學研究中整合性觀點的重要性，例如：感覺資訊如何整合而認識外在世界？突觸可塑性與學習和記憶形成的關係為何？語言的中樞如何運作？意識如何被控制？意識的整體性怎樣被保持？大腦又是如何創造出主觀感覺，讓我們感到有單一、整體的自我？這些問題，開始進入腦科學的領域，成為新世紀最重要的尖端研究課題之一，但是其問題之複雜度需要結合不同領域的知識和人才，包括生物、醫學、物理、化學、數學、資訊科學、工程、社會科學、哲學、宗教、語言等人文科學、以及藝術等不同學科領域。

（四）人心與人腦

中國禪宗認為：悟道時，名為「識心見性」，或「明心見性」。所以，在教學上主張：「直指人心，見性成佛」。對於，如何「見性」？有的禪師從現前生生滅滅的心念中，以「無念」直入；有的禪師從日常的生活之見聞覺知、語默動靜中直入。生滅的心念或者見聞覺知、語默動靜，都是與大腦的各種作用有關。如何能「直指人腦，明心見性」？奧斯汀教授的*Zen and the Brain*大作，為我們帶來新的嘗試。

《雜阿含經》三一九至三二一經有提到如下類似的說法：「佛告（生聞）婆羅門：一切者，謂十二入處。眼、色，耳、聲，鼻、香，舌、味，身、觸，意、法，是名一切。若復說言：此非一切。沙門瞿曇所說一切，我今捨，別立餘一切者，彼但有言說，問已不知，增其疑惑，所以者何？非其境界故。」也就是說，那些離十二處、超出認識經驗的戲論（例如：是否有永恆不變的靈魂、時間與空間有限性或無限性等問題），是無關於實存的幻想。佛陀認為這類問題，無法以六種認識器官來證實，無回答之意義，故不答以是或非（無記、不可記）。

我們若能深刻地觀察：從與腦神經作用有關的眼根、耳根、鼻根、舌根、身根、意根（六根，六種認識器官）與所認識的對象——色、聲、香、味、觸、法（六境），所產生之六種認識作用（眼識、耳識、鼻識、舌識、身識、意識等六識）之六觸、六受、六想、六思、六愛等心理作用。這些與腦神經作用有關的六根與六境也就是現實的「一切」，直下承當，體悟「萬法唯心所造，唯識所現」，眾生「心識」作用不離「腦神經」，也不即「腦神經」，不一不異。了知：腦海之識浪生生滅滅，其實不生不滅，無我無相，澄寂不動，猶如大圓鏡智，森羅萬象，隨緣印現，不迎不拒，本來自在。如此，或許可說是「直指人腦，明心見性」的法門吧。

八、禪與腦：自我與無我

二〇〇七年十一月二日，我們邀請上述*Zen and the Brain*的作者國際著名的神經學家奧斯汀教授到法鼓佛教研修學院以「禪與腦」為題演說（彩圖69）。因為此書的中文節譯本於二〇〇七年十月出版，本人也因受邀撰寫推薦序的因緣，與兩位教授結緣，並且促成法鼓佛教研修學院第一次大師講座的因緣。

雖然，我已經拜讀奧斯汀教授的大作，但是有幸現場聆聽演講，如沐春風，法喜充滿，想記錄聽講與閱讀有關「自我與無我」議題的心得一二，就教諸方，並資紀念。

（一）內隱自我的結構：I-Me-Mine

腦神經科學家認為：嬰兒在大約十八個月大的時候，腦部之下皮層路徑將所有腦葉（Lobe）連結，才能區別「我」和「你」；並且對擁有物堅定表示：「是我的東西！（Mine）」。此外，在十五到二十四個月大時，嬰兒的動作已含有自我意識。在鏡子前面，她或他會認出，鼻子上的一小點雀斑是一種自我的不完美。內在的「我」（I）已經知道，可怕的「不好」汙點破壞「我的」（My）鼻子。

此外，當「自我感覺」（Self-feeling），包括最高的自尊和最深的煎熬，與這些情緒連結在一起的是我們的本能行為，包括自我尋找與自我生存。從孩提時代起，我們已依著皮膚，建立自我／他人（Self / Other）的界線與障礙。當你我互相注視時，我們兩人都把彼此當作是「他人」（Other）。同時，在場的第三者也將我們兩人當作是「他人」（Other）。但是，若有第四位觀察者來到，他恰好是一位開悟的人。雖然他見到不同的眾生，他會超越我們虛構的分別，把我們四位看成比較大的「一體」（One）的一部分，不會以皮膚的界線來分彼此。

相對於比較明顯的身體自我，此內隱自我（Implicit Self），似乎有三種不同的運作成分：1. 主格的我，此「我」

靜時，可能又高又強壯；動時，可能呈現威脅。2.受格的我（Me），此「我」比較脆弱，可能會被傷害。3.所有格代名詞的我（Mine），此「我」想擁有，向外要抓住物質東西，向內要控制別人的生活。這三種「我」的連結，緊密、複雜，又互補。我們可以稱呼此種心理建構為I-Me-Mine。

禪宗訓練的初步，要先認識此I-Me-Mine複合體（Complex）的存在，它在日常生活中的反應，進而對它探究和修剪。進而，放棄掌控的I，放棄Me的保護舉動，和消除被Mine奴役指使，達到「無我、無我所」的境界。

對此議題，我們可以在佛典找到相似的分析。例如：《阿含經》權威楊郁文老師，在《以四部阿含經為主綜論原始佛教之我與無我》論文中，分析阿羅漢聖者斷除四種「我執」：1.宗教性或哲學性分別的我、我所見。2.常識性分別的我、我所見。3.俱生性我見。4.我慢、我欲、我使、我慢使。

（二）I-Me-Mine的消融

奧斯汀教授對於I-Me-Mine（主格的我一受格的我一所有格代名詞的我）的消融的境界，有如下的說明：1.主格的「我」消融之時，可從強迫性作為（Compulsive Doing）與「時間」的壓力中解脫。2.受格的我（Me）消融之時，則無有恐懼。3.所有格代名詞的我（Mine）消融之時，則可體悟萬法「如是」（不來不去），消除「我要擁有」的執著；並且也可消除自他分別，體悟萬法平等一體。

教授在講演最後，以一般人路見惡犬的恐懼，非常生動地讓聽眾體驗「受格的我」（Me）的作用，惡犬的主人立了「小心」（BEWARE）惡犬的警示牌，行人也非常害怕。但是，若此惡犬可學習覺察（BE AWARE）心念，學習禪定，則可讓行人無有恐懼。

此時，我體會人人內心都有惡犬，如何時時學習降伏？則是禪修者的要務。同時，也讓我突發奇想：法鼓研修學院可以在新生入學時，每人分配一隻惡犬，若能學習將惡犬降伏成為禪犬，無有恐懼，則可做為畢業評量的指標。但不希望讀者因此不敢來報考法鼓研修學院。

在佛典《清淨道論》也有記載類似的故事：據說，已經斷除「我執」煩惱的曇摩陳那比丘，為度化他的恩師摩訶那伽長老，故意讓長老展現神通，變化成狂象，向長老自身方向奔騰而來。此時，長老看到此狂象來勢恐怖，便開始逃跑！曇摩陳那比丘便伸手捉住長老的衣角說：「尊師，斷除我執煩惱者還有怖畏的嗎？」以此測試，讓長老知道他依然是凡夫，因而繼續努力修行，很快也完全斷除「我執」煩惱，證阿羅漢果位。

大家所熟悉的《般若波羅蜜多心經》也說：「以無所得故，菩提薩埵依般若波羅蜜多故，心無罣礙；無罣礙故，無有恐怖，遠離顛倒夢想，究竟涅槃。三世諸佛依般若波羅蜜多故，得阿耨多羅三藐三菩提。」不知此類佛法對消除「恐怖主義」的根源是否有幫助？

九、打坐的腦波研究

二〇一〇年六月，有機會拜讀長庚醫學院榮譽副院長朱迺欣神經內科醫師的大作《打坐與腦——打坐的腦中腳印》文稿，並受其邀請，撰寫推薦序；我將此序修訂，於七月發表於《人生》雜誌。從這些因緣，學習到有關打坐的腦波研究的科學簡史，了解到打坐導致生理和心理（身心）的變化之各種研究成果，獲益良多。

（一）佛陀的打坐姿態與羅丹的沉思者雕像

相對於作者朱迺欣醫師的老師奧斯汀教授的大作*Zen and the Brain*，本書採用「打坐」語詞，有其「深入淺出」用意。在第三章「打坐是東方文化和宗教的特色」之圖二，比較西方社會最優美的沉思姿勢——羅丹（Auguste Rodin, 1840-1917）的沉思者雕像的「緊張」與佛陀的跏趺蓮花坐姿的「輕安」，一目了然看出東西方文化的差異，同時也可以避免一般讀者望「禪」興嘆，或望「禪」卻步。

例如：在第二章第九節「為什麼雙盤坐？」中，將盤坐時的身體、呼吸、與腦的關係，非常簡明有據，說明雙盤坐的好處：1.穩若金字塔：身體舒適穩定——三角底和三角身。2.調息能「靜心」：呼氣會安靜許多神經細胞的活動：例如，杏仁核和孤立束核。此種神經活動的減低，可能產生打坐和誦經時基本的安祥作用。3.打坐時的運動剝奪：產生如肌肉放鬆劑的效果，導致腦波增加同步化，妄念隨之減少。4.打坐時的感覺剝奪：移向比較簡單的知覺，例如：聽覺變得更敏銳；額葉產生的思緒減至最少；感覺聯合區和邊緣系統的訊息消失，容易調和情緒。

（二）打坐的腦波研究（I）：靜慮、法喜

該書第五章第四節「打坐的腦波研究」中，朱醫師從眾多的打坐的腦波研究報告中，選擇做得比較好，或比較有影響的實驗，並且將許多實驗的不同結果中，力求做到「求同存異」的介紹與綜合。例如：一九六六年，日本東京大學的笠松明和平井富雄兩位精神科醫生的研究發現：坐禪前的腦波，主要為清醒但未安靜時的 β 波（12-30 Hz）。進入坐禪的腦波變化，分為四階段（grade）：

1. 第一階段（grade I）α 波（10-12 Hz）出現在後腦區。這是正常人在安靜清醒時段的正常現象。

2. 第二階段（grade II）α 波振幅增大，向前移動到頂葉區，是學禪者的境界。

3. 第三階段（grade III）α 頻率減低（8-10 Hz）出現，主要在額葉和中央區（似乎與認知和注意力有關），是進階學禪者的境界。

4. 第四階段（grade IV）律動性 θ 波（6-8 Hz）出現，主要在額葉區，是資深禪師的境界（此現象若如根據2001年俄羅斯科學家的研究，打坐時產生的喜悅、幸福、法喜等正面情緒，可能與額葉 θ 波有正面關聯。）

笠松和平井兩位醫生也測試坐禪時腦波對外界刺激（例如：滴答聲）的反應。正常人對於聲音的突然出現會產生腦波的「α 波阻斷」。但如果刺激重複繼續出現，α 波

阻斷的腦波反應，會產生習慣化（Habituation），即 α 波阻斷反應變微弱或消失。一般在刺激繼續出現五至六次後，α 波阻斷反應會幾乎消失。相反地，資深禪師在打坐期間，腦波會對外界刺激持續有反應，對於外界的事件的注意力持續保持敏銳度。

我想這個研究成果可以說明：玄奘大師將印度梵文"dhyāna"（中文譯音為「禪那」，簡稱為「禪」，或再添加「定」字而稱為「禪定」）意譯為「靜慮」的理由，因為禪修者對於身心與環境變化可以保持適當的覺察力，容易體會無常、無我的真理。

（三）打坐的腦波研究（II）：「情境」效果、「性向」長期效果

此外，朱醫師認為：二〇〇四年威斯康辛大學的Lutz等人的研究是一個里程碑，因為其實驗結果顯示：1.不同的打坐方法，可能產生不同的腦波變化。例如：他們研究的非專注打坐產生快波 γ 波，但禪宗的專注打坐產生慢波 θ 波。2.長期打坐能改變腦運作，即所謂「腦神經重塑」（Neuroplasticity, Reorganization）。所以，此種打坐的長期效果，即所謂的「性格或性向效果」（Trait Effect），相對於大部分的實驗在釐清打坐的當下效果，即所謂的「情境效果」（State Effect）。

我個人認為：此種長期禪坐的「性格或性向效果」很類似大乘佛教的「唯識學派」之根本論書《瑜伽師地論》的解說：禪定之成就者，乃依於不斷重複「止（定）、觀

（慧）」修習圓滿時，伴隨「麁重」（dauṣṭhulya；惡性質，對於有善法的「不堪能性」）的身心次第地消失、伴隨「輕安」（praśrabdhi）的身心漸漸地顯現，會促成「心一境性」（ekāgratā；專注力）的增長，如此「輕安」與「一心」輾轉互相增長，成為良性循環，因而成就初禪、二禪等各種禪定。

此外，藉由這些禪定狀態，觀察無常、無我、涅槃等法則或諦理，讓禪定（安止）與禪觀（慧觀）互相適當的配合（止觀雙運）到非常純熟與自然的程度（無功用轉），則可以斷「三結」（我執、錯誤的宗教行為、對真理法則的疑惑），成就「見道」（慧見正道），讓修行者從凡夫身心性質轉換聖者身心。

（四）人成即佛成：心＝腦 × 眾生[2]

此種「轉凡成聖」的學習，從以上的腦科學的研究，可以看出人人皆具備有此可能性。誠如《大乘起信論》卷一所論：「所言法者，謂眾生心，是心則攝一切世間法、出世間法。依於此心顯示摩訶衍（大乘）義」，所謂「人人皆可成佛」、「人成即佛成」，因為佛典說：人類所具備的三種特勝（憶念力、克制力、堅毅力），也就是理智的，情感的，意志的特勝，這都與腦功能有關。依此可以發揮為佛法的「菩提心」、「慈悲心」、「空慧」等三種心態，成就圓滿聖者（佛陀）之法身、解脫、智慧等德行，此乃是「即人成佛」的法門。

如同我在拙作《心與大腦的相對論》（法鼓文化，2005

年）之〈自序〉中所提的「心＝腦×眾生^2」觀念做為結尾。對於心與腦的關係，或主張「唯心論」，或主張「唯腦論」，但我們若參考愛因斯坦有名的「質量」與「能量」的互變物理方程式$E = mc^2$（能量=質量×光速平方），似乎可將「心」「腦」的互變關係以「心＝腦×眾生^2」來表示：微小的「腦」量可經由「眾生」量的累積（平方相乘），產生巨大的「心」力。

十、直觀無我：禪與心識的轉變

如上所述，法鼓佛教學院曾在二〇〇七年十一月二日邀請國際著名的神經學家奧斯汀教授到學院以「禪與腦」為題作大師講座演說。二〇一〇年由於奧斯汀教授應邀擔任國立臺北教育大學生命教育與健康促進研究所所承辦之「生命教育與健康促進國際學術研討會」之主題演講者，所以，於六月一日法鼓佛教學院得以再次邀請奧斯汀教授以「直觀無我：禪與心識的轉變」為題演講。

（一）成對互補性的腦機能

於八月，我把聽講心得發表於《人生》雜誌，內容如下：此題目與他的新書*Selfless Insight; Zen and the Meditative Transformations of Consciousness*（The MIT Press, 2009）相關。他引用中國道家「陰陽」（Yin / Yang）成對互補性的圖像來說明以下幾組「成對互補性的腦機能」的基本觀念。

（二）「止觀雙運」：專注性與接受性的禪定

首先是兩種禪定方式：專注性（Concentrative）與接受性（Receptive）。前者的方法是「專心注意」（Focused Attention），後者則是「開放覺察」（Open-monitoring）。這應該是與佛教大乘《瑜伽師地論》卷三〇所說「復次，如是心一境性（ekāgratā），或是奢摩他（śamatha，止）品，或是毘鉢舍那（vipaśyanā，觀）品」的說法有關。因為，「奢摩他」（止）是以如下的九種方式——1.令心內住、2.等住、3.安住、4.近住、5.調順、6.寂靜、7.最極寂靜、8.專注一趣、9.等持——令心寂靜；「毘鉢舍那」（觀）則是以如下的四種方式——1.正思擇、2.最極思擇、3.周遍尋思、4.周遍伺察——令心覺觀。

假如「奢摩他」（止）與「毘鉢舍那」（觀）兩者能互相搭配、平衡地作用之時，名為「奢摩他」（止）與「毘鉢舍那」（觀）雙運轉道，或簡稱「止觀雙運」，這是圓滿的禪定狀態，不偏於只是專注，也不偏於只是覺察。

（三）「由上往下」與「由下往上」的注意系統

這可能也與奧斯汀教授所說兩種腦側皮質——背側的（Dorsal）「由上往下」（Top-down）與腹側的（Ventral）「由下往上」（Bottom-up）——的注意系統（Two Lateral Cortical System of Attention）有關。前者是人類需要應付「它在何處與我有關」（WHERE IS IT IN RELATION TO ME?）的「專注」問題，例如：女性需要注意抱小孩的位置是否安全；男性需要確認用鐵鎚釘釘子的位置是否安全。後者則是應付「它是什麼」（WHAT IS IT?）的「覺察」問題，例如：天氣是什麼變化？所面對的動物是什麼？

奧斯汀教授提示：可以用數呼吸的方法來練習「由上往下」的注意力。此外，他個人是用野外賞鳥的休閒活動來輔助培養「由下往上」的注意力。

（四）「自我中心」與「他者中心」之日常事實的版本

奧斯汀教授分析我們有「自我中心」（Self-centered, Egocentric）與「他者中心」（Other-centered, Allocentric）之兩種日常事實的版本（Two Basic Version of Processing Ordinary Reality）。例如：當我們看到一個蘋果時，同時有兩種認知的版本：「自我中心」（與上述的「專注」式「由上往下」注意系統有關）以及「他者中心」（與上述的「覺察」式「由下往上」注意系統有關）。前者是以右半腦為主的功能有關；後者則是以左半腦為主的功能有關。

所謂「自我」，奧斯汀教授認為有「身體性」（Somatic）與「心理性」（Psychic）之兩種區別。前者屬於「物理性感官」之「自我」（Physical Sense of Self）；後者屬於「心理性感官」之「自我」（Psychic Sense of Self），可有三種不同的運作成分，1.主格的我（I）、2.受格的我（Me）、3.所有格代名詞的我（Mine）。各分為「正面適應性」（Adaptive）與「負面適應性」（Maladaptive），前者是讓我們維持正面的生活適應作用；後者則會因：1.主格的「我」產生侵略性（Aggressive）、自大狂妄性（Arrogant）；2.受格的「我」產生被包圍的（Besieged）、被傷害的（Battered）；3.所有格代名詞的「我」產生緊抓（Clutching）、貪欲（Craving）的「負面適應性自我」。

（五）禪宗的「見性」經驗

科學家可用「正子放射斷層」（Positron Emission Tomography, PET）或者「功能性磁振造影」等儀器顯示我們腦部細微的構造和功能的變化。依此實驗，奧斯汀教授提出有興奮性的「熱區」（Hot Spots）與抑制性的「冷區」（Cold Spots）的兩種腦生理性模式。我們的腦中有三個「熱區」持續不停作用，它們接近「自我中心」之「專注」式「由上往下」注意系統，似乎顯示我們個人的「自傳式記錄」（Autobiography）不斷地運作。

但是，「熱區」與「冷區」每分鐘有二至三次的「自動互換性變動」（Spontaneous Reciprocal Shift），而禪修者之「自我中心」的活動相對於「他者中心」的活動，變化比較小，在某些機緣，可能是腦部之網狀核（Reticular）等部位抑制了情緒性「自我中心」之視丘（Thalamus）到皮質（Cortex）的共振活動（Oscillations），「自我中心」的活動會大幅降低，引發禪宗所謂的「見性」經驗。此時，感官雖然對外界的反應仍然敏銳，但是「本體感覺」（Proprioception）「不作登錄」（Unregistered），主格的「我」消融之時，可從「時間」的壓力中解脫。受格的「我」消融之時，則無有恐懼。所有格代名詞的「我」消融之時，可消除自他分別，體悟萬法平等一體。

（六）惺惺寂寂、寂寂惺惺

以上從「止觀雙運」、「由上往下」與「由下往上」的注意系統、「自我中心」與「他者中心」等「成對互補性的腦機能」來討論禪與心識的轉變。我想與《禪宗永嘉集》卷一：「惺惺寂寂是，無記寂寂非。寂寂惺惺是，亂想惺惺非」的禪修要領也有關。唐代永嘉大師（665-713）以「止觀：寂寂惺惺」的「成對互補性」來解釋禪宗的修行之歷程。他提示：保持「惺惺」覺察力之「寂寂」安止力，此二者則成為正面的「互補性」；若是昏沉無記的「寂寂」安止力，則是偏差。保持「寂寂」安止力之「惺惺」覺察力，此二者則成為正面的「互補性」；若是散漫亂想的「惺惺」覺察力，則是偏差。從此，我們也可以體會《禪宗永嘉集》〈奢摩他頌〉開頭所說的：「恰恰用心時，恰恰無心用。無心恰恰用，常用恰恰無」的要義。

十一、佛教禪修傳統與現代社會

二〇一一年九月十八日至二十一日，我受邀參加德國漢堡大學舉辦「Mindfulness – a Buddhist Contribution to Modern Society（正念禪修：佛教對現代社會的貢獻之一）」國際研討會，回國之後，十月於《人生》雜誌發表如下的報告。

（一）正念禪修：佛教對現代社會的貢獻之一

此研討會的主辦單位邀請了約二十五位國際專家學者

發表與座談，並於閉幕前，邀請達賴喇嘛到場演說與座談。聽說近兩千張的入場卷被搶購一空，主辦者連保留票也沒有留，盛況空前。大會首先安排艾倫・華樂思博士（Dr. B. Alan Wallace）以「佛教正念的意涵為何？」（What the Buddha meant by mindfulness?）為題，做十八日晚間的開幕演說。

由於華樂思博士兼具物理學、佛學兩種學科的背景，對於佛教與科學間的議題，因此提出佛教的正念禪修與西方心理學的各種觀點。他現為美國Santa Barbara「意識研究機構」（Institute for Consciousness Studies）與泰國Phuket「國際心識學術中心」（International Academy Mind Centre）主任。臺灣的學者也有注意到他對意識研究有：1. 批判科學唯物論意識研究取向的謬誤；2. 科學與佛教的整合，將有助於意識的探究；3. 佛教禪定學可為心識研究提供不同角度等等觀點。

十九日、二十日前二天，每天上午、下午各安排一個部會，共有四個部會。二十一日的上午同時安排二個部會，由聽眾自己選擇，每個部會有四位講者擔任發表與座談。此外，白天的研討會同時也安排各種「正念禪修」工作坊，晚上則安排共同實修的課程，屬於研究與實踐並重的活動。

（二）傳統與現代

第一個部會是「佛教傳統」（Buddhist Tradition），Analayo比丘比較初期佛教之「身、受、心、法」之「四念住」與佛之「三念住」(對於眾生信佛、不信佛或半信半疑,常安住於正念正智,不喜不憂)之異同。Schmithausen教授則探討不同傳統對《念住經》中「觀照內身……觀照外身……觀照內外身」詮釋的差異。Neumaier教授考察從印度佛教的「心」與「念」到東亞佛教傳統的變遷。Spitz教授則以西藏佛教為主,分析在各種相應心理作用脈絡中「念」的意義。

第二部會是「傳統與現代」(Tradition vs. Modernity)的主題,Gethin教授評論英國的「正念認知療法」(Mindfulness-Based Cognitive Therapy, MBCT)是否有佛法之世俗化的問題。我則討論「四念住」在臺灣的安寧療護的運用,有關「身、心、靈」模式與「身、受、心、法」模式的異同。Gruber準博士介紹近代南傳緬甸佛教的不同內觀禪修法之「技術性方法」(Technical Methods)與「自然性進路」(Natural Approaches)的類別。Grossman教授的論文是探討有關近代禪修研究的從原始佛典之「去情境化」(Decontextualization)與其「再情境化」(Recontextualization)進入西方心理學的方法論問題。

(三)正念與腦神經科學

第三部會是「正念與腦神經科學」,哈佛醫學院的Lazar博士講解有關以「磁振造影」方法,對於正念禪修的研究案例,證明「正念舒壓」(MBSR: mindfulness-based stress reduction)療程的效果,並且她也證實長期禪坐能讓右腦島(身體與內臟的覺知)與內前額葉(情緒和認知的整合）兩個腦區增厚，表示禪修可能導致腦神經重塑的效果，此研究曾在美國引起媒體廣泛的報導。Ulrich Ott博士則探討與正念禪修之呼吸、感受、安靜有關的腦部結構，與神經重塑的效果。Malinowski博士提出有關正念禪修如何產生正面心理變化的假設理論，他目前在做禪修當下的情境效果與禪修之長期的性向效果的相關研究。法國的Matthieu Ricard喇嘛則介紹「慈悲利他」正念禪修可以引發當下與長期的高振幅 γ 腦波的同步化（與專注、記憶、學習或覺知等功能有關）或者減低杏仁核對負面情緒的反應之研究的親身體驗，因為他本人曾是威斯康辛大學研究團隊的實驗對象。

（四）正念與教育、醫療、倫理責任

第四部會是「正念與教育」，泰國Dhammananda比丘尼介紹「正念」運用於尼寺僧眾教育以及日常生活中的實例。Dauber教授討論「正念」運用於教育的陷阱與機會。Kaltwasser老師介紹將「正念」運用於中學的教育理論，對於青少年的自我覺察、情緒控制、集中注意力以及減輕教師壓力等效果。Keuffer教授認為中小學之「正念」課程可以用Peter Sloterdijk教授之Anthropotechnique（人類調控系統研究）的定義來理解，所謂「你必須改變你的生活」（You have to change your life），並用於促進人類發展。Kobusch博士介紹運用與學校、醫療方面的「正念」實驗，例如：經由關注、友善與接受他人等態度的改善，促進師生、醫病等人際關係。

第五部會是「正念在醫學與心理治療」，Anderssen-Reuster博士提供近四年來以「正念」治療憂鬱症病人的臨床實例，病人從自我療程到自我禪修的過程。Dobos教授介紹十週「正念舒壓」（MBSR）的療程或配合營養與運動，對於乳癌病人的疼痛、噁心、壓力、焦慮、憂鬱等症狀的改善，並且建議病人家屬與醫護人員同時學習的重要性。Schmidt教授發現「正念」雖然對於纖維肌痛症（Fibromyalgia）、背痛、偏頭痛等慢性病的患者之個別性疼痛改善有限，但是可以大幅提昇整體的生活品質與心理調適。

第六部會是「正念與倫理責任」，Garfield教授認為「正念」連接了善意與善行的間隔（Gap），讓我們對於高尚道德保有持續力，所以它是身心轉換為善法的關鍵，並且增進我們對社會、政治、經濟的責任感。Samten格西討論「正念」與同情心的倫理。Senauke禪師引用一行禪師之「正念必須入世」（Mindfulness must be engaged）的「覺察世界的問題而行動」觀念，說明「正念」除了讓我們分辨善惡之外，也提醒我們必須肩負責任。

（五）分別與無分別、世間與出世間

此次國際研討會的講者與聽眾的素質都很高。聽眾中許多是醫療人員、教師等社會菁英人士，願意花錢、花時間，甚至從遠道乃至國外，千里迢迢來參加此「解行並重」的研討會，並且熱烈發言與討論，真是一次非常成功的活動。我個人觀察大家所論辯的焦點似乎有兩方面：

1.對於近代運用「正念」於醫療（例如「正念減壓」）的方法，會將「正念」定義為涉及專注於使用「非判斷式態度」（Nonjudgmental Manner）之相關經驗，或許類似漢傳佛教用語的「無分別心」；但是，一些專家學者則認為「正念」的本意應該是「正確的分辨力」，或許類似漢傳佛教用語的「分別」。我個人認為，其實「正念」具備有此兩種面向，所謂清晰的思考（分別）和開放的心胸（無分別）。若根據《瑜伽師地論》，此二者也有互相增長的作用，因為以「有分別」影像做為對象的「毘鉢舍那」（vipaśyanā，觀察的智慧）反覆練習所生清淨的力量，逐漸增廣，伴隨於此，能令以「無分別」影像做為對象、生起身心輕安的「奢摩他」（śamatha，安止的禪定）亦逐漸增長，則可以協助觀察的智慧增長，乃至兩者妥善配合、平等地活動之時，成為「止觀雙運」的境界。

2.各種將「正念」運用於醫療、教育等方面是否有佛法之世俗化的問題，我個人認為佛法猶如大海，可納百川，所以有「五乘共法」、「三乘共法」、「大乘不共法」的層次，提昇生活品質的人天乘，解脫生死的聲聞乘，捨己為人的菩薩乘都可以互相交流成佛法大海。

最後，我有幸受邀參加此盛會，並且發表論文與參與座談討論，因緣殊勝。因為，法鼓佛教學院於一〇一學年招生博士班，正是以「佛教禪修傳統與現代社會」為發展主軸，而於九九年底申請，一〇〇年審查通過而設立的。教育部的審查委員們認可：此方向可以與世界學術界對禪修運用於現代社會之研究新趨勢接軌，例如：禪定與教育、醫學、心識科學、腦科學、心靈哲學、社會倫理等研究議題，並且可以培養安定人心、淨化社會的「心靈環保」人才，或者培育具備人文創意與跨領域能力的高級佛學研究與教學人才；同時也是發揮本校創辦人聖嚴法師以「佛教傳統與現代社會」為佛學研究主軸的精神，以及結合法鼓山世界佛教教育園區以禪修與教育為重點的特色，並且續與提昇法鼓佛教學院之融合佛學研究與實踐修行的發展方向。所以，我感覺到：我們的姊妹校——德國漢堡大學似乎心有靈犀一點通，在我們開辦博士班之前，對於未來發展方向，提供各種深廣化的可能性，功德無量。

以上，是我在「梵典唯識、禪修與腦科學」心智科學或人腦等相關議題之教學研究歷程與小小心得，也感恩許多貴人的成就。

［1998年- ·44歲- ］

中華電子佛典協會、數位人文

一、CBETA第一期（1998-2002）：《大正藏》

在恆清法師的《杏壇衲履：恆清法師訪談錄》中提到：「我在臺大教書的十八年中，曾兩次向國科會申請獎助到美國做研究。兩次我都選擇去加州柏克萊大學，因為它有個藏書非常豐富的圖書館。第一次（1992）去時，因為接觸到e-mail和網路的新科技，使我回臺後一頭栽下投入佛學網路資料庫的工作。一九九七年，臺灣大學『佛學網路資料庫』的建置工作持續在我的研究室中進行，我把工作交給杜正民和林熅如負責。」

杜正民老師與林熅如居士都是中華佛學研究所第六屆（1987年入學）的校友。杜老師於佛研所結業之後，兼任教「佛學英文」課程。他也對各種佛學資料與目錄的整理非常有興趣，因此，一九九七年，恆清法師找他做臺灣大學「佛學網路資料庫」時，一拍即合。他就找佛研所同屆的林熅如居士加入資料庫的工作團隊。一九九八年，我聽說杜老師除了在佛研所教佛學英文之外，也會額外教同學佛學網路資料的使用方法，因此，我請他當場示範，當時我覺得這是佛研所未來應該要發展的方向，而且杜老師在這方面很有才華，我立刻以佛研所副所長的立場，邀請他加入佛研所的專任師資行列，擔任「佛學網路資料室」主任，也非常感謝佛研所創辦人聖嚴法師與李所長支持，同意任用，調整空間，撥出一間教室當辦公室。從那時起，杜老師依序就任中華電子佛典協會總幹事、升任副主任委員，擔任中華佛研所圖書資訊館館長、法鼓佛教學院圖書資訊館館長、副校長，乃至因為調適身體狀況，卸任行政職務，我們就一直合作到今天，維繫約十六年，是非常珍貴的工作、研究夥伴與朋友關係。

（一）擔任中華電子佛典協會主任委員

一九九八年，臺大哲學系恆清法師由張鴻洋先生推介，得到「北美印順導師基金會」董事長仁俊長老鼎助，由該基金會支應一百萬美金（分五年支付）經費，進行電子大藏經計畫。他並於一九九八年二月十二日，由中華佛學研究所李志夫所長、杜老師以及我（當時是副所長）陪同，會見佛研所創辦人聖嚴法師，說明《大正藏》的電子佛典計畫，聖嚴法師覺得很有意義，指示佛研所可以全力支持，並指派杜老師與我實際參與，我們再聘用德國來的維習安（Christian Wittern）博士為研究員，在加上資訊工程人員周邦信先生，共四人加入。

一九九八年二月十五日，我們邀請對電子佛典可能有興趣的臺灣佛教單位（例如：佛光山、中台山、慈濟、福嚴佛學院、香光寺、華梵大學、中華佛學研究所、法鼓人文社會學院籌備處等）資訊人員代表或單位主管，北美印順導師基金會代表張鴻洋先生、以及佛典資訊工作的前輩（例如：中研院的謝清俊教授、普賢護法會網路中心張文明、臺灣大學的邱大剛居士等），假法鼓山安和分院舉辦籌備會議並於當日正式成立「中華電子佛典協會」。會中，推選出我擔任主任委員，中華佛學研究所杜正民老師為總幹事，維習安博士為顧問，恆清法師為常務監事，開始進行大藏經電子化工作。我們當時覺得因為是「北美印順導師基金會」所贊助的經費，應該再邀臺灣「印順文教基金會」（1997年成立）董事長厚觀法師參與比較好，而且他對佛典電子化也有興趣與經驗，例如主持《印順導師佛學著作集光碟》（1998年4月8日）的發行。他雖然客氣推辭，但是經過我們的力邀（包含我與杜老師親自向印順導師請求），他也願意擔任副主任委員，後來因為福嚴佛學院院務繁忙，從新竹到臺北，也有些距離，未能繼續參加月會。但是很感恩他在各方面都還是持續關心與大力支持，特別是CBETA在二〇〇六年推出新式標點專案時，提供了許多新式標點資料，是很好的增上緣。

中華佛學研究所可以聘任對佛教與電子佛典或數位典藏都有實務經驗的維習安博士擔任專任研究人員，這對CBETA是很好的開始。因為，可以讓CBETA不必走太多冤枉路，也可以與國際上的發展接軌。也很感謝中華佛學研究所同仁協助維博士全家可以在北投地區順利生活，兩個小孩可以在北投國小就學，沒有後顧之憂，安心工作。

此外，也感謝恆清法師的「菩提文教基金會」願意讓CBETA做為接收「北美印順導師基金會」所贊助的經費與其他來源的捐款的窗口，以及CBETA同仁之加入勞健保的單位。因為當時CBETA是五年的階段性任務，沒有必要成立基金會或社團法人。二〇〇一年一月，恆清法師表示「菩提文教基金會」不能再當CBETA接收與辦理勞健保的窗口，於是我只好改用「西蓮教育基金會」做為窗口以及分擔每年結算之會計師簽證費用。CBETA非常感恩菩提文教基金會近三年期間的功德。

在國內捐助CBETA的團體中，特別要感謝佛陀教育基金會，該會長期雖是以印贈佛書為主，但是主事者也洞知電子佛典的意義，於二〇〇〇年五月十八日雙方簽訂五年贊助協議書，每月捐贈十萬臺幣，贊助CBETA電子藏經計畫。之後，續約贊助，到目前為止，已經超過十三年之久，實在感恩不盡。

1.CBETA辦公室地址變遷的因緣

我擔任CBETA主任委員之後，首先面臨找CBETA辦公室的事情。原來，我想到「法鼓人文社會學院籌備處」正好開始租用臺北市新生南路二段二十號七樓的地方辦公，若可以借用一間辦公室當CBETA辦公室，則可以解決問題。但是，接洽的結果，得知法鼓人文社會學院籌備處的空間已經都有安排了，沒有多餘的空間可以再借用。我本來也有想到將西蓮淨苑三峽新講堂的地方讓CBETA當辦公室，但是，對住臺北市的CBETA同仁則有交通方面的困難。

因此，我們再想到一九九七年正好重建慧日講堂已經落成，可能有空間可以借用，於是我們拜訪當時慧日講堂的住持如虛法師商量，他慈悲答應把慧日講堂一間辦公室借給CBETA使用，CBETA每月繳交二萬元補貼水電費等。於是，於一九九八年三月一日搬入臺北市朱崙街慧日講堂，總算CBETA的辦公室地點有著落了，非常感謝。

經過三年多，二〇〇一年我們得知慧日講堂因故無法再出借CBETA辦公室。正好，位於臺北縣金山鄉的「法鼓山世界佛教教育園區」第一期工程完工，同年九月，中華佛學研究所遷入金山新校區，原來借用北投的中華佛教文化館四樓的場地空出來。於是，我們向聖嚴法師請求借用，得到他的同意無償使用，並感謝當時的文化館監院鑑心法師支持，我們只負擔該樓層的水電費（每月平均五千五百元），比借用慧日講堂辦公室還可以節省經費。感謝CBETA同仁對此的諒解，於是，二〇〇二年一月，大家同心協力將辦公室從慧日講堂搬到北投的中華佛教文化館四樓。

經過十二年多，二〇一三年秋天，CBETA辦公室因為該樓層的電線線路老舊，常有斷電現象，且有電線走火的危險，需要整體線路汰換，以策安全，但是，施工期間將無法使用辦公室。文化館方面則因為弘法活動期間空間不敷使用，想將四樓的場地整修為殿堂，詢問可否將CBETA辦公室遷移到文化館所屬宿舍區（於東初和風別墅的一樓）。我當時想：住宅區比較不適合做辦公室，不如另外找長久性的適當場地。因為，在CBETA辦公室的人員只剩四位，似乎不需要大型辦公室，所以，我向法鼓人文社會學院籌備處主任曾濟群校長商借位於臺北市中正區延平南路七十七號法鼓德貴學苑八樓的辦公室，他立刻同意讓我們無償使用。CBETA同仁也覺得該場地，交通便利，水電裝潢等設備新穎，不用再處理電線線路汰換的工程，是適當的辦公室。

於是，二〇一三年九月六日開始搬遷，為不耽誤二〇一四版電子佛典光碟（元亨寺版《漢譯南傳大藏經》70冊）的進度，同仁們一邊搬家、一邊工作，大家敬業的精神令人感佩。大約經過三個月，於十二月十二日搬遷完成。以上是這十六年來，CBETA辦公室地址變遷的因緣，特此說明，感恩諸多善緣成就。

2.CBETA月會與參加國內外研討會：高效率、高品質、標準化、國際化

其次，擔任主任委員的挑戰，是如何帶領CBETA內部同仁？原則上，我盡量建立意見溝通與實務協作的平台，例如：每個月至少一次的月會以及網路上的各種溝通管道。但是，CBETA團隊是經過大約一年的時間磨合，才開始順利運作的。因為，首先是有電子化的技術方面的意見歧異，不同的專家的意見，經過多次月會，都不能達成一致的意見，假如採用A案，主張B案的人會對其主張與專業堅持。其次，還有行政管理意見的不同，也會引起人事問題。我記得，有次因為無法協調行政管理的問題，兩位重要幹部表示辭意，我只好盡量居中協調，想辦法讓雙方可以繼續工作。

總之，第一年是CBETA團隊最辛苦的一年，所幸三寶加被，同仁們大力支持，讓工作逐漸可以上軌道，真是感

恩。此外，擔任常務監事的恆清法師因為還得回美國繼續做研究，到八月底才能回臺灣，回臺灣之後，他的事務也繁忙，參加了幾次CBETA月會之後，就放心讓我們自行運作，我很感謝他對我們的信任。之後，雖然CBETA還是有面臨各種困難，非常感謝大家同心協力，各方護持，讓工作可以運作到今天。

此外，我還需要注意的層面是：如何讓CBETA可以與國內外相關團體交流，避免閉門造車。這方面，有CBETA之維習安博士、杜正民老師、恆清法師等具備國際視野夥伴的協助，以及中研院謝清俊教授的多方指導與引介，我比較不用費心。我們會定期參加國內外研討會。例如：於一九九八年五月十八日於太平洋鄰里協會（Pacific Neighborhood Consortium, PNC）會議，由CBETA總幹事杜老師與顧問維習安博士於中研院舉行說明會，首度對國外學者發表與介紹中華電子佛典協會的工作，參與人士皆為進行電子佛典工作多年的國內外學者，開啟國內外學術交流的契機。

一九九八年七月七日中華佛學研究所舉辦的「兩岸佛學教育博覽會與中文電子佛典運用展示」中，CBETA在師大展覽會場作兩場的展示：「電子佛典的運用」、「電子佛典的製作」，經由臺灣各大報紙及佛教電視台等媒體的報導，因而獲得華人世界的關注。同時，網路組籌畫與準備多時的CBETA中英文網頁（http://ccbs.ntu.edu.tw/cbeta）於此時正式對外開放，開展更多交流的可能性。一九九九年一月，CBETA參加中研院計算中心主辦、中華佛學研究所協辦之第五屆「國際電子佛典推進協議會」（Electronic Buddhist Text Initiative，簡稱EBTI）之擴大聯合會議（1999 EBTI, ECAI, SEER & PNC Joint Meeting），與會的團體除了EBTI之外，還有數位文化地圖協會（The Electronic Cultural Atlas Initiative, ECAI），學者電子資源協會（Scholars Engaged in Electronic Resources, SEER）以及太平洋鄰里協會等團體參加，盛況空前。

在跨領域學科交流方面，一九九九年十月十九日，CBETA參加於中正大學舉辦的「語言學與漢文佛典演講暨座談會」中，杜總幹事、維習安顧問與我，各有一場的論文發表與簡介，介紹CBETA的工作流程、作業項目、成果內容至佛學應用。此時，CBETA已經完成的漢譯佛教三藏「經、律、論」（印度撰述部，《大正藏》1-32冊，六千多萬字）的漢文電子佛典資料庫，初步確立了「高效率、高品質、標準化、國際化」的專業目標。二〇〇一年三月，維習安顧問因為獲得了京都大學人文科學研究所研究員的職位，舉家遷離臺灣到日本赴任，但是我們還是保持聯繫，一起為電子佛典努力。

（二）電子化漢文大藏經之先驅

在CBETA之前，電子化漢文大藏經之先驅，據我從CBETA顧問維習安博士所知：國際上，以加州柏克萊大學Lewis R. Lancaster教授最早注意到電子藏經的發展潛力以及推進交流、合作和標準化的需要。在一九九三年，他召集從事各種不同語文之佛教資料電子化的代表，並創辦了國際電子佛典推進協議會，做為資料交換和科技分享的論壇。EBTI繼而在一九九四年於韓國海印寺、一九九六年於佛光山臺北道場、一九九七年於日本京都的大谷大學舉辦會議。

日本方面，京都花園大學的國際禪學研究所副所長Urs App博士在八〇年代末期構想一個名為禪知識庫計畫（Zen-Knowledgebase project），目的是要將所有與禪學有關的資料如原典、注釋、翻譯、文獻書目、地圖、圖片、錄影帶等載入電腦資料庫中。於一九九〇 年，首先進行十年的目標規畫，維習安先生（他是1996年取得博士學位）於一九九二年加入該計畫。一九九四年十二月Urs App與維習安先生曾到臺灣，參訪北投中華佛研所，佛研所也安排他們到我所任教的國立藝術學院與我見面。我當時任職學務長，所以他們在學務長室展示禪知識庫計畫，令我印象深刻。他們在一九九五年發行禪庫光碟1（ZenBase CD 1）流通，是重要的里程碑。

我個人在日本東京大學留學的最後一年（1992），江島惠教教授曾經為我展示他個人所建立或蒐集的一些各種語言佛典的電子版之檢索功能。此外，他與大藏出版社合作，將《大正藏》之單部佛典，以一片光碟（CD-ROM）的方式發行販售，但售價昂貴，只發行出版四部佛典即中止。於一九九四年，江島惠教教授成立「大藏經資料庫研究會」（The SAT Daizōkyō Text Database），所謂SAT是「數位化《大正藏經》」之梵語Saṃgaṇikīkṛtaṃ Taiśotripiṭakaṃ的簡稱，得到日本政府科學研究費三億日幣的補助，目標是將《大正藏》八十五冊數位化。於一九九八年首先將《大正藏》之《大般若經》六百卷（《大正藏》第5-8冊，共4冊）的經文數位化免費流通。之後，經費已經不足以繼，為了持續進行數位化工作，開始對日本全國佛教界募款，但是，一九九九年江島惠教教授突然過世，募款工作由於二〇〇〇年成立的「大藏經資料庫支援募金會」繼續進行，於二〇〇七年完成《大正藏》八十五冊數位化，目前在網路（http://21dzk.l.u-tokyo.ac.jp/SAT/index_en.html）提供大家使用。

韓國方面，一九九三年，為了長久保存在海印寺的再雕（1236-1251）高麗版大藏經之八萬一千三百四十片木刻版（韓國國寶編號第32號），成立社團法人高麗大藏經研究所（RITK），因獲得韓國某企業集團的巨款捐助，一九九六年一月完成木刻版原貌之電子圖檔光碟，將木刻版垂直的排版及字行間字體較小的注解也都接近原圖呈現。於二〇〇〇年完成數位化文字檔，配合圖檔於網路上流通（http://kb.sutra.re.kr/ritk/index.do）。

臺灣方面，在CBETA成立之前，有些佛教團體或機構也曾經想要做電子佛教大藏經，但是首先會遇到《大正藏》版權的問題，所以必須宣稱從其他沒有版權顧慮的版本藏經做為底本，但還是沒有成功。其次，有意見整合的問題，例如：曾經有某團體找中研院的教授來指導，以當時某位佛教界當紅的人士當領頭，但是聽說：由於該人士認為佛教的大藏經不能電子化發行，因為若有錯誤而散播，則是造業而有罪過的，因而卻步。

（三）CBETA之遠近因緣

有關「中華電子佛典協會」的遠近因緣，由於我個人沒有親自參與，所以參考CBETA的網站（http://www.cbeta.org/intro/origin.php）或光碟中所收載資料而增補如下：

遠因

過去數年，經由眾人努力，網路上集結了不少佛教經典，也因此帶動佛典電子檔輸入熱潮。大家的目標主要著重在網路應用，比如將這些電子檔置放於FTP上供人免費下傳，或是透過 GOPHER、WWW方便使用者瀏覽，最近更在WWW上提供檢索查詢功能。另個發展是將電子檔包裝設計成電子書，以使經文的呈現更加精緻。所有這些努力，莫不希望能夠透過網路，使佛典普及，讓更多人同霑法益，並利用電腦的能力拓展佛典的應用範圍及閱讀方式。

近因

第一，蕭鎮國先生的來函，提供二十五冊 CCCII《大正藏》電子稿，並於 一九九七年十一月六日，25T小組籌備會議之後，授權臺大佛研中心進行後續之處理。第二，網路上電子佛典討論版（Buda-Tech）的朋友草擬了電子版大藏經輸入計畫，開始有計畫地進行經典輸入。第三，一九九七年十一月六日由臺大佛研中心成立 25T小組，包括吳寶原、周海文、莊德明、杜正民等，著手開始進行大規模的藏經電子化。

助緣

第一，Buda-Tech討論群：臺大獅子吼BBS站及中山鹿苑佛教BBS專站的討論版，專門進行電子佛典化的相關問題討論，並由曾國豐先生架設Mailing List提供討論者使用。許多佛典資料及相關技術都是本版網友努力的結果。第二，電子佛典編輯小組（EBTWG）：由徐言輝及幾位朋友組成之小組，主要是利用SCAN＋OCR技術，以佛教《大藏經》為主，而有系統地產生電子經文檔。第三，25T小組：由臺大佛研中心主導，負責處理蕭鎮國先生所提供之二十五冊 CCCII 格式的《大正藏》經文檔，本小組即為中華電子佛典協會之前身。第四，缺字小組：為了深入討論佛典缺字的解決方案，而另外成立的討論小組。

（四）一九九八年取得日本《大正藏》的授權

當CBETA要做《大正藏》電子化（electronic，或稱數位化、數碼化digital）時，首先需要處理版權的授權。CBETA可以取得《大正藏》的授權是有一段意外的因緣。《大正藏》的版權是屬於日本大藏出版社所有。當時，我們知道日本「大藏經資料庫研究會」（SAT）有取得大藏出版社授權，因此我們想：藉由與日本SAT進行合作，藉此方式來避免違法版權問題。

恆清法師很熱心地聯絡SAT的成員石井公成教授，洽商雙方會談時間；雖然恆清法師希望愈快愈好，我與杜正民總幹事、維習安博士則認為等幾個月，讓CBETA先做出初步的測試成果才去，如此能讓日本方面了解我們的實力，比較有協商合作的籌碼。因此，我們四個人等到一九九八年六月下旬，帶了《大正藏》「般若部」電子佛典測試版隨行赴日。當時，我們先以《大正藏》「般若部」做為測試版的原因，因為如上所述一九九八年SAT已經將《大正藏》之《大般若經》六百卷（《大正藏》第5-8冊）的經文數位化，如此讓SAT了解CBETA在內容的準確率與數位化的技術或使用界面的程度。

因此，當CBETA於六月二十一日演示時，頗受SAT成員：江島惠教（東京大學教授，SAT創會會長）、下田正弘（東京大學助教授，現任SAT會長）、桂紹隆（廣島大學教授）、早島理（長崎大學教授）、石井公成（駒澤大學教授）的好評，會後，雙方也合影留念（彩圖54）。

我記得：隔天，二十一日上午，江島惠教教授與幾位主要成員帶我們一行四人到大藏出版株式會社，與丸山八朗（出版企畫部部長）、谷村英治（編輯部課長）、青山賢治（營業部代課長）諸負責人商討，讓大藏出版株式會社同意CBETA與SAT合作進行《大正藏》電子化作業時，SAT的石井公成教授特別將CBETA的電子化能力譬喻為參加一九九八年世界杯足球賽的冠軍衛冕的巴西隊，讓大藏出版社的主事者印象深刻。此外，也非常感謝SAT主任委員江島惠教教授拍胸膛說：CBETA的主任委員惠敏法師是我在東京大學所指導的學生，CBETA其他的成員也都是佛學界的專家學者，於製作出有學術水準的成果與遵守學術倫理方面，絕對不會令大藏出版社失望。會談結束時，大藏出版社看來雖然對CBETA是有正面的印象，並沒有立即回答可否，只說大藏出版社將於內部商討之後再回答。

二十一日下午，我們再次與SAT商討未來合作方式與了解大藏出版社的意向時，結果遠遠超出我們所期待。SAT

轉達大藏出版社回答：《大正藏》不是只授權給SAT，然後再讓SAT與CBETA合作或分包給CBETA；而是同時平行授權給SAT與CBETA。當時，我還以為我聽錯了，我特別將這兩種情況分別畫圖在會場的白板上，讓大家可以確認。我沒有聽錯，大藏出版社是希望同時授權給SAT與CBETA。這真是太完美的結局，實在感謝許多善緣成就。之後，CBETA也向大藏出版社購買一套原版的《大正藏》。

接著，SAT與CBETA商討未來合作方式。由於SAT知道CBETA在數位化的效率，而SAT正面臨資金不足的困難。因此，大家口頭上有說：未來避免用寶貴的資源作重複工作，CBETA以《大正藏》一至五十五與八十五冊（敦煌寫本部類：古逸部、疑似部）為主，SAT則以《大正藏》與日本佛教之「續經、律、論疏部」、「續諸宗部」等五十六至八十四冊為主，如此可以避免浪費資源做相同部分的大藏經。之後，CBETA也遵守合作協定，除了每年提供年度成果報告給SAT參考，看看是否有可以合作的項目，也不斷陸續將我們的各種技術與經驗公開分享於網站（http://www.cbeta.org/tech/index.htm），也分享所有同好。

我們回臺灣之後，再經過多次與大藏出版株式會社書信來往修訂「著作權使用契約書」，CBETA也委請由張鴻洋先生所介紹的王秋芬律師審查中日雙方的契約條文。在一九九八年九月三十日經由郵寄方式完成簽約，大藏出版株式會社授權CBETA將《大正藏》電子化之外，並同意CBETA 電子版的發行光碟免費流通，而大藏出版株式會社也取得《大正藏》網路版和光碟版的發行權。

（五）CBETA沒有收錄《大正藏》56-84冊的因緣

CBETA沒有將《大正藏》日本佛教之五十六至八十四冊收錄到電子佛典集成的原因，並不是CBETA沒有能力，更不是CBETA不知道日本佛教之五十六至八十四冊的重要性。因為如上所述一九九八至二〇〇三年，CBETA已經完成《大正藏》一至五十五與八十五冊本文及校勘（78,770,000字）；二〇〇四至二〇〇七年也完成《卍新續藏》本文及校注（71,220,000字）。只是，CBETA遵守君子協定，讓SAT可以完成《大正藏》日本佛教之五十六至八十四冊。等到於二〇〇七年，SAT完成《大正藏》五十六至八十四冊，在加上之前CBETA已經完成一至五十五與八十五冊，成為完整《大正藏》八十五冊之「大藏經資料庫」（SAT）。

二〇〇七年十二月一日，我受邀到日本東京參加國際佛教學大學院大學所主辦「大正藏數據庫的製作經驗和探討古寫經數據庫製作的前景」研討會，我在場有提到：因為SAT已經完成《大正藏》日本佛教之五十六至八十四冊，CBETA也有得到大藏出版社《大正藏》一至八十五冊的授權，因此未來將會把《大正藏》日本佛教之五十六至八十四冊收錄到電子佛典集成，以完成當時的承諾。會後，SAT代表有來信希望CBETA不要將《大正藏》日本佛教之五十六至八十四冊收錄到電子佛典集成，讓SAT可以保有完整《大正藏》八十五冊之「大藏經資料庫」特色。我們從飲水思源的角度，同意SAT的希望。這就是到目前為止，CBETA沒有將《大正藏》日本佛教之五十六至八十四冊收錄到電子佛典集成的原因。

此外，我們為了感念如上所述於一九九八年大力協助CBETA取得《大正藏》授權的SAT主任委員江島惠教教授逝世八週年，於二〇〇七年，CBETA發行江島惠教教授逝世八週年的紀念版光碟流通，感恩江島教授當時對CBETA的關照，也紀念他對電子佛典重要性的先知先覺。

（六）第一期（1998-2002）成果：《大正藏》1-55與85冊

CBETA除了每年將成果放在網站上供人下載利用，同時也將經文資料及讀經軟體工具製成光碟供人索取，每年至少有一萬份的光碟發行，免費流通。CBETA第一期主要的成果是一九九八至二〇〇三年間（彩圖57、60），完成《大正藏》本文及校勘，共二三七三經、八九八二卷，約七千八百八十萬字。以下是CBETA第一期（1998-2003）光碟版本簡介：

光碟版本	推出日期	主要經文內容	備註
CD01	1998.12	內容：《大正藏》5-10冊 格式：HTML Help, HTML, App, Normal	限量測試手工打造版
CD02	1999.01 1999.06	內容：《大正藏》5-10冊 格式：HTML Help, HTML, App, Normal	1999.01為測試版，無CD內環編號 1999.06為正式版，CD內環CBETA 02A
CD03	1999.12 2000.01	內容：《大正藏》1-17, 22-32冊 格式：HTML Help, MS Word, App, Normal	1999.12初版，2000.01再版 二版封面不同，但皆為手工打造版

CD04	2000.03	內容：《大正藏》1-32冊 格式：HTML Help, MS Word, App, Normal	本版HTML Help有處理失當的問題
CD05	2000.06	內容：《大正藏》1-32冊 格式：HTML Help, MS Word, App, Normal	修正CD4的問題
CD06	2001.04	內容：《大正藏》1-55，85冊 格式：HTML Help, HTML, XML, RTF, App, Normal	搶鮮版
CD07	2001.07	內容：《大正藏》1-55，85冊 格式：HTML Help, HTML, XML, RTF, App, Normal	CD06的測試版
CD08	2002.01	內容：《大正藏》1-55，85冊 格式：HTML Help, HTML, XML, RTF, App, Normal	CD07的正式版
CD09	2002.05	內容：《大正藏》1-55，85冊 格式：HTML Help, HTML, XML, RTF, App, Normal	CD08的再版 光碟內環CD9，封套日期同CD08 2002.01

非常感謝第一期CBETA的同仁的貢獻，除了上述的常務委員恆清法師、副主任委員厚觀法師、維習安博士（顧問、研發；1998-2001）、杜老師（總幹事、2007年升任副主任委員）之外，還有吳寶原（輸入、校對、文字、標記，2007年升任總幹事；1998迄今）、周海文（資訊，CBReader開發，網路維護；1998迄今）、周邦信（研發；1998-2007）、黃郁婷、劉秀麗、張雅霏、郭麗娟、黃家慧、童闓運、莊德明、曾國豐（輸入、校對、標記、文字、資訊；1998-1999）、李志強（推廣、資訊；1998-2003）、吳青璜（輸入、校對；1998-2004）、陳孟琪（輸

入、校對；1998-2002）、童闓澤（總務、人事、校對；1999迄今）、吳蕙菁（財務；1999-2004）、林佩琪（輸入、校對，1999-2003）、呂美智（校對、標記；1999迄今）、王志攀（標記、文字；1999-2004）、張瑞揚（輸入、校對；1999-2004）、陳紹韻（標記；1999-2001）、林雪華（標記、文字；2001-2003）、黃璱璱（財務；2001迄今）；以及第二期加入了李坤寅（校對；2004-2005）、劉黃淑儀（標記；2004迄今）。此外，二〇〇七年十一月，臺灣科技大學資訊管理系洪振洲博士應聘到法鼓佛教學院的佛學資訊組，他的參與彌補前任CBETA顧問維習安博士的缺口，提供許多專業的意見與資訊專案的督導。以上這些同仁都是成就中華電子佛典集成的功勞者，我非常珍惜與感恩這段因緣，讓我有機會參與如此有意義的佛教文化事業。

二、CBETA第二期（2003-2008）：《卍新續藏》

二〇〇一年，恆清法師向我提議CBETA已經完成《大正藏》一至五十五與八十五冊電子化任務，可以準備解散了，不然的話沒有經費可以維持。我提議CBETA應該可以繼續做《卍續藏》電子化工作，恆清法師說他不好意思再去向仁俊長老化緣，請我自己要想辦法。

（一）第二期的經費的因緣

於是，我向聖嚴法師請示如何籌措經費，他介紹有可能出資的新加坡企業家吳一賢居士到中華佛研所來了解狀況。吳居士因為經營事業，常去大陸，知道大陸方面有做電子佛典，因此曾向聖嚴法師提到這方面的事情。因此，聖嚴法師介紹他利用某次在臺灣的時候，約我與杜老師在北投中華佛研所見面，我們現場介紹CBETA電子佛典《大正藏》的各種使用功能以及繼續作《卍續藏》電子化的意義，具備大企業家眼光與氣度的吳居士很快就了解，很滿意CBETA在電子佛典方面的計畫與執行成果，回報聖嚴法師說：他同意以他夫人黃淑玲女士的名義以及另一位隱名朋友合資，分五年（2002-2006）贊助一百萬美元，支持CBETA第二期工作（《卍續藏》電子化）的經費，並且於二〇〇一年九月九日雙方簽訂贊助協議書，這些善心與真情的功德，感恩不盡。

此外，如上所述：感謝佛陀教育基金會，於二〇〇〇年五月十八日雙方簽訂五年贊助協議書，每月捐贈十萬臺幣，贊助CBETA《卍續藏》計畫，之後，續約贊助至今，並且也贊助CBETA購買全套原版《新纂大日本續藏經》，做為CBETA第二期電子化工作的底本，實在是CBETA的重要貴人之一。

（二）二〇〇二年取得日本《卍新續藏》的授權

《卍續藏》是日本京都「藏經書院」院長前田慧雲（1857-1930）於一九〇五至一九一二年間，接續《卍大藏經》的漢文大藏經，任命中野達慧（1871-1934）擔任編修，以尚未編入大藏經的許多中國撰述之章疏，加以整理刊行之「續藏經」。《卍大藏經》於一九〇二年開始編輯，以黃檗藏與高麗本對校，一九〇五年完成，又名「大日本校訂訓點大藏經」，或相對於《卍續藏》，簡稱《卍正藏》。

但是，於一九二四至一九三四年之間，由高楠順次郎、渡邊海旭、小野玄妙等人成立之東京大正一切經刊行會（後稱「大藏出版株式會社」），主要以東京增上寺所藏之高麗本為底本，對校同寺所藏宋、元、明三本，另參照正倉院藏經、敦煌本及巴利文、梵文經典，編輯出版《大正藏》一百冊，正篇五十五冊、續篇三十冊、別卷十五冊（圖像12冊、法寶總目錄3冊）。由於所收異本最多，佛典分類亦較合理，且有不同版本之校勘，主要術語常能注以梵文、巴利文，因此《大正藏》取代《卍大藏經》，成為目前各種中文藏經中，流通最廣的版本。如上所述，《大正藏》一至五十五冊與八十五冊（敦煌寫本部類：古逸部、疑似部）是CBETA第一期電子藏經的目標。

但是，《卍續藏》（150套，750冊）收錄許多尚未編入大藏經的許多中國撰述之章疏，其十門分類也有其獨特之處，是研究中國佛教之不可欠缺的藏經。編修者中野達慧先生，他本身罹患重病，同時兩個孩子也生病，其中一個孩子竟然死亡，他卻一日也不肯休息。且是非營利事業，薪俸十分微薄，生活難以為繼，需靠祖產補其不足。如他在《續藏經》序文所述：

大正元年（1912）壬子十一月，所預定的一百五十套，始告完成。其間歷經多少星霜、祁寒、酷暑，亦未曾稍有懈怠。偶罹篤疾，呻吟數月，然手不停鉛槧（即鉛筆）。又，兩兒同時得疾，一兒竟亡，亦一日也不肯休息。且印經一事，固非利之業，書院所給之薪俸甚薄，有賴祖宗遺業，以補其不足。（中野達慧《續藏經》序文）

我個人讀到這幾段敘述，不禁潸然淚下，深深感佩其「安貧樂編」的精神與百折不回的毅力，實在值得我們學習。

由於《卍續藏》已經沒有再繼續刊行，坊間不容易購買，而且它採用「編・套・冊」格式（計3編，合150套，共750冊），其裝訂方法是「和裝本」，每五冊合為一函，每函約五百至五百五十葉，一葉有四版，與現代人習慣的閱讀方式不同。一九七三年，國書刊行會之割田剛雄先生，向河村孝照教授提出《卍續藏》複刻與新纂，出版一百卷的計畫。河村孝照教授規畫具體的新編纂作業如下：1.十門分類之配置沿襲舊版、2.變更體裁、3.標附經典號碼、4.明示科註標號與編集部註（編）、5.移動補遺、6.補充缺卷之典籍、7.收錄新資料。在出版形式接近《大正藏》經，例如：1.標附經典號碼，2.用洋本、B5版、三段組（三欄式），方便現代讀者利用，稱為《卍新纂大日本續藏經》（簡稱《卍新續藏》），於一九七五至一九八九年之間陸續刊行。在這期間，一九八三年，在臺灣的新文豐公司出版將《卍續藏》為影印底本，改以一百五十冊雙欄發行，每一冊對應到《卍續藏》一套，並且編列流水頁號，影印出版。

因此，當CBETA要以《卍續藏》電子化做為第二期

（2002-2006）任務時，如同第一期，首先也是必須考量如何處理著作財產權的問題。相對於《卍新續藏》（1975-1989，國書刊行會），舊版《卍續藏》（1905-1912，藏經書院）已經無著作財產權問題，原則上，著作財產權的期間，存續於著作人之生存期間及其死亡後五十年。所以，事實上CBETA於二〇〇〇年已經開始做《卍續藏》電子化之輸入，因為我們估算：因為人力成本日益增加，過了二〇〇二年，則每年需要五百萬元以上的輸入經費，如留待二〇〇三年之後，則每年需要七百萬元以上的經費，輸入人工成本會愈來愈高。

當時，我們有預想到：《卍續藏》有如上所述三種版本流通於世，我們以如下的代號說明：

Z：Zokuzokyo 《卍大日本續藏經》（卍續藏）。京都：藏經書院。1905-1912年。

X：Xuzangjing 《卍新纂大日本續藏經》（卍新纂續藏）。東京：國書刊行會。1975-1989年。

R：Reprint 《卍續藏經．新文豐影印本》。臺北：新文豐。1983年。

因此，在提供使用者引用經文出處之頁、欄、行數等等的紀錄，可以採用以上三種版本並列，先《卍新續藏》（X），次《卍續藏》（Z），末（卍續藏經）（R）。例如：CBETA, X78, no. 1553, p. 420, a4-5 // Z 2B:8, p. 298, a1-2 // R135, p. 595, a1-2，才能圓滿。

至於，CBETA為何會將《卍新續藏》出處之經號、頁、欄、行數的紀錄放在首先的位置，有一段因緣。因為，CBETA雖然只有提供使用者《卍新續藏》經號、頁、欄、行數的紀錄與舊版（《卍續藏》）對照的呈現，但是，我們還是覺得應該要尊重他們的著作財產權。因此，我寫了如下的信（寄出的信是日文）給國書刊行會（著作權者）與河村孝照教授（編輯主任，著作者），說明CBETA決定以《卍續藏經》(1912年，沒有著作權顧慮)版，做為卍續藏電子版的底本，請求1.同意CBETA之《卍新續藏》「經號與頁碼」參照，同時也請求2.是否可以比照「大藏出版株式會社」授權CBETA用《大正藏》為電子化的底本，將《卍新續藏》授權CBETA做為《卍續藏》的電子化的底本。

敬啟者：

「中華電子佛典協會」(CBETA）自一九九八年成立以來獲得日本SAT（Taisho Daizokyo text-database）組織的協助及「大藏出版株式會社」的授權，目前已經完成《大正新脩大藏經》第一卷至第五十五卷及第八十五卷的初步電子化作業，並以網路及光碟的方式廣為流通。得到許多使用者的好評及鼓勵，同時也希望CBETA 能繼續進行《卍續藏》的電子化作業。

經過我們審慎的考量後，CBETA決定進行藏經書院於大正元年（1912）完成的一百五十套《卍續藏經》版，做為卍續藏電子版的底本，以餉讀者的需求及建構完整的藏經電子版本。然而，為提供使用者更好的服務及達成多數讀者的需求，今擬於完成的為電子版中提供《新纂大日本續藏經》的經號與頁碼做為參照用，此事期能得到 貴單位的允許。

當然，如果 貴單位能如「大藏出版株式會社」的授權一樣（授權契約書如附件，請參考），讓CBETA 以《新纂大日本續藏經》做為電子版作業的底本，相信對 貴單位在因應電子數位時代的潮流，提昇《新纂大日本續藏經》的國際學術界使用的普及率，將會有很大的助益。

恭祝　平安

釋惠敏 合十

中華電子佛典協會主任委員

2002 年 7 月

這封信包含對國書刊行會與河村孝照教授在著作權的尊重，並且期待他們可以善意回應。因為，我預想到：河村孝照教授曾經來過臺灣中華佛學研究所參訪，我們見過面，而且也是聖嚴法師的師父東初法師所著《中國佛教近代史》日譯本（椿 正美譯著，日本傳統文化研究所）之編者，或許會有請求成功的可能性。

感謝三寶加被，河村孝照教授回應說：希望CBETA可以用《新纂大日本續藏經》做為《卍續藏》電子版的底本，它不僅是複刻而且是新纂，比較理想，並且說明今後「著作權使用契約書」的協調，由國書刊行會之割田剛雄先生擔任窗口，開始往返書信，協調著作權使用契約書細節。此外，如上所述，我們感謝佛陀教育基金會，贊助CBETA向國書刊行會，購買全套原版《新纂大日本續藏經》，做為電子化工作的底本，表示CBETA的誠意與認真的態度。

為感謝河村孝照教授無償授權的好意，二○○二年九月，我特別請示聖嚴法師，可否以他名義寫感謝信，並且聘請河村孝照教授為中華佛學研究所的榮譽研究員。於二○○二年十一月十一日至十三日期間，我與杜老師赴日，由日本的老朋友山喜房佛書林社長淺地康平先生安排與陪同，親自拜訪國書刊行會董事長佐藤今朝夫先生等人，表達無償授權的感謝之意。接著，也請淺地先生安排與陪同拜訪大藏出版社青山賢治先生等人，親自報告《大正藏》一至五十五冊與八十五冊電子化的成果以及再次表達無償授權的感謝之意。同時，我們也代為中華佛研所圖書資訊館訂購許多上述兩家出版社的書籍。

於二○○二年十一月三十日，甲方以佐藤今朝夫（國書刊行會董事長）、乙方以釋惠敏（中華電子佛典協會主任委員）為代表，並且載明是以國書刊行會（著作權者）與河村孝照教授（編輯主任）之《新纂大日本續藏經》（第1-90卷）為底本，完成「著作權使用契約書」。

之後，CBETA對於《卍新續藏》電子化的順序是先進行「禪宗」（78-87冊），因為考慮這部分是《大正藏》所沒有包含佛典數之最多的，也是使用者最想利用的部分。於二○○四年二月，CBETA發行《大正藏》（1-55、85冊）與《卍新續藏》（78-87冊）的光碟測試版，於四月發行正式版。從此，依序將其他「中國撰述、諸宗著述部」、「史傳部」等陸續發行光碟，於二○○七年二月初步完成《卍新續藏》(1-88冊),二〇〇八年三月,增加《卍新續藏》校注資料。

(三)二〇〇六年電子佛典新式標點專案

CBETA於二〇〇六年二月十八日,按例舉辦成果發表會暨八週年慶的活動,公開發行「CBETA電子佛典集成Version2006」(內容為《大正藏》1-55冊,85冊及《卍新續藏》54-88冊)。我們也估計《卍新續藏》的輸入計畫預計在明年春季完成,CBETA的任務也由「量的追求」轉到「質的提昇」。

因為,中國歷代大藏經與中國古籍一樣,皆是白文無標點本,日本明治時代,為了讓大眾容易閱讀藏經,弘教書院刊行之《縮刷藏經》、藏經書院刊行《卍字正藏》開始將經文加上標點句讀,《大正藏》、《卍續藏》也延續標點句讀的刊行方式。但是,有閱讀《大正藏》、《卍續藏》經驗者,大多會發現其標點句讀的品質良莠不齊,需要改善。於是,CBETA希望能建立一個開放的平台,吸引更多人共同匯集優質的藏經資料,提供給大眾使用,發出如下的公開邀請消息:

八年來CBETA已完成預定的《大正藏》、《卍續藏》輸入、校對、標記、缺字處理、校勘等大部分工作。今為提昇電子佛典品質,提供讀者閱讀佛典的新環境;CBETA將開始進行眾所期望的新式標點作業。亦即,CBETA擬就所收錄的電子經文與教學界合作,重新加入新式標點,並無償公開流通發行。當天，將邀請合作代表共同簽署「CBETA電子佛典新式標點專案」合作契約，如果您希望能參與此項歷史性的世紀工程，可先上網（http://www.cbeta.org/xb）了解。誠摯的歡迎您共同參與此項有意義的活動。

當天，感謝中央大學、玄奘大學、法鼓山中華佛研所、香光佛學院、圓光佛學院、福嚴佛學院和華嚴蓮社、嘉豐出版社（依筆劃順序）等單位共同參與簽署「CBETA電子佛典新式標點專案」合作契約。

二〇〇七年四月至十月之間，我們發現：似乎有人發動「發函給CBETA不要進行新標的運動」，因為幾乎是從相同的地區發出，用傳真或電子郵件表達：「維持大藏經原有經文」、「保持世尊說經時的原樣」、或者「如果在不正確的位置標上不恰當的標點符號，恐怕會造成讀者錯誤的解讀，並建立偏差的知見，影響太深遠！」、「背負的業力」等等意見。我提供CBETA同仁從如下的四個大方向，盡快提出公開說明。

1.CBETA不是更動經文，而是修訂《大正藏》、《卍續藏》之錯誤標點。

2.《卍續藏》有許多完全沒有標點或標點不足的經文，會有因人而做不同解讀的問題。

例如：大家所熟悉的「下雨天留客天天留我不留」完全沒有標點的句子，可因人解讀為「下雨天，留客天，天留，我不留」，也可解讀為「下雨天，留客天，天留我不？留」，但意思完全相反。完全沒有標點的佛經的解讀，可能也會有類似問題。所以，CBETA須要藉用古今中外的專家的解讀經驗，提供大眾比較正確解讀方案，再由大眾來公斷而再修正。因為，由於CBETA所提供的佛典是電子版，隨時可以修正。此外，我也請同仁找出如下的實例，說明經過新式標點與分段之後的經文，對讀者們的好處：

（1）無標點或分段的經文難讀，容易誤讀，或「畏讀」，造成大家畏懼讀佛典，不利佛典流通。

《放光般若經》卷二〈四 學五眼品〉

舍利弗白佛言何謂菩薩除身口意佛言菩薩不猗身口意是故能除菩薩從初發意以來

常奉十善是故過諸聲聞辟支佛上菩薩行般若波羅蜜者淨於佛道淨於六波羅蜜舍利

弗白佛言云何菩薩淨於佛道佛言菩薩不猗身口意不猗六波羅蜜不猗羅漢辟支佛不

猗菩薩亦不猗佛所以者何於一切法無所猗故是為菩薩道舍利弗復有菩薩一一行諸

波羅蜜用是故無能伏者舍利弗白佛言云何菩薩行六波羅蜜無能伏者佛言菩薩行六

波羅蜜者不有念五陰六情不有念色聲香味細滑法不有念十八性不有念三十七品不

有念六波羅蜜不有念佛十種力四無所畏佛十八法不共不有

念聲聞辟支佛道不有念
佛道不有念阿耨多羅三耶三菩如是舍利弗菩薩行六波羅蜜
於功德中展轉增益用是
故無能伏者復次舍利弗菩薩住於般若波羅蜜具足薩云若以
諸慧不墮惡趣不墮貧賤
中所受身體諸根具足人不憎惡常為諸天阿須倫所敬愛

特別是，完全沒有句讀（標點或分段）的《卍新續藏》有二四五部九〇〇卷、《嘉興藏》有二三四部一二七六卷，數量很多，需要處理，才能讓各種大藏經的佛典普及。

（2）經過新式標點與分段之後的經文：

《放光般若經》卷二〈四 學五眼品〉：

舍利弗白佛言：「何謂菩薩除身口意？」

佛言：「菩薩不猗身口意，是故能除。菩薩從初發意以來常奉十善，是故過諸聲聞、辟支佛上。菩薩行般若波羅蜜者，淨於佛道、淨於六波羅蜜。」

舍利弗白佛言：「云何菩薩淨於佛道？」

佛言：「菩薩不猗身口意，不猗六波羅蜜，不猗羅漢、辟支佛，不猗菩薩亦不猗佛。所以者何？於一切法無所猗故。是為菩薩道。舍利弗！復有菩薩一一行諸波羅蜜，用是故無能伏者。」

舍利弗白佛言：「云何菩薩行六波羅蜜，無能伏者？」

佛言：「菩薩行六波羅蜜者，不有念五陰、六情，不有念色聲香味細滑法，不有念十八性，不有念三十七品，不有念六波羅蜜，不有念佛十種力、四無所畏、佛十八法不共，不有念聲聞、辟支佛道，不有念佛道，不有念阿耨多羅三耶三菩。如是，舍利弗！菩薩行六波羅蜜，於功德中展轉增益，用是故無能伏者。」

「復次，舍利弗！菩薩住於般若波羅蜜具足薩云若，以諸慧不墮惡趣、不墮貧賤中，所受身體諸根具足人不憎惡，常為諸天、阿須倫所敬愛。」（CBETA, T08, no. 221, p. 8, c3-23）

二者相較之下，有標點與分段的佛經，容易顯示出佛經的表達層次，對話者與內容比較能清楚，彷彿佛陀與舍利弗就在自己的面前開演佛法，這對想要深入經藏的讀者們必然有加分的效果。若CBETA的標點有錯誤，因為有表示出來，也可以知道是錯誤在哪裡，大家可以一起斟酌、評斷、改善。不然，雖然是閱讀沒有標點的經文，但是實際上每個人還是在腦海中自行標點，所解讀的經文是對？是錯？反而無從得知，不如將標點標示出來，大家可以互相切磋，才是進步之道。

3. 加上標點後，縱然有不同意見或有誤差，對於全文檢索沒有影響，因為CBETA的檢索是採用忽略標點的程式設計。

4. 最後，退一步來看，加上新式標點是一種非破壞性的加工，我們在CBETA的閱藏系統的「選項設定」中「經文格式」的功能（如圖7.1），有取消「顯示標點符號」的選項，讓不想看標點的讀者，可以簡單地回到完全沒有標點的版本，如此，也讓大家各取所需，皆大歡喜了。其實，這也是電子佛典的方便處。

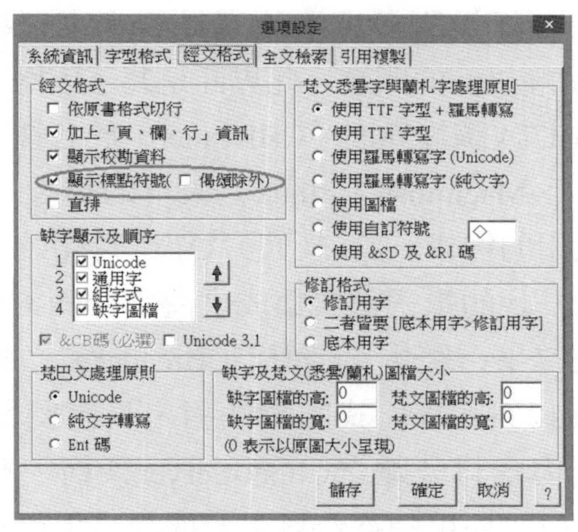

圖7.1 CBETA的閱藏系統的「選項設定」中「經文格式」功能選項

從二〇〇六年啟動「CBETA電子佛典新式標點專案」，初期以《大正藏》經文為目標，到二〇一四年完成一〇二五部（4213卷），包含阿含、本緣、般若、華嚴、法華、寶積、涅槃、大集、經集、律等經典（第1-17冊，22-24冊），以及其他部類部分佛典。非常感謝新標提供者、新標志工以及CBETA委外工作人員李明芳博士、常修慈女士長年來的努力。目前，同時開始進行《卍新續藏》

及《嘉興藏》中完全沒有標點句讀的經文，減低大眾閱讀的困難。歡迎諸方賢達加入此專案，共襄盛舉。

（四）二〇〇八年開發跨平台版本讀經界面

如上所述，二〇〇七年十一月，資訊管理背景的洪振洲博士應聘到法鼓佛教學院，二〇一一年八月擔任圖書資訊館館長，提供許多專業的意見與專案督導。例如：jCBReader讀經界面的開發。此界面是為了因應各界使用者對於原來CBETA讀經界面（CBReader）於各種不同作業平台（Window、Macintosh、Linux）執行的需要，以及對於網路線上使用的需求。於二〇〇八年十月開始，由洪博士督導規畫新一代的電子佛典集成之閱讀介面：「CBETA電子佛典集成跨平台版本」（簡稱jCBreader）。此jCBReader之閱讀介面以Java為程式開發語言，具有跨平台特性。系統採介面與資料分離之Clinet-Server架構，具有高度的可擴充性，並改採用網路資料更新機制，將可讓使用者無須等待每年光碟發行時間，便可取得最新內容。此界面的測試版於二〇一一年上線，提供下載測試，由於需要等待CBETA的內容更新為TEI（Text Encoding Initiative，文件編碼協會）P5版本，於二〇一四年才能正式完成，提供使用者下載使用此跨平台版本讀經界面。

（五）第二期（2003-2008）成果：《卍新續藏》1-88冊

CBETA第二期主要的成果是二〇〇四至二〇〇七年間，完成《卍新續藏》本文及校注，共一二二九經、五〇六〇卷，約七千一百萬三十萬字。以下是CBETA第二期（2003-2008）光碟版本簡介：

光碟版本	推出日期	主要經文內容	備註
CD10	2003.02	內容：《大正藏》1-55，85冊＋校勘資訊 格式：HTML Help, HTML, XML, RTF, App, Normal	手工打造版
CD11	2004.02	內容：《大正藏》1-55，85冊，《卍新纂續藏》78-87冊 閱藏介面：CBReader V1.0	測試版
CD12	2004.04	內容：《大正藏》1-55，85冊，《卍新纂續藏》78-87冊 閱藏介面：CBReader V2.0	CD11的正式版
CD13	2005.02	內容：《大正藏》1-55，85冊，《卍新纂續藏》63-73，78-88冊 閱藏介面：CBReader V3.1	2005.01網路上有公開CD13測試版ISO版，其中CBReader為V3.0，該版無實體發行之光碟
CD14	2005.07	內容：《大正藏》1-55，85冊，《卍新纂續藏》63-73，78-88冊 閱藏介面：CBReader V3.2	C13修訂再版光碟內環CD14，封套日期同CD13 2005.02
CD15	2006.02	內容：《大正藏》1-55，85冊，《卍新纂續藏》54-88冊 閱藏介面：CBReader V3.4	經文字數突破一億字
CD16	2006.04	內容：《大正藏》1-55，85冊，《卍新纂續藏》54-88冊 閱藏介面：CBReader V3.5	光碟內環CD16，封套日期同CD15 2006.02

光碟版本	推出日期	主要經文內容	備註
CD17	2007.02	內容：《大正藏》1-55，85冊，《卍新纂續藏》1-88冊 閱藏介面：CBReader V3.6	本版有加印一批江島惠教教授紀念版送至日本，光碟內容不變
CD18	2008.02	內容：《大正藏》1-55，85冊，《卍新纂續藏》1-88冊 閱藏介面：CBReader V3.7	增加《卍新纂續藏》校注資料
CD19	2008.03	內容：《大正藏》1-55，85冊，《卍新纂續藏》1-88冊 閱藏介面：CBReader V3.7	修訂主程式檢索範圍無法全部儲存的問題

總之，從一九九八至二〇〇七年之間，CBETA先後完成了《大正藏》及《卍新續藏》兩套極為重要的漢文佛教藏經數位化作業，合計總字數超過一億五千萬字的漢文佛典資料庫，有很高的文字正確度，且全部以符合TEI標準的XML語言標記，又有方便好用的各類檢索功能，已成為國際佛學界、佛教界不可或缺的研究及修學工具。

三、CBETA第三期（2009-2014）：《嘉興藏》、歷代藏經補輯等、國圖善本佛典、《漢譯南傳大藏經》（元亨寺版）

在CBETA做第二期（2002-2008）電子佛典《卍字續藏》的期間，臺灣政府方面也投注巨資，由國家科學委員會大力推行「數位典藏國家型科技計畫」第一期（2002-2006）、「數位典藏國家型科技計畫」第二期（2007），以及整併「數位學習國家型科技計畫」（2003-2007）成為「數位典藏與數位學習國家型科技計畫」（2008-2012）。在「數位典藏國家型科技計畫」第二期（2007）中，有「永續經營臺灣數位典藏」的目標，並且設「數位內容公開甄選子計畫」，對外開放申請參選。

二〇〇七年，我們也正在思考如何開展CBETA第三期的《嘉興藏》（袪除與《大正藏》、《卍字續藏》重複部分）計畫、同時也在想辦法籌措經費。由於過去二期的經費主要是由北美印順文教基金會（仁俊長老與恆清法師的因緣）、新加坡居士（聖嚴長老的因緣）、佛陀教育基金會贊助以及各方大德捐贈而成就，不能再勞煩佛教長老們了，應該想想其他辦法。因為，這十年來，CBETA從中累積與數位典藏相關的技術與電子佛典集成的成果，在國內外也有一定的口碑。因此，我與杜老師邀請臺灣大學歐陽彥正、黃乾綱教授以及京都大學維習安教授組成研究團隊，將CBETA的成果與成員納入，準備撰寫申請計畫書參加「數位內容公開甄選子計畫」。當時，因為杜老師受邀擔任國家數位典藏漢籍全文主題小組召集人，我則受邀擔任「數位典藏國家型科技計畫」審查委員，我們比較有機會了解此國家型科技計畫的目標與內容。

但是，應該用什麼題目做為計畫名稱才能合乎所謂「永續經營臺灣數位典藏」的目標？因為杜老師擔心用「《嘉興藏》的數位典藏」的話，審查委員不容易了解與「拓展臺灣數位典藏計畫」有什麼關係。於是，有一天，杜老師到我的研究室來問這個問題，當時我靈機一動，那就用「臺北版電子佛典集成之研究與建構」做為計畫名稱，如此則可以合乎「永續經營臺灣數位典藏」的目標。因為，我說明：歷代所編輯大藏經的名稱，或用朝代或年號，例如：宋、元、明藏，開寶藏、大正藏；或用地名當名稱，例如：於萬曆末年在嘉禾（今浙江嘉興）楞嚴寺所刻之大藏經，簡稱《嘉興藏》。CBETA的電子佛典集成是在臺北製作，可以稱為「臺北版電子佛典集成」，而且合乎「拓展臺灣數位典藏計畫」的主要目標：「建置呈現臺灣文化、社會與自然環境之多樣性的數位內容」，並將基礎的數位化產出提供各分項計畫進行加值應用（包含教育、商業及學術研究等）或是與國際交流。

於是，我們就以「臺北版電子佛典集成之研究與建構」為計畫名稱，並根據多年來「佛教藏經目錄數位資料庫」（工作團隊以杜正民老師為主要執行者，以及李志夫、釋惠敏、歐陽彥正、黃乾綱、維習安、釋振溥、鄭寶蓮、林心雁、CBETA全體同仁）所彙整的經錄統計資料，就CBETA當時建置的不足提出說明，並且由杜老師主筆，擬定詳實可行的計畫內容與步驟，提出三年為期的計畫申請，也順利通過，執行期間從二〇〇七年三月到二〇一〇年七月。

（一）《嘉興藏》木刻版數位化的挑戰：異體缺字處理

對CBETA而言，《嘉興藏》的數位化是一項新挑戰，因為之前所做的《大正藏》、《卍字續藏》數位化的底本是現代鉛版印刷，字型固定；《嘉興藏》是古代木刻版印刷，許多異體字型，不容易藉由光學掃描字型辨識（OCR）協助數位化，如圖7.2所示圓圈的異體字：

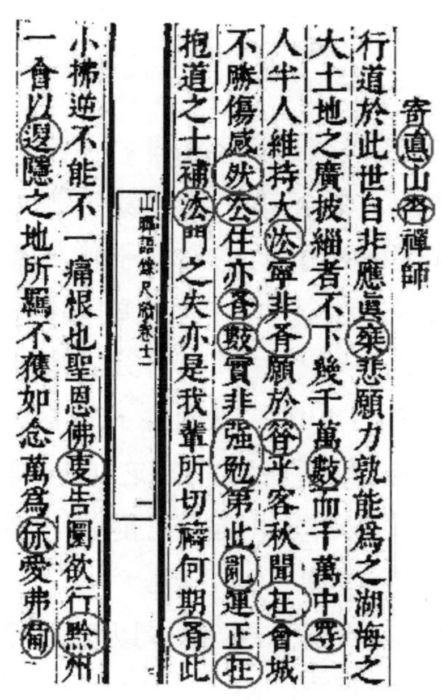
寄德山裔禪師
行道於此世自非應真乘悲願力孰能為之湖海之
大土地之廣披緇者不下幾千萬數而千萬中得一
人半人維持大法寧非有願於昔乎客秋聞在會城
不勝傷感然去住亦有數實非強勉第此亂運正在
抱道之士補法門之失亦是我輩所切禱何期有此
小拂逆不能不一痛恨也聖恩佛吏告圍欲行黔州
一會以遐隱之地所羈不獲如念萬為保愛弗備

圖 7.2《嘉興藏》木刻本的異體字

不容易藉由光學掃描字型辨識協助數位化，正確辨識如下的文句：

寄德山裔禪師
行道於此世自非應真乘悲願力孰能為之湖海之
大土地之廣披緇者不下幾千萬數而千萬中得一
人半人維持大法寧非有願於昔乎客秋聞在會城
不勝傷感然去住亦有數實非強勉第此亂運正在

抱道之士補法門之失亦是我輩所切禱何期有此
小拂逆不能不一痛恨也聖恩佛事告圓欲行黔州
一會以退隱之地所羈不獲如念萬為保愛弗備

此外，還有石刻、寫本的資料，文字異體變化極大。CBETA《藏外佛教文獻》第一輯至第九輯的部分，由大陸方廣錩教授無償授權電子化納入電子佛典集成之中，因此開拓CBETA敦煌文獻的資料。《北朝佛教石刻拓片百品》出版於二〇〇八年五月，由中央研究院歷史語言研究所顏娟英博士主編，CBETA取得授權後，針對該書釋文進行數位化標記作業，納入電子佛典集成之中，因此讓CBETA增加石刻拓片史料，與文圖連結的可能性。於此，特別感恩兩位教授的慷慨無償授權。

因此，面對《嘉興藏》木刻本以及敦煌寫本、石刻拓片的資料，若要一一照實記錄，「缺字」問題會造成嚴重的作業瓶頸，所以我們必須訂出用字規範，以克服異體缺字問題。

《正史佛教資料類編》（蘭州：甘肅文化出版社，2006年）的書籍是由蘭州大學杜斗城輯編，杜斗城老師與我們是老朋友，因此寄送該書給我。所謂「正史」有別於私家編撰的「野史」，又稱「二十四史」，是中國古代各朝史官（或史家）撰寫的二十四部史書的總稱，是被歷來的朝代納為正統的史書。我當時覺得若可以將它加入電子佛典集成之中，如此可以擴大佛教界利用二十四部史書中與佛教相關資料的可能性，而且讓我們正視中國歷史資料中對佛教正面或負面的看法，以做為借鑑。於是，與杜斗城老師請求授權電子化納入電子佛典集成之中，他非常爽快地答應。但是，不久他有提到說：他個人的部分無償授權沒有問題，出版社的權利部分需要付費，但是他會盡量協調價錢壓低，希望我可以諒解。非常感謝杜斗城老師的大力協助，我也得到臺灣林政男居士的支持，從他在大陸的公司匯款給出版社，做為授權的費用。

CBETA在目錄編排上，為了讓《正史佛教資料類編》、《藏外佛教文獻》、《北朝佛教石刻拓片百品》與歷代大藏經區隔，將此三部（套）書歸入「新編部類」，也可以保持原書的結構。

（二）二〇〇九年取得國家圖書館善本佛典授權

二〇〇九年十月八日，國家圖書館的顧敏館長代表該館，與我代表法鼓佛教學院及中華電子佛典協會（CBETA）簽署合作協議書，共同推動佛典古籍之數位典藏，並達成雙方資源互惠共享，共創優質學習與研究環境。由國家圖書館提供善本佛典古籍佛典數位圖檔、微捲給CBETA，並授權CBETA將這些材料作成電子文字資料庫，納入「中華電子佛典集成」光碟與網路資源，無償提供大眾使用。之後，CBETA協助國家圖書館進行善本佛典古籍全文數位化與圖文連結。

因為有此合作協議書之授權，由我擔任計畫主持人，法鼓佛教學院杜正民、洪振洲老師擔任協同主持人，撰寫「臺灣善本古籍數位化之研究與建構——以國家圖書館善本佛典為主」研究計畫，申請「數位典藏與數位學習國家型科技計畫——九九年度拓展臺灣數位內容整選計畫」，經審查後通過，執行期間是二〇一〇年八月至二〇一二年七月，總共完成善本佛典六四部（248卷）之全文數位化可以收錄到「中華電子佛典集成」光碟與網路資源，一六七部（1457卷／56661幅）之微卷轉置圖檔，二六七部（1581卷）網路圖文連結，並且也完成匯入數位典藏與數位學習國家型科技計畫聯合目錄的工作。

此計畫的數位典藏選件，從歷史年代來看，包含跨越北魏至宋元明清的古籍佛典，從版本來說，包括有中國校刊本、朱墨藍三色套印本、泥金舊寫梵夾本等，其中還有珍貴的隋唐五代時期寫卷，及宋元明時期各地方寺院的刻印本，保存著大藏經版本發展歷史及其豐富的資訊。藉由數位典藏的技術學養，對於臺灣彌足珍貴的文化遺產的保存與傳續，於數位時代下，史料以多種型式資料的保存與利用，發揮了相當的作用與功能。

（三）開展電子書的「數位出版」的服務

二〇一二年九月，我在CBETA月會提出：因為漢文佛典古籍有限，可以讓CBETA作電子化的數量將會愈來愈少，為了「未雨綢繆」，讓CBETA可以持續發展，可以將十多年來做佛典古籍電子化的技術，往近現代佛教典籍之電子書的「數位出版」服務的方向開拓，因為這是未來的出版趨勢，佛教界需要有人嘗試來做。

我為了減少大家的疑慮，做如下原則性的說明：

1.CBETA所做近現代佛教典籍之電子書，先不與原有「中華電子佛典集成」漢文佛典古籍合在一起發行，以免對於《大藏經》的界限有所疑慮。2.未來也可以陸續將個別的近現代佛教典籍之電子書結集成「現代電子佛典集成」。3.若要將「現代電子佛典集成」與原有「中華電子佛典集成」漢文佛典古籍合在一起發行，使用界面中有讀者可以選擇是否導入近現代佛教典籍、以及所希望的各種檢索的範圍。4.為了讓CBETA的同仁沒有太大的期限與成效壓力，法鼓佛教學院圖書資訊館數位典藏組可以提供技術經驗，我可以先介紹西蓮淨苑出版社與智諭老和尚教育基金會提供經費讓CBETA沒有壓力地試做《智諭老和尚全集》，累積電子書製作與發行的經驗。若有其他單位願意出資讓CBETA沒有壓力地試做，更歡迎。

經過法鼓佛教學院居中協商，於二〇一三年三月，CBETA與智諭老和尚教育紀念基金會簽約，基金會提供一百一十萬元經費以及《全集》WORD檔（總字數約六百萬字），以有彈性的期限，製作《智諭老和尚全集》電子書（PDF、EPUB）以及全文標記、單機閱讀系統、多功能及多媒體網頁等專案目標。期待，未來CBETA能為佛教界的電子書、數位化印經、出版、發行、流通等方面，提供更多的服務。

我們期待CBETA的同仁能把視野擴大，不只是著眼於開創目前佛教界數位出版服務，也為下一代人才的培育與傳承而開展電子書的「數位出版」的服務，讓CBETA的理念、技術與經驗可以代代相傳，常久持續。

（四）二〇一二年取得元亨寺版《漢譯南傳大藏經》授權

於二〇一二年一月十八日，我收到高雄元亨寺會常法師的電子郵件說明：由於元亨寺方丈淨明法師的卓見與慈悲，了解電子佛典對佛教界的意義，與先前的編譯委員及幾位職事商議後，願意將元亨寺版《漢譯南傳大藏經》無償授權給CBETA數位化，並且納入中華電子佛典集成之中，以嘉惠更多有志精研藏經的四眾弟子。當時，我非常感謝元亨寺淨明方丈和尚等諸位相關職事的遠見與慈悲，立即通報CBETA的成員，分享這個好消息與感動。我們便開始往來協商訂定授權合約書內容，希望能利益眾生，分享法寶的價值。

承蒙元亨寺淨明方丈和尚的盛情美意，不用CBETA的人員南下到元亨寺辦理訂定授權書事宜，願意率領諸位相關職事親自北上到法鼓佛教學院，舉辦簽約儀式，並且問需要贈送多少套《漢譯南傳大藏經》讓CBETA當數位化的底本與作業用本。這更加讓我們感恩不盡，回覆若能贈送一套，就可以了。於是，二月二十三日下午，由我和元亨寺方丈和尚淨明法師，在法鼓佛教學院海會廳簽署授權儀式，同時也邀請法鼓山方丈和尚果東法師與元亨寺版《漢譯南傳大藏經》總編輯吳老擇教授共同見證。

我在授權儀式中特別提到：創立於一九八七年的「漢譯南傳大藏經編譯委員會」，誠如印順導師聞所讚歎：「此是中國佛教界的一大事，菩妙法師的大心卓見，值得隨喜讚歎！」因為要找足夠的適當翻譯人才很困難，但是仍然可以於一九九〇年十月底出版刊行首冊律藏（一），共經歷十一年的艱辛戮力，完成了《漢譯南傳大藏經》編譯與發行，包含律、經、論三藏以及藏外佛典，全部七十冊（約九百一十五萬六千字）。但是，隨著資訊時代的來臨，電子佛典成為經典研究者的必備工具書，其特性與優勢在於能隨時公開修訂及更新、而且可避免印製再版的資源浪費，並且提供修訂根據的對照，將能陸續提昇《漢譯南傳大藏經》翻譯品質與價值，也可以促進此套漢譯佛典保存與流通。而且，又可以與包含漢譯歷代大藏經的CBETA電子佛典集成，結合成超過二億字的漢文佛典經文資料庫，可以讓北傳與南傳佛教的佛典有更直接的交流機會，實在感謝元亨寺淨明方丈和尚與總編輯吳老擇教授延續菩妙長老的大心卓見，利益眾生。

當時，我們向元亨寺代表們說明：由於中華電子佛典協會從二〇一〇年到二〇一二年，已參與國家圖書館數位典藏專案，預計二〇一二年底才能結案。因此《漢譯南傳大藏經》數位化計畫，最快從二〇一三年一月開始，若集中人力處理，需要至少一年的時間，非常感謝得到元亨寺代表們的諒解與信任。結果，於二〇一四年四月完成元亨寺版《漢譯南傳大藏經》數位化，納入中華電子佛典集成。因為我們想二〇一四年光碟發表會的場地借用元亨寺舉辦，所以煩請元亨寺會忍法師協助詢問，結果他轉達了令人歡喜的消息：淨明方丈不但慨然允諾提供元亨寺的大雄寶殿場地，來舉行光碟的發表會，且全力配合支援活動的進行。發表會當天，更讓我們驚喜的是：淨明方丈當場慷慨解囊捐贈新臺幣一百萬元，以表達對中華佛典協會的感謝與護持。淨明方丈的慈悲實在讓CBETA同仁感恩無盡，讚歎不已，因為他不僅無償將元亨寺版《漢譯南傳大藏經》授權CBETA，而且提供如此巨款鼓勵我們；我個人也深深感佩長老的風範，是我應該要學習的典範。

（五）《漢譯南傳大藏經》協進構想

二〇一二年二月，CBETA得到授權簽約之後，我希望CBETA在數位化元亨寺《漢譯南傳大藏經》的同時，也能夠做進一步的修訂工作，並且建置長期的合作平台，將譯本的錯誤減少至最小，因此提出「漢譯南傳大藏經協進構想」，希望形成共識後制定「漢譯南傳大藏經協進計畫」，進一步成立「漢譯南傳大藏經協進小組」，以便進行漢譯南傳大藏經數位版的修訂工作。於八月，我先請法鼓佛教學院溫宗堃老師擔任元亨寺版南傳大藏經電子版修訂的CBETA諮詢顧問；於十月十日，我再請溫宗堃老師幫忙向幾位在臺灣從事《南傳大藏經》的專家學者發如下的電子信函，看看大家是否於十一月二十四日（星期六）早上十點至十二點，在北投中華佛教文化館CBETA辦公室開會。

各位老師 好：

惠敏法師代表CBETA邀請各位老師參與「漢譯南傳大藏經協進構想」說明會。

1.緣起：

（1）由於惠敏法師今年暑假受邀參訪泰國法身寺之「北京

大學——法勝巴利佛典」計畫的工作處所，帶回已經他們已經出版的《長部》、最新精校對巴利三藏電子版DVD（beta版）以及惠敏法師現場拍攝的音像紀錄，覺得值得讓諸位有志於漢譯南傳大藏經的臺灣老師知道最新狀況。

（2）今年二月元亨寺無償授權CBETA進行「漢譯南傳大藏經」數位化，CBETA的數位化工作也即將在今年十一月啟動。我們都知道，元亨寺《漢譯南傳大藏經》的翻譯，是臺灣巴利學研究上的一項創舉，但是由於翻譯當時的種種時空因緣條件，譯本仍有許多可以改善的空間。為了使元亨寺《漢譯南傳大藏經》譯本，能夠更正確、有效地傳播佛陀教法，惠敏法師希望CBETA在數位化元亨寺譯本的同時，也能夠做進一步的修訂工作，並且建置長期的合作平台，將譯本的錯誤減少至最小。因此，惠敏法師代表CBETA邀請各位老師參加「漢譯南傳大藏經協進構想」說明會，希望形成共識後制定「漢譯南傳大藏經協進計畫」，進一步成立「漢譯南傳大藏經協進小組」，以便進行漢譯南傳大藏經數位版的修訂工作。

2. 說明會內容：

（1）播放「北京大學——法勝巴利佛典」計畫的工作處所音像紀錄、分享最新精校對巴利三藏電子版DVD（beta版）、漢譯巴利《長部》，並且交換意見。

（2）期待臺灣的漢譯南傳大藏經的專家學者可以有合作將元亨寺《漢譯南傳大藏經》譯本提昇到「信」的基本

條件，因為這是臺灣目前可以在國際之南傳大藏經翻譯佛典計畫交流的「資產」之一，我們如果不能合力提昇其品質與電子佛典化，或許臺灣在漢譯南傳大藏經工作上會落後許多。

（3）「漢譯南傳大藏經協進計畫」不妨礙其他臺灣的優秀的翻譯計畫進行，「漢譯南傳大藏經協進計畫」可以做為其他臺灣的優秀的翻譯計畫的初步工作之一。

（4）CBETA 可以提供一些資金做為有意參加「漢譯南傳大藏經協進小組」老師酬勞或延聘助理協助修訂的費用。

（5）未來，CBETA 可以提供不同的現代中譯本與古代漢譯本《阿含經》等電子版連結互參的平台。

非常感謝莊國彬、鄧偉仁、莊博蕙、溫宗堃諸位老師親自參加，蔡奇林與越建東老師雖然無法親自出席，但是以書面表達意見，關則富與呂凱文老師臨時請假。CBETA 方面，則有杜正民副主委、周海文先生與我參加。會議中，大家討論一些修訂原則、暫訂分工、作業方法等議題。之後，由於大家都忙，沒有繼續發展。目前，我是先找其他因緣，例如：先找可以有能力參考現有各種的日譯本的人，先處理關鍵性的應該修訂的文句，如此可以有些進展，再等適當的因緣成熟，再繼續往「漢譯南傳大藏經協進小組」的方向發展。

（六）第三期（2009-2014）成果：《嘉興藏》、歷代藏經補輯等、國圖善本佛典、《漢譯南傳大藏經》（元亨寺版）

於二〇〇九年，CBETA新增《嘉興藏》選輯（269部1469卷）、正史佛教資料類編、藏外佛教文獻一至三輯。二〇一〇年，新增《嘉興藏》選輯（16部190卷）、藏外佛教文獻四至九輯、北朝佛教石刻拓片百品。

二〇一一年，CBETA光碟新增《趙城金藏》（1148-1173），以及一九三五年所選輯的《宋藏遺珍》、遼金《房山石經》、《高麗大藏經》（1236-1251）、《洪武南藏》（1372-1403）、《永樂北藏》（1410-1440）、《乾隆大藏經》（1735-1738）、《卍正藏》（1902-1905）、《佛教大藏經》（1977-1983，以《頻伽藏》、《普慧藏》為底本）、《中華大藏經》（1984-1997編）所收一百部（972卷），稱為「歷代藏經補輯」。

二〇一二至二〇一三年，由於所增加的國家圖書館善本佛典（64部248卷）數量不多，同時正在準備元亨寺版《漢譯南傳大藏經》（70冊）電子化的工程，為了避免資源浪費，因此沒有發行二〇一三年與二〇一四年光碟，將上述成果一併於二〇一四年的光碟中發行。

四、參與數位人文、佛學資訊的歷程

如前所述，我個人在一九八四年左右，臺灣開始流行自製的仿蘋果二代（Apple II）電腦，有位文化大學慧智社學生將不想用的仿Apple II電腦送給我用之後，這是我開始運用資訊科技來幫助個人的學習與研究的開端。一九八六至一九九二年，我在日本東京大學之留學時期，喜歡使用日本流行的電子手帳（包含電子辭典、行事曆、通訊錄、筆記等管理功能）、個人電腦（PC）或文字處理機（Word Processor），例如：Fujitsu的OASYS系列是我撰寫碩士、博士論文的利器。一九九二年回臺灣開始工作，一方面延續使用這些日製的資訊工具與日文資料，從事研究、教學與日常事務；一方面也使用當時開始流行的蘋果麥金塔電腦或PC，以便銜接在臺灣或國際間使用之非日文系統的資料。因此，我從一九九八年，除了參與CBETA電子佛典計畫，也有幸參與其他與「數位人文」（Digital Humanities）有關的計畫，因為資訊科技在佛教文獻運用的可能性不只是電子佛典的製作。

所謂「數位人文」泛指運用數位科技與資源所進行之人文研究，特別指以傳統人文研究方法，困難觀察或呈現的現象以及無法處理的議題的研究。這是由於資訊學界與人文學科之間，互相「跨界」對話與交流，產生研究型態、生活運用的「轉化」。國際上有「數位人文機構聯盟」（Alliance of Digital Humanities Organizations）的組織，於一九九〇年開始召開年會。於此，我想摘要一些我個人所參與的資訊科技在佛教文獻運用的觀念與實例，以做為數位人文、佛學資訊教育在當代發展軌跡的參考。

由於網際網路的資訊時代來臨，改變了人們溝通和處理資料與知識的方式，新的數位化（digitalized）資訊或電子媒體（electronic media）的取得、記錄、整理、搜取、呈現、傳播的效率，史未曾有。此種趨勢將大幅改變人類的生活環境、社會結構和文明的發展。

我們也知道：歷史上，宗教文獻在文化媒體的技術發展，占有重要的地位。例如：現存最古的印刷品之一是佛教的《金剛經》（868），與歐洲最早的活字印刷是古騰堡《聖經》（Gutenberg Bible, 1455）。由於印刷術的發展，出版量的急劇增加，書面語言的運用日益普遍，知識也隨之日益普及，人類文明得以日新月異，甚至到達今日所謂「知識爆炸」的時代。

佛教是源遠流長的宗教，其相關的資料與知識浩如煙海，有時真令人望洋興嘆。以佛典刊行為例，佛滅度後由伽葉尊者領導僧團在王舍城結集佛典，往後有所謂「毘舍離結集」（B.C. 280）、「華氏城結集」（B.C. 251）。佛典結集的內容與型態的特色可以反應其時代意義。綜觀本世紀中，佛典刊行與翻譯的工作不斷，是促使佛教知識普及化、佛學研究國際化的主要因素，也反應大眾化佛教的意義。然而到了本世紀末，由於網際網路資訊時代來臨，佛典數位化或電子佛典的需求急劇增加，因此有巴利文、梵文、漢譯、藏譯等各種佛典的數位化輸入計畫，例如上述的「中華電子佛典協會」。

（一）我所學到的數位化文獻的一些基本觀念

我擔任CBETA主任委員時，深深體會到：數位化文獻管理所需具備的知識與實務經驗，是目前宗教教育中所缺乏的。為因應新的數位化文獻時代的來臨，實有必要設立對於數位化文獻特性的認識，以及運用資訊科技的媒體與工具，有效率管理佛教資料文獻，改進佛教的教學、研究、服務、行政等各個層面的課程與知識系統。因此，中華佛學研究所於一九九八年成立「佛學網路資料室」的基礎。於二〇〇七年，法鼓佛教學院延續此資源，設立佛學資訊組主修課程，這不僅是佛教教育的創舉，相信也是宗教教育乃至所有人文教育的新潮流。

以我個人的學習經驗為例，首先，我從中研院謝清俊教授學到：從宗教文獻媒體或載體的演變史來看，早期是泥版（如：楔形文字）、莎草與石塊（如：象形文字）、甲骨、貝葉（佛典）、竹簡等等，目前則是以紙本為主。但是，數位化文獻則是新世紀的媒體的趨勢，其理由是多重的，要言之：1.是利於長久保存；2.幾乎可以取之不盡用之不竭，可供全民共享共用；3.可以大量匯集知識，以發前人所未見，產生相輔相成的效果。所以，我們不能把個人電腦只當成電子打字機而已，應該看作是成就各種可能性的夢想實現機。

其次，我從加州大學柏克萊分校Lewis Lancaster教授的資訊部門的屬下Howie Lan先生學到：對於數位化文獻都需要具有多價（Multivalent，多訊息層次）文獻模式的認識。[1]

---

[1] Digital Library Project: University of California at Berkeley http://elib.cs.berkeley.edu/
"Multivalent Documents: Anytime, Anywhere, Any Type, Every Way User-Improvable Digital Documents and Systems", Thomas A. Phelps, A dissertation

接著，我從維習安博士學到：為了能有效率地管理數位化文獻，需要標準化標記（Markup）語言的觀念。以下將對這兩個觀念做如下的說明：

1.多價（Multivalent，多訊息層次）文獻模式

傳統的文獻與數位化文獻的差異是：前者是單塊式（Monolithic），後者是多價式（Multivalent）。傳統的文獻觀念，與「書」同義。書是獨立式、互不連結，查詢費時，互參也麻煩，只提供給人「讀」的功能。

由於數位化文獻基本單位可以是字、筆劃、乃至圖素，所以重組、連結都很簡易快速；而且同時可提供給電腦與人腦「讀」的功能。因此，猶如相同或不同原子價位（Value）的連結與互補，而成為各類各樣分子。數位化文獻具有「多價」（Multivalent）文獻模式的特性，所謂多種價值（Values）、意義、運用。它可使得資訊的吸收與交流，突破時空的障礙，打破獨斷的權威，如《華嚴經》的因陀羅網的重重無盡世界，使人們更有時間精力來思考與溝通，並且加速資訊之平等與多元化發展。總之，多價文獻模式有如下三點特色:

（1）逐加延伸（Incremental Extendable）

在任何時間、地點、形式、使用者，都可以逐加延伸資料、層次或動作。不像書印出來後，要重新再呈現，還

for Ph. D, University of California, Berkeley (1998)
"Applications of A New Document Model for Digitalization of East Asian Classical Documents", Howie Lan Instructional Technology Program Uninversity of California, Berkeley.

得再版。

（2）結構性分散管理（Structurally Distribute）

同一個形式的情報層，稱為「層次」（Layer）。在某一層次裡可做種種的功能處理，即是「動作」（Behaviors）。不同層次可以在不同的地方，藉由網際網路形成結構性分散管理。以中華電子佛典協會為例，假設重點放在漢譯佛典與中國撰述部分的編碼檔資訊層。它可以跟日本合作，由他們做日本撰述部分的編碼檔；另外，韓國海印寺可以提供《高麗版大藏經》的掃描原版圖檔層；京都大學、東京大學有一些手抄的古本可提供圖檔；北京大學有《房山石經》的圖檔。雖然在不同地方各自管理不同的資料庫，但可以形成一個完整的結構。如《華嚴經》所說的，因陀羅網的世界，即重重無盡的世界。

（3）相輔相成（Internally Complementary）

各別的層次無法完美，但是不同的層次間可以形成互補。例如，由「掃描層」與「字庫再現層」，可以看出古今字的差異。不同版本的圖檔，在同一段落裡顯示出互補性的呈現。

2.數位化文獻與標準化標記語言

為了文獻間能彼此交換與有效率管理資訊，數位化文獻需要標準化的標記語言。如：一九八六年SGML（Standard Generalized Markup Language，標準通用標記語言），其所用的標籤（Tag）可以擴張、檢查；後來為了World Wide Web（全球資訊網）的需求，HTML（HyperText Markup Language，超文件標記語言）是SGML的一項運用，具有指定連結、指定格式的功能。一九九八年，為了Web最佳運用，開始從SGML推演成XML（Extensible Markup Language，可擴展性標記語言），它可以與HTML整合，以處理資料的顯示，於SGML中，去除在Web上傳遞資料所不需要的部分（換言之，XML是SGML的子集合）。XML是可以與SGML互補，可以對Web上的資料作結構化與描述用，而且也可廣泛支援不同種類的應用程式。[2]

（二）CBETA電子佛典的結構性特色

我個人擔任「中華電子佛典協會」主任委員之後，將上述所學習的觀念，開始運用於建立稱為「CBETA版電子佛典部類目錄」（簡稱「CBETA版經錄」）。我是依照《大正藏總目錄》的同本異譯本的紀錄與《大正藏索引》解題中所述《大正藏》編目構想，並參照國內外學者的研究成果，整編《大正藏》（2373部，8982卷）而分成二十個的樹狀結構部類，成為「CBETA版經錄」。其次CBETA又將《卍新纂續藏經》（1230部，5066卷）、《嘉興大藏經》（285部，1659卷）、「歷代藏經補輯」（100部，972卷）陸續併入。

「CBETA版經錄」的目的是：利用電子文件的特性，將《大正藏》原有編目呈現樹狀結構，便於更有系統地深入經

---

[2] 詳參Charles Goldfarb The SGML Handbook Oxford 1990. SGML。
XML（Extended Markup Language）是由W3C（World Wide Web Consortium）所制定，XML 1.0 版規格書已由W3C核准，可參http://www.w3.org/XML。

藏；及將各類佛典內容與性質的相關性呈現關聯結構，發揮更有效率的文句檢索。

1.「CBETA版經錄」特色之一：樹狀結構

將「阿含部」等等《大正藏》原有的分部，擴大稱為「阿含部類」等。當我們打開經文的時候，經文目錄不是一次全部展開全部經目，而是依部類的編目依層次呈現出來。也就是說，我們依照《大正藏總目錄》的同本異譯本的紀錄與《大正藏索引》解題中所述《大正藏》編目構想，並參照國內外學者的研究成果，利用電子文件的特性，將相關聯的經文樹狀結構關係表達出來（圖7.3）。

圖7.3 CBETA版經錄之部類

2.「CBETA版經錄」特色之二：關聯結構

討論樹狀結構的原因，是為了要能夠整體且有系統地去把握佛經間的階層關係。此外，為了將學習的目的從資料（Data）提昇到資訊（Information）乃至知識

（Knowledge），佛典的關聯結構也是應該重視的考量，所以不能只停留在資料庫的層級，我們希望的是它也能給我們知識。知識的取得就需要考慮到資料與資訊的系統性及關聯性，如此在人腦內才會產生新的知識。由於不同的時代需求與觀點，因而產生不同的經錄，從電子時代或資訊時代的角度去看，我們要如何整編因應電子時代的經錄才會好用？從關聯性的角度，我們考慮到兩種方向：第一種方向是「整套不重複」，第二種方向是「分部重複」。並可將不同的關聯結構經錄之檢索效果比較。

（三）「瑜伽師地論資料庫」專題研究計畫（1999-2002）

有別於CBETA的漢文大藏經電子佛典製作，為了嘗試專題性的資料庫研究，我邀請維習安博士與杜正民老師當共同主持人，從一九九九至二〇〇二年，三年之間陸續申請通過「漢文電子佛典製作與運用之研究（Ⅰ）——以《瑜伽師地論》為例」、「漢文電子佛典製作與運用之研究（Ⅱ）——以《瑜伽師地論》注釋書為例」、「漢文電子佛典製作與運用之研究（Ⅲ）——以《瑜伽師地論》梵漢藏版本對照為例」。此研究以《瑜伽師地論》之異譯本及其綱要書為例，規畫其電子資料之製作與標誌流程。運用「多價」文獻模式的特性，與標準化的標誌語言，將已製作與標誌的電子資料之結構特色）作互參標誌，研發界面，以便做異譯本之比對、綱要書之對照的運用（圖7.4）。

此研究計畫的目的如下：

1.以《瑜伽師地論》、其綱要書及異譯本為例，研究電

圖 7.4「瑜伽師地論資料庫」專題計畫網站

子佛典之輸入與缺字處理、校對、標誌、全文檢索、網路系統等製作方面的問題與解決方案。

2. 以此數位化的資料為例，考察其在使用介面、研究方法、教學活動等各種應用上的可能性，如圖 7.5 與圖 7.6 所示，可做異譯本與梵本之比對、綱要書之對照的運用。

同時，此計畫也朝知識庫（Knowledge Base）的方向發展，期能研發能自動推論、發覺隱藏性的資訊或知識、儲存高層次的資訊、並提供使用者知識層次檢索功能的系統。將知識庫引進數位博物館，對數位博物館的發展將是一個非常重要的里程碑。

（四）數位博物館計畫：玄奘西域行（1999-2004）

一九九九至二〇〇四年，由恆清法師擔任「數位博物館計畫：玄奘西域行」總計畫主持人，包含「文獻、圖像、史地資料之組織與研究」（由中華佛學研究所杜正民

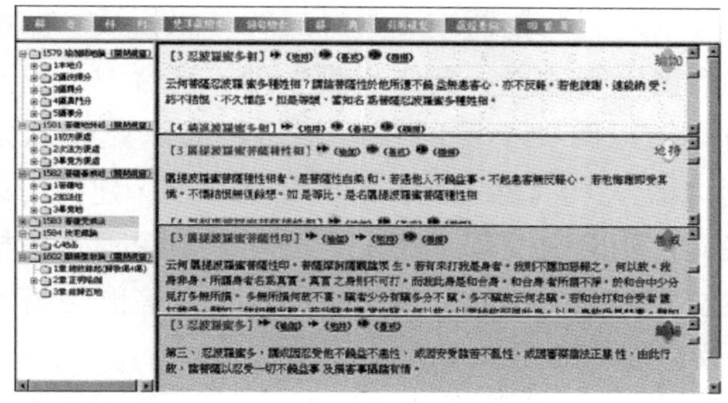

圖 7.5 可做異譯本之比對、綱要書之對照的運用（舊版界面）

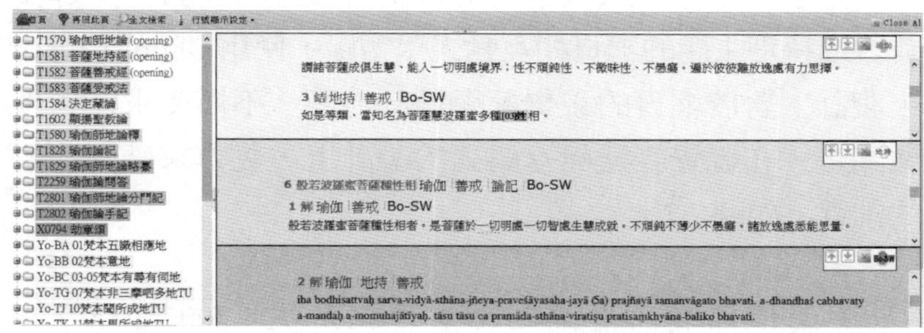

圖 7.6 可做異譯本與梵本之比對、綱要書之對照的運用（新版界面）

老師與我負責）、「互動式資訊視覺化設計與研究」（由國立藝術學院科技藝術研究中心許素朱老師負責）、「數位博物館中知識庫系統之研發」（由臺灣大學資訊工程研究所許清琦、歐陽彥正老師負責）三個子計畫，結合主題內容學者，資訊科技研究人員，以及科技藝術專家，以唐代玄奘法師的《大唐西域記》為背景，配合各類型的文獻、歷史、地理資料及藝術文物的呈現，提供學術界使用；並且運用《西遊記》為藍本，透過最新資訊科技，如電腦動畫、虛擬實境的效果，製作活潑生動，適合中小學同學的學習材料，以使中小學同學以及一般民眾更能充分了解《大唐西域記》與《西遊記》的關係與差別，建構可以提供與絲路文化相關之文學、歷史、地理、佛學等各種相關知識的數位博物館。為此計畫，我與杜正民老師也特地安排新疆考察之旅（彩圖58）。

此計畫對於網頁程式設計方面，主要採用HTML、SGML、XML等一般標誌語言及Java與Javascript來設計網頁，主要的考量是未來網頁修改的方便性。而對一些導覽首頁或特別主題的網頁如互動式學習區，使用Dhtml、Flash來設計。對於網頁的視覺藝術設計方面，不僅要求達到專業品質，在視覺表達與互動式的設計上，更力求達到藝術的創意，如圖7.7。

（五）漢傳佛教高僧傳之時空資訊系統（2007-2009）

約在二〇〇五年春天開始，中華佛學研究所開始準備「漢傳佛教高僧傳之時空資訊系統研究計畫」，二〇〇七年，非常感謝聖嚴法師的推薦，安排我在安和分院向大陸工程公司、浩然文教基金會的殷琪董事長報告，托聖嚴法師的福德，[3]我們獲得殷董事長的認可，由浩然文教基金會贊

---

[3] 根據《慢行聽禪：殷琪問法．聖嚴解惑》簡介說明：從二〇〇三年九月到二〇〇六年八月，長達三年的時間，臺灣高鐵董事長殷琪，每隔一段時間，都會上山去向聖嚴師父問法。原本只是隨緣提問，殷琪自己記下師父回答的重點，持續了一段時間後，發現提出的問題，正是所有人在生命成

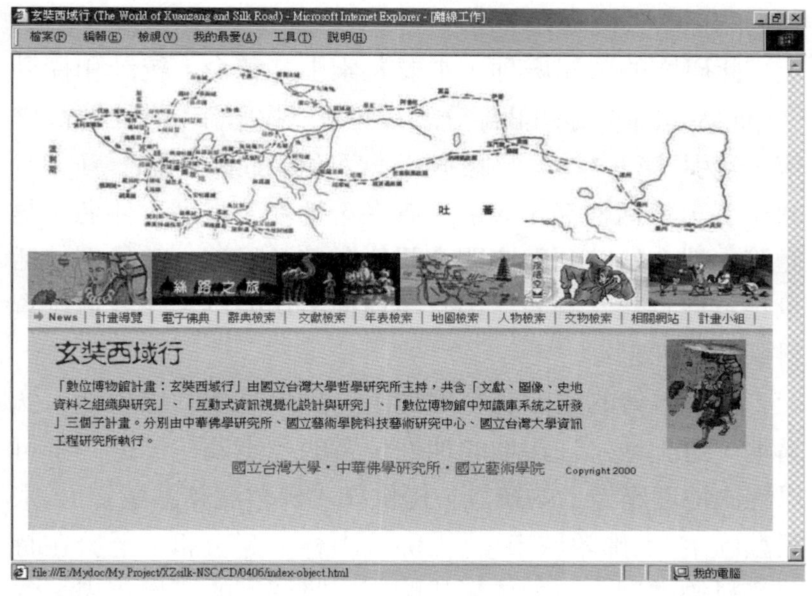

圖 7.7 數位博物館計畫：玄奘西域行之網站

助三年研究經費，由法鼓佛教學院開始執行。此研究運用地理資訊系統（Geographic Information System, GIS），以及採用數位文化地圖協會所開發的TimeMap地理資訊平台，將紙本的四部重要傳記文獻（即《梁高僧傳》、《唐高僧傳》、《宋高僧傳》及《明高僧傳》），轉換並呈現為時空地理資訊系統的視覺化數位資源，以設計具人與時空二軸

長過程中，普遍會遇見的問題，亦是人生的根本迷惑，因而動了「法無私法、有緣皆可聽聞」的念頭，遂由佛教文學作家潘煊筆錄紀實，寫成這本書《慢行聽禪》。

互動關係的數位研究平台。

此研究的資訊處理，主要為索引、整合、統計和探勘（Data Miming）等四個部分。索引是以牧田諦亮《中國高僧傳・索引 第1-7卷》為底本，並參照鄭郁卿《高僧傳研究》的索引，包括僧名、人名、寺名、地名、書名、件名、語體等；整合是時間與空間資訊的彙整及呈現；統計則包括量化資料及統計圖表；另有多種檢索功能以供學者進行資料探勘的研究。

在高僧傳的空間資料處理上，係以高僧的出生地、弘講地、遊化地、駐錫地的地理位置的標定為主，進一步可以經由地理座標上的統計，提供如「佛教流布區域」、「宗派教區」、「佛教城市」、「佛教山林」等資訊。至於在時間資料的處理上，則依斷代順序，將個別的高僧年表，彙編為跨越朝代的漢傳佛教高僧「行年長編」；另外則將高僧的遊化地點，依時間序列，整理為「高僧遊錫圖」或「高僧行跡圖」。

這種使用地理資訊視覺化顯示和後設資料表的技術，再加上建立索引的方法，使得高僧傳的研究，在空間、時間和歷史文化資料產生連結，例如：圖7.8：《高僧傳》文字與地理資訊視覺化顯示、圖7.9：《高僧傳》僧人籍貫統計之地理資訊視覺化顯示，有助於研究學者去學習了解，並進一步去發展新的研究題目。

此研究建構一個整合時空資訊的僧傳研究平台。除了高僧傳檔案文獻或時空地理圖像資料的呈現與檢索之外，希望能提供研究學者相關的統計資料；並運用牧田諦亮

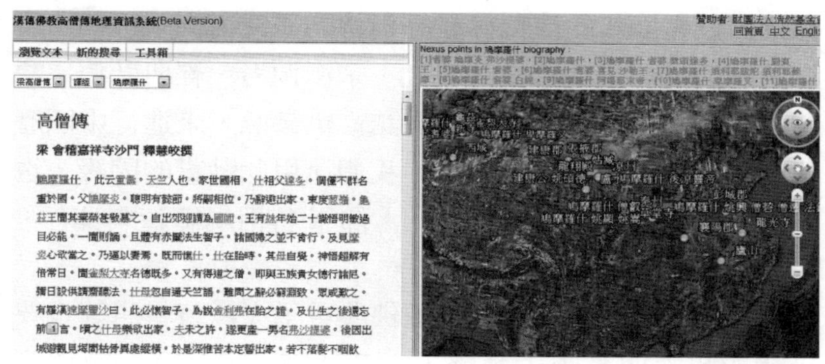

圖 7.8《高僧傳》文字與地理資訊視覺化顯示

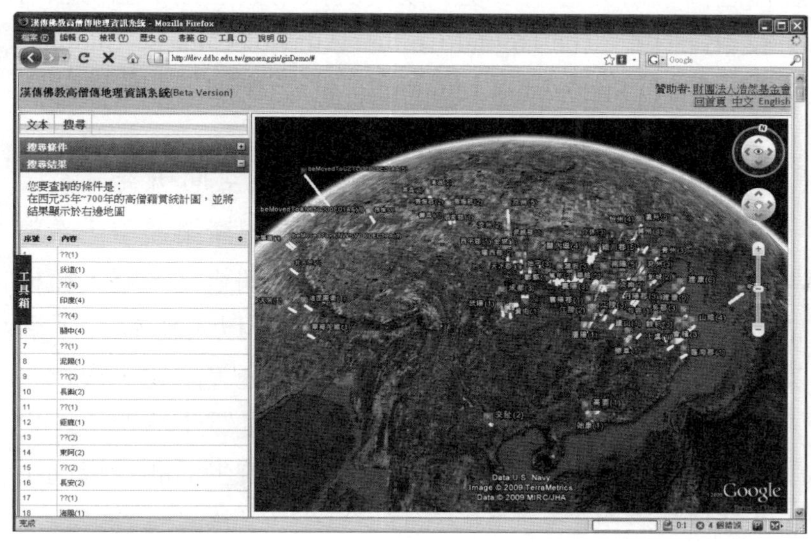

圖 7.9《高僧傳》僧人籍貫統計之地理資訊視覺化顯示

《中國高僧傳・索引 第1-7卷》及鄭郁卿《高僧傳研究》的索引資料庫，以交叉檢索與索引的方式，提供學者做資料探勘，以發展新的漢傳佛教高僧傳的研究方向；例如，可以透過高僧傳來進行皈信研究、宗派源考、經典弘傳、語體考釋，乃至於與其他的地方誌文獻參照，來進行中國歷代政風民情的考察等。此外，我們運用此計畫的因緣，也完成「臺灣佛寺時空平台」、「佛學名相規範資料庫」、「《臺灣佛教》期刊數位典藏」。

此系統未來亦可搭配各項佛典電子文獻資料庫等重要研究成果；如電子大藏經（CBETA電子藏經）、數位經錄資料庫、佛教絲路資料庫等，以建置與整合時間與空間屬性之佛學研究應用環境，或發展做為數位化中國佛教時空文化地圖（The Digital Culture Atlas of Chinese Buddhist Documents in Spatial and Temporal）的資源。

（六）ZEN——「輕安一心」創意禪修空間研究

二〇〇五年，政府為因應二十一世紀產業競爭，希望善用我國資訊電子製造優勢，以開放式創新之策略，積極結合人文創意、跨領域資源與人才，以「以人為本」、「願景導向」的理念，貫穿健康、舒適、安全等議題，提供由人身至大環境之全程照護，促進「前瞻優質生活環境」之創新應用技術與模式之研發，為我國優質生活願景導向生活產業科技之奠基。

二〇〇八年，於臺灣北、中、南三地的大學，各建立「智慧生活科技區域整合中心」：臺大智慧生活科技與創新研究中心（Insight），交大Eco-City健康樂活城，成大人本智慧生活科技整合中心（Touch Center），研發「居家服務智慧機器人」、「下世代e化衛浴設施之創新技術開發以及先導性人文研究」、「E-health 個人化健康防護與行動醫療系統」、「結合智慧衣及多媒體回饋於個人呼吸習慣改善之研究」、「人工肌肉於節能展示之應用」、「數位書僮」、「智慧化互動庭園情境設計」等專案。

二〇〇八年六月，國科會工程處再規畫：1. 智慧型健康照護系統：人性健康管理系統、身心醫療照護系統；2. 智慧型生活服務系統：人身、環境或資訊安全系統、提昇生活便利舒適性之技術與服務、永續能源、資源、環保系統或模組；3. 智慧型行動科技系統：智慧型移動平台之資訊提供系統、智慧型移動平台之資訊整合系統、智慧型移動平台之都會運輸服務系統等跨領域研究專案計畫構想書之徵求。

由臺北藝術大學科技藝術研究所許素朱老師發起，提議法鼓佛教學院與臺北藝術大學科技藝術研究所、雲林科技大學設計運算所、大同大學資訊工程學系共同草擬**「ZEN——『輕安一心』創意禪修空間研究」**專案計畫申請，順利通過了初審、複審，展開為期三年的研發歷程。

此研究計畫名稱「ZEN」是在我為撰寫此計畫書團隊說明：禪定的「**輕安一心**」意義之後，杜正民副校長提出「ZEN」的名稱，因此我們的計畫可以讓人們身心**放空歸零**（Zero）到達身心「**輕安**」的狀態，同時引發「**一心**」（專心注意）而蓄積生活的**能量**（Energy），進而消除不適當的「占有欲」，讓眾生與大**自然**環境（Nature）合而為一，完成禪修（ZEN）的目標。我們都覺得「ZEN」是很好的研究計畫名稱。

對此計畫，我們也希望搭配法鼓山世界佛教禪修園區的設計理念，以「**心靈環保**」引導科技發展，做為提昇人類生活素質的「**生活環保**」以及邁向永續發展的「**自然環保**」為依歸，將前瞻性資訊、電子、通訊等科技融入日常生活環境中，以提供多元化之優質生活智慧型服務系統，期待將禪修機轉結合互動藝術與媒體科技研發設計具備「**心靈環保**」之創意禪修空間。此計畫架構如下：

總計畫「ZEN——『輕安一心』創意禪修空間研究」：法鼓佛教學院主持。

子計畫一「ZEN——優質禪修意境研究」：法鼓佛教學院佛教學系主持。

子計畫二「ZEN——禪修數位創意空間設計與系統整合」：臺北藝術大學科技藝術研究所、雲林科技大學設計運算所共同主持。

子計畫三「ZEN——多媒體互動科技研發」：大同大學資訊工程學系主持。

有關「ZEN——優質禪修意境研究」，我們以：1.「感官與知覺」（以眼、耳、鼻、舌、身等前五識等五種感官為主）；2.「認識與自我」（以第六識之心意識與第七識之自我意識為主）；3.「深層意識」（以第七識之自我意識與第八識之記憶與環境的關聯性為主）為禪修意境的分析層次。並且以三年為期，建構「互動創意禪修室」、「互動創意禪修道」、「互動創意禪修園」等禪修空間。目前的期中成果，我們已經完成：1.眾人禪坐創意空間、2.個人禪坐創意空間、3.zen_Wall、4.zen_Move、5.zen_Circle、

6.zen_Wisdom等互動禪修道；zen_Farm、zen_Fountain、zen_Drop、zen_Guide等「禪修園」四個系統（如圖7.10、7.11、7.12所示）。

1. 眾人禪修創意空間系統（第一年） (02:30)

（禪坐壓力墊+資料庫，給禪師指導學員禪坐參考）

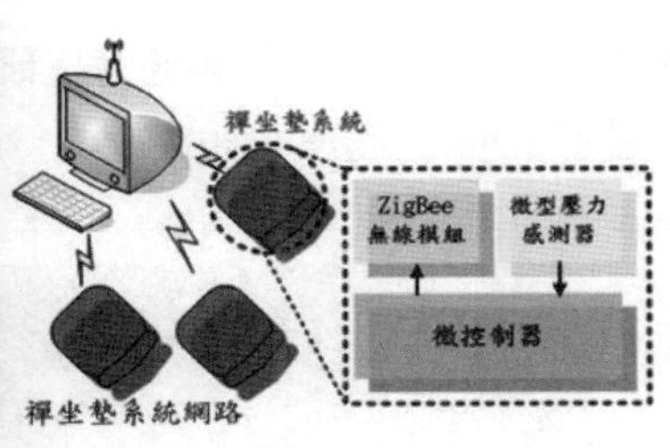

2. 個人禪修創意空間系統（第一年） (02:45)

（個人禪坐桌椅，個人隨時、隨處可使用）

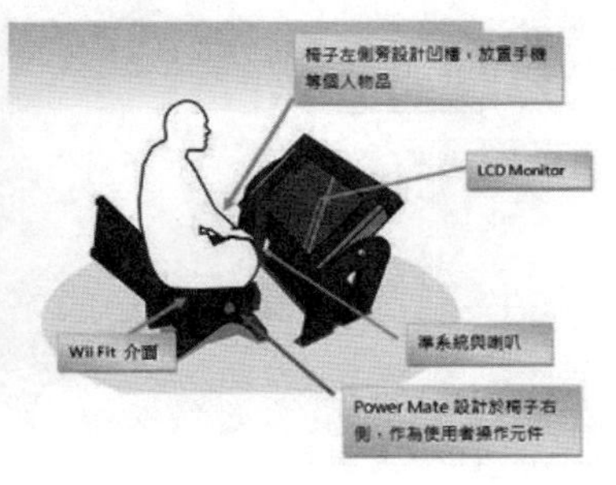

圖7.10「ZEN——優質禪修意境研究」第一年（97學年度）完成「禪修室」的「眾人禪坐系統」與「個人禪坐系統」建置

z_Circle
圓音無盡

z_Move
動靜一如

z_Wall
牧心禪唱

z_Wisdom
煩惱即菩提

圖7.11「ZEN——優質禪修意境研究」第二年（98學年度）完成「禪修道」zen_Circle、zen_Move、zen_Wall、zen_Wisdom等四個系統

zen_Farm 禪心農場

zen_Fountain禪心泉

zen_Drop 灌溉菩提

zen_Guide 手機畫面圖

圖7.12「ZEN——優質禪修意境研究」第三年（99學年度）完成「禪修園」zen_Farm、zen_Fountain、zen_Drop、zen_Guide等四個系統

（七）「中國佛教寺廟志數位典藏」專案

「中國佛教寺廟志數位典藏」專案由臺灣的中華佛學研究所贊助，法鼓佛教學院執行。[4] 目標是將佛寺志的珍貴史料數位典藏，廣為流傳之外，並將進行相關佛寺志的書目研究和標記作業，使之成為研究中國佛教歷史不可或缺的數位文獻。

二〇〇七至二〇一〇期間，數位化了二三七寺志[5]及全文化了十三寺志置於網站上，十三寺志並以TEI/XML標記了所有的人名、地名和時間，且預計於二〇一三年以紙本印刷問世。其中，法鼓佛教學院特別成立「明代徑山寺志兩部數位典藏專案」，[6]進行《徑山集》（1579年刻本；3卷，約19,404字）[7]與《徑山志》（1624年刻本；14卷，約191,835

4 工作團隊：Marcus Bingenheimer（2007-2011），洪振洲（2011- ）、周邦信（2010- ），花金地（2008-2010），何易儒（2011- ），黃耀賢（2011- ），柯春玉（2007- ），李志賢（2010- ），林綉麗（2009- ），林智妙（2008- ），彭川苓（2008-2009），王秀雯（2008- ），Simon Wiles（2010-2011），游美燕（2008-2009）。

5 資料來源主要是：(1)杜潔祥主編（1980-1985），《中國佛寺史志彙刊》（ZFSH）110冊。臺北：宗青圖書。(2)白化文、張智主編（2006），《中國佛寺志叢刊》（ZFC）130冊。楊州：廣陵書社。

6 由徑山興聖萬壽禪寺委託法鼓佛教學院圖書資訊館執行此數位典藏專案，基本人事費用由徑山興聖萬壽禪寺支付予法鼓佛教學院；而資料掃描費、網頁設計、資料庫開發費用皆由法鼓佛教學院分擔。執行時間約十八個月〔2011年9月與2012年5月作成果報告，工作團隊：Marcus Bingenheimer（2011- ）、洪振洲（2011- ）、李志賢、柯春玉、王秀雯〕。

7 現收載於白化文、張智主編（2006），《中國佛寺志叢刊》（ZFC）第一輯第78冊。

字）[8]的數位化工作。

以TEI標記全文與人名、地名、時間，並且與相關規範資料庫連接（圖7.13、7.14、7.15）。

若是點選已標記的地名，則顯示這個地名相關資料，諸如：別名、行政區、座標、注解等資訊（圖7.14）。

若是點選已標記的時間，則顯示這個時間相對應的西元年，以及相對應的日本年跟韓國年（圖7.15）。

（八）Web 2.0時代與Science 2.0

一九九〇年代開始興起的網際網路（Internet）給全世界帶來革命性的改變。近年來，第二代網際網路（Web 2.0）的概念與相關的技術架構及軟體成為新的資訊潮流，其特點是可以讓使用者透過分享與互動，讓資訊內容可因使用者的參與而隨時產生，經由網誌、分享書籤、維基、和社群網絡等新功能達成迅速分享的效果，進而產生豐富的資源。

近年來，一些科學界的研究人員已經開始運用Web 2.0廣大開放的性質，隨時展示他們的工作，被稱為「Science 2.0」。根據《科學人》雜誌（第76期，2008年6月號）引用美國俄勒岡州癌症研究員胡克爾（Bill Hooker）的看法：「對我而言，公開我的實驗室筆記，就是打開一扇窗，讓人們看看我每天在做什麼，那是說清事務上的一大躍進。在論文中，我只能看見你已經完成的事，但無法得知你做過

[8] 現收載於杜潔祥主編（1994）《中國佛寺史志彙刊》第一輯第31-32冊。

圖 7.13　文獻中之人物與人名規範資料庫連接

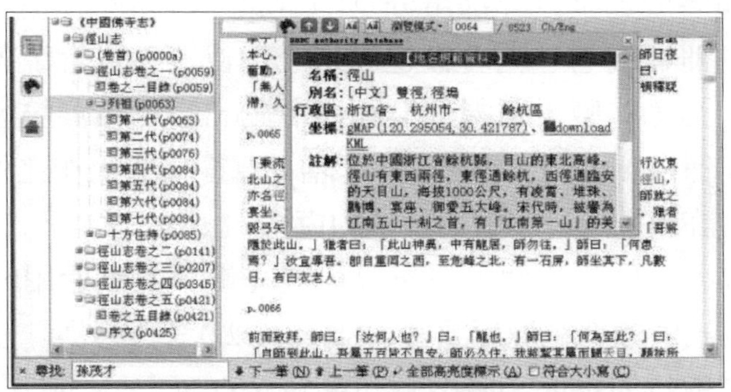

圖 7.14　文獻中之地名與地名規範資料庫連接

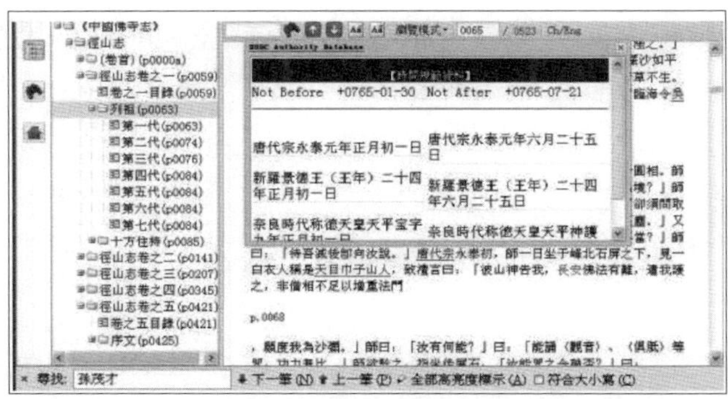

圖 7.15　文獻中之時間與時間規範資料庫連接

哪些嘗試卻沒成功。實驗筆記一旦（在網路上）公開了，那些在其他溝通機制中會被隱藏起來的細節就會顯露出來，這使得科學更有效率」。

此外，美國麻省理工學院（MIT）的「開放濕體計畫」（www.openwetware.org）被認為是最早的成功案例之一。它以維基的合作方式，讓學生高興地開始在網頁上介紹自己和自己的工作。很快地，他們發現把自己的學習心得發表到網站上也很方便。如此的資訊對實驗室成員非常有用，並且隨時成為全世界都可分享的資訊。目前此計畫已有三千位註冊編輯者，網頁數超過六千一百頁，包含了各洲的實驗室活動、數十種課程與團體活動、數百項實驗程序討論。此種Science 2.0觀念，除了增進學術研究工作之外，也會改善許多教導、學習與評量的模式。

以上，是將我個人在資訊科技在佛教文獻運用的多價文獻模式、標準化標記語言、Science 2.0等觀念與一些電子佛典、數位博物館、時空資訊系統、ZEN——「輕安一心」創意禪修空間研究、中國佛教寺廟志數位典藏等等實例，可說是數位人文、佛學資訊教育在當代發展的蛛絲馬跡。

[1998年- ・44歲-]

安寧與老人療護、社區淨土

於一九九八至一九九九年，我有幸與一些法師以及臺大醫院陳慶餘教授等醫護人員一起參與由蓮花基金會陳榮基董事長大力支持與贊助的「本土化靈性照顧模式」、「佛法在臨終關懷的應用」研究計畫與報告。此後，持續參與臺灣佛教各種安寧療護、臨終關懷計畫與活動，也發表一些相關論文與報告。此外，於二〇〇五年，也應國立空中大學之邀，撰寫與錄影《臨終關懷與實務》電視教學教材之第六章〈靈性照顧〉以及第十三章〈生命的奧祕：人生最後的48小時〉。

二〇〇八年四月，公共電視以「活躍老化、樂在施予、國際學堂夢」為主題，播出一系列芬蘭老人生活的相關報導。其中，「臨終前二週，才躺在床上生活」之有關芬蘭老人的運動習慣與健康的報導，讓我更確認對老人療護以及自己生死規畫的願景，因此發表與推行「身心健康五戒」、「終身學習五戒」之類生活習慣，以因應高齡化社會的來臨。

一九九七年，我曾在於第三屆中華國際佛學會議「人間淨土與現代社會」，發表過〈「心淨則佛土淨」之考察〉（後來，收載於《中華佛學學報》第10期），對當時的研究結論：「自他行淨＝眾生淨＞佛土淨」的淨土行，應如何落實在現代社會？在二〇〇四年底，我開始認為「社區淨土」是很重要的目標，於是，有「三願六行」等呼籲，與上述的安寧與老人療護配合，推行「社區淨土」的理念與活動是我的第三個夢想實踐目標。以下，將以此脈絡，論述如下。

一、臺灣與日本之「安寧療護」臨床宗教師培訓計畫交流記實

二〇〇九年九月底，日本淨土宗綜合研究所的幾位成員聯繫臺灣臨床佛學研究協會安排，到臺灣參訪「安寧療護」臨床宗教師培訓相關團體（佛教蓮花基金會、臺灣臨床佛學研究協會）、設施（臺灣大學醫學院附設醫院以及金山分院之安寧病房）、法鼓佛教學院以及與相關人員的交流，並且將參訪成果發表於日本與國際書刊。

因此，日本佛教界一些人士對於臺灣之「安寧療護」臨床宗教師培訓計畫產生相當的興趣，希望這些經驗能夠讓日本佛教僧侶參考運用，以便因應現代社會的需求，探究服務社會之公益角色的可能性。

由於這些因緣，二〇一二年六月中旬，我答應日本淨土宗綜合研究所之邀請，於十一月到日本參加有關災後之社會重建相關主題的「佛教論壇」，以及主持兩場「安寧療護」臨床宗教師培訓的工作坊。之後，於十月，我於《人生》雜誌發表如下報告。

（一）「安寧療護」緩和醫學

歐洲中世紀時代（5-15世紀），基督宗教修道院所附設的安寧院（Hospice，源於拉丁語「招待所」之意），是用來做為接待長途跋涉之朝聖者或旅行者的中途休息、重新補足體力的驛站，或為了照顧受傷與垂死之患者所設立的院舍。

一九六七年，英國倫敦的護士出身的醫生，西西里・桑德絲女士（Dame Cicely Saunders, 1918-2005），創辦了全世界第一家對癌症末期病人提供專業服務方案的聖克里斯多福安寧醫院（St. Christopher's Hospice），以醫療團隊合作方式照顧癌症末期病人，陪他們走完生命全程，並輔導家屬度過哀慟時期。之後，由於得到英國女王的大力資助，聖克里斯多福安寧病房成為教育示範中心，接著擴散到全英國以及全世界。如今，安寧療護的理念與實務運用於現代的醫療機構，做為照顧癌症末期病人設施的通稱，減少無益且增加身心痛苦的治療，以緩解身心、社會性、靈性疼痛為主的緩和醫學照顧（Palliative Care），在世界各地陸續發展。

一九九〇年，淡水馬偕醫院成立臺灣第一家的安寧病房；一九九五年，臺灣大學醫學院附設醫院設置公立醫院的第一家的安寧病房。二〇一〇年，臺灣已經有四十四間安寧病房、六十六個安寧居家照護服務機構、七十三個安寧共同（安寧療護團隊與原醫療團隊的相互合作，可將安寧照護的理念與照護經驗推廣至安寧病房以外的醫療團隊）照護服務機構。根據二〇一〇年全球安寧照顧品質評比，臺灣高居亞洲第一，全球排行第十四。

（二）臺灣「安寧療護」臨床宗教師培訓計畫

於一九九八至一九九九年，我有幸與一些法師以及臺大醫院陳慶餘教授等醫護人員一起參與由蓮花基金會陳榮基董事長大力支持與贊助的「本土化靈性照顧模式」、「佛法在臨終關懷的應用」研究計畫與報告（彩圖55、56）。於二〇〇〇至二〇〇五年，也參與由一如淨舍臨終關懷協會贊助「臨床佛教宗教師培訓」計畫，以及繼續參與始於二〇〇六年的由蓮花基金會贊助的臨床佛教宗教師之培訓與推廣活動。於二〇〇七年，也參與臺灣臨床佛學研究協會之成立，以及隨緣參加該協會與蓮花基金會共同推動臺灣佛教各種臨終關懷專業。

對於如上所述起源於基督宗教文化為背景之安寧療護（Hospice Care）運動，傳到東方宗教文化圈時，東方國家除了接受、引進其理念與方法之外，同時由於本土化的需求，也會發展出適合該國文化背景的用語與模式。例如，日本佛教界則以古印度梵語Vihara（休養所、僧坊）來取代淵源於基督宗教的Hospice（安寧院）的用語，並揭示如下「體會無常、尊重意願與生命」三項理念表達佛教臨終關懷（Terminal Care）的特色。

此外，「全人」、「全家」、「全程」、「全隊」是安寧照顧之「四全」。一般說到「全人照顧」時，大都是指「身、心、靈」完整的醫療照顧。起源於基督宗教「身、心、靈」全人觀點之「靈性照顧」（Spiritual Care）的理念，則是建立於「離」身心之外，別有超越身體與思想之「靈性」存在的主張。

對此，若配合佛教教義，在臺灣，我曾提出「覺性照顧」（Care of Awareness）之「四念住」可做為佛教臨終關懷的參考模式。因為，「即」身心之斷滅說，或者「離」身心之「靈性」說，都是與佛教「不即不離」身心之「無我論」、「緣起論」不同的。依據此種「不常不斷」中道思想，使臨終者學習認識自己的「身、受、心、法」等四方面，使「覺性」（念，Awareness）敏銳且穩定（住）。

若就「生死與不生不死」的臨終關懷的論題，佛教的四種真理（四諦）——知苦（苦諦）、斷集（苦集諦）、證滅（苦滅諦）、修道（苦滅道諦），是佛教臨終關懷的基本態度。此外，從臨床經驗得知，佛教的「慈、悲、喜、捨」（四無量心）有助於「覺性照顧」運用。

若根據臺大醫院緩和醫療病房陳慶餘教授等人之「佛法在安寧療護／緩和醫療應用之研究報告」（1999），佛教宗教師為了評估病人的身心症狀、靈性認知與意願，以及經過靈性照顧後的療效，可以運用下列各種記錄和評量表：「入院病人資料表」、「身心症狀評估表」、「靈性的認知與照顧意願調查」、「靈性境界評估表」、「身受心法紀錄表」、「宗教行為或器物使用狀況調查表」、「死亡恐懼程度評估表」、「靈性照顧計畫（SOAP）」：歸納病人各種主觀（Subjective）的身心症狀、蒐集對於正法依持的客觀（Objective）資料，做為評估（Assessment）病人當下的困擾，條列成各種靈性照顧的問題，以做為進一步靈性照顧計畫（Plan）的依據並以「靈性療效觀察表」、「善終評估表」追蹤觀察療效以及做善終評估。

此「安寧療護」臨床宗教師培訓計畫，至二〇一一年為止，有六十六位法師、二位修女參與臨床培訓，四十三位完成佛教宗教師初階或進階的培訓課程，陸續由臺灣臨床佛學研究協會與蓮花基金會共同推薦至全國三十三家醫院之安寧病房、共同照顧或居家照顧團隊，參與第一線末期病患照顧之工作。

（三）日本的「臨床佛教研究所」

為開展青少年之豐富生活與未來，於一九六二年，由前日本讀賣新聞社社長、日本電視台創辦人正力松太郎（1885-1969）提議，結合全國佛教六十餘個宗派，成立全國青少年教化協議會（略稱「全青協」），以寺院網絡的團結之力，辦理各類演講與研修活動。「全青協」有設立附屬的「臨床佛教研究所」，做為綜合性的教育研究機構，負責社會的需求（Needs）調查與對策（Seeds）的分析與研究，舉辦研修會，師資與青少年培訓計畫之擬定與執行，佛教社會公益活動的諮詢（Consulting），相關訊息的發布與流通。

如本文開頭之介紹，二〇〇九年九月底，日本淨土宗綜合研究所的幾位成員參訪臺灣的「安寧療護」臨床宗教師培訓計畫之後，將研究報告，以「臺灣之公共性佛教：臨終照顧之臨床佛教運動」為標題，登載於「全青協」之「臨床佛教研究所」所編輯、二〇一二年刊行之《對社會有貢獻的佛教人士》（臨床佛教叢書2）的書中。

該報告中介紹：由於日本隨著佛教的衰退與社會近代化，世俗社會將佛教從公共性領域排除。相對的，臺灣佛教雖然也是進入近代社會，並且繼承中國大陸之傳統佛教，但是卻也在現代社會中發展出各種社會服務或公益活動或事業，例如：臺灣「安寧療護」臨床宗教師培訓計畫。因而，介紹臺灣的佛教蓮花基金會、臺灣臨床佛學研究協會、臺灣大學附設醫院安寧緩和醫療病房等臨床佛教運動的經過，以及如上所述可做為佛教臨終關懷的參考模式「覺性照顧」，並且詳細介紹臨床宗教師培訓計畫課程，以及臨終的醫學倫理與臨終助念儀軌，最後從臺灣與日本國情之差異討論日本佛教可能的發展模式等結語如下。

臺灣佛教與日本佛教的角色與功能有所差異。例如：臺灣佛教人士可以在公立領域與機構中提供志工或臨床宗教師服務；日本法律對宗教性人員在公立機構或場域的活動有所限制，佛教只能在個人性場域中存在。某日本佛教學者認為：日本官僚體系分不清楚接受專門訓練的宗教人士與非宗教性的專家的差異之故，於公立醫院的場域中，覺得沒有宗教師角色的需要。對於如此意識與價值觀的差異之兩國文化的根本隔閡，無法短期間突破。因此，在日本，佛教界或其他宗教界可能適合提供安寧療護「居家照顧」的服務。

目前，日本公立醫院機構財務平衡持續嚴峻狀況，與其期待增加臨床宗教師的員額，職員或照顧人事之裁減反而是今後的趨勢。甚至在醫院做安寧療護的資源逐漸欠缺的現況，末期病患也只能選擇「居家照顧」。

此外，日本僧侶於盂蘭盆節期間（每年7月或8月13日至15日）有「棚經」的制度，佛教信徒會請僧侶到家中的佛壇精靈棚前誦經，以迎請祭祀祖先之精靈。若能擴大此「棚經」訪問信徒家的制度，因應年長者與末期病患的需要，增加訪問信徒家的時段，達到臺灣之佛教「安寧療護」的服務效果。因此，在日本蘊含著由臨床佛教學協會籌設重病或末期病患照顧的培訓課程，以發展「居家照顧」，建立臨床宗教師教育與養成的模式案例的可能性。而且，在此領域，日本與臺灣的佛教界的資訊交流是重要的。經由各種努力，將會引起日本的醫療界與醫療衛生主管機關人士對臺灣之臨床佛教運動的注意，或許可以改變公立醫院的運營政策。

二、靈性與覺性照顧、人生最後的48小時

二〇〇四年十一月，我應國立空中大學之邀，與胡文郁、陳月枝、陳慶餘、鈕則誠、邱泰源、李開敏等「安寧療護」各個領域的專家學者，共同參與籌畫撰寫與錄影電視教學教材《臨終關懷與實務》，我負責其中之第六章〈靈性照顧〉以及第十三章〈生命的奧祕：人生最後的48小時〉。

（一）靈性照顧與覺性照顧

有關「靈性照顧」的學習目標如下：

1.知道安寧療護與靈性照顧的緣起。

2. 了解癌末病人的靈性需求（Spiritual Needs）與靈性困擾（Spiritual Distress）。

3. 了解靈性照顧的實務。

4. 更寬廣的解釋「全人照顧」之「身、心、靈」觀點。

5. 探討靈性照顧與覺性照顧的異同。

內容大要：一九六七年，英國聖克里斯多福安寧醫院（St. Christopher's Hospice），以醫療團隊合作方式，全程照顧癌症末期病人，並輔導家屬度過喪親（Bereavement）時期。如今，Hospice的名稱引用於現代的醫療機構，做為照顧癌症末期病人設施的通稱，在世界各地發展。

（二）生命的奧祕：人生最後的48小時

第十三章〈生命的奧祕：人生最後的48小時〉的學習目標如下：

1. 探討生命的演化過程與生態系統。

2. 明了生命的繁殖與生死的關係。

3. 探討死亡過程的知識。

4. 死亡的過程的觀察與準備。

內容大要：約四十六億年前，地球形成初期是一個沒有生命的世界。約在三十八億年前，「DNA-RNA-蛋白質」的系統產生「膜」將自己的系統包住，形成了相對獨立於環境的生命體系，此就是最初的細胞。

多細胞生物大多是藉「有性生殖」產生新個體（新基因組合）的後代，生物的壽命（或謂死亡）可以說是在演化過程中，與「有性生殖」同時出現在地球上的現象。死亡也可以說是物種的生命轉換點，為了保留適應環境的基因，而淘汰不適應環境的基因。

佛教認為：在每個人的身心中，若有貪愛執著，則有生死輪迴；若因智慧斷除貪愛執著，則可體證不生不死的涅槃境界。所以，「凡是親證真理，就是世間最快樂的人……他不追悔過去，不冥索未來，只是紮紮實實地生活在現在裡。他不求得、甚至連精神資糧也不積貯；因為他沒有「我」的錯覺，而不渴求重生。」

佛教的基本教義常以五蘊、十二處、十八界、六界的角度，教導不同根機的眾生，正確地觀察與認識身心的相依關係，破除對「自我」是恆常不變的執著，體證「身心解脫」。並且可以藉由「地、水、火、風、空」之「五大」的分解「界差別」的觀察方法，來探討「死亡的過程」的知識，希望成為面對人生最後階段（Terminal Phase of Life）的智慧。

我們對死亡看法為何？對一般人來說，死亡是人生最大的喪失，也是一種最痛苦的過程。但是我們也可以把它看成是人生最大的布施，也是一種最深奧的學習。

三、拖死屍是誰

一九九八年開始，我有幸參與佛教界基金會所資助臺大醫院緩和醫療病房之「緩和醫療臨床佛教宗教師培訓計畫」，每月一次擔任臨床教學工作。有一次的臨床教學討論中，有法師提問：「對應於病友的機緣，我們所開示的法門大多與念佛有關，不知在禪宗方面，是否有適當的法門可用在臨終關懷、生命教育乃至生死學？」

我回答：「禪宗當然也有許多法門可用，例如：在適當機緣，參看『拖死屍是誰』的話頭是非常犀利之破除我執的法門。」於是，我於《人生》雜誌（2005年7月）發表如下的看法。

（一）虛雲法師的參禪經驗

當時，我也以清末民國高僧虛雲和尚（1840-1959）的修行經驗為例，說明如下：虛雲禪師之父母年逾四十還未有孩子，憂無後嗣。母赴城外觀音寺祈子而生。

十一歲時，父親為他聘定二個妻室；十七歲時舉行婚禮，以便繼承本家以及叔父的香火。但是他與二妻雖同室而無染，並且常為二妻說佛法，她們亦能領悟。十九歲時作〈皮袋歌〉留別二妻，逃至福州鼓山湧泉寺出家；二十歲受比丘戒。當時父親在泉州，派人四出尋訪。所以，他逃隱山後巖洞三年，禮萬佛懺，不敢露面，時遇虎狼，亦不畏懼。之後，有四年（24-27歲）於湧泉寺任職粗重勞務。又有感古德為法忘軀之苦行，心嚮往之，故盡散衣物，僅一衲、一褲、一履、一簑衣、一蒲團，再到後山巖洞三年（28-30歲）苦行。

三十一歲（1870）時，有一天行走到浙江省溫州某山，棲息山巖洞中。某一修禪人來訪，頂禮問他說：「久聞高行，特求開示。」虛雲禪師被他一問，深感慚惶，乃回答：「智識愚昧，少所參學，望上座慈悲指示。」那位修禪人則介紹他去請問浙江省天台山華頂峰龍泉庵之融鏡老法師。當虛雲禪師前往天台華頂峰頂禮老法師時，融鏡老法師顧視良久，問：「你是僧人呢？還是道士呢？或是俗人呢？」回答：「僧人。」老法師又問：「受戒了嗎？」回答：「已受比丘戒。」老法師再問：「你這樣，試有多久？」予略述經過。老法師又問：「誰教你如此做？」回答：「因見古人每多苦行成道，故此想學。」

於是，老法師開示：「你知道古人持身。還知道古人持心否？觀你作為，近於外道，皆非正路，枉了十年功夫。巖棲谷飲，壽命萬年，亦不過如《楞嚴經》中所說十種仙之一，去道尚遠。即進一步，證到初果，亦不過自了漢耳。若菩薩發心，上求下化，自度度人，出世間不離世間法。你勉強絕粒，連褲子都不穿，未免顯奇立異。又何怪功夫不能成片呢？」虛雲禪師被老法師痛處一錐，直透到底，於是再頂禮求開示。老法師說：「我教你，若聽，在這裡住。不聽，任去。」虛雲禪師答：「特來親近，焉敢不聽。」老法師即贈送衫褲衣履，令剃髮沐浴，作務去。並且教他看「拖死屍是誰」的話頭。虛雲禪師從此試吃粥飯，及學天台教觀，勤勞作務，很得到老法師的嘉許，並得其啟發。

（二）參話頭破除我執

從虛雲禪師這段修行經驗，在臨終關懷、生命教育乃至生死學方面，我們可學習到如下的要點：

1.戒律、禪定、智慧之三種學習不能偏廢，必須依照次第圓滿完成。虛雲禪師在山林中苦行修定，自以為是四禪天人，偏廢戒律、智慧，所以，修行功夫不能成片（圓滿）。因此，融鏡老法師教他恢復正常的食、衣、住等生活，以學習戒律。更重要的，教他參看「拖死屍是誰」的話頭，學習智慧，觀照五蘊身心為無常、苦、空、無我，斷煩惱、破我執，才能成就解脫道與菩薩道。

2. 從佛教修行方法的發展史來看，禪宗發展出「拖死屍是誰」話頭是相當有創意的。它綜合：

（1）觀無常的「念死」，對於死亡的必然性，念念不忘，猶如劊子手追近到舉劍砍到頭頸一般，破除生命是恆常不變的迷思，捨棄貪愛、慳垢，精進不放逸，鎮伏於貪欲蓋、瞋恚蓋、惛眠蓋、掉舉惡作蓋、疑蓋，而得禪定，進而成就無常、苦、無我想，免除對死亡的恐懼。

（2）觀察死屍從青瘀、膿爛、爛壞、膨脹、食噉、變赤、分散、骨鎖等變化的「不淨觀」，以破除對身體的貪著，也如同上述之「念死」法門，可成就禪定與智慧。

（3）佛教基本教義「無我論」，因為若將五類身心組合之類（五蘊）：色身、受（感覺）、想（知覺）、行（意志）、心識等分析審察，不能發現另有可以稱為「自我」的恆常不變的實體。例如《中論》（闡釋「不即不異」、「不斷不常」等「中道」思想的佛教論典）第十八品〈觀法品〉第一頌之觀察：如假設「自我」即是五蘊，則「自我」也如同五蘊一樣是生滅變化的。若「自我」不是五蘊，超越五蘊分離獨在，則「自我」不能以「五蘊」的特徵描述，那它究竟是什麼？所以，身心五蘊不即我、不離我、身心五蘊不在我中、我不在身心五蘊中、身心五蘊不屬於我之種種「疑情」提起，參看「……是誰？」話頭是非常犀利之破除我執的法門。

在適當的機緣，參看「拖死屍是誰」的話頭，可用於淨化臨終者的心念，在平時對一般人，也可做為生命教育或生死學的實習要點。

四、生死三關

從一九九八年開始，我有幸受邀參與佛教團體與臺大醫院癌末病房安寧療護團隊所進行「佛法在臨終關懷的應用」、「臨床佛教宗教師培訓與推廣」等計畫，接觸不少末期病友。每一個案都是我之生命教育的良師，讓我不敢忘失「諸行無常」、「諸法無我」、「涅槃寂靜」等佛法的要義，體會「人命在呼吸之間」，學習時常將「死」掛在心頭。如是多年的經驗累積，發現我們面對生死問題或關卡時，雖然狀況千差萬別，但是似乎可以收攝成「病緣善惡關」、「醒睡正念關」、「生死涅槃關」等三個，於此簡稱「生死三關」。於二〇〇九年十月，我將此小小心得，發表於《人生》雜誌，內容如下。

（一）病緣善惡關：斯人也而有斯疾也！

臺灣的衛生署二〇〇九年六月十七日公布二〇〇八年共有超過十四萬人死亡，十大死因依序為：1.惡性腫瘤（38,913人）；2.心臟疾病（15,762人）；3.腦血管疾病

（10,663人）；4.肺炎（8,661人）；5.糖尿病（8,036人）；6.意外事故（7,077人）；7.慢性下呼吸道疾病（5,374人）；8.慢性肝病及肝硬化（4,917人）；9.自殺（4,128人）；10.腎炎、腎徵症候群及腎性病變（4,012人）。

從數據看來，除了「6.意外事故」與「9.自殺」之外，其餘八大死因是疾病。但是，我們對於「疾病因緣」與「善惡業」的關係，似乎容易耿耿於懷，不易參透。因而，常會疑惑：我或這個人做了怎麼多的善事，為何會生病？連至聖孔子對其德行優良的學生伯牛患有痛苦難治的疾病時，從窗外面握著他的手說：「將失去這個人了，這是命中注定的吧！這樣的好人竟會得這樣的惡疾啊（斯人也而有斯疾也）。」

除了感嘆是宿命之外，也有歸因於神的意旨，這些觀念或許可以減輕一些抗拒的痛苦，但是總認為疾病是「惡」報，諱疾忌醫，或害怕讓人知道，有損好人形象。這或許比起誤信無根據的因緣（例如：祖墳風水，某人相剋等）所帶來的麻煩還好。但是，若能如理作意、如實觀察疾病的因緣，自利利人才是佛法的因緣說。

佛教認為聖人也會有身體疾病苦或者受傷害苦。例如：佛陀曾有背痛、頭痛、腹瀉等病，也曾受傷出血。佛陀在最後一年，歸鄉途中，因所受用食物不當，引發赤痢重病，而導致涅槃。神通第一的目連尊者，被執仗梵志圍毆橫死。提婆達多叛逆，欲加害佛陀時，已證得阿羅漢果的蓮華色比丘尼呵斥提婆達多，卻被擊頂致死。所以，學佛所學之戒、定、慧，可以讓我們比較容易身心健康；若有疾病或橫死，也容易「身苦，心不苦」。

(二) 醒睡正念關：若是昏睡，則不能正念？

對於臨命終病人，佛教徒常會認為若是保持清醒，則是「正念」；若是昏睡，則不能正念。其實，這是一種迷思，因為，《顯揚聖教論》卷一九〈一一　攝勝決擇品〉：「又命終時有三種心，謂善心、不善心、無記心，此在分明心位。若至不分明位，定唯無記。」

所謂「分明心位」(清醒狀態) 有三種可能：善心、不善心、無記心，不一定是「正念」。「不分明位」(昏睡狀態)，是無記 (非善非惡)，也可能引發正念習性。

例如：摩訶男長者請問佛：「我若在交通混亂的市集，因狂象、狂人、狂車而死，忘於念佛、念法、念比丘僧。我自思惟，命終之時，當生何處？」佛回答：「猶如大樹傾向某方向而成長，一旦鋸斷了，自然會順該方向傾倒。平時念佛，養成善習，即使忘失念佛而死，還是會向善。因為習性力強大，不受心識是清醒或昏睡狀影響。」

後來，毘琉璃王的軍隊，攻下了迦毘羅城，即將屠城時，摩訶男長者請求：「讓我投水自殺，在屍體還沒有浮起時，給人民逃出機會。」毘琉璃王答應後，久不見屍體浮起。派人打撈，發現了長者跳入水池後，將頭髮綁在水中的樹根，以便爭取眾人逃去時間。此悲壯行為感動毘琉璃王，因而停止屠殺。可見他養成善行的習性，在危急存亡之時，也能發揮捨己為人的精神，引發人性向善的力量。

因此，我們若能突破此「醒睡正念關」，則可避免隨意以「醒、睡」判斷死者是否「正念」而論斷是否善終；也可以突破癌末病人對於以嗎啡止痛會昏睡而墮落的迷思；也可打破對於死後做器官捐贈，可能會失去正念，因而會墮落惡道的迷思；甚至可以學習摩訶男長者捨己為人的菩薩精神。

（三）生死涅槃關：我是誰？我從何來？我將何去？

從生命的起源，歷經細菌和藍藻時代、藻類和無脊椎動物時代、裸蕨植物和魚類時代、蕨類植物和兩棲動物時代、裸子植物和爬行動物時代、被子植物和哺乳動物時代、人類時代。所以，一切的生命並非常恆不變，諸行無常，每一物種的生命於相似相續、變異演化過程中，猶如生命大海洪流中的水泡，來自大海，再回歸海。

生命也可說是生物圈中「生態系統」種種不可逆物質循環過程的中心環節，每一代活著的生物都靠著前代生物所釋出的化學物質維生。生命並非可以非獨立自存，「諸法無我」，個別的生命於相依相存的生態系統中，猶如生命大海中的浪花。既然「無我」，誰生？誰死？如此，則可體證不生不死的涅槃境界。所以不追悔過去，不空求未來，適當地做好每一時段應該做的事。無所執著，甚至連心靈功德也不積貯；因為消除了常恆獨存「我」的錯覺，而體悟「生死」五蘊（色、受、想、行、識）即是「涅槃」（不生不滅、不垢不淨、不增不減之空相）。

所以，《大智度論》，舉《般若經》的「色即是空，空即是色」，而引《中論》頌說：「涅槃不異世間，世間不異涅槃，涅槃際、世間際，一際無有異故。」這是突破「生死涅槃關」的關鍵。

我們若能經常參究此「病緣善惡關」、「醒睡正念關」、「生死涅槃關」等生死三關，這不僅是平時自覺覺他的好習慣，也免得我們臨命終時，手忙腳亂，心迷意亂，實在可惜。

五、臨終自知時至，身無病苦，心不貪戀

二○○八年四月，臺灣的公共電視以「活躍老化、樂在施予、國際學堂夢」為主題，播出一系列芬蘭老人生活的相關報導。其中，「臨終前二週，才躺在床上生活」之有關芬蘭老人的運動習慣與健康的報導，讓我更確認對自己生死規畫的願景。二○○九年十二月，我以「臨終自知時至，身無病苦，心不貪戀」為標題，將我個人對安寧與老人療護之生死規畫的看法，發表於《人生》雜誌如下。

（一）臨終前二週才躺在床上生活

多年前，我也加入「半百老翁」的行列，健康檢查也開始出現因缺乏運動而產生的「代謝症候群」之一，血脂異常。這是比較容易罹患心血管疾病、腦血管疾病及腎臟疾病的警信。若是不改善，將來的身心狀況不僅無法助人，也可能會拖累他人。這可不是我所願意的晚年生活。於是發願學習遵守「運動戒」：體適能三三三計畫，也就是：每週至少運動三次，每次最少三十分鐘，心跳數能達

到每分鐘一百三十跳的有氧性運動。希望我的身心狀況能在臨終前二週才躺在床上生活，乃至於臨終前一天還可以幫助別人。如今，我在芬蘭國家保健政策中看到實踐這種淨土的案例，實在令我感動不已，與大家分享之情也油然而生。

一九九三年，臺灣老年人口占總人口數百分之七點一，已經達聯合國世界衛生組織所訂的高齡化社會指標。二〇〇六年已高達百分之十點四。若依據經建會統計估計，二〇二九年後，六十五歲以上人口將占全臺灣人口數的四分之一。二〇〇五年的七點五比一的「扶老比」（Old Age Population Dependency Ratio；65歲以上老年人口占15至64歲人口之比例），預估二〇一五年會上升到三點三比一，二〇五一年將可能提高到一點五比一。青壯人口的老人扶養負擔明顯加重，有關協助老人適應身體、心智和感情的變化壓力的全面性方案，與因應高齡化社會之食衣住行育樂等需求的政策，是我們當今迫切性的公共議題。

（二）生活型態與健康

專家們指出影響人類健康的因素有：遺傳因素、環境因素、醫療體制和生活型態等四種，其中「生活型態（Life Styles）取決於個人日常生活習慣，對健康影響最大。同時他們也發現成人的疾病（Adult Onset Disease）開始於四十歲，且都是「生活型態」所導致之疾病（Lifestyle Related Disease）。

如同此次公共電視節目所指出：臺灣的健保制度的盲

點是大部分的經費用在治病，比較少投資在預防。芬蘭和臺灣同樣是人口快速老化的國家，但是在老人身上花錢的政策，卻和我們不太一樣。以位於芬蘭中部、人口只有八萬人的大學城Jyväskylä（佑偉斯克列）為例，每年市政預算百分之二（約新臺幣二億五千萬元）用於推動運動保健。因此可以聘請十三位運動教練、四十位物理治療師，和七十位領時薪的體育科系學生，設立公立老人運動俱樂部，指導老人實踐各種運動處方，在舒適的健身館內，生龍活虎地翻滾、跳躍、在吊環上倒立等，將運動融入生活當中，因此老人生活品質提高，社會醫療成本也可降低，自利利人。所以，芬蘭的老年生活願景是：臨終前二週，才躺在床上生活。

（三）臨終自知時至，身無病苦，心不貪戀

目前佛教界，於修念佛三昧儀式中，常用宋代慈雲遵式（964-1032）法師所撰的迴向發願文：「一心皈命，極樂世界，阿彌陀佛。願以淨光照我，慈誓攝我。……若臨命終，自知時至，身無病苦，心不貪戀，意不顛倒，如入禪定。佛及聖眾，手執金臺，來迎接我。於一念頃，生極樂國，花開見佛。即聞佛乘，頓開佛慧。廣度眾生，滿菩提願。」

其中，所謂「若臨命終，自知時至，身無病苦，心不貪戀」應該是佛教徒的生死規畫願景。為了實踐此理想，除了經常「念佛」，以保持正念、正知，讓我們的行為、言語、思想（身、口、意三業）清淨之外，我們應該提高

警覺：因科技進步帶來方便而容易導致運動不足的現代人生活，以及醫學進步帶來高齡化的現代社會結構，提早養成運動習慣，讓老人的身心更健康，則可以「臨終自知時至」，約「臨終前二週才躺在床上生活」，而且「身無病苦」。因為可以終身學習、終身奉獻，所以「心不貪戀」，無憾無悔，同時也累積「廣度眾生，滿菩提願」的資糧，這實在是值得我們努力學習的「生活型態」。

六、禪定、醫學與安寧照顧

二〇一〇年十月二十三日，財團法人佛教蓮花基金會與臺灣臨床佛學研究協會，在臺中榮民總醫院，共同主辦「第八屆佛法與臨終關懷研討會」，以「禪修與安寧療護」為主題，並且邀請我擔任開場的專題演說者。於十一月，我將演講的主題「禪定與安寧療護之研究動向概述」內容的一部分，以「禪定、醫學與安寧照顧」為標題，於《人生》雜誌發表如下。

（一）有關「禪定與教育」的研究（1969-1991）

如何將「禪定」（Meditation）運用於現代社會的議題，是探討佛教傳統與創新的重要面向。我在一九九四年提出：美國「禪定與教育」博士論文（1969-1991）之剖析的報告（後來登載於《中華佛學學報》，第8期，1995年）。描述美國學術界對應用禪定於教育之研究概況，以及發展趨勢之一端。例如：一九六〇年代只有一篇，一九七〇年代則有三十六篇，一九八〇年代已增加至五十六篇，一九九〇年代一九九一年部分論文已有十篇。將禪定之功效應用在教育和心理治療、諮商等方面，有：1.個人發展及潛能發展、2.團體成長、3.智力方面、4.學習方面、5.諮商、6.心理治療、7.教育機構、8.生理、9.疾病、10.體育、11.藝術、12.其他等幾大類。實驗的對象有：1.學生、2.教師、3.諮商人員、4.受輔者、5.運動員、6.病患、7.傳教士、8.罪犯等幾大類，而其年齡則由四歲到七十一歲不等。使用的禪定種類有：1.超覺靜坐、2.佛教禪定：禪、念住、觀想、西藏佛教禪定、3.持咒禪定、4.漸進放鬆法、5.醫療標準化禪定、6.瑜伽、7.西方禪定、8.合氣道、9.氣功、10.太極拳。

（二）有關「禪定在醫學」的研究（2008）

相較於上述的考察，最近讀到美國醫學界David S. Ludwig, MD, PhD & Jon Kabat-zinn, PhD聯合發表的評論Mindfulness in Medicine（「正念」在醫療，JAMA. 2008），可以發現有關醫學界對禪定研究的一些新進展。

文中提到：所謂「正念」（Mindfulness）意指為一種培養「當下覺察力」（Present Moment Awareness）的禪定練習。過去三十年內，將「正念」做為治療性運用的興趣不斷增加，在二〇〇七年，就有超過七十篇以「正念」做為主題之科學性的期刊論文被發表。禪定練習，包括「正念」，吸引神經學家的注意，以透過心智訓練來研究意識和情感調適（Consciousness and Affect Regulation）；也引起心理學家對個人發展和人際關係的研究興趣。

對於「正念」與醫療的關係，文中說明：「正念」涉及專注於使用「非判斷式態度」（Nonjudgmental Manner）之相關經驗。歷史上，「正念」是佛教的禪定修行，也可被視為一種普遍的人類能力，目的在促進清晰的思考（Clear Thinking）和開放的心胸（Openheartedness）。

（三）對自己的生活選擇負起更大的責任

大多數的心血管疾病、糖尿病、癌症和其他慢性疾病，都是導因或加劇於「可修正性生活型態因素」（Modifiable Lifestyle Factors，例如：吸菸、喝酒、飲食、身體質量指數〔BMI，以公斤體重除以公尺身高〕、運動量等），且生活型態的修正（Lifestyle Modification）構成大多數醫療上之首要或輔助的條件。「正念」練習的目標之一就是對自己的生活選擇（Life Choices）負起更大的責任。這也是我在《人生》雜誌（2010年10月）發表〈身心健康五戒：微笑、刷牙、運動、吃對、睡好〉等一系列文章討論的用意，將於以下的章節介紹。

（四）正念強化「個人內在資源」與「覺性照顧」

文中也說：「正念」可提昇一種參與性的醫療（More Participatory Medicine），藉由促進和強化「個人內在資源」（Individual’s Internal Resources），可以預防疾病且從疾病中復原，來增進健康。對於棘手的疾病，禪定技巧可以改變（Alter）和改善（Refine）覺察力（Awareness），而調節（Modulate）主觀的疼痛經驗（the subjective experience of pain），或者改善處理疼痛和失能的因應能力（the ability to cope with pain and disability）。至少在潛在層面而言，「正念」一直都是良好醫療實務的一部分，可以促進醫師對病人的慈悲服務（Compassionate Engagement）。

所謂「個人內在資源」，有時會與對癌末病人做「安寧照顧」之「靈性照顧」連接。在某些狀況，會產生建立於「離」身心之外，別有超越身體與思想之「靈性」存在的主張。但是，「即」身心之說或者「離」身心之外，別有恆常不變性之「靈性」、「真我」之生命觀，都是與佛教之「無我論」、「緣起論」不同的，因為生命的本質是「不即不離」身心。所以，生命之真理不能說是斷滅性，亦不能說是恆常性。

依據此種中道思想，不於身心之外別立「靈」，而以真理、法則、義務等「法」做為最高的覺察對象。又因「受」是「心」的導向要素，所以也特別重視「受」（苦樂生滅變化），這與安寧照顧強調控制疼痛，解除不適症狀有呼應之處。所以，學習認識自己的身、受、心、法等四方面，使「覺性」（念，Mindfulness）敏銳且穩定（住），詳細說明可參考拙文：〈靈性照顧與覺性照顧的異同〉（《安寧療護》雜誌，第5期，1997年）。此種「覺性照顧」之練習可用於淨化臨終者的心念，也是佛教的基本修習法門，也合乎Mindfulness in Medicine（「正念」在醫療，JAMA. 2008）文中：「正念」（Mindfulness）可以促進和強化「個人內在資源」（Individual’s Internal Resources）的說法。

七、生命細胞之生死觀：善終的多樣性

（一）安寧療護之善終評估指標

「安寧療護」是以讓癌末等重症末期患者得到「善終」（Good Death）為主要目標，而善終服務評量標準之一類為：1.身體照護（Care）；2.病人的自主性（Control）；3.病人的情緒穩定度（Composure）；4.與病人的溝通（Communications）；5.病人的生活連續性（Continuity）；6.病人心願達成而無憾（Closure）等六項（6C）。不同的文化背景對於所謂「善終」或許會有差異的觀點，例如：臺大醫院家庭醫學科的某醫護團隊曾研擬「善終」評估指標如下：1.了解死之將至；2.心平氣和地接受；3.後事交代安排；4.時間恰當性；5.去世前三天舒適性等五項目。

二〇一一年一月十一日至十二日，我參加在臺中中興大學舉辦的「建國百年全國大專校院校長會議」。會議結束後，主辦單位安排參觀中興大學「惠蓀實驗林場」，並請森林專家解說，讓我們享受到輕安的知性之旅。特別是對於杉木之「心材」的解說，觸動我對「善終」與「生命細胞之生死觀」的新體悟。

（二）樹木之善終：心材

所謂「心材」由邊材逐漸轉化形成，時間自三年至三十年以上。它是在生活的樹木中已不含生活細胞的中心部分，由於死細胞的細胞壁浸潤著各種色素，通常色深；薄壁細胞死亡，防腐力強，具有侵填體。雖然沒有輸導水分與貯藏營養物質的功能，但是對於對整株植物發揮支持作用，例如：杉木有到達八十公尺高的紀錄。

這似乎可以讓我們聯想到：這些已不含生活細胞所組成的「心材」可說是樹木的「善終」狀態。因為它「雖死而有用」，發揮耐久的支持作用，可以讓植物長高，以爭取更多的陽光日照等生存空間。「心材」也是「雖死而長存」，因為成為人們所利用的主要建材時，可以產生長久被利用與使用價值。原來的生活細胞部分，例如：枝葉、外樹皮、內樹皮、邊材等，因為結構強度低，並且容易蟲蛀與腐朽，不適合成為建材，不能產生長久被利用與使用價值，「雖生而不長存」。

（三）《心材喻經》

佛教也有以樹木「心材」與枝葉、外樹皮、內樹皮、邊材等為對比譬喻，來說明修行的真實價值與目的。例如：南傳佛教《中部》第二九經《心材喻大經》以及漢譯《增壹阿含經》三八〈四三 馬血天子問八政品（四）〉敘述：提婆達多（Devadatta）於破壞僧團與謀害佛陀的事件之後，世尊以尋找樹木「心材」的譬喻，說明有些比丘樂於供養、恭敬與名望為目標而驕逸，如執取「枝葉」而忽略心材等部分。有些比丘以戒行成就為目標而驕逸，如執取「外樹皮」而忽略心材等部分。有些比丘以禪定成就為目標而驕逸，如執取「內樹皮」而忽略心材等部分。有些比丘以神通成就為目標而驕逸，如執取「邊材」而忽略心材等部分，以上的情形都是不能成就工作。最後，世尊告誡：唯有精進得不退失的解脫才是修行的真實目標，如善取「心材」而能夠成就工作的價值。

（四）特殊細胞之善終：哺乳動物之紅血球、皮膚角質層

當「惠蓀實驗林場」森林專家解說杉木之「心材」價值時，一位某醫學大學的校長則說：動物的細胞有些也是以「死亡」狀態而發揮功能的，例如人類的紅血球及皮膚角質層。

包含人類在內的哺乳動物之成熟的紅血球是沒有細胞核、線粒體等大多數胞器，所以不能生產結構蛋白、修復蛋白或酶，因此壽命有限，約在一百二十天左右。但是，如此演化的紅血球卻具有高載氧能力的優勢：因為雖然是無核，可以成為扁平雙凹圓盤狀，可產生較大的比表面積，有利於細胞內外氣體的交換；又因無核的型態，使其有較佳變形能力，便於通過毛細血管以釋放氧分子，又不容易出現堆積現象。此外，因為沒有細胞核、線粒體等大多數胞器，可以減少能源及氧氣使用，可節省能量提供給個體其他部分；又可裝載較多的血紅素分子，攜帶較多氧氣。

我們皮膚的角質層是由多層扁平、沒有細胞核、已經死亡的角質細胞所構成。它是從表皮的最底層新生，再逐步被推擠至表面，在推擠的過程中細胞會逐漸老化、死亡，經過約十四至二十八天的週期後，到達表面的就剩下不規則排列的老化或死亡細胞，亦即是我們肉眼看到的角質層。它形成一種屏障，可以避免外界環境中各種機械、

物理、化學或生物性因素可能造成的有害影響；又能防止體內各種營養物質、電解質和水分的喪失，因而維持體內環境的穩定。

（五）一般細胞之善終：細胞自戕

以上兩種沒有細胞核的細胞（哺乳動物之紅血球、皮膚角質層）對於生命卻有大用。一般細胞死亡的方式可大分為「壞死」（Necrosis）和「細胞自戕」（Apoptosis）。

壞死是因為燒燙傷、毆打、毒物等刺激引起的細胞死亡，可說是細胞的「意外死亡」。細胞壞死時，水分從細胞外流入，細胞膨脹破壞，溶酶體的胞器會釋出分解酵素，分解細胞質的蛋白質以及切碎細胞核的DNA。受細胞流出內容物吸引，白血球聚集引起發炎（Inflammation）反應，出現發燒、疼痛症狀。

近代科學界發現，有一種由基因控制的細胞主動死亡，稱為「細胞自戕」，短時間內有秩序地發生細胞縮小、細胞核縮合、DNA被規則切斷。這在胚胎發育、身體成形、成熟個體正常細胞更新或除去引起異常的細胞時，發揮作用。例如：胎兒的手於發育過程中，手指間的特定細胞曾經由細胞自戕除去，形成指頭的形狀。小腸、胃的上皮細胞也會經由細胞自戕，更換新細胞。

（六）生命細胞之生死的兩面性：雖生而不長存、雖死而有用、長存

以上，這些已不含生活細胞所組成的「心材」、哺乳動

物之紅血球，以及皮膚角質層，或者「細胞自戕」等各種「善終」現象，或許可以讓我們體悟生命細胞之生死的兩面性：「雖生而不長存」、「雖死而有用、長存」。

印度詩人泰戈爾在《漂鳥集》表達：「生如夏花之絢爛，死如秋葉之靜美」（Let life be beautiful like summer flowers and death like autumn leaves）的生死觀，或許所謂「絢爛、靜美」是在於是否「有用」，萬事萬物因「利用」而產生價值與「意義」，這或許也是印度梵文artha意味：目標、用途、利益、意義等多重含義的思惟理路，也如同我上述〈臨終自知時至，身無病苦，心不貪戀〉文中所期待：我們縱然會經歷老、病、死，希望我們的身心狀況能在臨終前一天還可以幫助別人。

八、淨佛國土與社區淨土

如本章節的開頭所說，一九九七年，我曾在於第三屆中華國際佛學會議「人間淨土與現代社會」，發表過〈「心淨則佛土淨」之考察〉，對當時的研究結論：「自他行淨＝眾生淨＞佛土淨」的淨土行，應如何落實在現代社會？在二〇〇四年，我開始認為「社區淨土」是很重要的目標，因此於十月在《人生》雜誌發表〈淨佛國土與社區淨土——淨土行：自他行淨＝眾生淨＞佛土淨〉的拙文。

漢譯「淨土」之梵語是“buddha-ksetra”（佛土，佛國土），是佛所教化的世界之意，如娑婆世界是釋迦佛之國土，極樂世界是彌陀佛之國土。一般人談到「淨土行」比較容易聯想到「念佛求生極樂淨土」的法門。

（一）為成就眾生，願取佛國

但是我們也不要忘記「菩薩淨土之行」是出自於「發阿耨多羅三藐三菩提心」菩薩所問的問題，「發菩提心」的菩薩是為「成就眾生」故，必須「願取佛國」，修行「淨佛國土」。若是二乘（聲聞、辟支佛），則如《法華經》所說：聲聞弟子們「自謂已得到涅槃，無所堪任，不復進求阿耨多羅三藐三菩提……但念空、無相、無作，於菩薩法遊戲神通，淨佛國土，成就眾生，心不喜樂」。

例如：在《維摩詰經．佛國品》第一：「爾時長者子寶積說此偈已，白佛言：世尊！是五百長者子皆以發阿耨多羅三藐三菩提心，願聞得佛國土清淨，唯願世尊說諸菩薩淨土之行。」對於何謂「菩薩佛土」的問題，佛陀先總答「眾生之類是菩薩佛土」，再以「空地造立宮室，隨意無礙，若於虛空終不能成」之譬喻說明「眾生」如建築物的「空地」（基地），後以「菩薩如是為成就眾生故，願取佛國」做為結論。

（二）淨土行：自他行淨＝眾生淨＞佛土淨

對此，僧肇法師解說為：「土之淨者，必由眾生。」接著又說：「眾生之淨，必因眾行。直舉眾生，以釋土淨。今備舉眾行，明其所以淨也。夫行淨則眾生淨，眾生淨則佛土淨。此必然之數，不可差也。」窺基法師也說：各種有情的國土是菩薩修行所嚴淨將來成佛之土，如一般世俗所說：「人為邦本，本固邦寧。」所以，所謂「淨土」，相對於將「器世間」（環境）莊嚴成「寶方」（七寶所成地方），將「有情世間」淨化成「菩薩」，才是根本。

《維摩經》之「行淨」有十七種或十八種（菩提心……六度、四無量、四攝事……），即十八「淨土之行」，基本上是以「○○（例如：直心）是菩薩淨土，菩薩成佛時，○○（例如：不諂）眾生來生其國」的句型與內容來說明菩薩「化緣相」（因行）與「果報相」（得果）的關係。菩薩依十八種「淨土之行」令自與彼眾生皆「行淨」，故說「行淨則眾生淨」。如是同行眾生（眾生淨）來生菩薩成佛之國土，故說「眾生淨則佛土淨」。

（三）建立社區淨土

對此「自他行淨＝眾生淨＞佛土淨」的淨土行，我們應如何落實在現代社會？我個人認為「社區淨土」是很重要的目標。因為，若有心發願「淨化眾生」、「成就眾生」，對一般人而言，以整體「社會」為目標，則太廣泛，不一定切乎實際；若只以「家庭」為目標，則小了些，只是改善私人的生活領域，不離「自掃門前雪」的心態。所以，若以民眾公共生活中最基本的單元——「社區」（從「家庭」擴大到「家園」）做為「淨佛國土，成就眾生」目標是比較中道，而且順應當今政府與民間所推行「社區總體營造」、「社區主義」、「社會福利社區化」、或「社區服務」等運動方向。

所謂「社區」（Community）是指住在同一空間地理

範圍內的一群人，可藉由各種Communication（溝通，可見Community的成立的關鍵在於Communication），產生共識、有共同行動能力。這種運用社區組織的社會工作方法，推行社會服務，藉以滿足社區居民的需要，解決問題，並預防問題之發生的社區服務意識正是臺灣居民所欠缺的。例如：我們對於家裡遭到小偷偷竊後的解決方案，若只考慮到個人「家庭」的層次，只能以加裝門鎖、鐵窗（難怪臺灣住宅的特色是鐵窗）等措施來對付，或求助於保全公司。但是，我們若能考慮到整個「社區」的層次，我們將有很多可能的方案可以採用：大家可以合資裝設監視系統，組織守望相助系統，輪流巡邏，並維護公共安全。除了「治安」之外，環保、美化、育樂、福利等改善社區目標，我們都可動員社區中有形的物質資源與無形的精神資源來完成。

此外，我們也可從三方面來發展社區建設：1.公共設施建設：排水溝、下水道、道路、路燈、自來水塔、公園、運動場、活動中心等改善家戶衛生，以及美化、綠化環境等。2.生產福利建設：社區造產、社區合作農場、技藝訓練、曬穀場、托兒所、社區合作社、就業輔導等。3.精神倫理建設：社區康樂聯誼活動、社區圖書館、社區媽媽教室、長壽俱樂部、早覺會、社區童子軍、社區網站架設、讀書會、兒童繪本故事班、社區臨終助念團等。

從個人、家庭、職場乃至社區推行「社區淨土」（身心及環境清淨）理念，讓佛教徒們能將在佛教團體（社團性質）中所學到的經驗，運用到社區（從社團性質>社區性質）的發展建設，透過各種組織與活動，讓社區居民了解從心淨、行淨，到國土淨之理念，進一步達到「生活清安，生死自在」。

（四）關心隨緣社區

除了居住性質的社區之外，在我們的日常生活中，還需要關心「萍水相逢」性質的「隨緣社區」。例如：在同一車廂、在同一銀行（郵局、區公所……）等候、在同一旅行團、在同一飯店……等，我們也能隨時隨地發揮「社區淨土」的精神，如此臺灣社會、我們的家園將更加溫馨、美麗。例如，我們在國際機場看到國人使用行李推車的習慣，將有感於如下的情景：當大家很高興領到行李，推著行李車出機場大門，將行李移到來接機的車上後，就遺棄行李車在路旁，七橫八豎，妨礙其他人將行李車接近車道，可是大多數人習以為常，無動於衷。因此，每次我都會清理行李車歸位，以便大家使用車道。此時有些人也會跟著幫忙整理，我想多一些人注意的話，我們的家園與生活會更美好。

九、優質佛教徒終身學習守則：五戒新詮

有關上述，「社區淨土」之「淨土行：自他行淨＝眾生淨＞佛土淨」的具體修行，若我們有學習佛教的意願，將會接受「三皈依」的儀式，發願將以佛、法、僧等「三」者為「皈」投、「依」止的對象，正式成為佛教徒。

根據戒律，有五種「三皈依」的類型。所謂：1.翻邪。2.五戒。3.八戒。4.十戒。5.具足戒（比丘／比丘尼戒）。其中，第五種以「三皈依」的儀式受比丘／比丘尼戒（具足戒）的方式，佛陀後來改用以僧團長老代表審查的制度取代。其他四種，現今仍然實行。若只受「三皈依」，未受戒，名為「翻邪三皈」。若進一步可再以「三皈依」的儀式，發願受持五戒、八關齋戒、十戒（沙彌／沙彌尼戒）。

我在二〇〇二年前，於西蓮淨苑，為受五戒的信眾做如下的開示。二〇〇五年十一月，事隔多年，再次檢討，多所未及，深感慚愧，重新發表於《人生》雜誌，與大眾共勉。

（一）五戒與儒家的五常

二千多年前，佛教傳到漢人文化圈之後，唐代華嚴宗第五祖宗密大師（780-841）為分判與融通儒家、道家、人天教、小乘教、大乘法相教、大乘破相教、一乘顯性教的思想，究尋人類本源，著作《華嚴原人論》。

他認為佛教的五戒類似漢代儒家董仲舒所提倡「五常」（仁、義、禮、智、信），所謂：「不殺是仁。不盜是義。不邪淫是禮。不妄語是信。不飲噉酒肉，神氣清潔，益於智也。」這種類比是有其時代意義，將佛教的倫理與當時的道德規範融合，有助於佛教的推廣與弘揚。但是，面對二十一世紀，我們是否能有新的詮釋？

（二）戒律是人類文化的基礎

佛教的「五戒」（不殺生、不偷盜、不邪婬、不妄語、不飲酒），其實是人類文化的基礎。有別於三惡道（地獄、餓鬼、畜生），五戒是人類行為的特色，往好的方面做的話，可以成就各種高貴的行為規範，例如：聲聞戒（八關齋戒、沙彌／沙彌尼戒、比丘／比丘尼戒）或菩薩戒。而且，五戒的學習也可以進展為禪定、智慧、解脫、慈悲等德性。

但同時，人類若往壞的方面發展，會比畜生還可怕，對眾生與環境的破壞力驚人，猶如惡魔，乃至引發戰爭或饑饉，造成人間地獄與餓鬼。因此，人類很需要發展出各類生活規範與社會公約，例如：倫理道德與法律制度，來保障個人安全與財產，以及維護公共安定與繁榮。

（三）受戒是對於生命角色的確認

所以，當佛教徒發願受戒時，是表示對於自己在地球的生命圈中的角色，有深刻的認識，知道做人就是應該如此，而且是做人的「特權」，不是其他種類的動物可以做到的。受五戒時，藉著接受「三皈依」的儀式，隨著授戒法師說三遍：「我某甲，皈依佛、皈依法、皈依僧，盡形壽，為五戒優婆塞，如來至真等正覺是我世尊」，公開表明態度：從今以後，自己發願不只是「翻邪三皈」，未受戒，當「佛教徒」而已，進而要將五戒善行當作人生價值觀與行為的準則，盡形壽（終身學習），發願當「優質佛教徒」。

這種人生價值觀的表態與對道德的堅持很可貴，因為可以匯聚成為社會的一股清流，淨化人心，增進福祉，值得慶慰與歡喜。

（四）優質佛教徒終身學習守則

從人口統計和經濟的角度來看，人類現今面臨重要抉擇的時刻。眾生所依存的環境將可永續利用或一夕崩潰，就看未來幾十年，我們如何來善待生命與環境。

優質佛教徒終身學習「五戒」時，配合新世紀的倫理觀點，結合團體、社會、國家的力量，可以將五戒做如下的詮釋與發揮：

不殺生：救護生命，珍惜環境。如此，可將不殺害生命的積極意義發揮，救護生命，保育物種，延續生物多樣性，珍惜地球資源與保護環境。

不偷盜：給施資財，奉獻社會。如此，不只是不偷盜，更應該布施資財，消除赤貧與飢餓。經濟學家與社會工作者們呼籲：自從十八世紀中葉的工業革命以來，人類社會雖然多數已經成功脫離赤貧，但是今天全球六十五億的人口，仍然有十一億人（約占六分之一的人口）非常窮困，每天只能靠不到一美元的收入勉強餬口，很難獲得必需的營養、安全的飲用水和安全的居所，更別論基本衛生條件和醫療保健服務。

已開發國家若能提供國民生產毛額（GNP）的百分之零點五，則可有一千六百億美元用來大幅改善地球上六分之一的人口脫離赤貧，並且確保全球所有兒童都能接受小學教育的完整課程。例如：挪威政府每年提撥國民收入總值的百分之一做為發展指數殿後國家的援款。但是美國國際援助金額大約是GNP的百分之零點二一，仍然有提昇的空間。

此外，發揚志願服務美德，協助推行「志願服務法」，奉獻個人知識、體能、勞力、經驗、技術、時間，推廣具備慈悲心、有組織效率的志工或義工服務，形成互助關懷網，促進社會各項建設及提昇國民生活素質。

不邪淫：敬愛家人，尊重信任。遵守不邪淫的戒律可以保障婚姻安全，建立美滿幸福家庭；進而發揮敬愛家人，增進人際之尊重與信任，做為建立安和社會的基礎。

不妄語：說誠實言，善意溝通。言語是人類溝通的重要手段，同時也是引發善、惡業的表達力量。溝通是指一種有意義的互動歷程，如何彼此念念保持善意，句句相互轉換成善意，是不妄語的積極精神。

不飲酒：正念正知，清淨身心。《長阿含經・善生經》中，佛告訴善生童子：「當知飲酒有六失，一者、失財。二者、生病。三者、鬥諍。四者、惡名流布。五者、恚怒暴生。六者、智慧日損。」由此可知，飲酒人容易失去正確的思惟判斷能力，導致心生迷亂而犯各種過失。同時，也會傷害身體，引發疾病。

因此，我可以將優質佛教徒終身學習守則「五戒新詮」，再簡述如下，做為「社區淨土」之「自他行淨」的基礎：1.救護生命，珍惜環境；2.給施資財，奉獻社會；3.敬愛家人，尊重信任；4.說誠實言，善意溝通；5.正念正知，清淨身心。

十、記錄社區，看見淨土

如何將「莊嚴淨土，成就眾生」之淨土行，落實於現代社會？「社區淨土」應該是個重要的目標。因為，對一般人而言，以整體社會為目標，不一定切乎實際；若只以家庭為目標，則小了些，不離「自掃門前雪」的心態。若以民眾公共生活中最基本的單元——「社區」做為目標是比較中道，而且順應當今政府與民間所推行「社區總體營造」的方向。二〇〇九年一月，我以「記錄社區，看見淨土」為題，在《人生》雜誌發表如下的說明：

（一）記錄社區，看見淨土

多年來，由曾吉賢導演所帶領之西蓮淨苑「實相房」，在製作智諭和尚與道安長老的音像紀錄片累積了一些成果，我鼓勵大家將此經驗向社區推廣，讓一般人可以藉由拍攝音像紀錄，學習關心社區，凝聚共識，發現社區人文、生態環境、地方產業等多元價值。於是，於二〇〇七年八月開始舉辦「社區音像紀錄培訓營」，共計二十七位學員參加，總共學習十八小時，製作了六部紀錄短片，並於二〇〇八年一月六日舉辦二〇〇八年春季「社區音像紀錄成果展」，讓此善法種子散播，期待能生根發芽，透過各種組織與活動，從心淨、行淨，實踐社區淨土。

之後，再以音像記錄臺北縣三峽鎮五寮里的風華與當地產業——綠竹筍，以及三峽鎮碧螺春茶產業等兩個專題，並且將成果陸續在網誌上發表，公諸同好，也引起一些回響。但是，這樣的音像記錄活動如何與佛法結合？是否有別於一般的媒體或文史工作室？是我們一直在關注的問題。

根據大乘經典，例如《法華經》或《維摩詰經》，我們知道：「菩薩淨土之行」是出自於「發阿耨多羅三藐三菩提心」菩薩所問的問題，「發菩提心」的菩薩是為「成就眾生」故，必須「願取佛國」，修行「淨佛國土」。所謂「淨土」，相對於將「器世間」（環境）莊嚴成「寶方」（七寶所成地方），將「有情世間」（眾生）淨化成「菩薩」，才是根本。如是同行眾生（眾生淨）來生菩薩成佛之國土，故說「眾生淨則佛土淨」。

當我們為社區居民舉辦音像記錄活動時，居民們的第一反應是：佛教人士在關心他們，似乎也引發他們更深層愛鄉愛土的意識。其次，在互動中，他們感受到佛教人士的純真與善意，因此可以建立長期的互信關係。我們希望這些關懷與善意能成為社區建設的種子，散播、生根、發芽，進而開花結果。

（二）音像記錄是新世紀國民基本表達能力

人類學會書寫文字的歷史已經有六千年，西元前三千五百至三千年，美索不達米亞平原的蘇美人為了農牧業的記賬或輔助記憶，發展出「楔形文字」，接著用它們來記錄口頭語言的體系，之後成為表達和溝通思想的工具。最初文字系統的閱讀或書寫，都必須通曉大量的符號或文字，並且所用的工具不便與媒材取得不易，例如：早期的泥版

（如：楔形文字）、莎草與石塊（如：象形文字）、甲骨、貝葉（佛典）、竹簡等等。因此，當時學會寫字可以帶來權力，享有恩寵，成為一種特權，並非人人都有學習機會。

中國漢朝的紙張發明、西元七世紀出現的雕版印刷術與十一世紀膠泥活字版的發明，以及近代教育的普及，現在語言文字的說、聽、讀、寫，逐漸成為國民基本表達能力。

但是，隨著資訊、通訊科技的進步，一般人很方便使用隨身攜帶的手機或數位相機，記錄日常生活中的影像或音像，並且也很容易藉由網路來儲存、整理、搜取、呈現與傳播、交流，例如：Flickr，YouTube，Facebook，地圖日記等網站。

特別是YouTube，它讓使用者很容易上載觀看及分享音像視頻短片，從二〇〇五年二月創立至二〇〇六年已經有四千萬支短片，每天吸引六百萬人瀏覽，每天約有六萬五千支以上新短片上傳，二〇〇八年七月已經超過五十億支短片被瀏覽。YouTube也引起校園教育與傳播的革命，除了可做為課堂的音像教材之外，目前我們也可找到十二萬七千八百支以上的theU.com之大學各種簡介短片，提供大眾選擇學校以及作生涯規畫，逐漸取代傳統的學校簡介形式。

此外，它也激發網上音像創作的各種可能性，並且影響社會，例如：黑眼豆豆合唱團主唱威爾（William James Adams, Jr.）將歐巴馬（Barack Hussein Obama II）在二〇〇八年一月競選美國總統口號的演說詞“Yes We Can”，拼貼成音樂短片*Yes We Can - Barack Obama Music Video*發行，並且在YouTube流通，迅速吸引千萬次的觀看數，不僅助長選情，也贏得本年度的艾美獎（Emmy Award）。歐巴馬在十一月總統當選演說時，再次以“Yes We Can”為主題，激勵不知如何面對阿富汗、伊拉克戰爭泥淖與金融海嘯的美國人。

（三）淨土：現世與未來的夢想

二○○八年，我看到一本有趣的書，名為《1~100歲的夢》，它蒐集了從一到一百歲、囊括各年齡層、各行各業、全臺灣各地、從原住民到新移民的夢想藍圖，從平凡的上班族，到事業有成的成功人士，甚至在病痛、單親家庭中奮力生活的人們，侃侃而談他們的夢想，以及準備如何實踐。其中，有位清華大學十九歲的沈芯菱同學，她以「想幫助別人，不必等長大」為標題敘述她的夢想：

……我的童年是在幫忙看顧攤位，以及吆喝聲中度過。深記得在一個寒冷的新春，我們到北港朝天宮販賣氫氣球……我一時分神鬆了手……我為此愧疚許久，而母親牽著我到媽祖廟內……許下心願：「天公伯若願意留阮一條生路、一口飯呷，阮必定教囝仔以愛待人。」我將此誓言銘記在心……因小學家境困苦，第一部電腦也是母親變賣玉飾而來的。我……借閱數百本書籍自學，至今已架設各行各業等四十多個大型網站，考取三十七張國際電腦專業證照。十二歲起利用網路「打造知識公益」，架設兩岸三地大型「安安免費教學網站」，至今有兩百多萬學子登錄學習……十四歲為「一元柳丁」發聲、也幫助臺灣媳婦與柬埔寨的失學兒童……從十三歲起便揹著一台相機，走過每個窮鄉僻壤的陰暗角落，記錄「草根臺灣臉譜」。五年的光陰，汰換過十一台相機……至今已拍攝二十多萬張、近三千組系列的影像，秉持著「若能記錄為臺灣默默打拚的草根英雄，無論拍攝一百萬張，一千萬張，只要有一張能感動臺灣島上的人民們，儘管竭盡所有錢力，仍深深以草根子女為耀。」期許能記錄半世紀的草根臺灣，直到雙手無法按下快門為止。

這讓我想到法鼓佛教學院希望同學們、同仁們能善用語言、音像表達能力，與Web 2.0的資訊環境，例如：e-Portfolio網路電子化教與學歷程檔案的服務，或配合教育理念規畫的網誌，隨時思考與表達了解自己知道什麼？眾生的疾苦何在？環境的問題何在？自己能做什麼？如何結合有心者共同為現世與未來的夢想（淨土）發菩提願？讓我們一齊學習《1~100歲的夢》書中所說的：如果可以花三十分鐘把夢想挖出來，再用五百個字記錄它，或許就能一輩子不忘，這個夢想對我有多重要。

十一、「社區淨土」導航系統：三願、六行

如上所述，二〇〇四年十月，我曾經於《人生》雜誌發表〈淨佛國土與社區淨土〉小文，說明「淨土行：自他行淨＝眾生淨＞佛土淨」的理念，以及以民眾公共生活中

最基本的單元「社區」，做為「淨佛國土，成就眾生」的行動基點。

事隔五年，於二〇〇九年底，西蓮淨苑僧伽教育期末回饋活動中，看到學習者除了經典學習心得發表之外，也有「學以致用」於蓮友關懷、生態教育等實踐方面的影音紀錄呈現，親切感人，讓我確認「社區淨土」的「三願、六行」之菩提心。同時，也讓我有機會整理在《人生》雜誌陸續發表之相關文章，藉此因緣，建構我對「社區淨土」的導航系統，於二〇一〇年三月，以「『社區淨土』導航系統：三願、六行」為題，發表於《人生》雜誌，請教方家。

所謂「發菩提心」是發起「自覺、覺他」與「利人、利己」的心願，其內容包含：慈悲關懷、智慧無礙、方便善巧等三個面向。依此三願，我們可以學習如下六種菩薩行（習性）。

（一）慈悲關懷願：1.利人利己、2.護生環保之意樂

覺知「苦諦」是佛道的開始，對於眾生的苦難，養成「利人、利己」之意樂，樂於行善，喜好施捨。猶如《入菩薩行論》：「如是修自心，則樂滅他苦，地獄亦樂往，如鵝趣蓮池。有情若解脫，心喜如大海，此喜寧不足？何求唯自度？」對於「利他行」，充滿「赴湯蹈火」決心與歡喜（意樂）。此外，對於生態與環境破壞之災難，這是人類與地球的大問題，也當養成保護與捍衛的決心與歡喜（意樂）。這些觀點，讓我回顧於二〇〇六年十月至十二月之間，寫作〈再見！降龍尊者：鱷魚先生Steve Irwin（1962-

2006）〉（《人生》雜誌，2006年10月）、〈窮人銀行與無盡藏〉（《人生》雜誌，2006年11月）、〈希望的根芽與妙法蓮華：珍古德博士與法鼓山〉（《人生》雜誌，2006年12月）等文章（後來皆收載於《當牛頓遇到佛陀》）的心情。

（二）智慧無礙願：3.聞思修慧、4.身心健康之習性

要實踐利人、生態環保的意樂，需要有智慧的條件。要「智慧無礙」，則需要養成聞思修慧、身心健康之習性。廣學多聞、如理思惟、修身養心，「身、口、意」三業清淨。這些觀點我於〈五段、四句、三支論式〉（《人生》雜誌，2009年11月）、〈思考表達、覺照視野、願景實踐〉（《人生》雜誌，2010年1月）文中比較詳細論述（後來皆收載於《校長的午後牧歌》）。

此外，養成刷牙（〈刷牙習慣與受戒戒禮〉，《人生》雜誌，2005年4月）、運動、不熬夜、飲食適當等的生活習慣，身心健康。如此累積利人、利己的資糧，則可以成就「慈悲關懷願」。尤其，如我上述〈臨終自知時至，身無病苦，心不貪戀〉（《人生》雜誌，2009年12月）小文說明：臺灣早成為高齡化社會，有關協助老人適應身體、心智和感情的變化壓力的全面性方案，與因應高齡化社會之食衣住行育樂等需求的政策，是我們當今迫切性的公共議題。

（三）方便善巧願：5.音像紀錄、6.佛學資訊之運用

近代教育的普及，語言文字的說、聽、讀、寫是國民基本表達能力。但是，隨著資訊、通訊科技的進步，一般

人很方便使用隨身攜帶的手機或數位相機，記錄日常生活中的影像或音像，並且也很容易藉由網路來儲存、整理、搜取、呈現與傳播、交流。這也是我上述〈紀錄社區，看見淨土〉（《人生》雜誌，2009年1月）文中的主要論點。

為因應網際網路的資訊時代來臨，應培育兼具佛學及資訊知能人才，運用資訊、傳播以及教育科技等理論與方法，促進佛教在教學、研究、服務、行政、弘化、禪修、文化、藝術等各個層面的發展。此是我於〈21世紀社會變遷與漢傳佛教教育之發展〉（《人生》雜誌，2003年12月，後來收載於《心與腦的相對論》）文中的論點。

（四）「社區淨土」導航系統：三願六行相輔之妙

因此，面臨二〇一〇年的開始，往後估算我進入「高齡期」（65歲以上）的二〇二〇年，還有十年。感謝《人生》雜誌發表的因緣，讓我能探索人生航向，雖迤邐而不斷。今後，希望我每天能學習將此「三願、六行」，念念觀照，時時實踐，並且彼此之間發揮相輔相成的妙用。例如：改變只求安逸享樂的心態，念念關懷眾生的苦難、生態與環境破壞之災難，將自己所能運用的各類資源，激發自己與他人之「聞思修慧」、「身心健康」的學習動力，除了盡分之外，把握時機因緣，規畫實踐各種「利人利己」、「護生環保」的個人或團體行動；同時善用「音像紀錄」與「佛學資訊」的方便，分享經驗，結合同行菩薩，成就眾生，莊嚴淨土。

十二、我與汪其楣教授之拈花微笑聾劇團的因緣

我曾經於《人生》雜誌（2011年7月）發表〈拈花微笑聾劇團之《悠悠鹿鳴》觀後感〉，敘述我與汪其楣教授之拈花微笑聾劇團，有如下的因緣，這也是發展「社區淨土」希望的泉源之一。

（一）希望，來自對生命無常的包容與超越

我與二〇〇九年，拈花微笑聾劇團應邀在法鼓佛教學院校慶時，演出《飛手舞聾・聾舞手飛》，做為臺北聽障奧運環臺校園巡迴列車節目的一站，由十二位聾人演員及五位聽人演員共同演出，聾人真摯自然的表情、豐富靈活的肢體動作，聾聽之間的合作與默契，讓手語和聲語同步展現了獨特的視聽體驗，令我不禁心靈撼動，熱淚奪眶。

當時，我受到感動的體會之一：「希望是來自對生命無常的包容與超越。」根據聾劇團藝術總監汪其楣教授的說明：「『聽人』，即Hearing People，指一般聽得見的人，相對於『聾人』，即Deaf People；不用『正常』或『不正常』來區分。因為聾人只是聽力不夠好的正常人。」的確，「不用『正常』或『不正常』來區分」是合乎佛法之「無常」教義。所以，各種生命會有先天、後天的傷殘或障礙，以及生理、心理的弱點。但是，在不同種類或性質上雖然弱能的生命，卻未必就因此放棄希望。在舞台上，我們看到聾人真誠生動的演出，舉手投足之間，自然散發出對生命無常的包容與超越的美感，以及對命運不屈不撓精神，讓

人直覺到希望無窮。

（二）沒有意外就沒有創新

從生物學來看，生命物種的遺傳訊息不保證都可以毫無問題的傳給下一代，在複製基因序列的過程中，也會有意外閃失，往往成為下一代的缺陷，不過，偶爾反而是一種改善，讓子代比親代更能適應環境。所以，這種「意外閃失」，在生命長久演化的大格局中，則是「創新優勢」的機會。

翻看節目手冊上的演員簡介，拈花微笑聾劇團的成員中，也有幾位是自幼聽損的，也有幾位是在成長期間因為發高燒，聽覺神經受損或耳膜受傷而造成聽力的損傷。他們各自在啟聰學校或一般高中受教育，也多半進入大學的美術系、設計系、視覺傳達系、及社工系修得學位，並在不同的公私機構上班。聽力方面的弱，並未構成太多他們的障礙，而視覺上的強，觀察與敏銳，專注與進取，反而造成他們今日各方面的成績；尤其讓人驚喜的就是在戲劇表演上的優異。

看到他們這麼精彩，我猜測很多人跟我也產生同樣的感想，也就是：過去我們對聾人的了解真的太少了，但無論人們如何漠視他們的能力和優點，他們仍歡愉地集合在舞台上，把對美感追尋的創作歷程，以及他們辛苦排練的成果，當作一份美好的禮物慷慨大方地送給看戲的觀眾。這樣的超越能力，和創新思維，也讓我們認真地體察自身，是否也能像他們一樣的認識自己的優點和缺點，懂得處理生命中的無常，發揮自己的長處，超越無常可能帶來的痛苦，或不必要的負面影響。

(三)《鹿王》、鹿野苑、《悠悠鹿鳴》

二〇一一年六月二十至二十五日，中華佛學研究所、法鼓佛教學院聯合在法鼓山主辦第十六屆「國際佛學會議」（The XVIth Congress of the International Association of Buddhist Studies, IABS 2011），特別邀請汪其楣教授為會議中的「文化之夜」製作表演節目。於是，汪教授參考許多著名的佛教故事集之後，決定以《鹿王》故事架構來編導，並邀請年輕一輩專業藝術工作者，聯手創作一齣充滿臺灣文化元素和當代人文、環境意識的戲劇。

所謂《鹿王》故事，是古老的印度傳說，有各種版本流傳，都述說「偉大，可能來自任何角落與身分」的寓意。佛教也運用為佛陀前生之菩薩行的實例，如《大智度論》卷一六，為了說明菩薩「身精進者，受諸懃苦，終不懈廢」，敘述：有鹿王具大悲心，向為遊獵濫殺鹿群的國王求情，鹿群願意每日輪流送一鹿，以供王廚。後來，鹿王又為救待產之母鹿，自願代其受宰；國王讚歎：「汝雖是鹿身，名為鹿頭人，以理而言之，非以形為人；若能有慈惠，雖獸實是人。」同時也感動國王，不再殺鹿，成為鹿群野生園區，因此這也是佛陀悟道後第一次說法處「鹿野苑」地名的由來（根據《出曜經》、玄奘的《大唐西域記》等）。後來，也影響到日本奈良之鹿群公園，以及日本京都鹿苑寺（俗稱「金閣寺」）的命名。

汪教授的《悠悠鹿鳴》版本則是：一群住在遠方的草原住民，用手語、口語、歌聲、舞蹈為我們講述悠遊生活的鹿群遭人殺戮，鹿王和人王談判，每逢月黑月圓，鹿群抽籤輪流犧牲。鹿王發心替代母鹿之後，並且將故事發展：「那牛、羊、豬……魚兒、鳥兒的肉，人類還吃不吃呢？」群鹿繼續詢問人類。有人大聲回答「不吃了」，也有人只敢小聲回答「不吃了」，不過也有人完全不回答……，這世界的故事還未演完………。

由於IABS國際佛學會議的使用語言是英語，《悠悠鹿鳴》劇中就是以臺灣手語配上英語來表現。在為國際佛學會議演出之前，汪教授帶著聾劇團，先在北、中、南三地巡迴。以他們一貫使用的臺灣手語+國語的版本，讓各地的聾友和信眾，以及喜愛戲劇的人士，都有機會分享這齣難得的作品。

（四）感動，來自群體無我的互助與合作

雖然我對聾劇團二〇〇九年演出的感動，有如上的分析，但是覺得在內心深處似乎還有一些原因，還看不清，更無法描述。直到這次（2011），因為忝為製作人的角色，有觀賞聾劇團的排練機會。讓我看到：在排練中，導演、十二位聾人演員及五位聽人演員與舞蹈設計、音樂設計、舞台設計等等專家們所組成的團隊所醞釀的氛圍，聾人、聽人的互攝包容，手語、口語之調和互助，彼此之間溝通的互信與耐心，讓我發現「感動，來自群體無我的互助與合作」的真諦。同時，也讓我覺察到最初觀賞聾劇團表演

時，心靈撼動與熱淚奪眶的深層原因。原來，所謂「淨土」的完美理想，不是來自本來已經完美生命個體之組合，而是來自於有先天、後天的障礙或生理、心理的弱點之各種生命對「無常」包容與「無我」互助的組合，這也才是「人間淨土」的事實。希望我能徹悟此道理，常不忘失。

（五）手語、手印與「手」的比喻

此外，汪教授也告訴我：以「豎拇指、食指與小指，曲中指與無名指的手形」做鹿角狀，這個「鹿」的手語，正好也是美國手語「I love you」（豎小指表示I，拇指、食指表示love的L，豎拇指與小指表示you的Y，結合在一起）的意義，而且此一手勢已風行國際四、五十年了。不禁也讓我聯想到以前我寫過有印度佛教文化的「手印」以及「手」比喻的文章，其相關的段落如下。

印度宗教自古非常重視手指的表達力量，稱「手指所結之印記（印契）」為「手印」。認為在宗教儀式中，修行者結手印時，能迅速、強烈感受到所蘊含意義（印記），以及表達與該對象相融為一體的決心（印契）。一般較常用的手印有：「施無畏印」（右手開啟，掌心朝外，舉於肩側）、「轉法輪印」（兩手置於胸側，右掌與左掌相反，左右諸指輕觸）、「觸地印」（如佛陀成道時之坐相，右手向地下垂，又稱降魔印）、「禪定印」（靜坐思惟時，兩手悉展五指，左掌疊於右掌下）、「施願印」（右手伸展，掌心向外）等。

佛教的密宗之手印種類極多，通常以金剛拳印、蓮華拳印、內縛拳印、外縛拳印、忿怒拳印、如來拳印等「六種拳印」與「十二合掌」（合兩掌所作之十二種印相，將小指、無名指、中指、食指、拇指，依次賦予萬物之地、水、火、風、空等五種基本元素的意涵）為基本手印（印母）。

有關「手」的比喻，中國禪宗以「垂手」、「授手」或「展手」來說明：老師接引學生時，殷情懇切，如父母垂下雙手撫愛幼兒。相對的，學生接受教化以求證悟則稱「出手」。在禪宗語錄《碧巖錄》中，從「大悲菩薩之千手千眼有何作用？」的問話，以「通身是手眼」機鋒問答來表示：消融主客之對立，而達到一如境界。

此外，佛教也以「手」比喻信心，稱具有信心為「有手」，具有信心之人為「有手之人」。例如《大乘起信論義疏》說：「信心如手，有手之人入海寶藏，隨意拾取；無手之人雖遇寶藏，不得拾取。」

我想：從聾人文化的手語、佛教的手印與「手」的比喻，都可以讓我們在舉手投足之間，學習對於「人間淨土」的信心與希望，讓我們或者放開心胸學習與聾手相接，或者是在其他方面也成為「有手之人」。我們也期待這些訊息可以散播與流傳在不斷有天災人禍的世間，隨時隨地鼓舞人心。

十三、身心健康「五戒」：笑、刷、動、吃、睡

二〇一〇年十月，我在《人生》雜誌曾經發表〈身心健康五戒：微笑、刷牙、運動、吃對、睡好〉的拙文提

到：本校創辦人聖嚴法師常說：「道心第一，健康第二，學業精進。」因此，二〇一〇年校慶主題定為：社團交流，身心健康。

專家們指出影響人類健康的因素有：遺傳因素、環境因素、醫療體制和生活型態等四種，其中「生活型態取決於個人日常生活習慣，對健康影響最大。同時他們也發現成人的疾病開始於四十歲，且都是「生活型態」所導致之疾病。日本政府與民間為配合「二十一世紀國民健康促進運動」，設立「生活習慣病對策」的部門、開辦「生活習慣病預防教室」與發展「生活習慣病預防指導士」的專業，最近，對於如何保持「身心健康」的生活習慣。

有位以前臺北醫學院的學弟陳乾原醫師在他的電子郵件之信末部分，常附上「身心健康五戒：微笑、刷牙、運動、吃對、睡好」字句流通。二〇一一年，他將二十多年的醫院家庭醫學科醫師的職務轉換，與他的藥師太太自行開設診所與藥局，服務大眾。他希望我能為他們的診所與藥局撰寫「身心健康五戒：微笑、刷牙、運動、吃對、睡好」的字句，掛在他座位的後方牆壁上或藥袋背面，便於推廣健康教育。

對此大幅版面（橫100-120公分，縱50-60公分），我想：可以藉此因緣，將此「身心健康五戒」的每一條，個別加上要點說明的四句偈，讓我容易憶持與學習，也讓大家容易了解其內容，於二〇一一年九月，發表《人生》雜誌，就教方家。

現存最早的中醫學奠基之作《黃帝內經》提出：「上醫

治未病，中醫治欲病，下醫治已病」之說，我想陳醫師對此「身心健康五戒」存有推廣的美意，應該與「上醫治未病」之說相應。於是，為他們撰寫「上醫治未病：身心健康五戒」的標題，各條的四句偈如下。

（一）微笑：知足常樂、助人快樂、寂滅最樂、心樂身樂

時時保持「微笑」，但不是亂笑。可以先從「知足常樂」學習，例如：每天早上起床時，觀想能夠呼吸、五官手足無缺，比起許多病人或殘障者，實在很難得。而且，若能食衣住行工作無慮，那更是不容易，能知福惜福，知道這是由許多眾生流血流汗所成就的。因此，能感恩與報恩，對於眾生的苦難，激發「利人、利己」之「助人快樂」的心願，樂於行善，喜好施捨。猶如《入菩薩行論》：「如是修自心，則樂滅他苦，地獄亦樂往，如鵝趣蓮池。有情若解脫，心喜如大海，此喜寧不足？何求唯自度？」對於「利他行」，充滿「赴湯蹈火」決心與歡喜（意樂）。此外，對於生態與環境破壞之災難，這是人類與地球的大問題，也當養成保護與捍衛的決心與歡喜（意樂）。

如此，培養歡喜做利人、利己、環保的事是有助於健康，也能成就「初禪」五個禪支（禪定狀態的條件）：有「覺」有「觀」、有「喜」有「樂」、「一心」。一九九〇年，聖嚴法師在〈四眾佛子共勉語〉中也說：「布施的人有福，行善的人快樂，時時心有法喜，念念不離禪悅。」此處所說四句偈則可以配合佛教的「三法印」（諸行無常、諸法無我、涅槃寂靜）的體悟，與三種道（解脫道、菩薩

道、涅槃道）來學習，或生或死，都可以「心樂身樂」，其相關性如下所示：

諸行無常→知足常樂→解脫道
諸法無我→助人快樂→菩薩道
涅槃寂靜→寂滅最樂→涅槃道

也就是先學習體悟「諸行無常」的第一個佛法特色（法印），觀察：一切有為法剎那無常，例如：此時此刻，眾生的呼吸或有（生存）或無（死亡）？五官手足或具足或不具足？食衣住行、工作或苦或樂？社會或和平或戰亂？環境或順（安和）或逆（災難）？我們比上，或許不足，但是比下，綽綽有餘。因此，能知福惜福，知道這是由許多眾生流血流汗所成就的。因此，感恩持戒，學習《中阿含經》所說明「持戒→無悔→歡→喜→輕安→樂→定→如實知見→厭→離欲→解脫→解脫知見」之「解脫道」。

其次，學習體悟「諸法無我」的第二個佛法特色（法印），能感念眾生恩與報恩，對於眾生的苦難，激發「利人、利己」之「助人快樂」的心願，樂於行善，喜好施捨，學習《入菩薩行論》的「如是修自心，則樂滅他苦，地獄亦樂往，如鵝趣蓮池」，開展「赴湯蹈火」在所不惜的決心與歡喜（意樂），以實踐「菩薩道」。

如同我於《人生》雜誌〈寂滅為樂的典故與禪法〉（2009年4月，後收載於《校長的午後牧歌》）拙文所說，「寂滅為樂」源自於《大般涅槃經》等經典「諸行無常，是生滅法，生滅滅已，寂滅為樂」偈語。中國禪宗則運用為如下的禪法：平常雖然因應於眼根、耳根、鼻根、舌根、身根、意根（六根，六種認識器官）與所認識的對象——色、聲、香、味、觸、法（六境），產生各種認識（分別）作用，卻能觀察因緣剎那生滅無常，所以能不起「我」用之分別想，證悟無我、寂滅空性，以及「劫火燒海底，風鼓山相擊，真常寂滅樂，涅槃相如是」的境界。

（二）刷牙：配合牙線、隨食刷牙、兩兩來回、牙淨心淨

其次，養成正確刷牙與使用牙線的習慣，保持口腔健康，這可以預防老人失智症，以及心臟血管等疾病。根據美國哥倫比亞大學二〇〇九年之研究發表，維持良好口腔衛生，避免牙周發炎，可預防老來罹患失智症。研究人員讓二千三百名滿六十歲的牙周炎（Periodontitis）患者接受記憶測驗。這些患者都已牙齦萎縮、齒牙動搖，測驗顯示五分之一的人記憶力有問題。於回想測驗中三個單字的順序時，口腔病菌最多的一組患者，想不起來的機率是口腔病菌最少患者的三倍。測驗心算減法，前者算錯的機率也有後者的兩倍。研究發現口腔病菌會導致和阿茲海默症等腦部疾病相關的發炎症狀；口腔病菌也可能會造成動脈壁發炎而變窄，導致心臟病或中風、糖尿病、男性精子數量過低等毛病。

對此，倫敦學院大學（UCL）的最新（2010）研究也有同樣的發現。從一萬一千名蘇格蘭人的病歷、家族疾病史和生活習慣的調查結果：不注重口腔衛生的人，例如每

天刷牙少於兩次的人，口腔發炎的機率高，罹患心臟病的風險高出百分之七十，因為口腔發炎是造成動脈阻塞的重要因素。

所以，「隨」於飲「食」之後，養成使用牙線與正確「刷牙」的習慣，一次刷兩顆牙齒來回數次，按照上排外側、內側，以及下排外側、內側與咬合面的順序刷牙，確實祛除牙菌斑，以保持口腔健康，提昇生活品質。根據近年來相關的醫學研究，保持口腔衛生也可以預防老人失智症，以及心臟血管等許多疾病。

我個人刷牙習慣的養成，可以參見拙文〈刷牙習慣與受戒戒體〉(《人生》雜誌，2005年4月，並收載於《心與大腦的相對論》)。我也借助此堅持「刷牙戒」的經驗，運用於其他好習慣的養成，特別是「身心刷牙戒」的養成，身心有煩惱時，即時刷洗乾淨，身心感受到清爽，逐漸遠離惡業(壞習慣)，猶如《六祖壇經》中，神秀大師所提出「身是菩提樹，心如明鏡台，時時勤拂拭，勿使惹塵埃」的「心性偈」。如此，我們則可期待「牙淨則心淨」，「心淨則國土淨」。

(三)運動：週三三三、胸臂腹腿、平衡柔軟、身動念在

除了養成「刷牙戒」之外，也應發願學習「運動戒」，至少可以實踐「體適能三三三計畫」(週三三三)，也就是：每週至少運動三次，每次最少三十分鐘，心跳數能達到每分鐘一百三十跳的有氧性運動。根據一九九〇年美國運動醫學會的聲明，科學研究證實：不只是強化心肺功

能、負荷較少的「有氧運動」有益健康，以「胸臂腹腿」的肌肉訓練（肌力、肌耐力）為主的「無氧運動」也有益健康。因為，它不僅有助於提昇基礎代謝率與體力，對現代人常見的下背疼痛、骨質疏鬆等症狀也有改善效果。此外，配合瑜伽、太極等運動，有助於身體「平衡感」、「柔軟度」的改善。

所謂「身動念在」，是結合佛教「四念住」的修習法：學習認識自己的身、受、心、法等四方面，使「覺察力」（念，Mindfulness）敏銳且穩定（住，Establishment）。平日的運動，與第一「身念住」直接相關，是先以培養對呼吸之出入、長短等有關身體性變化的「覺察力」，以訓練覺察力之集中，如此可以同時培養體力與心力。其實，運動也可以與覺察身心的感受、苦樂生滅變化的「受念住」、覺察各種善惡心境的生滅的「心念住」、覺察真理、法則、義務等「法念住」的學習搭配，則可以破除錯誤見解，從生死煩惱中解脫。

如此，我們的身心狀況能保持在臨終前一天還可以幫助別人的可能性，猶如我上述〈臨終自知時至，身無病苦，心不貪戀〉的拙文所說。

（四）吃對：素食少鹽、低脂少糖、全穀根莖、多色喝水

臺灣的衛生署於二〇一一年七月公布新版「每日飲食指南」、「國民飲食指標」、「素食飲食指標」，「指南」不僅增加蔬果攝取量與種類的「多」樣顏「色」化，減少米飯主食分量，蛋白質攝取量也變多，且以植物性蛋白質優

先。「指標」包括十二項原則：除持續宣導的均衡攝取六大類食物，以及少油炸、少脂肪、少醃漬、多喝開水外，特別強調應避免含糖飲料，與每日最好至少攝取三分之一「全穀」（包括穀物麩皮、胚芽，富含膳食纖維及維生素、礦物質）食物。

其他注意事項可參考我的《人生》雜誌（2010年9月）拙文〈好人好心腸〉（後來收載於《校長的三笑因緣》）中所說：養成正確「飲食」習慣，素食、八分飽、補充各種「有益菌」（例如：雙叉乳桿菌、嗜乳酸桿菌），養成食用「益菌生源」（例如：異麥芽寡糖、膳食纖維）習慣，持續給予腸道有益菌良好的生存環境或營養來源，增強人體免疫系統。此外，每日至少喝五至六杯水，這也是讓排泄順利的關鍵點。特別是在起床空腹時喝一杯冷水，具有刺激大腸蠕動、利便的效果。但於餐食中，避免攝取太多水分而沖淡消化液，不利於胃腸消化。

（五）睡好：定時睡眠、早睡早起、午間小睡、正念正知

最後，養成良好的「睡眠」習慣與情境，不熬夜，定時睡眠，晚上十點左右休息，早睡早起，午睡約二十至三十分鐘為宜，若是超過三十分鐘，身體會進入深睡期，容易攪亂生理時鐘，影響正常夜間睡眠。在佛典中，對於睡眠時，建議：心理狀態能保持「正念」，能使已聞、已思、已熟修習之諸法於睡夢中亦常記憶、隨觀；保持「正知」，能正覺了，任一煩惱現前，速疾棄捨，令心轉還。

睡眠占據著我們生命的三分之一時間，影響我們的生

活品質頗巨。據世界衛生組織對十四個國家十五個機構之兩萬餘名在基層醫療就診的病人進行調查，發現有百分之二十七的人有睡眠問題。因此，國際精神衛生和神經科學基金會於二〇〇一年發起的一項全球睡眠和健康計畫——每年的三月二十一日是「國際睡眠日」（International Sleep Day），目的是希望喚起人們對睡眠重要性和睡眠質量的關心。訂在每年的三月二十一日的理由是因為這天是春季的第一天，季節變化的周期性、睡眠的晝夜交替規律都影響著人們的日常生活。

其實，有睡眠困擾的人於禪修或學習時，也容易惛沉睡眠，成為障礙。所以，佛教將「貪欲、瞋恚、惛沉睡眠、掉舉惡作、疑」列為學習禪定的「五蓋」（五種障礙）。大乘佛教瑜伽行派的《六門教授習定論》則將「根律儀」（以正念防護心意，使六根不受外境的誘惑，不令煩惱流入內心）、「於食知量」（不貪多、貪味，只為維持生命、治療飢渴而適當地攝食）、「初夜後夜覺寤瑜伽」（初夜與後夜保持清醒，淨修其心，在中夜養息）、「正知而住」（行住坐臥、在內或外出，都能保持如理作意）等四者，列為「戒淨四因」（能令戒律清淨之四種要素）。天台宗也將調節「飲食、睡眠、身、息、心」等五項，稱「調五事」，做為禪修的基本條件。

總之，我們若能實踐健康「五戒」（簡稱：笑、刷、動、吃、睡）四句偈的內容，可以促進身心健康，也有助於禪定與智慧的修習；若能推廣流傳，則可以促進社會大眾健康，提昇眾生的生活品質。

十四、終身學習「五戒」：閱、記、研、發、行

二〇一三年六月八日，第二屆「法鼓佛教學院暨法鼓山僧伽大學畢結業典禮」，如同第一屆，依照：1.搭菩薩衣，深智廣行；2.傳燈發願，大悲心起；3.吟唱法鼓，勇健啟航之三階段進行（詳參《人生》雜誌，2012年6月）。於二〇一三年的畢結業典禮，我在思考「校長致詞」的內容時，除了想到於《人生》雜誌（2010年1月）的拙文提到「思考表達、覺照視野、願景實踐」（以上兩篇的內容將於下一章介紹）是我的教學根本目標之外，也想分享如何面對「無常、苦、無我」的人生大海，可以「勇健啟航」的基本資糧，同時也是高齡化社會，人人需要養成的日常生活習慣。

因為「資糧」需要靠日常生活習慣累積，所謂「生活習慣」，梵語是śīla（音譯：尸羅），意譯為「戒」，是行為、習慣、性格……等意義，一般常稱好習慣為「戒」。因此，上述的「身心健康五戒：微笑、刷牙、運動、吃對、睡好」可說是健康資糧。

其次，我認為「終身學習五戒：閱讀、記錄、研參、發表、實行」是第二種「勇健啟航」的智慧資糧，因為「聞、思、修」是佛教之簡擇事理的三種智慧（三慧），而「閱讀、記錄」與「聞所成慧」有關，「研究、發表」與「思所成慧」有關、「實行」與「修所成慧」有關，二〇一三年七月，我將此看法發表在《人生》雜誌，內容如下：

（一）閱讀：廣學多聞

對於佛法的學習，需要聽聞、閱讀「三藏」（經、律、論），如《大毘婆沙論》卷四二：「若於三藏、十二分教，受持、轉讀究竟流布，是生得慧，依此發生聞所成慧，依此發生思所成慧，依此發生修所成慧，此斷煩惱，證得涅槃。如依種生芽，依芽生莖，依莖轉生枝葉、花果。」大乘佛教的「聞慧」，除了佛法（內明），更擴大到當時世間的各種學問（醫方明、因明、聲明、工業明），合稱「五明」，如《瑜伽師地論》卷一三：「云何聞所成地？謂：若略說，於五明處名、句、文身無量差別、覺慧為先，聽聞、領受、讀誦、憶念。又於依止名身、句身、文身義中，無倒解了，如是名為聞所成地。何等名五明處？謂：內明處、醫方明處、因明處、聲明處、工業明處。」

面對現代社會，更需要廣大到人文、社會、自然科學等各種層面的聽聞與閱讀。因此，我除了佛典的閱讀之外，長期訂閱《讀者文摘》、《科學人》、*Newton*、*The Economist*等刊物或電子書以及中外網路新聞，也使用各種類型的電子書閱讀器，例如：Kindle、iBooks、Zinio、Hamibook、Kobo等，方便購閱各類書籍。更重要的，也經常閱讀自己的身心狀況，如同拙文〈有空逛逛腦海網路〉（《人生》雜誌，2006年6月，後來收載於《當牛頓遇到佛陀》）所述：注意當前的心情氣溫？煩惱指數？如何超越生死、涅槃的「兩岸」關係？探索如何建立十方佛國土的「國際」關係。

（二）記錄：知識管理

如上所述，「聞所成慧」由「聽聞、領受、讀誦、憶念」獲得。其中，「憶念」的聞慧，在紙張昂貴、沒有電子媒體的時代，特別重要。因此，在印度文化中，發展成為「陀羅尼」（dhāraṇī；意譯：總持）的記憶術，以成就聞慧。佛教也運用它來學習「憶持」各種善法，以遮除各種惡法。特別是菩薩以利他為主，為不忘失無量之佛法，在大眾中無所畏，能自由自在地說法，故必須學習陀羅尼：從一法，聯想一切法；從一句，聯想無量句；從一義，聯想無量義；以總持無量佛法而不忘失。

但是，在知識量暴增的時代，我們不能完全藉由「記憶」，而且人們常會有「記憶力錯覺」（Illusion of Memory），必須養成適時記錄的習慣，以成就現代聞慧。因此，拙文〈阿賴耶識記事本〉（《人生》雜誌，2011年5月，後來收載於《校長的三笑因緣》）中，介紹Evernote的具備網路服務功能的記事本軟體，它是近乎我夢寐以求的「隨時When-ever隨地Where-ever」可以如實地記錄與創作的「阿賴耶識」記事本。因為，它可以讓我不拘形式（輸入或手寫文字、錄音、拍照、網頁剪輯等）、不拘平台或裝置（手機或電腦）的記錄與創作，並且可以藉由網路上傳到雲端的伺服器備份，可以在不同的裝置間同步與瀏覽。使用者可以輕鬆的藉由「筆記夾」與「標籤」的功能來資料管理（分類、搜尋等），或者使用「共用」功能分享筆記或筆記夾，以及強大的搜尋（包含掃描辨識）與各類（按時間排列的清單、縮圖、混合等）檢視功能，讓我可以將日記本與筆記本整合。

如同現代企業界對知識產生流程的分析：資料（Data）→〔處理、分析〕→資訊（Information）→〔審核、分類〕→知識（Knowledge）→〔行動、驗證〕→智慧（Wisdom），配合「知識管理」（Knowledge Management），運用資訊科技的知識社群、智庫等機制或方法，將個人核心專長或團體的「內隱知識」（Tacit Knowledge，經驗、技術、文化、習慣……）有效率地轉化為「外顯知識」（Explicit Knowledge，文件、手冊、報告、程式……），因為這些知識與價值的總合是我們的「智慧資糧」。

（三）研參：研究參疑

對於「思所成慧」，《瑜伽師地論》卷一六：「云何自性清淨？謂九種相應知。一者、謂如有一、獨處空閑、審諦思惟如其所聞、如所究達諸法道理；二者、遠離一切不思議處、審諦思惟所應思處；三者、能善了知黑說、大說；四者、凡所思惟、唯依於義、不依於文；五者、於法少分、唯生信解，於法少分、以慧觀察；六者、堅固思惟；七者、安住思惟；八者、相續思惟；九者、於所思惟、能善究竟，終無中路厭怖退屈。由此九相、名為清淨善淨思惟。」換言之，應該：1.安排獨處靜思的時間；2.不浪費時間思考沒有意義的對象，專注於所應該學習的對象；3.可以分辨謬論與正論；4.依據意義，不拘泥文字；5.有些可相信專家直覺，有些需要智慧分析思量；6.堅定思惟；7.安定思惟；8.持續思惟；9.究竟思惟不退縮等九種態度，對於所聽聞與記錄的知識之「疑情」參究。

其次，《瑜伽師地論》卷一六：「云何思擇所知？謂善思擇所觀察義。……何等名為所觀有法？當知此法、略有五種。一、自相有法，二、共相有法，三、假相有法，四、因相有法，五、果相有法。……何等名為所觀無法？當知此相、亦有五種。一、未生無，二、已滅無，三、互相無，四、勝義無，五、畢竟無。」這是說明對於「存在」（有法）的五種角度與「非存在」（無法）的五種角度的研究（善思擇）。例如：善思擇「自相」「存在」（有法），可以從將所有物質性存在分析到「其小無內」的單位，稱為「極微」（或「微塵」），有別於其他而「自相不失」。如此經常思惟：分析萬物為「極微」的平等性，漸斷「身見」的執著以及憍慢。

猶如《大方廣佛花嚴經修慈分》：「觀察其身上下支節，皆微塵聚，地水火風和合所成；復應思惟，即彼一一微塵之內，皆有虛空；……復應觀察一切世界所有眾生，一一眾生所有支節，一一支節所有微塵，皆亦如是。」藉由自他身之微塵的觀察，破除「身見」的我執，進而對所有眾生起「大慈」，故說：「若捨分別，離我我所，此則名為廣大之慈」。

在運用工具方面，我除了文書軟體的樹狀標題模式做為文件分析的呈現之外，也用Mindmap的相關軟體（例如：Xmind）協助分析，以及試算表軟體作統計運算。

（四）發表：刊行交流

將所聽聞、記錄、參究的成果，運用各種形式發表刊行以便切磋交流是「思所成慧」成就的關鍵。因為閉門造車，不容易進步。我們若能養成同儕切磋交流的習慣，容易發現自己所「聞、思」的缺點與錯誤。因此，學術界的刊物皆有「專業審查」制度，以確保「聞、思」知識的品質。

所以，我們盡量讓自己之「聞慧、思慧」透明化，善用眾人的「聞思」力，隨時隨地準備接受所有世人的檢驗與評鑑，如此「借力使力」，容易保持「聞、思、修」三慧清淨。並且，也隨時隨地以世界為平台，準備服務所有世人，容易保持創造價值力，讓創意無限，功德無量。

（五）實行：自利利人

「修所成慧」是與禪定相應的觀察智慧。如同拙文〈資料記憶與知識管理〉（《人生》雜誌，2008年6月，後來收載於《校長的午後牧歌》）所述：佛教不僅重視師徒之間口傳、心記、持誦的學習，也重視從知識→〔行動、驗證〕→智慧，經由「行證」，產生有價值的結果或效益。所以，《增壹阿含經》卷二三：「多誦無益事，此法非為妙，猶算牛頭數，此非沙門要。若少多誦習，於法而行法，此法極為上，可謂沙門法。雖誦千章，不義何益，不如一句，聞可得道。雖誦千言，不義何益，不如一義，聞可得道。千千為敵，一夫勝之，未若自勝，已忍者上」。這些佛教警句，提醒我們對在學習時，不要只是增加知識的數量，也應該重視內化與「體證」(Embodied),以禪定相應的觀察智慧,能產生有解脫或利他價值之「實行」智慧品質。

如上所述與「聞、思、修」簡擇事理的三種智慧(三慧)有關之「終身學習五戒:閱讀、記錄、參究、發表、實行」,可以讓我們從「閱讀:廣學多聞」開始,學習《八大人覺經》:「第五覺悟:愚癡生死。菩薩常念,廣學多聞,增長智慧,成就辯才,教化一切,悉以大樂。」或者《大般若經》卷五七一〈九 無所得品〉:「常依正教,修佛隨念,捨俗出家,如教修行,轉為他說,雖為他說而不求報;見聽法眾,常起大慈;於有情類,恒起大悲;廣學多聞,不惜身命;常樂遠離,少欲喜足;但採義理,不滯言詞;說法修行,不專為己;為有情類,得無上樂,謂佛菩提大涅槃界。」

總之,終身學習「五戒」(簡稱:讀、記、研、發、行)不僅可以增長「聞、思、修」三種智慧,也有助於菩薩道的學習,再配合身心健康「五戒」(簡稱:笑、刷、動、吃、睡)的基礎,如此人人可以終身學習「菩薩心行,法鼓燈傳,勇健啟航」,利人利己,自度度人,做好安寧與老人療護的準備以及自己生死規畫的願景,落實「自他行淨=眾生淨>佛土淨」的淨土行,成就「社區淨土」,以因應高齡化社會的來臨,成就「社區淨土」是我的第三個夢想實踐目標。

［2007年- ．53歲- ］

法鼓佛教學院與法鼓文理學院

一九九二年六月，我從日本東京大學取得博士學位，回國之後，在佛教教育方面，擔任法鼓山中華佛學研究所副所長（1994-2007）、法鼓佛教學院（2007-2014）、法鼓文理學院（2014年迄今）校長等職務。

二〇一三年七月，原「財團法人法鼓人文社會學院」已與「財團法人法鼓佛教學院」合併存續更名為「法鼓學校財團法人」。二〇一四年一月，學校法人董事會通過立案申請書、合併計畫書，同時通過我為首任擬聘校長，以配合教育部之學校立案等相關規定，然後檢送教育部審查。四月中旬，教育部做實地會勘，七月二十八日，教育部舉行「法鼓人文社會學院」與「法鼓佛教學院」合併審議會，經過法鼓學校法人代表簡報及審議委員提問答詢，由審議會議決：通過兩校合併，校名為「法鼓文理學院」。因此，兩校校園可以「跨界」（Crossover）法印溪，共享教育資源，學校的學科與領域也會產生各種「轉型」（Transformation）的可能性，這也是法鼓佛教學院七週年校慶的主題意義。

我們期待所有教職員生可以隨著佛學系之博碩學班與人文社會之生命教育、社區再造、社會企業與創新、環境與發展碩士學位學程的「跨界」與「轉型」有所突破，建構佛法與世學兼備的多元的教學環境，以培養具有因應全球化地球村公民之素養與能力。

因此，法鼓佛教學院與法鼓人文社會學院之未來的目標——法鼓山大學院教育是這章節的主題，這也是我此生可以與許多師長、同仁、學生共同成就夢想之一。

一、法鼓山的「三大教育」：A＋B＋C＝Dharma Drum

於二〇〇七年農曆（金豬年）過後，我接到某大學教授的電話，提到：他想以哈佛商學院個案教學與學習的方式，為法鼓山撰寫課程教案，但是寫到法鼓山所揭櫫的「三大教育」部分時，遇到些瓶頸，希望我能談談，以便繼續進行。我問道：「是否請教法鼓山創辦人會比較直接而且正確？」對方回答：「不敢打擾聖嚴法師，想先多方了解後，再向其請益。」我有感於對方的誠意，於是答應隔天接受採訪。

根據「法鼓山全球資訊網」的資料，法鼓山是以建立「世界佛教教育園區」為目標，從學術研究、海內外禪修、弘法，到針對安頓人心所設計的各項教育、文化與關懷工作，都以積極入世的態度，扮演以身作則的角色，建立社會善良風氣。具體的實踐之道，歸納成大學院、大普化、大關懷等「三大教育」，從「三大教育」中衍生出多種啟蒙心靈的方法，搭起一座一座通往淨土的橋樑，接引更多人在學佛路上歡喜同行。

但是，如何進一步詮釋法鼓山「三大教育——大學院、大普化、大關懷教育」的體系架構，似乎可以讓我們有一些發揮的空間。因此隔天見面時，我將粗淺的想法對他們說明後，覺得有些有趣之處，野人獻曝，刊於二〇〇七年四月的《人生》雜誌，請諸方家指正。

（一）「心靈環保」、「三大教育」：《大乘起信論》之「一心」、「三大」

法鼓山的核心價值「心靈環保」的佛教經典根據，大家都容易知道出自於《維摩經》之「心淨國土淨」的思想。因此，聖嚴法師於《法鼓山的方向II》中說：「『心靈環保』是教我們心淨國土淨，以菩薩的福田來看一切眾生，一切眾生都是恩人，以知恩、感恩、報恩的心來生活，人間就是淨土。」

但是，我也可以與《大乘起信論》的「一心」、「三大」理論體系配合，來討論法鼓山之「心靈環保」與「三大教育」的關係。因為《大乘起信論》卷一：「摩訶衍（大乘）者，總說有二種。云何為二？一者法，二者義。所言法者，謂眾生心。是心則攝一切世間法、出世間法。依於此心，顯示摩訶衍（大乘）義。何以故？是心真如相，即示摩訶衍（大乘）體故。是心生滅因緣相，能示摩訶衍（大乘）自體、相、用故。」可見《大乘起信論》的核心思想（法）是：從「眾生心」（一切眾生的真如平等心）的含攝一切世間法、出世間法的特性，建立對摩訶衍（大乘）

之無量劫行菩薩道建立淨土的信心。

接著，《大乘起信論》又說：「所言義者，則有三種。云何為三？一者、體大，謂：一切法真如平等不增減故。二者、相大，謂：如來藏具足無量性功德故。三者、用大，能生一切世間出世間善因果故，一切諸佛本所乘故，一切菩薩皆乘此法到如來地故。」可知此論將「眾生心」（一心）開展為「體大」、「相大」、「用大」，做為其核心教義。我們可依此來詮釋法鼓山「三大教育——大學院、大普化、大關懷教育」的體系架構。

（二）大學院教育（Academic Education）：「體大」（智慧如海）培育「深度」

首先，法鼓山的大學院（Academic）教育是以有系統的正規教育，造就高層次的研究、教學、弘法及專業服務的人才。包括：一九八五年開辦的中華佛學研究所、一九九八年教育部核准籌設的法鼓人文社會學院，二〇〇一年成立的僧伽大學佛學院，以及二〇〇六年成立的法鼓佛教研修學院。以這些大學院教育（智慧如海）做為法鼓山推動「心靈環保」（一心）的主體（體大），來培育法鼓山體系的「深度」，避免流於膚淺或庸俗。

（三）大普化教育（Broad-based Education）：「用大」（方便善巧）開展「廣度」

其次，「心靈環保」的推動不能停留在大學院教育而已，否則無法走出「象牙之塔」，不能發揮大用。因此，需要將大學院教育所研發的各種理念與成果，善巧方便地為現代人建立基礎廣泛、各種各樣（Broad-based）的管道來認識佛法，引領大眾從內心和生活行為的改變做起，讓每個人小小的好，累積成整個社會大大的好。舉辦各項禪修、念佛、法會等修行弘化活動，並藉由文化出版與傳播媒介，使佛法精義普化人間，成為現代人生活的智慧指南。以這些大普化教育（方便善巧），發揮「心靈環保」（一心）的各種作用（用大），來開展法鼓山體系的「廣度」，避免流於曲高和寡，容易脫離社會大眾。

（四）大關懷教育（Care-always Education）：「相大」（慈悲為懷）維持「厚度」、保持「溫度」

最後，大關懷教育的目標，是長時（Always）平等的關懷（Care）社會大眾。人的一生，從懷胎、出生、嬰幼兒、少年、青年、成年、老人到臨終與死亡，每一個階段與層面都是大關懷教育的範圍。並且以：1.心靈環保（保持我們心靈的平靜與明淨），以謙虛心、慈悲心來落實心靈環保，每天清掃心靈的塵埃，則人品可得到提昇，心田將更為純淨，讓每一天都生活在淨土中。2.生活環保（保障我們生活的整潔與儉樸），對於日常生活的食衣住行，要養成少欲知足、儉樸自然，落實禪宗「修行就在行住坐臥間」的觀念，盡可能不浪費能源，不製造汙染。3.禮儀環保（保護人類社會的尊嚴與和諧），從個人觀念的淨化開始，使禮儀由內心發起，形諸於外，透過行為的淨化，以心儀、口儀、身儀促進人我和諧，社會祥和。4.自然環保（保護地球生態的共存與共榮），知福惜福、感恩大地，體認人是自然的一部分，任何資源必須珍惜使用，不可浪費汙染，自然環境必須加以保護尊重，維持永續。

此「四環運動」，以具體行動從心出發，由內而外，推己及人擴大到對社會、人類、環境、自然、生態的整體關懷。以這些大關懷教育（慈悲為懷），建立「心靈環保」（一心）的形象（相大），來維持法鼓山體系的「厚度」，避免流於教條與形式；同時也可保持法鼓山體系的「溫度」，避免流於僵化與冷漠。

A ＋ B ＋ C ＝ Dharma Drum

以上，我們將《大乘起信論》所說「眾生心」（一心）開展為「體大」、「相大」、「用大」的論述，用來詮釋法鼓山「三大教育——大學院（Academic）、大普化（Broad-based）、大關懷（Care-always）教育」，也可說是了解法鼓（Dharma Drum）山ABC。若能對大家有所幫助，則是我的榮幸。

二、校慶「淨灘」迎接「世界地球日」

法鼓佛教研修學院自二〇〇七年四月八日（佛誕節）舉行「成立揭牌暨首任校長就職典禮」以來，已歷經週年校慶，邁入中華佛學研究所創校招生第二十七年，以及改制法鼓佛教研修學院第二年。於二〇〇八年七月，我們撰文〈校慶『淨灘』迎世界地球日〉刊登於《人生》雜誌，內容如下。

於週年校慶，我們除了舉行國立臺灣科技大學與本校學術交流簽約典禮，以及「西藏文獻縮片集成」館藏儀式之外，在當天下午，全校教職同仁與同學到金山鄉中角灣「淨灘」迎接「世界地球日」，發揚「立足臺灣，放眼世界」的精神，力行建設人間淨土的校風（彩圖70）。

（一）週年校慶「淨灘」迎接「世界地球日」：淨心淨土

「世界地球日」起源於一九七〇年四月二十二日，由威斯康辛州參議員蓋洛・尼爾生（Gaylord Nelson）和丹尼斯・海斯（Denis Hayes）發起，共有兩千多萬美國人參加遊行，展示社會大眾力量，導致美國國會迅速通過清潔空氣法案（Clean Air Act）等環境保護相關法案，並且促成美國環境保護署的設立。一九九〇年的地球日，參加人數增加十倍。如此國際性的環保巨浪，促成一九九二年全世界第一次的地球高峰會議，在巴西的里約熱內盧召開，許多國家因而紛紛成立環境保護的官方機構。二〇〇〇年，地球日網絡（http://www.earthday.net）的國際辦公室將地球日擴大為整個四月裡舉辦成千上萬的「地球月」活動，參加的人數估計超過五億人。

本校週年校慶「淨灘」活動的緣起是：由於本校近臨大海，若有外賓來訪，我們有時會以濱海的餐廳做為招待的場所，利用餐前餐後，海灘散步，讓國際友人順便欣賞臺灣海岸之美。但是，我們卻常發現沙灘有不少被遊客棄置以及飄流來的垃圾，實在慚愧。有時隨手清理一些，但總是望洋興嘆而已。於二〇〇八年三月中旬，我與一些同仁招待來本校演講TEI（Text Encoding Interchange；針對電子文獻所制定的標準標記組合）實務的牛津大學教授到海邊晚餐。餐前於海灘散步時，觸發我發起校慶「淨灘」活動。

感謝籌辦校慶活動的學務與總務同仁的全力支持，在很短的時間內完成校內外的準備工作。四月八日校慶日下午，全校教職同仁與同學到金山鄉中角灣「淨灘」，眾志成城，在清理了將近七十大袋垃圾，交由已經聯絡好的環保清潔車載走。接著，大夥在夕陽下聚餐慶祝與慶功，共同回味此有意義的一天，期待大家能建立「心淨→行淨→眾生淨→國土淨」之「心靈環保」信念，並且隨時養成「淨心淨土」的習慣。

之後幾年持續辦理，成為本校校慶的傳統活動之一。二〇一二年四月八日的校慶遇到天候惡劣，不適合淨灘，但本校的教職員熱心不減，自動發起室內淨灘環保簡報活動，大家熱烈響應。在會場中，我提醒說：「撿沙灘上的垃圾，也要清理心裡的垃圾，所謂『淨心淨土』，今後的淨灘活動可以您們自主性的接辦，會更有意義」。大家劍及履及，於四月十日，本校的教職員發起組成「淨心淨土‧金山環保」臉書社團，引起各界人士響應參與，每月至少辦理一次淨灘活動，維護地球自然環境，結合二手物資義賣、自然農法及漂流木創作，珍惜資源再利用，並配合環保政策積極宣導推廣；建言修法改善環保規定；建議改善商品包裝方式，達到「提昇人的品質、建設人間淨土」理念為宗旨。到二〇一四年四月八日，兩年間，已經有四百多位成員，實在令人佩服讚歎。

（二）淨佛國土與社區淨土：DDBC

其實，佛教所謂「菩薩淨土之行」是出自於「發阿耨多羅三藐三菩提心」菩薩所問的問題，「發菩提心」的菩薩是為「成就眾生」故，必須「願取佛國」，修行「淨佛國土」。菩薩依各種「淨土之行」令自與彼眾生皆「行淨」，故說「行淨則眾生淨」。如是同行眾生（眾生淨）來生菩薩成佛之國土，故說「眾生淨則佛土淨」。

對此「自他行淨＝眾生淨＞佛土淨」的淨土行，我們應如何落實在現代社會？我個人認為「社區淨土」是很重要的目標。因為，若有心發願「淨化眾生」、「成就眾生」，對一般人而言，以整體「社會」為目標，則太廣泛，不一定切乎實際；若只以「家庭」為目標，則小了些，只是改善私人的生活領域，不離「自掃門前雪」的心態。所以，若以民眾公共生活中最基本的單元——「社區」（從「家庭」擴大到「家園」）——做為「淨佛國土，成就眾生」目標是比較中道，而且順應當今政府與民間所推行「社區總體營造」、「社區主義」、「社會福利社區化」、或「社區服務」等運動方向。

所以，我在此次校慶「淨灘」活動之後，特別勉勵同仁同學們可以思考：如何運用社區組織的社會工作方法，結合在地居民、遊客、民間團體與公共部門，建立永續發展的「淨灘」活動，推行「淨心淨土」的風氣，從根本解決問題。因為我們期待「法鼓佛教研修學院」所培養學生的人格特質，能有如下所述英文校名Dharma Drum Buddhist College簡稱DDBC之寓意：

Dream of a better world（常發好願）
Dare to achieve it（敢行好事）
Become the part of the answer（成就他人）or
Benefit oneself and others（自利利他）
Create a pure land on earth（建立淨土）

（三）滿願「行願之樹」

此外，在週年校慶當天，國立臺灣科技大學與本校學術交流簽約典禮時，我除了說明兩校學術交流緣起、合作要點內容與雙方初步研擬的學術交流項目之外，也解釋我們在臺灣科技大學校園中種植「行願之樹」紀念的因緣與中英名牌上的寓意。

由於，二〇〇八年二月二十七日，臺灣科技大學校長陳希舜、教務長彭雲宏、圖書館館長吳瑞南、人文社會學院院長林茂松、企管系主任吳克振等一行來本校參訪，討論雙方締結校際學術合作之事宜。我們也於三月十二日回訪，因為正巧是植樹節，兩校師生在臺灣科技大學校園中，一同植樹紀念，命名為「行願之樹」。此名稱除了代表普賢菩薩行願的大行精神之外，也代表著法鼓山「好願在人間」之年度目標。在「行願之樹」的旁邊就是保育專家珍古德博士所種的「希望之樹」，這兩棵樹代表著兩校未來學術共同努力的希望與行願。

植樹之後，臺科大陳校長希望我能撰寫中英文名牌說明。於是，我提供中文初稿，經過臺科大校方修訂後定案為：

行願之樹

種行願樹，擊法鼓，妙音響徹臺灣。

植人文心，展科技，巧手揚名國際。

我另外請本校馬紀（William Magee）老師幫忙撰寫英文名牌說明，要求能將兩校英文校名縮寫崁入內容。首先，馬紀老師提出“The Tree of engaging in the wish”做為「行願之樹」的英譯名稱。後來，臺科大外籍老師建議用“The Wish-Fulfilling Tree”（滿願之樹）為名，我們認為也很好，因為可將中英文名稱合為：滿願「行願之樹」。在內容方面，馬紀老師不負使命完成，將兩校英文校名縮寫（DDBC-NTUST）巧妙的崁入內容，其字句如下：

The Wish-Fulfilling Tree

Our DESTINY resides in the NEXT generation,
So we DEDICATE this TREE to their future.
May they BOLDLY pursue UNLIMITED wishes,
And CONTINUOUSLY STRIVE TO realize them.

教育是百年樹人大計，十年之計是種樹，百年之計是育人，為更好的下一代，大家同心協力辦好教育。

三、什麼是我的教學根本目標？

從二〇〇五年起，教育部委託「高等教育評鑑中心」辦理大學評鑑，希望藉由定期的系所評鑑制度，確保大學生優質學習環境，進而成就「研究學術，培育人才，提昇文化，服務社會，促進國家發展」的「大學法」宗旨。

目前大學評鑑內容與標準包含：1.目標、特色與自我改善、2.課程設計與教師教學、3.學生學習與學生事務、4.研究與專業表現、5.畢業生表現等五項。接受評系所根據各項目之不同參考效標（共43個），提出量化數據或質性說明，供作實地訪評依據。

如此規範性與普遍性的評鑑考驗潮流，以及我個人長期從事教學或行政的經驗，面對不同的教育情境，時常讓我於如此眾多之評鑑參考效標中，反思：「什麼是我的教學根本目標？」的問題，以便因應各種不同的教學需求。於二〇一〇年一月，我發表於《人生》雜誌，請教方家。

（一）思考與表達：如理思惟、適當表達

首先，「思考與表達」是我的教學基本目標，為了培養「發現」問題與「處理」問題的人才，以自利利人，希望學生養成如理「思惟」與適當「表達」的能力。

如同「身、口、意」三業清淨的佛教學習的目標。

如理「思惟」是「意業」（思考）清淨，適當「表達」是「口業」（言語）、「身業」（行為）清淨。這也是我在《人生》雜誌，二〇〇九年十一月，後來收載於《校長的午後牧歌》）〈五段、四句、三支論式〉之文章中所論：教育學生撰寫論文，除了要求「寫」的標準化與創意性之外，時時刻刻、持續性地，在思想上也能「想」好，言語上也能「說」好，行為上也能「做」好，才是教育學生撰寫論文或報告的真諦。

（二）覺照與視野：眾目睽睽、世界舞台

其次，「覺照與視野」是我的教學第二個目標，運用「眾目睽睽」與「世界舞台」情境，讓學生開展普世「覺照」與國際「視野」的眼光。

一般談到「國際化」教育，容易聯想到學習國際語言，促進國際師生交流，或者研究某個主題時，需要蒐集、整理、評析相關的國際研究成果。但是，我們也可以有如下的運用：

一般人喜歡「避人耳目」，希望隱藏自己的缺點與過錯，隱瞞不願意面對的真相，卻常導致自誤誤人。其實，我們個人的「正念力」、「正知力」有限，迷惑的業力無窮，容易腐化墮落，此種案例，古今中外，不勝枚舉。

反之，我們若能將「眾目睽睽」與「世界舞台」情境，導入每天二十四小時中，讓自己「透明化」，善用眾人的「覺察」力，隨時隨地以「世界」為「舞台」，準備接受所有世人的檢驗與評鑑，如此「借力使力」，容易保持

「身、口、意」三業清淨。並且，也隨時隨地以「世界」為「舞台」，準備服務所有世人，容易保持創造價值力，讓創意無限，功德無量。

猶如《藥師琉璃光如來本願功德經》的「第二大願：願我來世得菩提時，身如琉璃，內外明徹，淨無瑕穢，光明廣大，功德巍巍，身善安住，焰網莊嚴，過於日月；幽冥眾生，悉蒙開曉，隨意所趣，作諸事業」，不只讓自己可以顯現如琉璃青空之清淨本性，光明正大，日月朗秋空，也可以發揮智慧（日光）與慈悲（月光）之菩薩功德，開導眾生淨化身心，隨願學習知能，作諸自利利他的事業，成就淨土。

（三）願景與實踐：樂發好願、莊嚴淨土

「願景與實踐」是我的教學第三個目標。例如：我會介紹學生看《1~100歲的夢》這本書，它蒐集了從一到一百歲、囊括各年齡層、各行各業、全臺灣各地、從原住民到新移民的夢想藍圖，從平凡的上班族，到事業有成的成功人士，甚至在病痛、單親家庭中奮力生活的人們，侃侃而談他們的夢想，以及準備如何實踐。

因此，我常希望學生們能善用Web 2.0之「眾目睽睽」與「世界舞台」的資訊環境，例如：e-Portfolio網路電子化教與學歷程檔案的服務；或配合教育理念規畫的網誌，隨時「思考」與「表達」了解自己知道什麼？眾生的疾苦何在？環境的問題何在？自己能做什麼？如何與世人形成良性互動？如何結合同行菩薩成就「願景」？

並且，我也鼓勵學生將大學社團做為「實踐」未來「願景」或夢想的實驗室。因為學校社團是屬於校內活動，其成敗的影響層面，不會像社會職場之成敗一樣嚴重。所以，對於社團的經營，可以想作「實驗室」，大膽的發揮創意，以研究、發展、實踐自己與社友們的各種好點子。

學生們藉由成立或參與各種（學術性、康樂性、服務性、學藝性、聯誼性……）社團的過程，了解：自己的興趣究竟在哪裡？只想將興趣成為業餘活動即可？還是希望將興趣發展成自己的特長乃至成為自己的人生「願景」或夢想？

（四）Dream, Dare, Become, Create

總之，能夠終身歡喜作自利利人的事業，是人生最大的幸福。我們若能養成如理「思惟」與適當「表達」的能力，善用「眾目睽睽」與「世界舞台」情境，開展普世「覺照」與國際「視野」的眼光，則可以培養如下述「法鼓佛教學院」英文校名Dharma Drum Buddhist College簡稱DDBC之寓意願景與實踐：Dream of a better world（樂發好願），Dare to achieve it（勇健實踐），Become the part of the answer（成就眾生），Create a pure land on earth（莊嚴淨土）。如此的教育理想，我可以樂在其中。

從二〇一一在行政方面，我有得到許多具備「悲智和敬」德行的菩薩們協助擔任主管，在我第一個任期（96-99學年度）四年之間，有杜正民教授擔任副校長，領導「行政一處」，包含教務組長見弘法師博士，研發組長黃繹勳博士（96學年度）、莊國彬博士（97-98學年度）、鄧偉仁博士（99學年度）、學術出版組長廖本聖副教授、推廣教育中心主任蔡伯郎博士。果肇法師副教授擔任行政副校長兼任學務組組長，領導「行政二處」包含學務組、總務組組長果峙法師（96-97學年度）、果乘法師（98-99學年度）。

四、增設佛教學系博士班：佛教禪修傳統與現代社會

法鼓佛教學院自二〇〇七年成立後，陸續開辦碩士班與學士班，也積極規畫籌備博士班。由於創辦人聖嚴法師在一九九〇年第一屆中華國際佛學會議中，曾提出「佛教傳統與現代社會」為佛學研究的主軸，因此學院於二〇一〇年十一月，以「佛教禪修傳統與現代社會」為發展特色，向教育部提出設立申請，隔年六月獲准設立。於二〇一二年開始招收博士生，為國內第一所獨立宗教研修學院博士班。

我擔任第二屆博士生核心課程之一的「禪修與現代社會之研究理論與方法」授課老師。於第一堂課程中，向學生們說明此課程在整體博士班課程中的定位時，將當年申請「博士班計畫書」的重點介紹給同學，但是我當場覺得這些似乎也是自己終身應該學習的計畫，因為其中許多學習目標我也還沒有達成。

再加上我二〇一三年開始擔任敝校與臺北教育大學、長庚大學、中央大學等學校之整合型「慈悲心像：禪修在宗教教育場域的運用研究」總計畫主持人，執行屬於國家

科學委員會的「心智科學腦影像研究計畫」的項目之一。

因此，對於佛教禪修傳統與現代社會的教學與研究之理念有更迫切的反思，想藉此機緣，簡介當年申請敝校佛教學系（以下簡稱「本系」）「博士班計畫書」之「佛教禪修傳統與現代社會」發展主軸，以及下列的兩大議題做為教學、研究與實習的理念，於二〇一三年十一月，刊登在《人生》雜誌，就教方家。

（一）佛教三大禪修傳統或「佛學資訊」現代科技

眾所周知，約二千五百年前，佛教起源於印度，「印度佛教」發展與傳播有三個時期：初期之南傳（斯里蘭卡、緬甸、泰國、寮國等地）的聲聞乘（śrāvaka-yāna）佛教、中期之北傳（中國、韓國、日本、越南等地）的菩薩乘（bodhisattva-yāna）佛教、及後期之藏傳（西藏、蒙古等地）金剛乘（vajra-yāna）佛教。這也是流傳至今佛教三大禪修傳統的歷史淵源。

約於西元一世紀前後，印度大乘佛教興起，並且經由西域絲路或海路進入中國。從漢、魏晉，南北朝、隋、唐乃至宋朝等時期之傳譯、吸收與會通，並且與部分中國思想、信仰融合，進而發展成為所謂律宗、三論宗、淨土宗、禪宗、天台宗、華嚴宗、法相宗、密宗等宗派。這些所謂「漢傳佛教」的思想、典籍、制度、藝術、建築等也傳播到韓國、日本、越南等地，近代也引發歐美人士的重視。

七世紀中葉，佛教開始從印度傳到西藏。八世紀中葉，北印度高僧蓮華生（Padma-saṃbhava）入西藏，奠定「**藏傳佛教**」典籍的基礎。約於一〇三五年，印度高僧阿底峽（Atiśa）入藏，著《菩提道燈論》等論書，影響西藏高僧宗喀巴（1417-1478），建立格魯派，之後產生達賴、班禪二喇嘛，開展宗教政治。第十四世達賴丹增嘉措（1935- ），於一九五九年，流亡到印度；從一九六七年起，開始出訪世界各地國家，帶動「藏傳佛教」流傳歐美等地。

一九九〇年代，網際網路（Internet）的資訊時代來臨，改變了人們溝通和處理資料與知識的方式，新的數位化（Digitalized）資訊（Information）或電子媒體（Electronic Media）的取得、記錄、整理、搜取、呈現、傳播的效率，史未曾有。此種趨勢已大幅改變人類的生活環境、社會結構和文明的發展。

歷史上，宗教文獻在文化媒體的技術發展，占有重要的地位。[1] 由於印刷術的發展，出版量的急劇增加，書面語言的運用日益普遍，知識也隨之快速傳播，人類文明得以日新月異，甚至到達今日所謂「知識爆炸」的時代。

如上所述，佛教是源遠流長的宗教，其相關的資料與知識浩瀚如海。因此，若能運用資訊科技的媒體與工具，有效地管理資料文獻，改進佛教的教學、研究、服務、行政等各個層面，不僅是佛教教育的創舉，也將是宗教教育乃至所有人文教育的新趨勢。

---

[1] 例如：現存最古的印刷品之一是佛教的《金剛經》（868），與歐洲最早的活字印刷是古騰堡《聖經》（Gutenberg Bible, 1455）。

本系的前身中華佛學研究所於一九九八年成立「佛學網路資料室」，並且陸續規畫「電腦與佛學研究學程」、「佛學資訊學程」。本系正式成立碩士班後，將原有的佛學資訊學程擴大為「**佛學資訊**組」，以培養佛學數位典藏與知識管理系統人才，也促成本系歷年來完成六類、二十六個數位專案成果，並建置於網際網路，服務學術界與一般大眾，是本系「**佛學資訊**」深具發展潛力之處。

對於上述的「佛教三大禪修**傳統**或佛學資訊**現代**科技」的議題，本系博士班發展如圖9.1所示之A、B兩類課題。

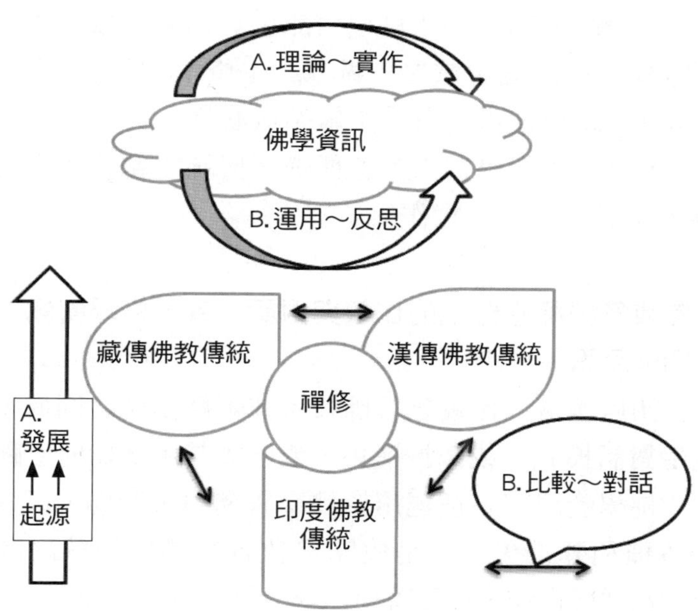

圖9.1　「佛教三大禪修傳統或佛學資訊現代科技」之議題與A、B兩類課題

A. 佛教各種禪修傳統的起源與發展，或「佛學資訊」理論與實作

猶如從同一株**樹幹**（印度佛教傳統）長出的兩大**枝幹**（漢傳佛教、藏傳佛教傳統），如何探究佛教各種禪修傳統的的**起源**與**發展**，去蕪存菁、或善用「方便」悟入「真實」？「佛學資訊」猶如網際網路的「**雲端運算**」（Cloud Computing）可以支援、滋潤佛學研究，如何研究其各種**理論**的特性，並且以**實作**來驗證？這是攸關正確地理解與實踐佛教各種禪修傳統與佛學資訊的重要課題。

因此，本系課程已經涵蓋「印度佛教」、「漢傳佛教」、「藏傳佛教」、「佛學資訊」等四個領域，博士生必須選擇上述四個領域之一做為「主修」（即博士論文研究方向）。課程則規畫有「主修領域必修」與「主修領域選修」，以便學生學習佛教各種禪修傳統的起源與發展，或「佛學資訊」理論與實作。

B. 佛教各種禪修傳統的比較與對話，或「佛學資訊」之運用與反思

如何適當地**比較**分析佛教各種禪修傳統之同異，並且產生**對話**模式，或截長補短，或各盡其用？如何不斷地探索「佛學資訊」各種**運用**於佛學研究的可能性，以及**反思**其各種利弊得失？這是攸關佛教各種禪修傳統之間的交流、互益與合作，以及善用佛學資訊的重要課題。

因此，博士生除了「主修」之外，必須選擇上述四個領域（印度佛教、漢傳佛教、藏傳佛教、佛學資訊）之一

做為「副修」。課程則規畫有「副修領域必修」與「副修領域選修」。以便學生學習佛教各種禪修傳統的比較與對話，或「佛學資訊」之運用與反思。

（二）佛教禪修傳統、佛學資訊與現代社會

一般認為二十世紀後半的工業社會已進入所謂「後現代紀元」（the Post-modern Era），或「電子技術紀元」（the Technetronic Era），又稱為「後工業社會」（the Post-industrial Society），或「知識社會」（the Knowledge Society），「服務階級社會」（the Service Class Society）等社會狀態。此將意味著：未來社會變遷速率日益加快，資訊與通訊工業廣泛使用於公眾事務與個人生活，生物與奈米科技的進展影響社會與生活，為了平衡科技發展的偏失，人本思想與人文價值將更受重視，民間社會（Civil Society）興起，宗教的社會參與增加，教育質量更高，休閒時間與服務產業增長，社會趨向全球化、多元化、高齡化，家庭變動性加大，政治更分權化。

「佛教禪修**傳統**、佛學資訊」如何面對此二十一世紀「**現代**社會」政治、經濟局勢變化多端、社會問題多元複雜、知識爆炸之不確定的世界（an Uncertain World）的議題，本系博士班發展如圖9.2所示C、D兩類課題。

C. 佛教禪修傳統、佛學資訊與現代社會之研究理論、方法與專題研討

如何探索與建構「佛教禪修傳統、佛學資訊與現代社

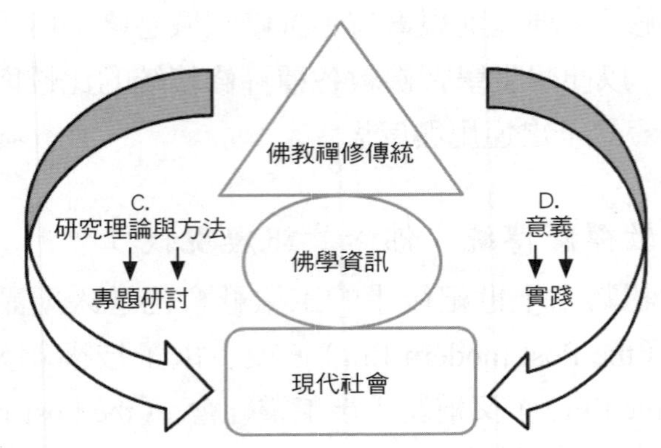

圖 9.2「佛教禪修傳統、佛學資訊與現代社會」之議題與C、D兩類課題

會」新領域之**研究理論、方法**？如何學習與開發「佛教禪修傳統、佛學資訊與現代社會」新領域之**專題研討**？這是攸關「佛教禪修傳統、佛學資訊與現代社會」新領域的核心課題。

因此，「禪修、佛學資訊與現代社會之**研究理論**與**方法**」、「禪修、佛學資訊與現代社會**專題**」則是本系「佛教禪修傳統與現代社會」博士班的「核心課程」。

D. 佛教禪修傳統、佛學資訊於現代社會的意義與實踐

如何探討佛教禪修傳統、佛學資訊於現代社會的**意義**？如何研究佛教禪修傳統、佛學資訊於現代社會之**實踐**的可能性與克服各種挑戰的**實踐**方案？這是攸關「佛教禪修傳統、佛學資訊與現代社會」新領域的現代課題。

因此，本系博士班的規畫各種「共同選修課程」，以便學生學習佛教禪修傳統、佛學資訊於現代社會的**意義**與**實踐**。

（三）博士生七項核心能力

依上述之發展方向與重點所展開的兩種（佛教三大禪修**傳統**或佛學資訊**現代**科技；佛教禪修**傳統**、佛學資訊於**現代**社會）議題與四類（A.**起源**與**發展**、**理論**與**實作**；B.**比較**與**對話**、**運用**與**反思**；C.**研究理論**與**方法**、**專題研討**；D.**意義**與**實踐**）課題，以融會印度、漢傳、藏傳等佛教傳統的研究與禪修能力，於善用佛學資訊之現代科技的兩個面向，希望博士生能培養如下七項核心能力：1.掌握相關領域的專業學養、社會脈動與國際趨勢的能力。2.具備經典語言與學術語言的進階能力。3.對於相關領域的經典、專題、人物與現代社會的意義，具備良好的詮釋與評析能力。4.具備在國內外學術研討會發表論文或投稿學術期刊的能力。5.具備國際性禪修教學與交流的經驗與能力。6.具備人文創意、跨領域論述與研發能力。7.具備安定人心、淨化社會的關懷與化導能力。以此，養成具備落實社會關懷與開拓全球視野之佛教學者、宗教師與社會精英等「心靈環保」人才，增進國家社會福祉，促進人類文明發展。

五、文化教育的軟實力

(一)文藝獎章

由中國文藝協會主辦的「中華民國一〇〇年文藝節慶祝大會暨文藝獎章頒獎典禮」於五月四日在國家圖書館隆重舉行,文藝界的菁英耆宿,薈萃一堂。今年有三位藝文界泰斗——周夢蝶先生、郭芝苑先生、李義弘先生獲頒榮譽文藝獎章,另有十七位藝文界人士獲得文藝獎章,其獎項包括文學、音樂、美術、戲劇等各類創作或教學。我也忝列其中,得到文化教育獎(彩圖77),並受邀代表諸獲獎人於大會中致詞。

其實,對此獎項與代表致辭之榮譽,我受之有愧。但是,對於中國文藝協會的美意,恭敬不如從命。因此,對世事常以「方外人士」之悠哉游哉的心態受到這些文藝界前輩的精神感召,對於文化教育,似乎有湧起了一些些的使命感與粗淺的想法,於此就教方家。

(二)文藝之人際間「絆」

二〇一一年三月十一日,日本地震、海嘯、輻射外洩等複合型災難發生後,知名演員渡邊謙與編劇家小山薰堂,架設kizuna311網站(http://kizuna311.com/),以團結(Unity)力量與重建希望(Hope),因為他們認為:能否跨越如此的艱困,關鍵在人與人之間的「絆」(kizuna,連繫)。渡邊謙也特別錄製朗讀宮澤賢治(1896-1933)的短詩《無畏風雨》,以傳遞此訊息。

宮澤賢治誕生於日本明治時期之一八九六年東北大地震與海嘯的年代，家中經營當鋪與舊衣店，年幼時經常目睹農民們為天災而典當家產的困境，種下其悲天憫人的性格。大正二年（1913年，17歲），閱讀《妙法蓮華經》漢和對照本，深銘五內，震動全身。之後，第一名考進農學院；畢業後，成為童話作家、農業指導家、詩人、社會活動家等。昭和六年（1931年，35歲），農業指導活動過勞而入療養院，該年底寫下《無畏風雨》的短詩。昭和八年（1933年，37歲）三月三日，東北地區發生大地震；九月二十一日，他因急性肺炎去世。

（三）我，正是想當這種人

在kizuna311網站首頁，播放渡邊謙以沉穩的聲音，讀出《無畏風雨》：

> 不怕雨、不怕風。不畏嚴寒、酷暑。
> 身體硬朗，無欲無嗔，總是恬靜地笑著。
> 一天四合的糙米飯，少許味噌青菜。
> 遇事不動私情，靜觀判斷後，謹記在心。
> 棲身在野外的松林下的小茅屋。
> 東邊若有生病的小孩，我會去呵護照顧。
> 西邊若有疲累的媽媽，我去幫她背稻束。
> 南邊若有臨終之人，趕去安慰他不用怕。
> 北邊若有爭執官司，我去勸說：小事嘛，算了吧！
> 烈日成旱時，我會淚眼汪汪。

盛夏遇寒流，我會焦慮踱步。
大家都說我是個傻瓜。沒人誇讚，也不憂苦。
我，正是想當這種人。

陸續許多日本文藝界加入朗讀或清唱詩詞、寄送繪畫等等訊息，經由網際網路連結與流傳，形成重重無盡的人際間「絆」的連繫力量。

（四）文化教育的軟實力：賞識、關懷、美化的生活態度

我想：地震、海嘯等天災可能瞬間摧毀城市、防波堤等種種「硬體」，日本人能以守秩序、安靜的態度面對如此巨大災難，可見其文化「軟實力」的深厚度與韌性。所謂文化建設不只是音樂廳、歌劇院、美術館等等的建設，更重要的是：這是要透過長期之科學教育、道德教育和藝術教育，來培養賞識、關懷、美化生命與環境之國民生活態度，猶如宮澤賢治所揭示「我，正是想當這種人」的實例。

此外，宋朝黃龍慧開（1183-1260）禪師之《無門關》第十九則：「春有百花，秋有月。夏有涼風，冬有雪。若無閒事掛心頭，便是人間好時節。」也是說明「平常心是道」的好例子。「若無閒事」也是表達宮澤賢治的「無欲無瞋」等生活態度。若能如此，則能賞識四季平常之風花雪月，不認為是理所當然的「平常」，因為大自然也會有狂風暴雨、乾旱虐雪的「無常」。所謂「希望」，是來自生命「無常」的文化體悟：於安樂時，不驕傲放逸。於苦難時，不怨天尤人。

文化生命的根源，也猶如藝文家的創作泉源，是來自於人性的光輝以及對萬事萬物的平等心。猶如宮澤賢治，能「無我無私」對四邊周遭人們生老病死、愛別離、怨憎會等痛苦，表示關懷與援助。所謂「感動」，是來自群體無我的教育素養：於成功時，不放縱迷失；於挫敗時，不灰心氣餒。

（五）我們，正是想當這種人

這些文化教育的軟實力，需要我們平時在每天的日常生活中培養與積蓄，賞識每一口呼吸、每一言語、每一動作的「無常、無我」性。進一步，追溯四十億年生命長流之相似相續、變異演化過程，猶如生命長流中的水泡，體悟「無常」（非常恆不變）的生命觀，賞識地球上各類各樣、形形色色的生物，從體積最最龐大的鯨魚到肉眼看不見的細菌，其實都是利用相同的物質與相似的模式運作。

因此，在認知性教育目標，讓我們了解、賞識生命，能超越一隻昆蟲、一棵樹、一朵花等個別生物局限與差異，以宏觀的視野，了解生命共通的模式與規則，建立萬物平等一如的生命觀。

在情意性教育目標，讓我們尊重、關懷生命，能體會在生態系統中各種形式的生命間之相互依存性，猶如生命大海中的浪花，塑造生命「無我」（非獨立自存）觀，培養尊重生命的信念，以孕育對生命的奧妙與美麗的讚歎情懷，開展對所有生命價值的珍惜與關懷，養成慈悲心腸。

在技能性教育目標，讓我們豐富、美化生命，能主動接觸、賞析各種生命，豐富生活；藉由各種形式的文藝媒材，表達對生命的奧妙與美麗的思想與情感，分享與生命共生共存的訊息，美化生命世界，以及學習坦然面對生命無常生滅的解脫能力。

若能從「我，正是想當這種人」輾轉擴大為「我們，正是想當這種人」，這應該是文化教育的重要使命之一。

六、菩薩心行，法鼓燈傳，勇健啟航

(一) 法鼓山大學院教育聯合、整合型之開學暨畢結業典禮

二〇〇一年九月三十日，法鼓山僧伽大學之創校暨開學典禮，是與法鼓佛教學院的前身——中華佛學研究所的開學暨畢結業典禮共同舉辦，由創辦人聖嚴法師親自主持。當初，將開學暨畢結業典禮合辦的原因是，為了整合活動以節約資源，同時也是讓佛學研究所研究生在暑假中有機會完成畢業論文，多一些畢業生參加畢業典禮。此後，這種各教育單位聯合，以及「迎新送舊」整合型的「開學暨畢結業典禮」成為法鼓山大學院教育的慣例。

二〇〇五年九月五日，僧伽大學有了第一屆學僧畢業，所以舉辦「法鼓山大學院九四學年度畢、結業暨開學典禮」有僧伽大學、中華佛學研究所，以及漢藏佛教文化交流研究班等三個單位的師生齊聚一堂。

二〇〇七年九月十六日，法鼓佛教學院碩士班開始招生，有「法鼓山大學院九六學年度畢結業開學典禮——法

鼓佛教學院開學、法鼓山僧伽大學畢業暨開學、中華佛學研究所畢結業」等活動舉行。該年起，中華佛學研究所不再招生，將招生任務交付法鼓佛教學院。二〇〇八年，法鼓佛教學院學士班開始招生。

（二）法鼓山僧伽大學暨法鼓佛教學院畢結業典禮

二〇一二年，法鼓佛教學院第一屆學士班畢業。法鼓山大學院教育單位思考到，一般學校的畢業典禮時節是在六月（學年結束前），學士班沒有畢業論文的要求，所以也沒有利用暑假完成的需要性。於是，決定將「迎新送舊」整合型的「開學暨畢結業典禮」分開，將「畢結業典禮」訂定於六月二十二日舉辦，讓學士班不需要等到九月才能參加畢業典禮。同時保留「結業典禮」的意涵，以便還沒有完成畢業論文的碩士班三年級學生參加，並且也保留各教育單位聯合舉辦的慣例，名稱依學校成立先後，定為「法鼓山僧伽大學暨法鼓佛教學院畢結業典禮」。

往後的「開學典禮」則回歸一般大學之「新生講習」模式，可以依不同因緣（例如：成長營、研修營），各自規畫舉辦。如此，比較有彈性，可以適應不同的教育目標。但是，殊途同歸的「畢結業典禮」應該如何來共同規畫？則是我想要藉此分享如下的構想，登載於《人生》雜誌（2012年6月），就教方家。

（三）大學「學位服系統」簡史

目前，一般大學畢業典禮所用的「學位服系統」

（System of Academic Apparel）包含「垂布」（Hood）的「學位袍」（Academic Gown），以及繫著「流蘇」（Tassel）的「四方帽」（Square Academic Cap）。這些服飾幾乎都是淵源於中世紀西方基督宗教的僧侶禮服，例如：垂布是用來覆蓋剃髮的頭部以保暖；長袍也是有禦寒作用；四方帽起源於西方僧侶的四角帽（Biretta）。

畢業生穿著的學位服淵源於大學形成初期的十二至十三世紀，當時無論學生或老師，學者的標準服飾是聖職人員衣裝（Clerical Garb）。大多數中世紀學者都要接受某種宣誓而成為副位聖職（Minor Orders），所以聖職人員的長袍（Clerical Robe）成為早期學位服的主要形式。

創建於西元一二九〇年的葡萄牙（Portugal）的科英布拉大學（University of Coimbra），是世界最古老的五所大學之一；於一三二一年，要求他們所有的博士、碩士和學士一定要穿著長袍（Gown）。十四世紀中葉，一些學院禁止過度花俏的服裝，並且規定穿長袍。英國亨利八世時期（1509-1547），牛津大學和劍橋大學開始使用標準樣式的學位服。

雖然，在歐洲各大學之間沒有統一的學位服，但是美國大學機構使用明確的系統來規範學位服，是要歸功於加德納．科特雷爾．李歐納（Gardner Cotrell Leonard, 1866-1921）。於一八八七年，他為威廉學院（Williams College，創立於1793年）的班級設計長袍後，並於一八九三年發表關於學士服議題的文章。隔年，他於哥倫比亞大學召開的跨學院學位服委員會，提議建立學位服系統（System of

Academic Apparel）。之後，此系統被採用的理由，是可以避免貧富畢業學生有服裝的差別。

（四）佛教意義的大學學位服與畢業典禮

1.搭菩薩衣，深智廣行

如上所述，雖然各大學學位服因不同國家、學校有所差異，但幾乎都是淵源西方基督宗教禮服。因此，除了依佛教慣例，採用佛教〈三寶歌〉的莊嚴勝義，做為佛教典禮開始之外，我們是否應思考：佛教性質的大學或許可以回歸具有佛教意義的大學學位服？因而對於佛教性質的大學的畢結業生服裝，我們建議：出家眾可以考慮穿著海青與袈裟，在家眾則可以穿著海青。

以此海青與袈裟做為基本服裝，再配合佛教受菩薩戒的意義，以「搭菩薩衣，深智廣行」做為畢結業典禮第一階段儀式的主題，類似一般畢業典禮的「撥穗」儀式的意義。一般認為「撥穗」是代表稻穗或麥穗成熟，象徵畢業生學有所成，可以展翅高飛，「撥穗」儀式是將四方帽的流蘇從右邊換到左邊。

但是，如同其他帽子的禮儀，在室內，男士須脫下四方帽拿著。正因如此，部分在室內舉行的畢業禮，四方帽只供女士佩戴，甚至所有人均不佩戴。

以法鼓山大學院教育的畢結業典禮為例，都是在國際會議廳之室內空間舉行，因此繫著流蘇的四方帽或許不一定需要運用。

相對地，法鼓山已經有「菩薩衣」的設計，則可方便用作「搭菩薩衣」儀式的象徵。此階段的儀式可以如下進行：

（1）在校長與貴賓致辭之後，司儀呼「搭菩薩衣，深智廣行」時，可搭配〈菩薩行〉的音樂，提醒學生們常學歌詞中「如何成佛道？菩提心為先，何謂菩提心？利他為第一……菩薩最勝行，悲智度眾生」的菩薩心行，也與「稻麥穗成熟」而象徵學有所成、利益眾生的「撥穗」意義相應。

方丈和尚就「傳衣燈」的主位之後，兩校三長登壇就位，兩校畢結業生分兩邊依序登壇領取「缽燈」（由「引禮者」傳遞），保持三人一壇，每一排兩壇六人，「捧燈」依序各立於兩校三長之前。

（2）司儀呼「傳衣」：

兩位「引禮者」將「二件一疊，三疊六件」的「菩薩衣」托盤，傳交兩校三長。

兩校三長依序傳捧方丈和尚觸衣。

兩校三長依序傳捧為每一排兩壇六人（依序每位師長為兩位畢結業生）搭上菩薩衣。

此一排兩壇六人退至隊伍最後，次排的隊伍上前一步，準備接受「搭菩薩衣」。

如此，直到全部圓滿（〈菩薩行〉音樂停止）。

2. 傳燈發願，大悲心起

接著，司儀呼：「傳燈發願，大悲心起」做為畢結業典禮第二階段的儀式，猶如一般畢業典禮的「頒發畢業證書」儀式。

此時可以配合〈法鼓頌〉音樂：「法鼓法音，響徹宇宙；金山有鑛，永不憂愁……。」兩位「引禮者」將「載有三盞燈」的托盤，讓兩校三長捧「引燈」。然後，方丈和尚從「主燈」點引兩校三長的「引燈」。

兩校三長再依序每一排兩壇六人（依序每位師長為兩位畢結業生）點燈同時頒發畢業證書。之後，此一排兩壇六人走到照相席位，次排的隊伍上前一步，準備接受「傳燈」。如此，直到全部畢結業生就照相席位後，〈法鼓頌〉音樂停止。

接著，司儀呼：「請兩校老師就照相席位。」方丈和尚、兩校三長就照相席位，將此具有紀念性意義的場面，拍照留念。

然後，司儀呼：「恭請方丈和尚、兩校老師回座」時，可以播放〈南無度人師菩薩〉唱誦。再呼：「請兩校畢結業生回座」，兩校畢結業生依序從兩邊回座位之後，各自熄燈。全部回座位之後，〈南無度人師菩薩〉唱誦停止。

3. 吟唱法鼓，勇健啟航

然後，按慣例安排畢業生代表致謝詞，以及學習成果回顧的演示或展演。最後，司儀呼：「吟唱法鼓，勇健啟航，禮成」時，可以播放或合唱〈法鼓山〉音樂，「法鼓山，諸佛菩薩的搖籃；法鼓山，提昇人品的指南……。」或可以再安排「校園巡禮」活動，或於天晴時，全體於「七如來」雀榕旁邊的階梯拍紀念照。

如上所規畫的「法鼓山僧伽大學暨法鼓佛教學院畢結業典禮」三階段，我們或許可以用「菩薩心行，法鼓燈傳，勇健啟航」三句話來收攝，以做為主標題，期待法鼓山的大學院教育能培養具備〈菩薩行〉歌詞德行的畢業生：「……為利眾生故，不畏諸苦難。若眾生離苦，自苦即安樂。發心學佛者，即名為菩薩。菩薩最勝行，悲智度眾生。」讓佛法的智慧燈傳無盡，諸佛子勇猛健康，為茫茫苦海的眾生作舟航，同登寂滅安樂的涅槃彼岸。

這種兼具佛教精神與一般大學傳統意義的畢業典禮，以及學位服系統，值得我們繼續發展，形成東方文化的特色之一。讓佛教教育與一般大學教育可以相輔相成，有助於培養德智體群兼備的人才的教育目標。同時，也讓海青、袈裟、菩薩衣恢復本有的「研究與修行」並重的意義，以及「悲智願行」菩薩精神（彩圖85）。

七、好書大家讀：「書評比賽」的日本經驗

二〇一二年十月十八日，我從日本NHK網路電台聽到一則有關日本年輕人因為「書評比賽」而興起讀書風氣乃至促進地域社區交流的報導，覺得很有意義，值得介紹給大家，因此於二〇一三年一月，撰文發表於《人生》雜誌，內容如下：

（一）「書評比賽」的原型

根據此「書評比賽」網站（http://www.bibliobattle.jp/）說明，其日文名稱ビブリオバトル之英文名稱是Bibliobattle（知性書評合戰）。這是二〇〇七年，在日本京都大學資訊

學科，由谷口忠大博士為了讓演習課堂討論能更有趣且踴躍而發展出來的。

一般的讀書會是選定一本書，大家分配研讀與輪流心得發表的形式。但是，若是選到不適合的書或不是大家喜歡讀的書，則無法產生真正的讀書樂趣。而且，對企業與組織管理學的領域而言，個案研究的學習是重要的，因此需要廣學多聞，不是只精讀某一本書即可。此外，只有某人準備講義，其他的人聽講的讀書會的氣氛容易沉悶，而且講者容易只照本宣科，沒有真正吸收消化。因此，重視「即席」之面對面、眼對眼（不是對著銀幕或講義）的接觸，讓講者與聽眾可以「即興地」（拉丁語：ad libitum）直接互動。並且配合計時器，依序每位發表者介紹該書。全部發表之後，讓所有講者與聽者投票選出「冠軍書」。以上是發展為這種「書評比賽」的原型，也可以說是從資訊學科讀書會之“Lightening Talk”（如閃電般的短時間的發表）形式得來的靈感。

（二）修訂規則、五分鐘時限與YouTube的融合

此「書評比賽」最初是以找出「必須學習書」為目標而選出「冠軍書」讓大家來研讀討論為規則。但是，這帶來辛苦且有壓力的後果。後來，發現，不需要此規則，不須強制，大家自然會想讀「冠軍書」或其他所介紹的書。此外，原先以「組織論」做為讀書範圍的規則，後來也被取消了，任何書皆可。如此是否會造成亂七八糟的場面呢？其實不會的。因為，為了讓被大家選為「冠軍書」，講

者自然會努力選擇有趣且有意義的好書來閱讀與介紹，這是一種無形的「自己組織化」。

同時也嘗試出五分鐘為適當時限的規則，這也與YouTube的播放時間的適當性相配合。當時，正好也趕上Web 2.0的風潮流行，可以將個別場域的「書評比賽」，藉由網路傳播，突破時間與空間的限制，產生如網狀般廣泛的互動組合，形成各種辯證效果與如音樂之混搭（Mashup）的趣味性。

二〇〇七至二〇〇八年之間的活動收載於http://biblio.sblo.jp/網站。二〇〇八年，谷口博士轉到立命館大學任教，起初沒有機會繼續推動。不久，京都大學總合人間學部的田野調查研究會以及大阪大學「科學溝通」（Science Communication）的團隊Scienthrough，以此形式進行讀書會活動。二〇〇九年，上述諸位師生聚會討論如何開始以大阪為主推動「書評比賽」，累積與分享活動經驗。同年，谷口博士在Human-interface（人機界面）學會中，與兩位京都大學學者共同發表「ビブリオバトル：書評で がりを生成するインタフェースの構築」（書評比賽：以書評而產生聯繫界面之建構」）研究論文，介紹以書評比賽而建構人與人、人與書（至少）的聯繫界面的相關資訊溝通理論與實驗成果。這段時間有許多不同領域的人員參與，可以說是「書評比賽」的成長期。

二〇一〇年則是「書評比賽」的爆發期，在日本全國各地自發性地風行，並且也成立了「書評比賽普及委員會」。目前，日本各大學社團與各級圖書館正興起此「書評比賽」，並從地區性的比賽發展成全國性的大賽。一些社區也運用此活動來促進男女老少之讀書與分享的交流機會，凝聚力量，提昇生活品質。

（三）三條規則、八個補充規則

目前的「書評比賽」有三條規則：1.各個發表者帶自己讀過而喜歡的書來集會。2.配合計時器，依序每位發表者五分鐘內介紹該書。3.全部發表之後，讓所有講者與聽者投票選出「最想讀的一本書」，以決定「冠軍書」。全程可以配合錄影，以便上傳YouTube分享。此外，有如下四項八個補充規則：

1. 各個參加發表者帶自己讀過而喜歡的書來集合。
   a. 可以由別人推薦，但是必須是發表者自己選定的。
   b. 可依照個別主辦目的而設定主題。
2. 依序每位發表者以計時器於五分鐘之內介紹該書。
   a. 超過五分鐘則必須停止發表。
   b. 原則上不分發書面或簡報資料，盡量發揮即席臨場感以口頭發表。
3. 發表之後由其他人提問，有二至三分鐘的問答。
   a. 所提的問題，不是挑毛病，也不是批判，而是想要進一步了解，以便選擇「最想讀的一本書」為目的。
   b. 以讓全體參加者可以樂在其中為考量。
4. 全部發表之後，讓所有講者與聽者投票選出「最想讀的一本書」，以決定「冠軍書」。

a. 以紳士禮讓精神，發表者不投自己所介紹的書，而投票給其他的發表者。

b. 以民主精神，全體講者與聽者投票決定「冠軍書」，不能由教師、司儀或審查人員等少數者決定。

（四）好書大家讀：學校與社區結合的新讀書運動

這種可以隨時隨地自主性辦理的「書評比賽」以四至五人左右發表者為宜，但是聽眾可以更多數，並安排司儀或主持人，以便比賽可以順利進行。參加發表者不是為了獎金或獎品，而是為了享受讀書與分享樂趣以及學習思考與表達的能力。發表者並以紳士禮讓精神，不投自己所介紹的書，而投票給其他的發表者。

在日本NHK網路電台報導中也介紹：目前日本各大學有成立「書評比賽社團」並且推廣到中小學，以及各級圖書館。此外，在北海道某城市的書店街與當地的大學「書評比賽社團」合作，預計每年辦理四次「書評比賽」，讓讀書習慣成為現代公民的基本素養。目前，這些大學生們很高興可以與不同年齡層居民合作辦理如此有意義的活動；正苟延殘存於網路購物與電子書時代之實體書店街經營者們很感謝年輕人們所帶來的活力、創意與新希望；居民們很歡喜參加可以促進各年齡層居民分享讀書經驗與心得交流機會；形成學校、商區、社區三贏的局面。

這種活動與經驗是值得我們學習與運用，我希望能從法鼓佛教學院每年年底的圖書館週開始推行此自利利人的活動，從親朋好友的聚會開始，運用社團、家庭、教室、職場、社區等各個集會場域，乃至到全國各地，讓我們的聚會不只是閒聊八卦或無益綺語而已，無形中凝聚人心與分享知識，提昇家庭與社區生活品質，做為「提昇人的品質，建設人間淨土」的一環。

八、法鼓佛教學院「五分鐘書評」比賽感想

如上節所介紹有關日本年輕人因為起源於二〇〇七年「書評比賽」（ビブリオバトル，Bibliobattle）而興起讀書風氣乃至促進地域社區交流的報導，並且提到「我希望能從法鼓佛教學院每年年底的圖書館週開始推行此自利利人的活動」。

很高興，法鼓佛教學院圖資館於二〇一三年一月二日舉辦「五分鐘書評」比賽（原先名稱是「五分鐘說書比賽」，為避免與說唱藝術的「講古說書」混淆，2014年起改稱「書評」，彩圖84），總共有十六位參賽者帶「自己讀過而喜歡的書」（規則1）來集會，分為「學士班」、「碩博士班」、「教職員」三組比賽，根據日本「書評比賽」三條規則，依序每位發表者以計時器於五分鐘之內介紹該書（規則2），發表之後由其他人提問，有二至三分鐘的問答。之後，讓所有講者與聽者投票選出每組所介紹的書籍中「最想讀的一本書」（規則3）。綜觀整個進行過程，高潮迭起，發表者與提問者之間的互動也非常精彩，值得於此分享一些心得與感想，於二〇一三年三月，撰文發表如下的內容

於《人生》雜誌，提供大家參考與運用。

(一)舉辦「五分鐘書評」比賽心得

這種可以隨時隨地自主性辦理的「書評比賽」以四至五人左右發表者為宜，但是聽眾可以更多數，並安排司儀或主持人，以便比賽可以順利進行。參加發表者不是為了獎金或獎品，而是為了享受讀書與分享樂趣以及學習思考與表達的能力。

擔任「五分鐘書評」主持人除了需要熟悉規則，控制時間之外，也要能把握如下兩個原則，讓比賽可以維持「寓教於樂」的氣氛進行。1.主持人應隨時維持「選書重於選人」的會場氣氛，以把握「對書不對人」精神，以減少人為的「得失心」，讓大家可以「樂在其中」。2.主持人要能讓會場維持以「最想讀的一本書」為票選「冠軍書」的依據，避免成為票選「最有價值的書」或「最好的書」的「嚴肅」活動而減低會場「輕安」的樂趣。發表者也是以紳士禮讓精神，不投自己所介紹的書，而投票給其他的發表者。

法鼓佛教學院圖資館這次舉辦「五分鐘書評」的活動，引起校園熱烈的回應，與會者主動希望可以增加舉辦次數。因此，我建議可以配合學校的全校性活動，學校各單位輪流舉辦四季「五分鐘書評」比賽。例如：於「春季」校慶活動時、「夏季」畢業聯歡會時、「秋季」開學時、「冬季」圖書館週時。為長期推廣此活動，圖書館將設置歷次冠軍書專區，展示活動照片或相關訊息，並且建置「五分鐘書評」網頁，也將活動中各個講者的錄影，分段上傳YouTube，藉由網路傳播，分享大眾而產生廣泛的互動。

二〇一四年四月八日是法鼓佛教學院七週年校慶，主題是「跨界與轉型」。如上所述，敝校將與法鼓人文社會學院合併，兩校校園可以「跨界」（Crossover）法印溪，共享教育資源，學校的學科與領域也會產生各種「轉型」（Transformation）的可能性，這也是法鼓佛教學院七週年校慶的主題意義。因此，於校慶舉辦的春季「五分鐘書評」比賽，承蒙臺大醫院金山分院黃勝堅院長以及醫院同仁的同意，讓我們可以「跨界」（從學校跨到醫院、也是跨過金山區的三界村）到金山分院舉辦。

當天早上七點五十分，由我帶著願意步行的同仁與同學們，健行一小時到金山分院，先舉行本校的禪韻國畫師生聯展暨數位專案成果展開幕，分享金山地區的民眾。然後，於九點三十分舉行春季「五分鐘書評」比賽。此次，感謝有金山分院二位同仁參加，比賽人數正好十位，可以分為A、B兩組，每組五位參賽者。從這次經驗，我們發覺如此的參賽規模，時間大約是二小時，可以分為上（A組）下（B組）半場以及中場休息，參加者大都覺得活動時間的長度適當，不太長也不太短。因此，這次參賽規模與「跨界」經驗可以提供大家參考。

（二）五分鐘之無常觀

日本「書評比賽」之「五分鐘」時限的規則是從資訊學科讀書會之“Lightening Talk”（如閃電般的短時間的發

表）形式得來的靈感，同時也與YouTube的播放時間的適當性相配合，以便與Web 2.0「大眾參與與互動」的「專注時限」相配合。

其實，也可以從佛教「無常觀」來學習，例如：《四十二章經》卷一：「佛問諸沙門：人命在幾間。對曰：在數日間。佛言。子未能為道。復問一沙門：人命在幾間。對曰：在飯食間。佛言：子未能為道。復問一沙門：人命在幾間。對曰：呼吸之間。佛言。善哉。子可謂為道者矣。」簡言之，即所謂「人命在呼吸間」是佛教「無常觀」的修行之道。因為，眾生的生命是由每一次「呼吸」的小單位所組成，每一次「呼吸」再由許多物理、生理、心理等因緣條件所組成，於「呼吸之間」思惟「無常」，能知福惜福，容易「專注」，也可以如實生命危脆而體悟「無我」而解脫。

同樣地，書籍之知識生命（法身慧命）也可看成由創作者之無數嘔心瀝血的「五分鐘」的小單位所組成，於「五分鐘」表達書籍（作者之知識生命）精要，能知福惜福，容易「專注」，也可以如實感受「輕安」，容易學習《中阿含經》所解說「持戒→無悔→歡→喜→輕安→樂→定→如實知見→厭→離欲→解脫→解脫知見」之「解脫道」。因為學習從「小單位」把握起，不貪多、不嫌少，「知足常樂」：深刻體會領受「精神糧食」從生產、傳播、研習的可貴。其實，「精神糧食」的危脆與匱乏更甚於物質性的糧食，因為除了錢財的障礙之外，眾生內心的煩惱也會時時刻刻產生障礙，例如：「貪欲、瞋恚、昏沉、散亂、疑」等被稱為「五蓋」（五種覆蓋心性而不生善法之障礙）。

（三）五分鐘、五段書評結構與生死大事

如何來看待或善用「五分鐘」學習創作或表達法身慧命呢？或許可以參考我於《人生》雜誌（2009年11月，後來收載於《校長的午後牧歌》）發表〈五段、四句、三支論式〉之拙文所介紹「五段論文結構」，我們可以將「五分鐘」大約分配成「五段書評結構」：1.序說；2.論點A：舉例、比較與引申；3.論點B：舉例、比較與引申；4.論點C：舉例、比較與引申；5.結語。如此每一段落，大約可以有一分鐘的配置時間。

此「1.序說」與「5.結語」的核心文句，可用「我最想推薦大家閱讀的書名是○○○〔主張〕，因為〔論點A〕、〔論點B〕與〔論點C〕之故」的句型來表達，然後各別「論點」再分別「舉例、比較與引申」說明。其中，「論點」不限制只能有A、B、C三個，可以視實際需要而增減。

因此，「五分鐘書評」的文句結構不難，大約只要運用二十個（5段×4句）句子，若字字珠璣成串、句句互相呼應，則足夠表達意見。若是結構沒條理、主張不清楚、論點不精彩，講者雖然滔滔不絕，但是自己或聽眾都不知所云為何？這是我們可能會犯的毛病。

但是，也需要學習電影評論的介紹方式，避免說教式的推薦，應注意引人入勝的布局，需保留適當的想像空間，讓大家有想親自閱讀的意樂。特別是故事情節曲折的書籍，若是曝露太多伏筆或揭露意外結局，則會讓讀者喪失峰迴路轉、柳暗花明的閱讀樂趣。

我們可以參考此種結構（Structure）為閱讀、思考與表

達的共通的反覆練習（Practice）格式，於此為基礎，再讓個人發揮想像力（Imagination）與創意（Innovation）。此種SPII的聽聞、思惟、修練、證悟的學習步驟有兼顧保持共同規則與發揮個人創意的好處，是值得我們學習運用於各方面。

例如：我們可以將每天的生活節奏以「五分鐘」為單位來閱讀、思考與表達我們生命歷程。運用「五分鐘書評」的模式與態度，讓每天之穿衣、盥洗、清掃、飲食等生活習慣，以及各種工作項目，產生閱讀、介紹、賞析與創作一本書（穿衣）、一本書（盥洗）、一本書（清掃）般之「無常」的意義與「無我」的樂趣，也隨時可讓自己或他人選出「最想讀的一本書」而產生精進的成就感，也可隨時歡喜接受別人的批評指教，乃至臨命終時，可以學習佛陀之「寂滅最樂」的《大涅槃經》或弘一大師的「悲欣交集」，賞析與創作此生壓軸或壓卷之作，這或許是「五分鐘書評」運用於生活細節或生死大事的甘露味！

九、聚沙興學、微塵淨土

二〇〇七年，法鼓山創辦人聖嚴法師鼓勵我們：「請給我們大家一個奉獻的機會、一個成長的機會，來種福田；請給我們的後代子孫一片淨土、一個希望，呼籲更多的人，來共同支持我們的教育。」發起了「5475大願興學」活動，希望大家參加也鼓勵親友加入，響應日行一願，配合「行願卡」、「智慧小沙彌撲滿」等結緣品，每天五元，三年5475元（5元×365天×3年）建設法鼓山大學院教育，也讓孩子們有機會從小就開始布施，讓百萬人與法鼓山同行大願。

自法鼓山護法總會推動「小沙彌回法鼓山」以來，《法鼓》雜誌每一期都持續關注，也透過人物的分享，呼籲更多人一起響應這個活動。最近拜讀這些護持「5475大願興學」的菩薩的分享報導，觸動我對於佛法學習與佛教辦學之一些體悟，於二〇一三年十月，刊登在《人生》雜誌，敬請大家指教。

（一）聚沙成塔、大願興學

《法鼓》雜誌中有某菩薩分享：「我自己家裡也有好幾個小沙彌，放在家中顯眼的地方，只要身上有零錢，就往裡面投，就像小時候，父母教我們儲蓄的觀念一樣。有了小沙彌撲滿，反而是很好的提醒……家裡幾個小沙彌撲滿，拿起來沉甸甸的，倒出來一數，竟有好幾千元。這才發現，平常小小的零錢，累積起來也是一筆不少的數目，就像聖嚴師父常說的小小的好，成就一個大大的好。」另一位菩薩則說：「三年前，看到務農的大嫂，每天將賣菜的零錢存進小沙彌撲滿，深受感動，了解到布施不是有錢人的專利，只要有心，人人都可以做到！」也有菩薩說：「將小小的零錢布施，集合成為讓佛法永住，利益後代子子孫孫的大布施。」或有說：「覺得隨時可以布施，沒有壓力，還能為自己帶來正面能量。」有某家庭一家四代都有小沙彌撲滿，有成員樂在其中說：「每天回到家裡，只要身上有五十元硬幣，便恭敬地洗淨擦乾，再投入小沙彌撲滿中；每當撲滿一存滿，就帶回法鼓山。」他／她們覺得：「布施的善款越多，內心的幸福感就越多，深刻體會師父教的布施的人有福，行善的人快樂。」

從這些心得分享，真是如同法鼓山大願興學專案小組所說：「小沙彌雖然因著大願興學，從法鼓山走入我們的家庭。成為我們家庭的一分子，成為守護我們道心，提醒我們不忘發願初心的小菩薩。但我們更願相信，小沙彌是因著不可思議的大悲共願化現而來。是發願要來幫助我們護持法鼓山的大眾，能用法鼓山的理念、方法來生活、處世、待人，讓生活更平安、快樂、健康、幸福。」

這種積小善為大行的因緣，猶如《法華經．方便品》：「乃至童子戲，聚沙為佛塔；如是諸人等，皆已成佛道。」對此，唐末五代的高僧永明延壽（904-975）禪師於《萬善同歸集》卷二，因為有人問：「云何彈指、合掌，無非佛因耶？」而回答：「一切法皆無定性，而所適隨緣。若以貪為緣，即適人天之報；若迴向菩薩為緣，即成佛果之報……《法華經》中，明散心念佛、小音讚歎、指甲畫像、聚沙成塔，漸積功德，皆成佛道。」也是提倡善法累積的力量不可思議。此外，《萬善同歸集》也引用《大悲經》取意：「佛告阿難：若有眾生，於諸佛所，一發信心，種少善根，終不敗亡。假使久遠，百千萬億那由他劫，彼一善根，必得涅槃。如一滴水，投大海中，雖經久遠，終不虧損。」這是以「滴水投大海」來譬喻微小善根雖然像滴水，但是投入佛法大海，則可以久遠不虧損。

（二）微塵佛國、慈心淨土

唐代于闐三藏法師提雲般若（Devendraprajña）於六九一年所翻譯《大方廣佛花嚴經・修慈分》一卷是將這種「微小」轉「廣大」的佛法理念微妙運用的佛典之一。此經說：「佛子，若諸菩薩修習慈心，應在空閒寂靜之處，以清淨信，攝諸心法，觀察其身，上下支節，皆微塵聚，地水火風，和合所成，復應思惟：即彼一一微塵之內，皆有虛空，是諸虛空莫不悉以容受為相。又應想念：彼諸微塵清淨明徹，外如琉璃，內如紫金，莊嚴妙好，柔軟芬馥。復應觀察一切世界所有眾生，一一眾生所有支節，一一支節所有微塵，皆亦如是。」

這是從自身以及他身「微塵」——古印度所描述之最小物質單位，猶如現代科學之「原子」的觀念——做為慈心禪修觀察的基點，破除對整體人事物的成見與執著，重新（或「從心」）從最極微小處，觀察具有如虛空之廣大容受性，且富有無邊莊嚴妙好的可能性。

接著，此經說：「若諸菩薩，於自他身一切眾生，作於如是決定解已。復應想念自身微塵，一一塵中皆有佛國。」然後，從空間的莊嚴，開展如下自身「微塵佛國」的觀想：「其中宮殿，瑠璃所成，白銀為門，黃金為柱，……寶閣寶樓，處處分布……其園苑中，皆有浴池，悉以七寶而為提岸，黃金欄楯四面周匝……八功德水，瀰滿澄淨；波頭摩花（等各種蓮花）菡萏開敷，周布其上；其池四邊，多諸寶樹，真珠為花，光色滋榮；其果成熟，香味具足。於諸樹下，置天寶座；一一座前，寶器行列，甘露美食，莫不充滿。復應想念，如是一切諸佛國土，青紺琉璃，以為其地，眾妙七寶，綺錯莊嚴……」這些觀想的描述，讓我在參與法鼓山大學院教育校園建設時，升起無量的法喜，覺得校園建設的一點一滴，猶如自身的「微塵佛國」，是可以成就眾生的佛國土。

然後，此經說：「作是觀已，即應想念，從此東方（乃至四維上下），一切世界，所有眾生，皆來入我諸佛國土宮殿之中……如是六道一切眾生，離諸苦惱，受天快樂……悉能摧滅婬怒愚癡，當證菩提，究竟安樂。」此經又說：「次應想念，十方諸佛，與諸菩薩聲聞大眾，俱來入我諸佛國土宮殿之中……一切眾生，皆於諸佛座前而坐，佛為演說修慈之行，如我今時之所修習，言音美妙，悅可其心，令諸眾生，獲最上樂。譬如有人，得甘露漿，而以洗沐，息除勞苦，形神休暢；此亦如是，以法霑心，滅諸煩惱，身心寂靜，永得安樂。」

這兩段（眾生與諸佛）的觀想，讓我又升起另一重無量的法喜，因為覺得校園建設好之後，可以讓十方眾生與諸佛前來「微塵佛國」教學與學習知識與佛法，離苦得樂。如是開展自他身「微塵佛國」空間的莊嚴之後，此經又從「一念三世」時間的莊嚴，說又一重的法喜：「彼諸所有一切微塵，一一塵中，皆有三世諸佛國土。是諸國土，最極清淨，超過於前所有佛國，三世諸佛三世眾生，及以三世莊嚴之事，皆悉具足。三世劫數入於一念，一一念中，三世諸佛坐一切處，普現一切眾生之前，或入禪定、或說妙法、或湌美食、或飲甘露……一切諸佛菩薩聲聞、及諸眾生，若行若住、若坐若臥，四威儀中，其身恒受最上安樂。」

如此，讓時間的最短單位「剎那」（一念）與時間的最長單位「劫波」（kalpa）相攝互入無礙，突破對時間長短的執著，於念念中，觀察皆有三世「微塵佛國」，乃至經歷世界「成住壞空」劫波長時。此經又說：「若捨分別，離我我所，此則名為廣大之慈，先世已來，所有罪障，皆得除滅，不久當證無上菩提……有得聞此修慈經者，則能銷滅無始時來諸惡業障，離眾病厄，為一切人之所愛敬，於其中間、或至臨終，必得奉見十方諸佛，及與授阿耨多羅三藐三菩提記，或得三昧、或得法忍、或得入於陀羅尼門，其心安隱，無有死畏；永離一切諸惡道苦，必生清淨極樂佛國。」

如此可以捨離物質小大、時間長短之「分別心」，突破「我、我所有」等執著而產生的重重法喜與功德，或許可以讓我們學習聖嚴法師常說「虛空有盡，我願無窮」的心願，以及參與「聚沙成塔」之「5475大願興學」諸位菩薩們的志願，如此「小沙彌回法鼓山」的活動可如「華嚴世界」一般，產生「微塵佛國」「劫念相攝」之重重無盡「慈心淨土」的意義。

十、法鼓山大學院教育「心」地圖

（一）法鼓山大學院教育「心」地圖之校園路名

財團法人法鼓佛教學院於二〇一二年五月七日經董事

會會議通過，進行與籌設中的法鼓人文社會學院合併工作。首先申請法人合併為「法鼓學校財團法人」，其捐助章程於二〇一二年十一月二十七日經教育部同意，依規定於二〇一三年三月二十九日陸續完成董事、董事長及監察人之聘任。

至於攸關法鼓人文社會學院申請立案的第一期校園工程，預計於二〇一三年底至二〇一四年初陸續完工，包括禪悅書苑、健康館及綜合大樓等。其中，禪悅書苑已經於二〇一三年十二月六日取得使用執照，這可說是工程進度之重要里程碑，因為這讓我們具備申請學院立案之校舍空間的基本條件。禪悅書苑由七棟建築結合之院落式空間，主要功能涵蓋住宿與圖書閱覽、生活、交流、學習等，預訂於二〇一四年初完成驗收交屋。

我由於居地利之便，定期參與工程進度報告會議，以及訪視新校區進展，因此內心逐漸醞釀出未來之法鼓山大學院教育「心」地圖校園路名建議（彩圖91），只是一種內心中的構想，未來在實務上，或許會隨因緣而變化也不一定。總之，只是一種建議或內心的校園，於二〇一四年一月，不揣鄙陋撰文發表於《人生》雜誌，然後在二〇一五年五月再做修訂，敬請大家指教，以便未來校園規畫參考。

（二）以法印心、法法相益

依據法鼓山大學院教育的校園規畫，有座一〇八公尺的「大願橋」，感恩護法信眾與社會大眾響應創辦人聖嚴法師之「大願興學」活動。此橋可從東區的兼具教學、研究、生活與行政功能的綜合大樓，跨越六個沉沙池（暫名「六度池」），連接中區，經由南北向的「法藏大道」步行道，通往兼具大會堂與圖書館功能的「大慧館」，顯示通往智慧法藏之意涵；以及經由東西向的「法喜大道」步行道，連接西區的禪悅書苑、健康館之步行橋，希望大家每天往返校園時，都能「法喜充滿、禪悅為食」。

主要的交通幹道是以環形道路圍繞校園各區，因此，我們可以依四面的方位，將此「心」形道路之四段分別稱為「法心東路」、「法心南路」、「法心西路」、「法心北路」，祈願校園「以法印心」，校運昌隆，也可以與法鼓山的核心價值「心靈環保」、「心六倫」、「心五四」等理念相呼應。

進入學校正門的大路，稱為「法大路」；參考法鼓山園區之法鼓一橋、法鼓二橋名稱，可將進入學校正門的橋樑稱為「法大一橋」，連接位於「法心東路」之綜合大樓的第二座橋，稱為「法大二橋」，橫跨法印溪，連接佛教學系與新校區的三座人行便橋稱為「法印一橋」、「法印二橋」、「法印小橋」。一方面，延續法鼓山園區命名規則，同時也感恩「法」鼓山「大」眾同心協力成就「法」鼓山「大」學院教育之功。誠如我上述「聚沙興學、微塵淨土」（《人生》雜誌，2013年10月）所讚歎參與「聚沙成塔」之「5475大願興學」諸位菩薩們的功德。

其次，可將位於校園後方、通往東校門的兩段路，稱為「法行路」、「法緣路」，感恩法鼓山的法行會與法緣會長期護持，也呼應聖嚴法師對大家期許：以「法行」自我提昇，學習做一個時時以「佛法」修正「行為」的人，以「法行」做為責任，學習做一個時時處處弘揚佛法的行者。也能開發自我的慈悲並增長智慧，共同學習佛陀的精神，由「眾生緣慈」再而「法緣慈」更上而「無緣慈」。

其次，可將通過校園後方隧道，可以觀海景的道路，稱為「法海路」。它讓我們學習漢傳佛教華嚴宗的海印三昧，以大海風平浪靜時，天際萬象巨細無不印現海面之景象，來譬喻《華嚴經》中佛陀之內心世界——識浪不生、湛然澄清、明靜如鏡、森羅萬象三世諸法同時炳現的境界，以開展深廣的菩薩道。

接著，可將通過未來的「和敬書苑」，連接校園上方頂端，可以觀山景的道路，稱為「法頂路」。它讓我們學習漢傳佛教天台宗智者大師（538-597）於天台山最高峰——華頂，修頭陀行，雖經歷各種強逆怖畏境、軟順可愛境，但可「強來以寂，軟來以照」的功夫克服萬難。誠如宋朝慈雲大師（964-1032）所讚歎的境界：「孤禪片石心彌淨，寒擁深雲夜未央……強軟消摩寂照功，神僧出現親稱讚」，如如不動的「默照」禪修精神，克服我們內心、生命、社會、環境的各種逆順、怖愛境，展現猶如「華頂秀色、石梁飛瀑、銅壺滴漏、赤城棲霞、瓊台夜月、桃源春曉」之天台八勝景之高妙的菩薩道。

上述未來之法鼓山大學院教育「心」地圖校園路名建議：從「法大路」經「法大一橋」、「法大二橋」，可通「法心東路」、「法心南路」、「法心西路」、「法心北路」，在「心」形道路內，有「法藏大道」與「法喜大道」步行道交叉連接；從「法行路」接東校門、從「法緣路」接後山平台，學習菩薩行緣。從「法海路」、「法頂路」可觀海景與山景，開展深廣、高妙的菩薩道。

這或許也可與《中阿含經》卷一〇習相應品十六部經對於持戒→無悔→歡悅→心喜→身安（輕安）→樂→心定→如實知見→厭→離欲→解脫→知解脫的修行次第說明之後，以：「阿難！是為法法相益，法法相因。如是此戒趣至第一，謂度此岸，得至彼岸」的結語相應，祈願法鼓山大學院教育「以法印心」、「法法相益」。

（三）轉法輪、四聖諦、八正道

「以法印心」源自佛法，佛陀的說法名為「轉法輪」（dhamma-cakka-pavattana），因為佛法能摧破眾生之煩惱與惡業，猶如轉輪聖王之輪寶，能輾摧山岳巖石等各種障礙，安定世間。《佛說三轉法輪經》是以苦、集、滅、道「四聖諦」（聖者所見之諦理）做為「轉法論」的教法，即佛陀在波羅奈（vārāṇasī）對五位修行者說：遠離苦、樂兩邊的中道，及苦、集、滅、道的教法，五比丘依此證悟離苦得樂的境界，佛教僧團因而成立。

此外，說一切有部的論書《阿毘達磨發智論》卷一八定義是：「云何法輪？答：八支聖道。」《阿毘達磨順正理論》卷六七提到：「尊者妙音（Ghoṣa）作如是說：如世間輪有輻、轂、輞，八支聖道似彼名輪，謂正見、正思惟、正勤、正念，似世輪輻。正語、正業、正命似轂。正定似輞，故名法輪。」

其中，「輻」是車輪中湊集於中心轂上的直木，譬喻八支聖道（又名八正道）之「正見、正思惟、正勤、正念」等四支；「轂」是車輪的中心部位，譬喻八支聖道之「正語、正業、正命」等三支；「輞」是車輪的外框，譬喻八支聖道之「正定」一支。

因此，我們期待未來法鼓山大學院教育結合「佛教學系」以及「生命教育」、「社區再造」、「社會企業與創新」、及「環境與發展」等碩士學位學程，如同佛陀轉四聖諦、八正道法輪的教育功能，以「心靈環保」的理念，建構「心」校園，提昇人的品質，建設人間淨土。

十一、法鼓山大學院教育「心」世界：跨界、轉型、擴展

在二〇一四年五月的《人生》雜誌，我發表了有關法鼓學院乃至未來的法鼓山大學院教育的願景，全文如下：二〇一三年七月，原「財團法人法鼓人文社會學院」已與「財團法人法鼓佛教學院」合併存續更名為「法鼓學校財團法人」。二〇一四年一月下旬，將立案申請書、合併計畫書送教育部審查。四月中旬，教育部將作實地會勘以及相關程序的審查，順利的話，今年可以完成併校。

（一）佛教學院七週年校慶：跨界與轉型

因此，兩校校園可以「跨界」（Crossover）法印溪，共享教育資源，學校的學科與領域也會產生各種「轉型」

（Transformation）的可能性，這也是法鼓佛教學院七週年校慶的主題意義。

雖然「跨界」是半個世紀前從音樂排行榜所產生的語詞，但是卻帶動了古典音樂的「跨界」，例如：大提琴家馬友友之《探戈靈魂》、《阿帕拉契之旅》等音樂專輯，以及一九九八年發起「絲綢之路計畫」，促進各國文化與藝術交流，融合文化傳統與現代意義，成果受到國際肯定，於二〇一〇年，將計畫與哈佛大學開展各種合作方案。這種「跨界」與「轉型」的觀念與實例，在當今全球化地球村、資訊化網絡社群，對科學、人文、宗教等領域也都發展出突破性的成果。

我們個人也可「跨越」自他、國家的人際關係，學習「慈悲喜捨」四無量（沒有界限）心，跨越主修或專業組別、領域、文化，突破學習與實用的落差，止觀雙運，「所依」（身心）轉換，成就「轉依」。

（二）四無量心之同心圓式擴展：親緣、中緣、怨緣、十方

對於上述「慈悲喜捨」四無量（沒有界限）心的「跨界」自他與身心「轉型」（轉依），還有「擴展」（Radiation）的面向。因為，根據與「慈、悲、喜、捨」相關的禪修經典在漢譯「阿含經」，例如：《雜含》卷二七：「心與慈俱，無怨無嫉，亦無瞋恚，廣大無量，善修充滿；四方、四維、上、下一切世間，心與慈俱，無怨無嫉，亦無瞋恚，廣大無量，善修習充滿，如是修習。悲、喜、捨心俱亦如是說。」

這是讓「慈悲喜捨」四無量（沒有界限）心，產生同心圓式或者波形圓周式的擴展為「無量」的效果與利益。

目前，坊間所流行的《慈經》（應該是改編自《慈願》，此可能來自《應作慈經》）的唱誦也是用此同心圓式、波形圓周式的擴展方式：

1. 以對於自我的四願（願我無怨、無瞋、無惱、內樂遍滿），做為慈心觀的前方便練習。

2. 將此對「自我」的四願，擴展到「父母、師長、親友」、「同修道友」、「四眾佛弟子」、「施主護法」。

3. 再將此四願，超越各種親、中、怨所緣的限制，擴展到一切眾生、生命、生物、個體、有情、男女、聖凡、天人，也作空間的擴展，無論是在東、南、西、北四維上、下一切處之中，從最高到最低的存在層次：一切陸上、水中、空中的眾生。

（三）法鼓學院之波形圓周式擴展：生命、社區、社會、環境

此外，在學校場域，也可以運用「四無量」心之同心圓式或波形圓周式的擴展模式，來建構教育性的效果與利益。回顧法鼓人文社會學院的緣起，法鼓山創辦人聖嚴法師說：「我們期許法鼓人文社會學院是一個發亮的光源體，是一處善良動能的發源地，可為我們的社會培育出更多淨化人心的發酵種籽，這是目前社會和世界迫切需要的。」所謂「發亮的光源體」或可說是「善良動能」的「擴展」來源，由此發展為「悲智和敬」的校訓，以及學院組織規

程所揭櫫的設校宗旨：「本校以心靈環保為核心價值，提昇人的品質，建設人間淨土為目標，培育兼具慈悲與智慧的領導者與卓越佛教人才，服務社會、促進文化與國家發展、探索與反思人類未來願景。」

經過歷任法鼓人文社會學院籌備處主任的努力，於一九九八年六月五日，教育部發函核准「法鼓人文社會學院」籌設；二〇一一年九月六日，獲教育部發函同意設立「生命教育」、「社區再造」、「社會企業與創新」、「環境與發展」等四個碩士學位學程。攸關申請立案是第一期校園工程進度，其中，禪悅書苑已經於二〇一三年十二月六日取得使用執照，如上所述，二〇一四年一月下旬，我們將立案申請書、合併計畫書送教育部審查，順利的話，也可完成與法鼓佛教學院的併校程序，整合資源，邁向卓越。

我們對於法鼓人文社會學院與法鼓佛教學院併校之後的法鼓學院或邁向法鼓山大學院教育的辦學方向，從所規畫的生命教育、社區再造、社會企業與創新、環境與發展等四個碩士學位學程，以及佛教學院的領域關係，或許可以參考上述「慈悲喜捨」四無量（沒有界限）的擴展面向，成為「生命、社區、社會、環境」之波形圓周式擴展，如彩圖90所示。

（四）法大的「心」世界

我們可以依此波形圓周式擴展架構，實踐學院宗旨：以「心靈環保」為核心價值，立基「佛教學」的研究與修行，培養「悲智和敬」能力與態度，提昇人的品質，建設人間淨土為目標。從「生命教育」，自他相依相存的無常、無我觀，開展生命關懷的行動；促進「社區再造」，涵養對文化傳承與社區的使命感與多元價值；發展「社會企業與創新」，重視公益價值及其實現，重視助人、互助、互惠與合作之價值；從生活到參與環境傳播與教育之態度與生活習慣養成，實踐環境倫理，探索與反思人類「環境與發展」永續的願景。

因此，我們或許可將此波形圓周式擴展架構稱為法鼓山大學院教育的「心」世界，期待併校之後的法鼓學院乃至未來之法鼓山大學院教育的所有老師、同學、同仁們可以隨著佛學系之博碩學班與人文社會學群之生命教育、社區再造、社會企業與創新、環境與發展碩士學位學程的「跨界」、「轉型」、與波形圓周式「擴展」，建構佛法與世學兼備的多元的教學環境，以培養具有因應全球化地球村公民之素養與能力，發揮波形圓周式擴展的教育效益。

十二、「法鼓文理學院」啟航

二〇一四年七月二十八日，教育部舉行「法鼓人文社會學院」與「法鼓佛教學院」合併審議會，經過法鼓學校法人代表簡報及審議委員提問答詢，由審議會議決：通過兩校合併，校名為「法鼓文理學院」。法鼓山創辦人聖嚴法師多年的「大願興學」終於成就；之後，方丈和尚果東法師代表法鼓山向長期協助的教育部致謝，圓滿各方情義。因此，我曾以「法鼓文理學院啟航」為題目，發表如下的拙文在《人生》雜誌三七三期（2014年9月），但是來不及加到《六十感恩紀》的初版，今藉著再版與修訂因緣，增加此段以說明此重要的里程碑。

今後，原來「法鼓佛教學院」繼續以「法鼓文理學院佛教學系博士、碩士、學士班」（或簡稱為：法鼓佛教學系博碩學士班）的名義招生。原來「法鼓人文社會學院」則以「法鼓文理學院人文社會學群」（或簡稱為：法鼓文社學群）的名義招生，將於二〇一五年春季開始招收「生命教育」、「社區再造」、「社會企業與創新」、「環境與發展」等四個碩士學位學程學生，二〇一五年秋季入學。

於「法鼓文理學院」（Dharma Drum Institute of Liberal Arts, DILA）正式啟航之時，藉此解釋有關中英文校名的緣由與學校發展願景，祈請大家指教。

（一）為何不能以「法鼓大學」或「法鼓學院」為校名？礙於法規或慣例

七〇年代的臺灣經過石油危機的考驗，產業界對於高級技術人才需求迫切，長達十三年之久的停止私人興學申請的教育政策，自一九八五年起再度開放，但只限工學院、醫學院或技術學院。於是，佛教界設立了「華梵工學院」（1990年招生；1997年改名為「華梵大學」）、「慈濟醫學院」（1994年招生；2000年改名為「慈濟大學」）。

之後，政府再開放設立私立「人文社會學院」，於是有「南華管理學院」（1996年招生；1999年改名為「南華大學」）、「玄奘人文社會學院」（1997年招生；2004年改名為「玄奘大學」）之開辦，與一九九八年之「法鼓人文社會學院」核准籌設，以及「佛光人文社會學院」（2000年招生；2006年改名為「佛光大學」）之成立，這是當代佛教界辦學的軌跡。

聖嚴法師為籌辦「法鼓人文社會學院」從一九九三年九月敦聘李志夫教授擔任籌備處主任，一九九七年十月由曾濟群教授接任，二〇〇七年八月由劉安之教授接任，二〇一二年二月方丈和尚果東法師再敦聘曾濟群教授接任。劉安之教授擔任籌備處主任期間，曾經嘗試向教育部提出「法鼓人文社會學院」籌備處直接成立「法鼓大學」的申請，曾濟群主任期間也嘗試提出「法鼓人文社會學院」籌備處與「法鼓佛教學院」合併直接成立「法鼓大學」的申請，但是最後都無法突破如下的法規或慣例：私立「大學」的成立程序，須經過「學院」階段，具備辦學成效良好，並有具體績效證明以及校務行政運作制度正常等條件，才能提出成立「大學」的申請。因此，我們不能直接以「法鼓大學」做校名。

於上述二〇一四年七月二十八日，教育部之「法鼓人文社會學院」與「法鼓佛教學院」合併審議會時，我們也曾提出以「法鼓學院」為校名的意見，因為比「法鼓人文社會學院」簡潔之故。但是教育部表示礙於私立學校法第五條：「私立學校之名稱，應明確表示學校之類別、等級及所屬學校法人」的法規，學校之名稱必須標示「類別」的慣例。因此我們才提出以「法鼓文理學院」為校名的意見，讓教育部審議會可以通過併校提案。

（二）為何以「法鼓文理學院」為校名？重視「博雅教育」小而美的學院

如上所述，一九九三年九月，「法鼓人文社會學院」籌備處成立，是由於當時政府之私立「人文社會學院」的法規開放，讓法鼓山的大學院教育可以開展。但是，鑑於當前臺灣高等教育的困境面臨：1.少子化的社會趨勢，造成學生來源逐年減少；2.大學數量（目前已有171所大專院校）已經飽和，臺灣六十二所公立大專院校與一〇九所私立大專院校辦學資源競爭日益激烈。為因應此「生源減少」、「資源競爭」的情勢，法鼓山體系決定將「法鼓人文社會學院」及「法鼓佛教學院」兩校整合，以達到「集中資源」並且「發展特色」的效益。

為使兩校合併後，跳脫一般「〇〇人文社會學院」必須發展為五千人以上規模才能維持與發展的困境，也為完成創辦人聖嚴法師的創校期許：「是一處善良動能的發源地，可為我們的社會培育出更多淨化人心的發酵種籽」且具備「小而美」特色，將參考北美高等教育之「文理學院教育」（Liberal Arts Education，或稱「博雅教育」）的辦學方針，故以「法鼓文理學院」（Dharma Drum Institute of Liberal Arts, DILA）做為中英文校名，發展規畫方向：學生約數百人，可以實施「全住宿、小班制」，校園猶如「大家庭」氛圍，建構自主且融和的學習環境，培養跨領域學科素養、關懷生命、奉獻社會的各級領導人才。

在英文校名，特別採用Institute of Liberal Art不是用Liberal Arts College，主要是有別於一般以「大學部學士班」

為主的Liberal Arts College，而是以「研究所碩士班、博士班」為主的Institute of Liberal Art，依此實踐學院宗旨：以「心靈環保」為核心價值，立基原「法鼓佛教學院」之佛教學系之博碩學士班，與原「法鼓人文社會學院」之「生命教育、社區再造、社會企業與創新、環境與發展」等碩士學位學程，建構佛法與世學兼備的多元的教學環境，以培養「悲智和敬」能力與態度以及因應全球化地球村公民之素養與能力的各級領導人才，好比在美國，許多文理學院的學術聲譽與傑出校友並不亞於哈佛、耶魯等常春藤盟校，例如：蔣宋美齡、希拉蕊柯林頓、新加坡前總理吳作棟、王力宏等。

（三）法鼓文理學院：法喜充滿的學園

此外，我們也考慮到「法鼓人文社會學院」（Dharma Drum College of Humanities and Social Science, DDCHSS或DCHSS）中英文名稱有些冗長，不如「法鼓文理學院」（Dharma Drum Institute of Liberal Arts, DILA）的簡潔有特色，而且目前臺灣還沒有以Institute of Liberal Arts（博雅教育研究與實踐型學院）為名稱與發展方向的大學，值得我們一起來努力。最後，博君一「喜」，我們的校名英文簡稱為DILA，與英文Delight（歡喜）的發音類似，所以我們也期待它是一所讓大家法喜充滿的學園。（彩圖89）

十三、法鼓文理學院「大願・校史館」構想

我曾經在《人生》雜誌（2013年10月）〈聚沙興學、微塵淨土〉文章中提到：二〇〇七年，法鼓山創辦人聖嚴法師鼓勵我們：「請給我們大家一個奉獻的機會、一個成長的機會，來種福田；請給我們的後代子孫一片淨土、一個希望，呼籲更多的人，來共同支持我們的教育。」發起了「5475大願興學」活動，希望大家參加也鼓勵親友加入，響應日行一願，配合「行願卡」、「智慧小沙彌撲滿」等結緣品，每天五元，三年5475元（5元×365天×3年）建設法鼓大學，也讓孩子們有機會從小就開始布施，讓百萬人與法鼓山同行大願。

（一）「大願興學」里程碑

於《人生》雜誌（2014年9月）的拙文〈法鼓文理學院啟航〉中說明：二〇一四年七月二十八日，教育部舉行「法鼓人文社會學院」與「法鼓佛教學院」合併審議會議決：通過兩校合併，校名為「法鼓文理學院」。法鼓山創辦人聖嚴法師多年的「大願興學」終於成就。

因為對於聖嚴師父向教育部所提出申請《法鼓人文社會學院》的立案目標，是已經完成了。而且我們也進一步完成併校為《法鼓文理學院》的目標。但是，聖嚴師父也說：「虛空有盡，我願無窮」。所以，如同菩薩的〈四弘誓願〉，眾生無邊故，願也無窮。

今後，原來「法鼓佛教學院」繼續以「法鼓文理學院佛

教學系博士、碩士、學士班」的名義招生。原來「法鼓人文社會學院」則以「法鼓文理學院人文社會學群」的名義招生，將於二〇一五年春季開始招收「生命教育」、「社區再造」、「社會企業與創新」、「環境與發展」等四個碩士學位學程學生，二〇一五年秋季入學。

(二)「大願‧校史館」構想

對於目前量體最大、包含教學、行政、研究與餐廳等空間「綜合大樓」，原有規畫「校史室」(43坪)在五樓，但是我們思考到，應該將所有參與「5475大願興學」諸位菩薩們的功德，納入校史展示紀錄，讓全校師生們可以「飲水思源」，永續感恩與迴向。因此，將原規畫的「校史室」，命名為「大願‧校史館」，並將地點改到「綜合大樓」一樓的中心地帶，方便大眾參觀；空間也擴大為室內空間一百一十五坪與戶外陽台六十八坪，共一百八十三坪，具備校史教育、大願興學感恩、藝文展示或戶外表演、學校紀念品展售、休憩飲茶等多功能的空間，或許它是類似法鼓山既有的「開山紀念館」、「輕食區」與「行願館」結合的功能，但是它更具備全覽校園景觀的位置特色，因為它可以向外欣賞「大願橋」(108公尺，平面弧形)的壯麗，向內體會「聚沙成塔、大願興學」菩薩心行的宏偉。

因此，我們希望未來的「大願‧校史館」將是法鼓山「開山紀念館」的延伸，讓「大願‧校史館」成為全校師生、校友學習、展示、交流或聯誼的場域，也可以是社會大眾參訪、體會「心靈饗宴」的場域，做為心靈「充電」或

「育種」機緣，以合乎創辦人聖嚴師父對法鼓山大學院的期許：「是一個發亮的光源體，是一處善良動能的發源地，可為我們的社會培育出更多淨化人心的發酵種籽，這是目前社會和世界迫切需要的。」

（三）「大願・校史館」內容

對於未來的「大願・校史館」內容開發，我們會與法鼓山「文化中心」與「參學室」等相關單位搭配，也會以如下三方面來充實：

1. 以法鼓文理學院「心靈環保研究中心」（Mind-Life & Environment Research Center）來整合佛教學系與人文社會學群的資源，波形圓周式探索攸關人類未來發展之「心智、生命、社區、社會、環境」之相互依存與共生的理想模式，將研究成果轉化為如下三個中心的課程或學習資源，也可增加校友以教師、職員或義工的身分，發揮對社會奉獻或繼續學習的機會。

2. 「推廣教育中心」發揮位處市區「德貴學苑」的便利性；「禪文化研修中心」發揮位處法鼓山園區的幽靜性，推行各類終身教育的課程；「語言與翻譯中心」則可促進國際化的語境。

3. 與學校附近「朱銘美術館」與「臺大醫院金山分院」等等的地方機構合作，讓人間淨土在社區生根發芽。

[huimin2525]

結語：huimin2525，退休・善終?!

一、我的生命密碼：huimin2525

二〇〇六年八月，我在《人生》雜誌發表以「我的生命密碼：huimin2525」為標題的文章。於二〇一四年二月一日，我正好滿六十歲，也累積約二十二年的臺北藝術大學的年資，可以辦理退休，覺得應該對生死規畫有所表示，於是於四月，發表〈退休・善終?!〉的文章刊登在《人生》，敬白大眾。由於這兩篇拙文都有提到所預期的死亡年份二〇二五年（71歲）；或二〇三〇年（76歲），所以，將它們做為本書的結語，分述如下，敬祝大家生死自在。

（一）人類生命密碼的解碼之旅

一八六四年，法國科學家巴斯德（L. Pasteur, 1822-1895）以實驗推翻了「自然發生論」（Spontaneous Generation），證明生命必須來自生命，生命總是一代傳一代，猶如鎖鏈，相似相續，延綿不斷。

雖然早在一八六〇年代，奧地利神父孟德爾（Gregor Mendel, 1822-1884）發現豌豆中有某種「因子」可以決定遺傳性狀（例如：高莖與低莖；皺種與圓種……）。

但是直到二十世紀初，科學家們才知道孟德爾所發現的「因子」在細胞核染色體中。一九〇九年，丹麥生物學家詹森（W. L. Johannsen, 1857-1927）根據希臘文「給予生命」之義，創造「基因」（Gene）語詞，來表示可以決定某特定性狀的一段遺傳訊息。一九四五至一九五三年間，科學界證明了基因是去氧核糖核酸（DNA）分子，以及確定DNA是雙螺旋結構模型。

從此，人類展開對生命密碼（DNA）的解碼之旅，終於在二〇〇〇年六月二十六日破解人類基因密碼，對其DNA分子約三十億組鹼基對定序，透露出生命之究極夢想的曙光。另外，中國的星命家以人出生的年、月、日、時，各配以天干地支，每項兩個字，合稱「八字」，據以推算人的命運。西洋人也藉由占星術、塔羅牌、撲克牌等方法算命。

近來，也有流行所謂「命運數字」，將一個人的出生年、月、日的數字全部相加，再逐次加成一個個位數的「命運數字」，也號稱為占數術（Numerology）的「生命密碼」，以此象徵意義推斷一個人的性格特質、天賦才華與人生課題，甚至運用飲食、色彩、服裝來把數字所附加的意義運用在日常生活裡，希望在愛情、婚姻、事業等方面能趨吉避凶，尋求人生幸福成功之鑰。但是，佛教認為：眾生生命之苦樂由善惡業力所感，斷惡修善，當可離苦得樂。

（二）huimin2525 ：我的生命密碼

最近，我也開始計算我的生命密碼，過程如下：每次我在網路上註冊用戶名稱時，由於「惠敏」（huimin）是屬於「菜市場名」，幾乎會與他或她（大多數）重複，所以必須加上某些數字或字母，才有可能註冊成功。

有一次，有位學生恰巧在旁，告訴我可以用出生年分（huimin1954）做為名稱，能與別人區別也容易記憶。當時，我突然想到：其實，也可以用我所預期死亡年份（huimin2025）做為名稱，可以經常提醒佛教「諸行無常」之法義與修「念死」之法門，倒數計算自己的生命長度。進一步，又想到：直接用2025，太明顯，不好玩，應編作密碼，跟上最近各種所謂「密碼」的潮流。於是，將huimin2025抽出25（因為2025年常被簡寫為'25），然後重複，成為我的生命密碼huimin2525。

（三）in the year 2525 ：人類的「生命密碼」

此外，2525對我而言，另有深層的回憶與聯想。那是在我高中時代，一九六九年全美排行榜總冠軍熱門歌曲"in the year 2525"。其歌詞是預測人類的未來：「在2525年，如果男人還存在，如果女人仍然存活。他們將會發現，到了3535年，人們將不須說真話，也不說謊，你所想、所做、所說的一切，都在你每天吐服的藥丸中。到了4545年……5555年……6565年……7510年……8510年……到了9595年，我有點好奇，人類是否依然還能活著？因為他們已經用盡大地所能給予，而且什麼也沒有歸還。如今一萬年已經過去，人類已經哭了無數眼淚，不知不覺中，人類的時代已經結束。但是，穿過永恆的黑暗，星光閃爍在遙遠處，或許那只不過是昨天的事吧！在2525年，如果男人還存在，如果女人仍然存活，他們將會發現……。」

我記得當時的世局是：一九六八年，北越在農曆新年發動大規模的突襲攻勢，進攻南越三十六個主要城鎮。一九六九至一九七三年美國自越南撤軍，一九七五年越南戰爭結束，超過二百萬人（包括五萬八千名美國人）在戰爭中喪生，其中一半是平民。同時，人類自我中心主義對地球資源的浪費，造成生態環境的浩劫，以及科技為人類的貪婪所誤用而帶來各種災難，都是這首歌曲所檢討的問題。

佛教宣說「諸行無常」，我從宏觀的角度了知：生命不是常恆不變，而是相似相續的演化過程，眾生猶如生命長流中的水泡，生生滅滅而不生不滅。從微觀的角度，我所學習的生命態度是：對於每分每秒所接觸到的人、事、物，都把它當成是第一次，也是最後一次。

（四）把每天當成是生命中的最後一天

因為是第一次，可以保持開放的心胸，富有創意，不落業力的窠臼；因為是最後一次，所以會很珍惜生命中的每一口呼吸。他人或自己，在前一秒的失敗，不代表後一秒也會失敗；自己或他人，前一秒的成功，不保證後一秒也會成功，這種無常的概念，會給他人或自己改變與創新的機會，可以讓我們養成進取而又謙虛的心。

印度有句名言：「每個人都會死，但是，每個人都裝作自己永遠不會死的樣子。」我也學習：把每天當成是生命中的最後一天，每晚入睡時，好比臨命終時，試著練習「死亡」，和自己所有的一切擁有說再見，例如：親友、財富、名位、身分、學歷等。

其實，我們每天都有可能會面對這項功課，我們無法確定自己將在哪個時間、以哪種形式離開人間。年齡已經過了半百的我，預訂2025年為終點，所剩不到二十年的時間，在暮色蒼茫中，邐迤探索生命的奧祕與自我的追尋。

二、退休・善終？！

一九九二年六月，我從日本東京大學取得博士學位，回國之後，陸續接任了西蓮淨苑、國立藝術學院、中華佛研所與法鼓佛教學院等三個不同機構的管理階層的工作。例如：西蓮淨苑副住持（1992-1998）、住持（1998年迄今）、國立藝術學院學生事務長（1994-1997）、國立臺北藝術大學共同學科主任（2000-2006）、教務長（2000-2006）、教務長兼代理校長（2006年1-7月）、法鼓山中華佛學研究所副所長（1994-2007）、法鼓佛教學院校長（2007年迄今）等職務。

二〇〇六年八月一日，我將職務交接給朱宗慶校長之後，開始教授休假研究一年，並協助法鼓山「中華佛學研究所」所長李志夫教授籌設法鼓佛教學院，成為全國第一所向教育部申請成立獨立的單一宗教研修學院。我因受聘擔任首任校長，因此從臺北藝術大學借調，於二〇〇七年四月八日（佛誕節），參加「成立揭牌暨首任校長就職典禮」，開始另外一個階段的大學行政歷程。

（一）六十歲退休：二十二年的藝大年資

由於我是從臺北藝術大學借調，必須在原來學校至少義務授課一門課；在借調擔任校長的職稱之外，也需要保留國立臺北藝術大學教授的職稱。如此情況，再延續第二任佛教學院校長，於二〇一四年二月一日，正好滿六十歲，也累積約二十二年的臺北藝術大學的年資，可以辦理退休。因此，臺北藝大的通識教育委員會主任委員兼共同學科主任李葭儀老師與共同學科同仁，於一月二十一日下午籌辦「榮退茶會」，實在愧不敢當，感激不盡（彩圖87、88）。

隔天，共同學科在「臉書」（https://www.facebook.com/tnuage）上貼文：

昨天寒冷的冬日，我們有暖暖的釋惠敏老師退休茶會。茶會中，我們簡短分享了惠敏老師在北藝的點點滴滴，惠敏老師也和我們分享他是如何進入北藝這個大家庭與在其中樂遊的經典轉變！傳音系蔡淩惠老師與舞蹈系葉晉彰老師帶領傳音系同學演出《鐘聲樂響》的精彩傳統音樂作品，最是令現場參與人員驚豔。參與演出的同學都是自動自發參與，也特別為此場演出搭配鐘響與唱詞的書寫，學生將自己的所學，結合場地與人，這是對惠敏老師最高的致敬與祝福了！！活動相關照片參見http://goo.gl/vpQ0ZL。

（二）七十六歲善終？! 三十八年的人生回饋年資

近來，我在整理國史館佛教人物口述歷史之之關於我的訪談稿時，發現我在出家前之學習時間（1954-1979年，1-25歲）與出家後之學習時間（1979-1992年，25-38歲）：包含西蓮淨苑三年的僧團學習、中華佛學研究所的三年時期、日本東京大學之六年留學，合計受到家庭父母、學校師長、社會大眾所護持的時間大約有三十八年之久。雖然可以扣除二年的空軍預備軍官司藥官邸服役時間，不過若要回饋或回報，因為我的工作質量不佳，至少也是需要有三十八年的人生回饋年資，才能平衡。若扣除已經二十二年工作年資，大約還需要奉獻十六年才能回饋圓滿，屆時是七十六歲、西元二〇三〇年。

如此，我或許需要修改發表於《人生》雜誌的上述文章〈Huimin2525 ：我的生命密碼〉（所預期的死亡年份2025年，71歲）。原先我想用huimin2025做為網路名稱，因為可以經常提醒佛教「諸行無常」之法義與修「念死」之法門，倒數計算自己的生命長度。進一步，又想到：直接用2025，太明顯，不好玩，應編作密碼，跟上最近各種所謂「密碼」的潮流。於是，將huimin2025抽出25（因為2025年常被簡寫為'25），然後重複，成為我的生命密碼huimin2525。不過，若從二〇二五年（71歲）修改西元二〇三〇年（76歲），似乎也是方便記憶的數字，或許才能回饋圓滿。

對於「善終」，我於《人生》雜誌〈生命細胞之生死觀：善終的多樣性〉（2011年3月，參見本書「捌之五」）

的拙文中提到：若參考臺大醫院緩和醫療病房使用的對於癌末病人善終評估五項指標（1996），包括「了解死之將至」、「心平氣和接受」、「後事交代安排」、「時間恰當性（病人與家屬都有做好準備）」和「去世前三天舒適性」；並且以不含生活細胞所組成的「心材」、哺乳動物之紅血球與皮膚角質層、或者「細胞自戕」等各種「善終」現象為例，或許可以讓我們體悟生命細胞之生死的兩面性：「雖生而不長存」、「雖死而有用、長存」。因為萬事萬物因「利用」而產生價值與「意義」，這或許也是印度梵文artha意味：目標、用途、利益、意義等多重含義的思維理路。

（三）安寧器捐，山海隨緣，網路告別，一善紀念

對於如何準備善終的議題？臺大醫院金山分院院長黃勝堅醫師於二〇一二年四月在法鼓山演講「從現代醫學看生死：如何預防病人與家屬受苦」中提到：「善終不是理所當然的！機會是給已準備好的人！」特別是每個人應該要簽署「預立安寧緩和醫療暨維生醫療抉擇意願書」，避免生命末期執行無效醫療。因為從一九六〇年代，以心肺復甦術（CPR）搶救因溺水、電擊、車禍、心臟病發作、等急性心肺功能停止的病人，之後隨著醫學的發達，各種急救技術與維生器材的施用成為醫療的標準作業程序，乃至用於慢性之「末期病人」，如癌症末期、心、肺、肝、腎或腦功能嚴重器官衰竭的病人、運動神經元萎縮末期的病人，由於法律顧慮、家屬不捨、或溝通不足，成為醫院對所有病人之「死亡前的儀式或死亡套餐」；縱使能用CPR救回

心臟暫時的跳動，只有受盡CPR折磨，延長死亡過程而已。

因此，我於二〇一二年五月於雲端筆記本Evernote記錄：「安寧器捐，山海隨緣，網路告別，一善紀念」做為我善終的準備。因為我幾年前已經簽署了「預立安寧緩和醫療暨維生醫療抉擇意願書」與「器官捐贈同意書」並加註於全民健保憑證內。遺體火化之後，隨緣採取植葬或海葬，方便即可；書籍等遺物也隨緣捐贈即可。不發訃聞、不需辦告別儀式，需要紀念的話，在我的網路社群（Facebook或Google+等）上，記錄隨緣行一善於世間即可。希望：我的生命的善終計畫可以與人生的退休計畫一樣，作最好的準備，有最壞的估算。我也希望我的親友、師長、乃至一切有情早作準備，自在解脫，無有怖畏，不住生死，不住涅槃。

訪問後記

在我們做過的口述訪問案例中，惠敏法師是一次特殊又難得的經驗。整個訪問工作從二〇〇七年六月十六日開始，直到二〇一二年十一月三日止，其間總共進行十六次，每次約三小時。由於法師在西蓮淨苑、臺北藝術大學、中華佛研所、法鼓佛教學院，都肩負有教學與行政工作，所以訪問就不能採每週（或每月）固定方式來進行，每次訪問後，雖會先預定下次訪問時間，但有多次因法師無法分身，必須把時間再往後延，所以其中就有好幾次訪問的時間間隔在半年以上。為趕上預定的時間，每次訪問得提早起床，到南勢角趕搭往北投的捷運，到北投轉到新北投，再由車站走到中華佛教文化館。本訪談紀錄之文稿，由李美寬女史先完成初稿，再由法師負責修訂與整編成定稿。從第一次訪問開始，至本書出版，不知不覺中竟已過了七年。多年來訪問成果能與讀者見面，非常感謝促成本書出版的各方因緣。

從法師的口述，我們可以知道他喜歡化學、生物，也很喜歡文學與哲學，雖然所學是藥學，但最後卻選擇出家，成為專業的宗教師。在歷史上，出家的比丘僧有多種類型，惠敏法師到底是屬於哪一類？從他先後就讀於中華佛學研究所，留學日本東京大學取得博士學位，任教學術單位，且不斷有學術著作這些方面來看，他是一位不折不扣的學問（義解）僧；但惠敏法師同時還擔任西蓮淨苑住持，負責僧團運作，長期在臺北藝術大學及中華佛學研究所（與法鼓佛教學院）負責教學與行政工作，對於行政工作極有經驗，這樣我們又不能只用學問僧這樣的概念來解讀他。那，我們到底應以怎樣的方式來理解惠敏法師？以下，擬以一位佛教史研究者的立場，從幾個角度來說明我所認識的、觀察到的惠敏法師。

一、戰後臺灣佛教環境成就了惠敏法師

從臺灣佛教史角度來看，惠敏法師是戰後臺灣大專青年學佛運動浪潮中成長的一員，在他就讀臺北醫學院藥學系大一期間，就曾參加臺中蓮社主辦的「明倫大專佛學講座」，聽李炳南居士講「佛學十四講表」，擔任道安法師住持的松山寺所舉辦「北區大專佛學講座」的學員長，參加智諭法師在西蓮淨苑舉辦的大專青年念佛會，其後在智諭法師座下出家。戰後臺灣佛教之所以能在社會上取得一席之地，和大量的大專青年接觸佛學進而出家，他們經過多年教育培養，逐漸在各方道場獨當一面，不僅使臺灣佛教的體質轉趨健全，也提昇了整體臺灣佛教之水平，惠敏法師是其中的一位主要代表。

二、惠敏法師的治學方法

從就讀中華佛學研究所起，惠敏法師就開始學習梵

文、巴利文、藏文等佛典語言，就學習梵文來說，他的經驗是「聽到梵文我就全身暢快，毛孔好像都在吃人參果一樣暢快」；留日期間，也積極「尋找其他或校外的學習機會」；這種求知的態度，奠定了他的學術基礎，值得我們學習。惠敏法師很早就開始摸索適合自己的現代治學方法，例如：運用「中央卡系」之四個邊緣有專利打孔設計的卡片，之後到日本留學時，也採用KJ法的貼紙或手帳來整理筆記。一九八四年左右，當臺灣開始流行自製的仿蘋果二代電腦，也開始運用資訊科技來幫助學習與研究。直到現在，他還是很善於將新科技利用在治學（及處理行政）上。依個人觀察，惠敏法師不管在為學與做事，都非常講究「效率」，在訪問過程中，對於他之善用資訊設施，也留下深刻印象，這些應與他善於治學有關。

三、惠敏法師有豐富的行政經驗

惠敏法師自一九九二年以後，長期接任西蓮淨苑、臺北藝術大學、中華佛研所與法鼓佛教學院等三個不同機構的管理階層的工作，之所以能夠勝任這些工作，乃基於他能善用如下五原則：1. 自我管理（先管理好自己，才能管理團隊，這是法師學習與擔任管理職務的基點，也是他終身學習的目標）；2. 團隊合作（學習尊重、信任團隊中每個成員，建立意見溝通與實務協作的平台）；3. 適可而止（不要求每件事要做到百分之一百的完美，也不過度專注單一形式的成功）；4. 角色轉換（雖同時在不同單位擔任管理階層職務，但可以隨緣「角色轉換」，不會混淆與錯亂）；5.時間管理（除與職務有相關的工作，不是非他參加不可的其他演講或活動，盡量不承接或參加）。以上也可以說是惠敏法師處事的基本原則，值得有心人士借鏡參考。

四、惠敏法師如何調合佛學研究與學佛修行

惠敏法師認為，當一個學人「踏上佛學研究這條路時」，要能「保持浪漫主義的情懷」，調和好「學佛、修行與佛學研究」間的距離。佛學研究初看起來好像與禪定修行是背道而馳的兩回事，所以有人就會認為佛學研究並不是修行。但從禪定的特徵——「漸離於分別，苦樂次第盡」這一判斷標準來看，它正好符合以中立、客觀的態度研究學術的態度與精神。由此可見，學術研究和禪定（修行）並不會互相衝突、背道而馳。

五、惠敏法師的「四個夢想實踐」

本訪談錄中最後部分，法師談到：「人腦、電腦、社區、學園」，是他實踐人生夢想的場域，其中涉及的問題多而廣。先就人腦、電腦兩項說，就包括：梵典唯識、禪修與腦科學之教研、腦科學、打坐與腦波等方面問題，可以視為他延續青年時代對科學的愛好，將之與佛法做一緊密結合。而中華電子佛典協會在戰後臺灣佛教史上，是一件值得一提的事，在教界及學界享有很高的清譽，國際佛學

上亦堪稱為「臺灣之光」。我們口述訪問過的佛教人物中，恆清法師、李志夫教授與杜正民教授，都談到CBETA，而惠敏法師正是CBETA的主任委員。

在社區建設方面，惠敏法師將安寧與老人療護配合，重視「社區淨土」的理念與活動，頗能與逐漸走向高齡化的臺灣社會相契合，可以說是當代「人間佛教」的落實。在訪問過程中，法師認為可以民眾公共生活中最基本的單元——「社區」為出發點，讓佛教徒們能將其所學運用到社區發展上，讓社區居民了解從心淨、行淨，到國土淨之理念，進一步達到「生活清安，生死自在」。除了居住性質的社區，在我們的日常生活中，還須關心「萍水相逢」性質的「隨緣社區」（如在同一車廂、同一銀行、同一旅行團、同一飯店……），要能隨時隨地發揮「社區淨土」精神，這樣將可以讓臺灣社會更加溫馨。

惠敏法師的「四個夢想實踐」中的最後一個——學園，指的是法鼓佛教學院與法鼓大學。在臺灣幾個大教團中，法鼓山在學術環境的造就與研究人才培養上，可以說最為用心，與國際交流最為頻繁。近年來，做為漢傳佛教法脈成長下的法鼓山，非常重視漢傳佛教的闡述與弘揚。據惠敏法師研究，就「法」來說，漢傳佛教涵蓋「三期八宗，兼容並蓄」；就「人」來說，漢傳佛教包含「二部四眾，平等互重」；這都是二十一世紀漢傳佛教教育發展可以善加利用的資源。但目前漢傳佛教教育在梵、巴、藏經典語言學習，以及英、日等現代語言訓練，宗教對話與科際整合與對談能力，以及培養國際視野等方面，則是有待加強。法鼓山在學術教育上，在聖嚴法師與李志夫教授等人淡出之後，其未來發展有賴惠敏法師和他的同僚夥伴們繼續努力，到底能發展出怎麼的成果？值得吾人觀察與期待。

以上所說，只是個人在訪問惠敏法師，出版本書前後閱讀本訪談錄的部分想法。建議每位讀者都能通閱全書，對於臺灣佛教、對於法鼓山、對於惠敏法師本人，當能有更深入的理解。

侯坤宏

於臺北長沙街國史館辦公室
2014年7月11日

智慧人 25

六十感恩紀

——惠敏法師訪談錄（增訂版）

Sixty Journal Entries for a Life of Gratitude:
An Interview with Ven.Huimin

訪問者	侯坤宏、卓遵宏
出版	法鼓文化
總監	釋果賢
總編輯	陳重光
編輯	張晴、胡琡珮
封面設計	王璽安
內頁美編	胡琡珮
地址	臺北市北投區公館路186號5樓
電話	(02)2893-4646
傳真	(02)2896-0731
網址	http://www.ddc.com.tw
E-mail	market@ddc.com.tw
讀者服務專線	(02)2896-1600
初版一刷	2015年12月
建議售價	新臺幣500元
郵撥帳號	50013371
戶名	財團法人法鼓山文教基金會—法鼓文化
北美經銷處	紐約東初禪寺 Chan Meditation Center (New York, USA) Tel: (718)592-6593 Fax: (718)592-0717

法鼓文化

國家圖書館出版品預行編目資料

六十感恩紀：惠敏法師訪談錄 / 侯坤宏, 卓遵宏訪問. -- 初版. -- 臺北市：法鼓文化, 2015.12
面； 公分
ISBN 978-957-598-690-2（平裝）

1. 釋惠敏 2. 訪談 3. 佛教傳記

229.63 104024389